FUNDAMENTOS DE LA CREACIÓN

FUNDAMENTOS DE LA CREACIÓN

JOSEPH ALONSO

© Joseph Alonso, 2018
ISBN 9798230919834

33

Dedicado a todos
los creyentes

CONTENIDO

PRÓLOGO

Hay consenso en torno a la afirmación de que la humanidad se haya encaminada por la senda del progreso. Los avances se han caracterizado por una erosión de la superstición y su sustitución por creencias religiosas y por el conocimiento científico. Gracias a la observación de los fenómenos naturales, en nuestro interior y en el entorno, los humanos hemos podido compartir distintas experiencias para luego descubrir un orden subyacente. A consecuencia de tal proceder, ha venido disminuyendo paulatinamente nuestra ignorancia individual y colectiva y se han acrecentado las creencias y el saber compartido.

A lo largo de los siglos, el cuerpo de creencias y conocimientos ha sido agrupado y sistematizado en admirables compendios religiosos. Muchos de ellos llenos de información valiosa y preceptos útiles al bienestar individual y al progreso social. La más importante de todas las creencias versa sobre el origen de las mismas, particularmente en las 4 grandes religiones provenientes de las inmediaciones del Creciente Fértil. Todas ellas remiten en última instancia a Dios, el origen de sus creencias y conocimientos. No obstante, dada la incapacidad de las mayorías para actuar como medios de expresión divina, dichas verdades habrían sido reveladas vía intermediarios alineados con sus disposiciones.

Por su lado la ciencia desde el siglo IV a. C. hasta el Medioevo se limitó al conocimiento de las causas materiales, formales, eficientes y finales de los fenómenos naturales propuestas por Aristóteles (IV a. C.). El siguiente paso fue dado en la Edad Moderna Temprana (XV - XVIII d. C.) cuando comenzó el enfoque experimental, tal como se practica hoy en día. Después de transcurridos los primeros cinco siglos, uno de los logros más importantes alcanzados por el método científico ha sido el reconocimiento de sus propias limitaciones. Particularmente en cuanto a su incapacidad para predecir el desenlace de los procesos que involucren partículas elementales (todo aquel objeto físico cuya estructura se desconozca) de las cuales todo estaría hecho. Pues la proliferación de interpretaciones de la Mecánica Cuántica se debe sobre todo, a la ausencia de avances significativos en su capacidad predictiva. Aun así, los diferentes enfoques han sido útiles en la comprensión de un problema, cuya solución implicará planteamientos radicalmente novedosos. Es precisamente en esas limitaciones de la ciencia, donde tendrían cabida las creencias en el libre albedrio inherente a algunas creaturas y en el consentimiento del Creador para su realización. Más aun, ambas creencias resultarán ser claves para comprender cabalmente todo el potencial cósmico de lo humano y descubrir sus raíces en la actuación de la divinidad.

Dado el concepto de Dios revelado y ampliado por la teología (estudio del tema de Dios y de su relación con su Creación), se ha llegado a un punto muerto en la búsqueda de su aceptación universal. La humanidad sigue dividida por tanto en dos grandes grupos, uno de ellos constituido por quienes creen en la existencia de Dios y el otro por quienes creen en su no existencia. Aun entre los creyentes en la existencia de Dios hay diferencias doctrinales notables, a veces insalvables, en cuanto al contenido y significado de las mismas. Por tales discrepancias, muchas veces causantes de hechos cruentos, ha sido escrito este libro con la intención contribuir al logro de la paz entre todos los creyentes.

En cuanto al ser humano, es imperativo redoblar los esfuerzos con miras a encontrar elementos comunes a todas las creencias de religiosos y ateos (quienes creen en la no existencia de Dios), sobre su origen y relación con lo trascendente. El conocimiento alcanzado a raíz de dicho esfuerzo permitirá reconocer también, los factores condicionantes de la naturaleza humana y su contexto cósmico. El mayor beneficio de todos esos empeños debería concretarse en la apertura de nuevos caminos hacia un futuro de superación. No resulta difícil de imaginar lo inútil que sería recurrir a viejos esquemas, ya desahuciados por la intrascendencia de sus evidentes resultados. Se requiere algo más drástico y dar al traste con el distanciamiento entre los quehaceres religioso y científico, por sus nefastas consecuencias para el progreso espiritual de la humanidad.

Ciertamente el conocimiento científico y la ética secular han demostrado fehacientemente su potencial para cierto progreso social de la humanidad. Por tal motivo, han restado espacios a una religiosidad vana e incapaz de motivar a los fieles, en especial a los jóvenes, quienes más la ignoran. De hecho, el maniqueísmo pedestre al cual se ha reducido una parte significativa del discurso religioso solo motiva un fanatismo ciego o alienta la mayor indiferencia. Por su lado, un progreso científico orientado únicamente al logro de un beneficio material personal o colectivo, no basta para abrirle cursos al enorme potencial encerrado en la interioridad humana.

El problema se complica porque no estamos solos, hay otros seres con objetivos propios bien definidos interviniendo en el seno de la materia, unos al servicio de Dios otros dedicados a sus propios fines. Es por lo tanto indispensable, estar al tanto de las andanzas de cada quien en este enredo llamado materia, con miras a identificar patrones de conducta orientados hacia un progreso objetivable. La verdad religiosa solo tendrá significado cuando verse sobre aquello de lo cual estamos hechos y en base a ese saber ponga en evidencia el camino a seguir. En cuanto al conocimiento científico, este solo podrá desarrollar todo su potencial al servicio de la humanidad, cuando reconozca el poder de aquello que lo trasciende.

Para salvar la brecha entre religión y ciencia, se propone una nueva exégesis de las Escrituras Sagradas tomando en cuenta los postulados básicos de la Mecánica Cuántica. La primera lección aprendida de este enfoque es que la naturaleza humana está enraizada en la relación entre Dios y su Creación, la cual se expresa al nivel fundamental de la física en la generación de campos y en la dualidad «partícula/onda». Desde una perspectiva ontológica, la primera exteriorización humana es entonces una cuestión más física que biológica. Sin embargo, el objetivo primordial aquí será descubrir como la física humana deriva en el «potencial enteogénico» de los sistemas bioquímicos capaz de evocar lo divino al interior.

PRIMERA PARTE

LA VERDAD RELIGIOSA

CAPÍTULO 1

INTRODUCCIÓN

La posibilidad de racionalizar el conocimiento objetivo abrió las puertas a creencias superiores, sobre el origen y la existencia de un orden sagrado e inmutable. La consecuencia inmediata fue el surgimiento del «hombre religioso» (*homo religiosus*) del cual ha escrito con tanto acierto M. Eliade (XX d. C.). Aun cuando las historias de la religión, de la filosofía y de la ciencia sean temas apasionantes, no se pretende abordar la cuestión aquí. Básicamente, por la existencia de obras monumentales donde ya casi todo lo necesario ha sido dicho. Más bien, el enfoque del presente trabajo será de orden práctico y estará orientado a la convergencia entre los conocimientos religioso y científico. La idea es identificar la presencia y naturaleza física de lo humano, más allá de su expresión biológica. Todo con la finalidad de precisar su contexto cósmico y los patrones de comportamiento conducentes a su superación individual y colectiva.

Para poder alcanzar el mayor número de lectores posible, el método a seguir será heurístico y el lenguaje medianamente riguroso. No obstante, con la finalidad de organizar los conceptos y asegurar la convergencia entre los conocimientos religioso y científico, se apelará a nociones rudimentarias de la Teoría de la Representación Matemática. Dicha herramienta será de gran utilidad al momento de sistematizar las «correspondencias entre estructuras o formas». El tema es complejo y requiere de una buena medida de audacia intelectual, la cual seguramente será rechazada por parte de los más conservadores. Se tiene la esperanza sin embargo, de que la mayoría otorgue al autor el beneficio de la duda hasta el final de la lectura.

En estas líneas se insistirá en descubrir el bien común a todas las variantes del pensamiento humano, a pesar de las críticas de los puristas al sincretismo. El mayor incentivo para buscar la convergencia entre los saberes religioso y científico reside en el vasto conocimiento que ambos poseen. Gran parte del acervo religioso es susceptible de una valoración científica, así como las verdades de la ciencia tienen un carácter numinoso (en el sentido dado por R. Otto [XIX – XX d. C.]). Las ganancias serían tanto para las religiones como para la ciencia, pues cada una posee algún conocimiento que la otra requiere y valorará.

El objetivo a perseguir en la síntesis de ambas verdades es el surgimiento de un «conocimiento único» orientado hacia un «nuevo pensamiento». La iniciativa de emprender un proyecto cuyo objetivo sea la unificación del conocimiento, en modo alguno constituye una novedad. En la larga historia de la civilización humana abundan los modelos de organización social regidos por un conocimiento único. Quizás el ejemplo más notorio sea el caso del Egipto antiguo, desde sus inicios alrededor del 3.300 a. C. hasta su final con el faraón Ptolomeo XV (I a. C).

Los niveles de conocimiento alcanzados en el Egipto antiguo no tienen parangón. Así lo atestiguan las dos migraciones del Pueblo de Israel a dicho imperio y la de Jesús de Nazaret durante su periodo de formación. La Biblia relata que Abram (XIX – XVIII a. C.) (Dios no había cambiado su nombre) emprendió el primer viaje porque según el Libro del Génesis, hubo hambre en la tierra y viajó a Egipto para residir. Ya cuando Abram llegó a su destino, las pirámides contaban con al menos cinco siglos de antigüedad. Por lo tanto, su visita no habría sido precisamente con el propósito de enseñar artes y oficios. En una segunda oportunidad tocó el turno a Jacob (XVIII – XVII a. C.) para dirigir su pueblo a Egipto, a raíz de una invitación extendida a su hijo José (XVII a. C) por parte del faraón. Y dijo Dios a Israel no temer por bajar a Egipto pues haría de su pueblo una gran nación. Sobre los pueblos de la antigüedad proclamó Isaías que Israel sería el tercero después de Egipto y Asiria. Pues Dios se refirió a Egipto como «mi pueblo», a Asiria la llamó «obra de mis manos» y a Israel «mi heredad».

En cuanto a Jesús, relata Mateo (I d. C.) que un ángel del Señor se apareció a José (I a. C. – I d. C.) y le ordenó tomar al niño y a su madre María (I a. C – I d. C.) y huir a Egipto hasta nuevo aviso. A su regreso, Jesús mantuvo una vida discreta en Nazaret, pero a los doce años se perdió de la vista de sus padres. El hecho ocurrió después de la celebración de la Pascua en Jerusalén, siendo luego encontrado en el templo sentado entre los doctores. Según Lucas (I d. C.), todos admiraban su inteligencia y sus respuestas.

En la actualidad, la mayor parte de nuestra civilización obtiene su conocimiento de tres fuentes. Una de ellas la religiosa llamada a preservar un conocimiento en última instancia atribuido a Dios. Otra, el fuero interno de uno o de la totalidad de los individuos contribuyendo con sus aportes intersubjetivos. Finalmente se deben mencionar, las organizaciones sociales en sus vertientes profesionales y académicas enfocadas a sistematizar el conocimiento objetivo. Tradicionalmente las grandes religiones han empleado la filosofía con la intención de responder a la crítica secular e intentar justificar sus creencias y doctrinas. Los resultados de tal proceder han sido hasta ahora más bien dudosos. La retórica ha probado ser más útil para salir del paso, pues las críticas tampoco han sido acertadas ni substanciales.

Por otro lado, la utilidad del método científico para apoyar los edificios teológicos es una cuestión prácticamente ignorada. Incluso en el islam de nuestros días, a pesar una valoración favorable del conocimiento objetivo por parte del profeta Muhammad (VI – VII d. C.) cuando en la azora La Vaca del Corán dice claramente: «En la creación de los cielos y la tierra, en la alternancia de la noche y el día… en el cambio de los vientos y de las nubes obedientes entre el cielo y la tierra, hay aleyas para la gente racional.» (aleya, versículo del Corán). De hecho, la «realidad objetiva» cual realización divina debería ser considerada como la más Sagrada de las Escrituras. Siendo así que con relación a sus verdades no puede haber discrepancias, sino errores.

Los esfuerzos en pro de la unificación del conocimiento no han estado ausentes en la modernidad, pero han estado signados por el celo y la desconfianza. El tema toca intereses poderosos en los campos religioso y secular, donde los territorios han sido demarcados con la intención de evitar las agrias polémicas del pasado. Para no ir más lejos se trae a colación el caso relativamente reciente del teólogo y antropólogo Jesuita T. de Chardin (XIX – XX d. C.). Pues su reclusión demuestra, el celo con el cual resguardan sus intereses los grupos de poder que ostentan como suyos los contenidos dogmáticos de la religión católica. El pensador francés enfatizó la necesaria convergencia de la ciencia y la religión, en función de alcanzar la meta evolutiva a la cual denominó «punto omega». Sus ideas fueron quizás un poco lejos para el pensamiento católico de mediados del siglo XX d. C., de allí la poca acogida que tuvieron entre sus colegas. Aun así, la idea del potencial espiritual de la materia amerita una reevaluación a la luz del progreso científico. Se recomienda al lector la lectura del «*Himno a la materia*» de T. de Chardin (disponible en distintos medios) dada su pertinencia con los temas a desarrollar en este libro. Con relación a la práctica de los teólogos de silenciar a quienes buscan proclamar la verdad, reporta Lucas lo dicho por Jesús: «si éstos callan gritarán las piedras».

La presente obra ha sido dividida en dos partes. La Primera Parte y más extensa está orientada a postular la naturaleza de lo humano y su contexto cósmico. Todo, sobre la base de un nuevo enfoque exegético basado en una interpretación de las escrituras, con la finalidad de compatibilizarla con el conocimiento científico. Por tal motivo se denominará «exégesis natural» a dicha interpretación. La Segunda Parte está enfocada a establecer correspondencias, entre las formulaciones ofrecidas por la exégesis natural y los objetos de estudio de la física. Las mencionadas correspondencias permitirán contextualizar la figuración de lo humano en la materia, así como la injerencia de otras creaturas con las cuales la comparte. Dicha contextualización debería conducir a una toma de conciencia de la importancia del comportamiento humano, con miras a reorientarlo hacia su superación.

Sobre los «*Fundamentos de la Creación*» no siempre será posible preguntarse ¿por qué? Pues el conocimiento humano tiene límites. Esto es así, no solo en el ámbito religioso, sino también en el científico. Una vez agotados los recursos del pensamiento permitidos por las doctrinas religiosas, se llega por todas las vías a la misma respuesta: «porque así lo ha dispuesto el Creador». En el plano científico la respuesta al final de cualquier búsqueda no resulta menos cortante: «porque así se comportan».

Las referencias a las Escrituras Sagradas en este trabajo provienen de diversas fuentes y han sido traducidas y parafraseadas, con la finalidad de facilitar su lectura e interpretación. Para referirse al «Ser Supremo» se emplean indistintamente los nombres Dios, Señor y Creador entre otros, con la intención de restar monotonía a la prosa. Se hace un uso moderado de la mayúscula diacrítica cuando sea necesario destacar un uso particular dado a una palabra frente a su uso común. Se utilizan las cifras numéricas cuando su valor posea algún significado especial relacionado con los conceptos emitidos. Con la finalidad de precisar el significado de ciertos términos propios de alguna especialización del conocimiento, se ofrecerá de seguida una explicación entre paréntesis. Las unidades de medida empleadas son gramo «g», metro «m» y segundo «s», así como múltiplos, submúltiplos y composiciones, las cuales serán especificadas textualmente. Así mismo, el grafema «&» empleado con cierta frecuencia tendrá como significado «en conjunción con». En cuanto a las fechas, se adopta el calendario Gregoriano para las versiones de este libro en las lenguas latinas y anglosajonas. Habida cuenta de la incertidumbre en torno a la historicidad de algunos personajes bíblicos y de la antigüedad, las fechas relacionadas con estos solo buscan generarles un contexto histórico aproximado.

CAPÍTULO 2

PRECISANDO LOS FUNDAMENTOS

Ha llegado el momento de entrar de lleno en materia, lo cual implica definir un alcance para no perderse en la vasta religiosidad humana. Por tal motivo, conviene circunscribirse a 4 grandes religiones judaísmo, zoroastrismo, cristianismo e islam, cuya influencia en el curso de la historia a través de sus fieles resulta indiscutible. Con relación al contexto religioso propuesto y al margen de las obvias vinculaciones del cristianismo con el judaísmo, el Corán en la azora La Vaca confirma la revelación hecha: «a Abraham e Ismael, a Isaac, a Jacob y sus descendientes y en lo que fue dado a Moisés y a Jesús y a los profetas», sin distinciones ni salvedades. El profeta Muhammad agrupa a los seguidores de tales revelaciones bajo el nombre de «Gentes del Libro». Agregando en la azora La Araña, la recomendación de atemperar las discusiones con dicho grupo y de llevarlas a buen fin. La inclusión de los seguidores de Zoroastro (XV ... IX a. C.) o magos entre las Gentes del Libro está basada en otra declaración coránica, presente en la azora La Peregrinación.

La designación Gentes del Libro será cambiada por «Gentes con Libro» para incluir a los musulmanes en dicho grupo. La nueva denominación puede precisarse entonces, en base al ordinal temporal y la esencia cardinal (potencia de un número sin referencia a un orden) de sus 4 grandes religiones de acuerdo al esquema siguiente:

1) Primera religión y religión 1, judaísmo. Su máximo exponente humano Abraham. Su Libro Sagrado la Biblia Hebrea. Su rasgo doctrinal es el monoteísmo.

2) Segunda religión y religión 2, zoroastrismo. Su máximo exponente humano Zoroastro. Su Libro Sagrado el Zend-Avesta. Su rasgo doctrinal es un dualismo dominante.

3) Tercera religión y religión 3, cristianismo. Su máximo exponente humano Jesús. Su Libro Sagrado la Biblia Cristiana. Su rasgo doctrinal es el dogma trinitario.

4) Cuarta religión y religión 4, islam. Su máximo exponente humano Muhammad. Su Libro Sagrado el Corán. Su rasgo doctrinal es considerarse el sello profético de las 4 revelaciones.

Las 4 religiones constituyen formas distintas e independientes de abordar lo relativo a la conducta humana, individual y colectiva ante Dios. Además de estar organizadas en un gran esquema cuaternario, las 4 poseen cada una sus propios símbolos y formulaciones cuaternarias. Mucho de cuanto sigue a continuación estará dedicado a profundizar en dichos esquemas, sus contenidos y significados.

CAPÍTULO 3

BASES DE REPRESENTACIÓN CUATERNARIA

En este capítulo se enfrenta el reto de representar la arquitectura religiosa, abriendo a la par el camino hacia una compatibilidad plena con el conocimiento científico. El problema es complejo por varias razones, la primera relacionada con las dificultades inherentes al tema y la segunda con el lenguaje. Con el propósito de superar las dificultades inherentes, cada tópico relevante será abordado mediante un enfoque comparativo, desde los puntos de vista ofrecidos por las diversas fuentes. En cuanto al lenguaje, no resultaría del todo práctico ceñirse exclusivamente a una presentación literaria, especialmente hoy en día cuando existe una fuerte inclinación por lo visual. Pero las ilustraciones gráficas a su vez no están exentas de limitaciones, sobre todo al momento de presentar sobre las dos dimensiones disponibles los objetos de una Creación esencialmente multidimensional. También existe la posibilidad de acudir a representaciones matemáticas formales, pero lamentablemente el empleo de dicho lenguaje alejaría este esfuerzo de un gran número de lectores. Lo más conveniente sería optar por un uso combinado del lenguaje escrito y de los gráficos para establecer correspondencias entre conceptos religiosos y objetos naturales cuyas estructuras muestren semejanzas. La búsqueda de isomorfismos (correspondencias entre estructuras) entre los componentes de un concepto religioso y los objetos de estudio de las ciencias constituye la esencia del presente ejercicio de exégesis natural.

El requerimiento inicial es descubrir un objeto natural, donde 4 formas independientes de actuar estén vinculadas en un todo, como es el caso con las grandes religiones. Una breve búsqueda apunta de inmediato a los átomos de carbono (C, del latín *carbo*) y silicio (Si, del latín *silex*), por sus similitudes con los requerimientos para relacionar los componentes de la estructura cuaternaria mencionada. Esos dos elementos químicos forman parte del grupo catorce (carbonoideos) de la «tabla periódica», junto a otros que no viene al caso mencionar. La selección de ambos elementos se debe también a sus comportamientos químicos y por su eminente figuración en el desarrollo biológico y social de la humanidad. El carbono tiene un rol fundamental como elemento estructural en substancias claves de la biología y en materiales de construcción como la piedra caliza. El silicio por su presencia dominante en la corteza terrestre y en materiales de construcción como las arenas y el granito.

Como ocurre con todos los elementos, la actividad química del carbono y del silicio depende de la configuración de las probabilidades de ocurrencia de unas partículas elementales llamadas electrones. Dichos objetos tienen una figuración decisiva en la capa de valencia o capa exterior incompleta de los átomos. En el caso del carbono y del silicio la capa incompleta posee 4 electrones y le faltan otros 4 para su compleción. La forma de completarse es enlazándose con radicales químicos (grupo de elementos con su configuración electrónica incompleta) que aporten los 4 electrones faltantes. Las probabilidades de ocurrencia espacial de los electrones en la capa de valencia, como en las demás, son denominadas orbitales. En ambos elementos químicos, dichos orbitales son del tipo s (s es una abreviación de *sharp*, nítido en notación espectroscópica) esféricos y p (p proviene de *principal*) lobulares dirigidos, como indican las nubes oscuras en la figura 3.1 a continuación.

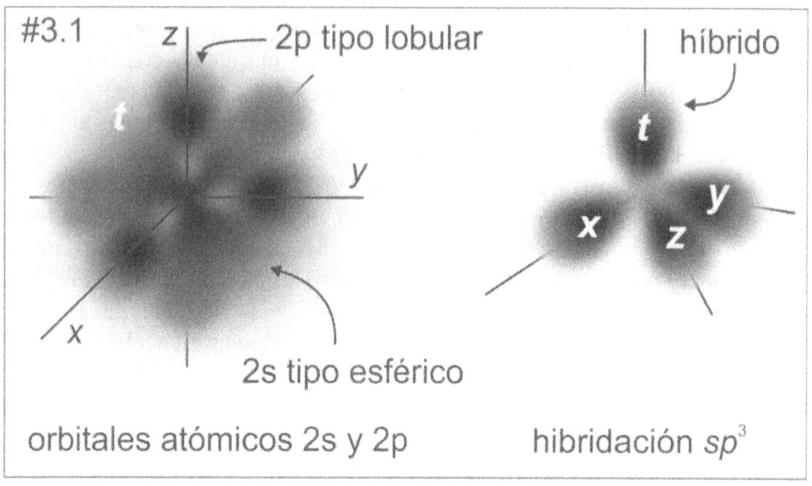

La figura a la izquierda muestra una representación «cartesiana» de la capa exterior incompleta del carbono y del silicio en sus estados fundamentales. En la literatura técnica las bases cartesianas de representación (llamadas así por su proponente, el filósofo francés R. Descartes [XVI – XVII d. C.]) están constituidas por la terna (x) (largo), (y) (ancho) y (z) (alto). Las nubes oscuras describen, como se ha dicho, los orbitales que son las probabilidades de ocurrencia de los 4 electrones en la capa de valencia química. Los estados fundamentales ilustrados a la izquierda tienen 2 electrones en el orbital s esférico (t) (transversal) y 2 en los p lobulares en dirección (x), (y) o (z).

Cuando ambos elementos se enlazan a 4 radicales químicos, los orbitales se reconfiguran mediante la combinación del carácter esférico de s y direccional de p. Las reconfiguraciones de los orbitales son denominadas hibridaciones, como la sp^3 ilustrada a la derecha. En la hibridación sp^3, los 4 orbitales se dirigen desde el centro (baricentro) de una configuración tetraédrica hacia sus 4 vértices. En ambas representaciones se ha indicado con una (t) al orbital que representaría una dirección transversal a la terna (x), (y) y (z), abreviada (x y z) (aun cuando de hecho las 4 son mutuamente transversales). El modelo tetraédrico será el preferido para las representaciones cuaternarias en lo sucesivo.

La forma tetraédrica permite representar sobre sus 4 ejes de simetría y en condiciones equivalentes a las grandes religiones. Se trataría de una situación similar a la del carbono cuando se enlaza a 4 radicales químicos, cada uno con su propio comportamiento. De igual modo se procederá con numerosas formulaciones de carácter arquetípico, las cuales constituyen los *«Fundamentos de la Creación».* Claro está, habría sido muy fácil desde un principio graficar las 4 religiones sobre un tetraedro y listo. Sin embargo, aquí se persigue algo más, pues la intención es naturalizar los planteamientos religiosos en la medida de lo posible. La figura 3.2 ilustra esquemáticamente el isomorfismo entre ambas representaciones.

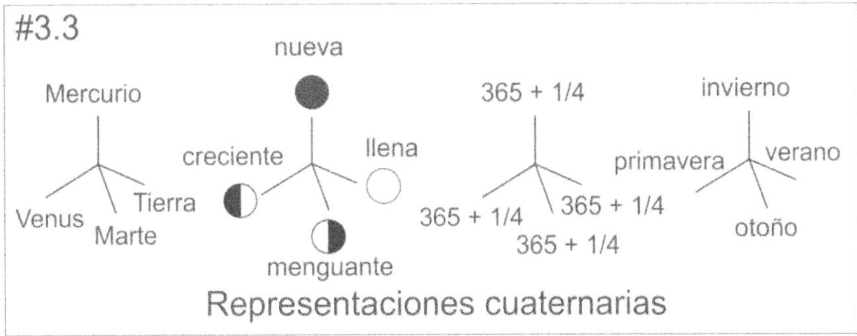

Además de los elementos químicos mencionados, existe un sin número de manifestaciones naturales claramente empeñadas a dirigir la atención humana hacia representaciones de tipo cuaternario. La mayor parte de las veces se estaría tentado o tentada a catalogarlas como coincidencias, lo cual en principio sería razonable, siempre y cuando no sean demasiadas. Tal es el caso de los 4 planetas rocosos; las 4 fases de la Luna; la necesidad de agregar un día en el calendario cada 4 años y las 4 estaciones en los climas templados, para solo mencionar algunas. La figura 3.3 ilustra las representaciones cuaternarias de los fenómenos traídos a colación.

Cabría entonces hacerse algunas preguntas de rigor: ¿Por qué los planetas rocosos son cuatro y no cinco o cualquier otro número? ¿Por qué las velocidades de traslación y rotación de la Luna son tales que sus caras oculta y visible son siempre las mismas? ¿Porque las rotaciones de la Tierra sobre su eje están sincronizadas con su traslación alrededor del Sol, de modo que sobre un cuarto de día cada año? ¿Por qué el eje de rotación de la Tierra está inclinado lo suficiente para dar origen a 4 estaciones? ¿Por qué todas esas peculiaridades en algunas cuestiones cuya observación ha sido vital para la supervivencia del ser humano primitivo?

No todas las representaciones religiosas o naturales han de ser cuaternarias. En la Creación existen arquetipos de forma, cuyos componentes admiten representación exacta sobre bases de distinto rango. Por el momento interesarán sobre todo las bases ternarias, binarias e incluso unitarias, las cuales podrán componerse para formar bases cuaternarias o de menor rango. Por ejemplo, una base unitaria puede componerse con una base ternaria para formar cierto tipo de bases cuaternarias, a las cuales se denominará impares del tipo 1-3. Las religiones se prestan a ese tipo de representación. Así, el zoroastrismo de origen indoario podría representarse sobre una base unitaria y las 3 religiones abrahámicas de origen semita: judaísmo, cristianismo e islam sobre una base ternaria. De igual modo se pueden construir bases cuaternarias, agrupando 2 bases binarias o de acuerdo a otras combinaciones posibles.

Algunas fórmulas ternarias poseen un orden intrínseco, el cual deberá extenderse a su representación. Tal es el caso con la terna espacial (x y z) debido a ciertos grados de libertad existentes, cuyo origen e importancia será discutido en su momento. De acuerdo a ese orden intrínseco (x y z) no es lo mismo que (y x z), en realidad son contrarios en cierto sentido. Con la finalidad de distinguir unas de otras suele emplearse una convención llamada «regla de la mano derecha», ilustrada en la figura 3.4.

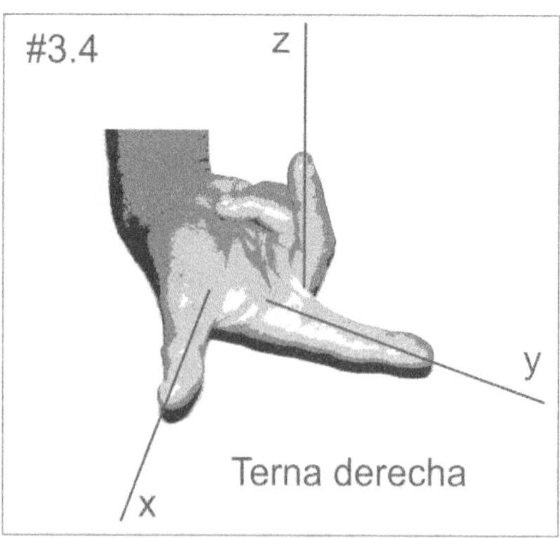

La cuestión es relevante por el hecho de que su imagen en un espejo no se puede superponer sobre ella misma, no es el mismo objeto. Ese concepto sin embargo, no se podrá extender al múltiple (t x y z), pues sobre (t) no se han desarrollado las mismas formulaciones. Por tal motivo, se deberá recurrir en todas las ilustraciones al artificio de alinear la dirección donde se ha representado (t) como si fuese paralela a un espejo hipotético. La figura 3.5 ilustra como aislar la dirección (t) de las otras 3, cuyas imágenes especulares no es posible superponer.

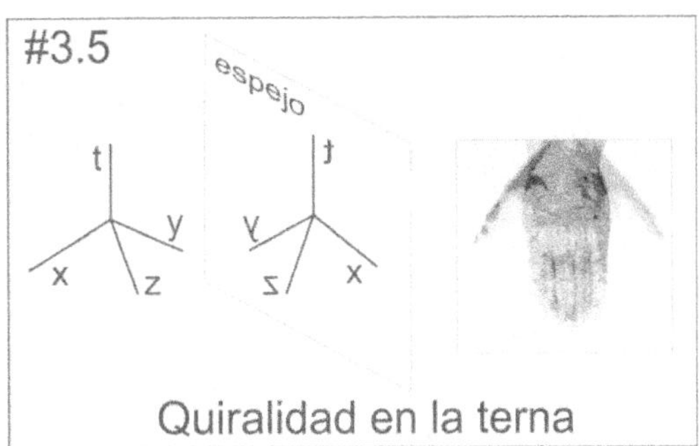

Se dice que ambas configuraciones especulares son «quirales» (término introducido por el físico irlandés W. Thomson [XIX – XX d. C.] que proviene de *keir*, mano en griego), dada la imposibilidad de superponerlas como sucede con las manos. En el marco de una exégesis natural esos detalles son de suma importancia, debido a la quiralidad de las substancias carbonadas en los seres vivos. Un rasgo que comparten con las representaciones de algunos arquetipos de la creación. Por ejemplo, entre los azúcares la D-glucosa es metabolizada por los seres vivos, mientras su imagen especular la L-glucosa no lo es, siendo apenas una curiosidad de laboratorio. Otro tanto ocurre con los aminoácidos y otras moléculas (compuestos químicos de dos átomos o más) más complejas.

El uso de bases cuaternarias en la representación de las formulaciones religiosas y sus implicaciones cósmicas alcanzó una escala monumental en el antiguo Egipto. Desde el siglo XXVII hasta el XIII a. C., las pirámides constituyeron la máxima expresión del conocimiento único de la civilización egipcia. Desde principios del siglo XX d. C. ha habido un amplio consenso acerca de la función funeraria de las pirámides. También se argumenta que sus dimensiones colosales serían una demostración de la importancia del tema de la muerte y de las formas de existencia después de esta para los egipcios. El monumento funerario trapezoidal de las primeras dinastías, conocido como mastaba, se considera como el precursor de las construcciones piramidales. Tal suposición está apoyada en la forma escalonada de la primera pirámide de envergadura, construida en Saqqarah (al oeste de Menfis) por Imhotep (XXVII a. C.) para el faraón Djoser (XXVII a. C.) a comienzos de la tercera dinastía. Luce sin embargo más acertada, la tesis del historiador noruego de las religiones W. Kristensen (XX d. C.), según la cual, el tema de la «vida eterna» fue la verdadera fuente de inspiración. En dicho contexto, las pirámides representarían la «isla radiante» o Benben (isla de Aztlan en el mito azteca de la creación) surgiendo de las aguas primordiales.

Con la pirámide romboidal del faraón Snefru (XXVII – XXVI a. C.) comenzó un lenguaje plástico más simple y potente. Las pirámides equiláteras construidas por sus sucesores, los tres faraones más destacados de la cuarta dinastía Khufu (XXVI a. C.), Khafre (XXVI a. C.) y Menkaure (XXVI - XXV a. C.) llevaron este tipo de construcción a su máxima perfección. Hasta la XVIII^{va} dinastía dominó la forma piramidal para representar la isla radiante, con sus 4 parejas. Dichas formas fueron luego elevadas sobre un cuerpo, hasta convertirse en el piramidión con el cual se coronaban los obeliscos (*tehen*, en lengua sagrada del antiguo Egipto significa protección). Como expresiones plásticas del poder divino, los obeliscos alcanzaron su máximo esplendor a partir del reinado de Hatshepsut (XV a. C.), hija de Tutmosis I (XVI - XV a. C.).

Según estudios del egiptólogo de los países bajos A. de Buck (XX d. C.), la isla radiante simboliza la vida de las divinidades naciendo espontáneamente de las aguas primordiales. En el mencionado surgimiento figuran 4 parejas representables sobre la morfología cuaternaria de las pirámides. Las edificaciones expresarían simbólicamente en un lenguaje plástico monumental, la teología de las 4 parejas originarias presentes en la ogdóada (las almas de Thoth) de Hermópolis y en la enéada de Heliópolis. Se presume que todas las variantes doctrinales en torno al tema de las 4 parejas tuvieron su origen durante el período predinástico (anterior al siglo XXX a. C.).

El lenguaje geométrico de las pirámides complementa los textos jeroglíficos en la expresión del formulismo teológico del Egipto antiguo. Mucho se ha especulado sobre las propiedades geométricas de las pirámides, unas veces con poca profundidad y otras ignorando cuestiones de contexto. A pesar de las dudas, no parecería prudente adoptar posturas escépticas como la del príncipe rumano M. Ghyka (XIX - XX d. C.). Según el ilustre pensador, los arquitectos de la gran pirámide seguramente no estuvieron conscientes de las propiedades geométricas descubiertas en ellas. En las pirámides deberá observarse lo más evidente, si se quieren descubrir todos sus grandes secretos y es eso precisamente lo que se intentará hacer aquí. Comenzando con observaciones elementales es posible afirmar que los mortales solo pueden ver desde el suelo 2 o 3 de las 4 aristas oblicuas de las pirámides. Mientras, solo la divinidad en las alturas puede observarlas todas simultáneamente. La figura 3.6 muestra un ejemplo de representación cuaternaria sobre las pirámides.

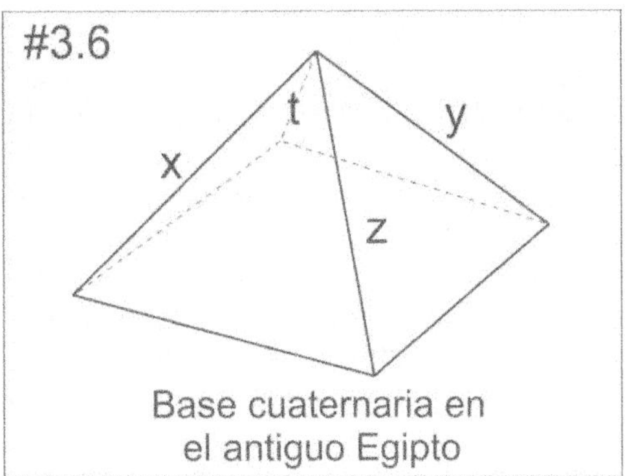

En la ilustración esquemática de la vista aérea de una pirámide se han representado sobre sus aristas oblicuas las 4 direcciones independientes, la dirección (t) y la terna (x y z).

CAPÍTULO 4

BASES DE REPRESENTACIÓN CUATERNARIA DEL TIPO 1-3

Son numerosas las verdades religiosas con representación exacta sobre bases cuaternarias compuestas por una base unitaria y otra ternaria, ambas independientes, pero relacionadas. Como ya se ha anticipado, las bases de representación así divididas serán denominadas cuaternarias impares del tipo 1-3. Dichas bases serán fundamentales en las observaciones de la naturaleza y en la interpretación de textos y expresiones plásticas de inspiración religiosa. Comenzando por el Egipto antiguo y centrándose en la observación de sus pirámides de pie sobre el suelo y desde cierta distancia, se presentan situaciones notables entre múltiples variantes. Interesa en este momento la observación de una pirámide, estando situado sobre una de las prolongaciones de las diagonales de la base cuadrada. Desde esas posiciones es posible observar 3 de las aristas oblicuas, 2 a cada lado de igual tamaño y simétricas, respecto a una arista central de menor longitud aparente. También desde esas 4 posiciones equivalentes hay siempre oculta 1 arista, figurando por aquello que trasciende las representaciones sobre las 3 visibles. En estos casos la pirámide ofrece 4 bases de representación del tipo 1-3, 1 oculto trascendente (que está más allá en todo sentido) (estrella Thuban) y 3 visibles e inmanentes (presentes y activos) (las 3 estrellas del cinturón de Orión), como muestra la figura 4.1.

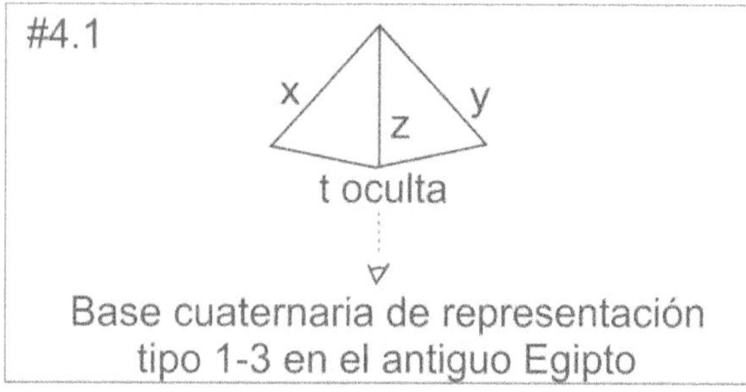

En la ilustración se ha representado la terna espacial sobre las aristas visibles de una pirámide, quedando oculta la dirección (t) transversal. También es posible plasmar aspectos geográficos, históricos y verdades religiosas del antiguo Egipto sobre bases cuaternarias. Tal es el caso de la ubicación de 4 influyentes metrópolis de aquel imperio (obviando Akhetatón), 1 de ellas Heliópolis está situada en el delta del río Nilo. En Heliópolis residía el culto al dios sol bajo la denominación de Atom más una «ogdóada» formada por 4 parejas originarias. Las otras 3 metrópolis Menfis, Hermópolis y Tebas fueron establecidas más al sur, en el curso del río Nilo. Según se cree, la antigua ciudad de Menfis fue fundada por Menes (XXXII a. C.) y su nombre en griego intenta reproducir el término egipcio *men-nefer*, ciudad de la pirámide. En la teología menfita, el dios Ptah representa la inefabilidad de lo trascendente, como atestigua la frecuente invocación: «Ptah... el oculto, del que nadie conoce su ser».

Hermópolis (en lengua egipcia *Hnmw*, la Octava Ciudad) cuyo nombre griego «Ciudad de Hermes» hace referencia al culto allí rendido a Thoth (Hermes, dios griego de la sabiduría y agente de la revelación) centró su teología entorno al poder creador de Amón. Según los teólogos hermopolitanos, la acción creadora de Amón está enmarcada en las 8 potencias de la ogdóada expresadas por medio de 4 parejas. Por su lado y antes de su declive, Tebas acogió una cultura envidiable para cualquier ciudad de la antigüedad. Allí fue adorado el dios Ra en la persona de Amón-Ra, el Oculto, Creador supremo. Amón pertenecía también a la pareja 4 de la ogdóada de Hermópolis. La figura 4.2 ilustra las ciudades del antiguo Egipto sobre una base geográfica del tipo 1-3.

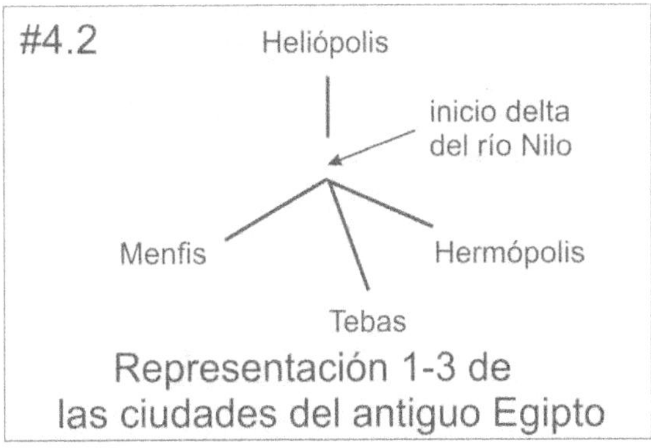

Al hacer la representación de las ciudades del Egipto antiguo sobre una base cuaternaria del tipo 1-3, se ha destacado intencionalmente el accidente geográfico de la ramificación del río Nilo en su delta. Tales demarcaciones ocurren frecuentemente en los simbolismos religiosos para subrayar la independencia de las formulaciones representadas sobre 1 de las componentes, con relación a las otras 3 en su conjunto.

Otro rasgo importante de las pirámides está relacionado con los materiales de construcción. La piedra más utilizada fue la caliza, una roca sedimentaria formada por la acumulación en el fondo marino de caparazones y esqueletos de organismos con muestras fósiles. Dicho de otro modo, la piedra de construcción de las pirámides surgió de las aguas cual isla radiante con muestras de vida. El componente químico principal de la roca caliza es el carbonato de calcio ($CaCO_3$) (Ca, *calcium* de cal en latín), como lo es también de la calcita y del mármol. Químicamente, el carbonato de calcio es una sal del ácido carbónico (H_2CO_3), donde sus dos átomos de hidrógeno (H, hidrógeno del griego *hydros*) han sido sustituidos por uno de calcio.

El grupo común a todos los carbonatos es el llamado ion (elemento químico o grupo de estos con carga eléctrica) carbonato (CO_3 (2–)). Dicho ion está formado por un átomo de carbono central enlazado a 3 átomos de oxígeno (O, Oxígeno, de ácido en griego) situados en los vértices de un triángulo equilátero. Mientras el carbono requiere de 4 electrones para completar su capa externa, cada oxígeno requiere solo 2 porque cuenta con 6 de los 8 necesarios. Una vez que el carbono comparta 4 electrones con los 3 oxígenos, a estos les quedarán 2 sin compartir y requerirán 2 adicionales para su propia compleción.

Cuando está disuelto en agua, el ion carbonato se queda con los 2 electrones de su contraparte iónica que necesita para su propia compleción, de allí su doble carga negativa. También en el ion carbonato, sus 3 oxígenos se disputan el cuarto electrón sobrante del carbono, toda vez que cada oxígeno toma 1 de los otros 3. Esa disputa de los 3 oxígenos por el cuarto electrón del carbono genera un tipo de enlace denominado resonante. Por tanto, pueden observarse 3 enlaces carbono-oxígeno fijos y 1 cuarto enlace resonante. Estando 1 oxígeno enlazado doblemente al carbono, la equivalencia de los 3 no permite saber cuál será el próximo oxígeno en disputarle el electrón para establecer su propio enlace resonante. Es un hecho indeterminado, no se trata de incertidumbre, pues simplemente ni se sabe ni se sabrá, hasta que ocurra. Por tal motivo, es factible representar los enlaces del ion carbonato de la caliza sobre una base cuaternaria del tipo 1-3, como muestra la figura 4.3.

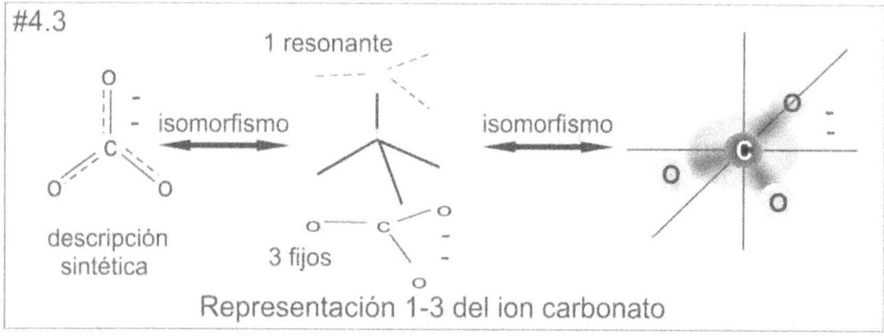

En la ilustración aparecen indicados los 3 enlaces fijos con trazo continuo, mientras el enlace resonante figura como línea punteada o nube gris anular, entre el carbono y los 3 oxígenos. Aun cuando los orbitales moleculares son cosa compleja de caracterizar y dibujar, es posible simplificar la cuestión para una ilustración en perspectiva como se muestra a la derecha. Los 2 signos menos indican la presencia permanente de 2 electrones en los oxígenos tomados de su contraparte iónica.

Los sabios arquitectos utilizaron la piedra caliza en el cuerpo piramidal y el granito en algunas partes de su interior, ambos, compuestos de carbono y de silicio. El granito es una roca ígnea granular cuya composición volumétrica es aproximadamente un cuarto de cuarzo (dióxido de silicio SiO_2) y tres cuartos de otros compuestos de silicio. Acompañan al cuarzo diversos aluminosilicatos como feldespatos, micas y anfíboles, cuya proporción aproximada contempla un setenta y dos por ciento de dióxido de silicio (SiO_2), catorce de óxido alumínico (Al_2O_3: Al, aluminio de alumbre) más otros compuestos. Dado que el silicio adopta una hibridación sp^3 tetraédrica en los compuestos mencionados, sus estructuras químicas y cristalográficas presentan analogías con las ya discutidas.

Sin embargo, la complejidad introducida por la amplia variedad de silicatos y aluminosilicatos en las rocas graníticas obliga a dejar al lector una investigación más profunda.

La importancia de las bases cuaternarias, al momento de representar las manifestaciones divinas en la religión hebrea, la expone el profeta Ezequiel en su visión del carro de la gloria de Dios. El objeto en cuestión aparece en medio de un fuego, donde se distinguen 4 seres vivientes con 4 rostros y 4 alas. Así mismo, la Biblia ofrece una abundante simbología relativa a la divinidad, donde hay cabida para representaciones cuaternarias del tipo 1-3. Conviene dejar en claro, sin embargo, que una exégesis de conjunto sobre la Biblia Hebrea arroja como resultado definitivo el carácter estrictamente monoteísta (que cree en un Dios único) del judaísmo. Afirmación que deberá acomodarse con la presencia en sus escrituras de expresiones plurales a cerca de Dios, como las referencias al dios cananeo o «Dios Padre» *(El Eb)* en términos de «El Eterno» *(El Olam)*, «El Altísimo» (El Elyon) y «El Todopoderoso» (El Shadday). Las referencias en la Biblia Hebrea a manifestaciones asociadas a la divinidad, susceptibles de representación sobre bases impares del tipo 1-3, son pocas, pero claves. En una de ellas en el Libro del Génesis se narra como el patriarca Abraham se refiere a Dios en singular, ante una presencia evidentemente ternaria:

> Entonces el Señor se le apareció, en el encinar sagrado de Mamré… Y cuando levantó los ojos vio a tres hombres a su lado… Al verlos, corrió a su encuentro… y se prosternó con el rostro a tierra pues reconoció la presencia del Señor.

En cuanto a las interpretaciones de tales representaciones, estas han sido casi siempre confusas y ambiguas, ya desde los primeros esfuerzos hermenéuticos (hermenéutica, conjunto de reglas para interpretar un texto) de pensadores hebreos de la antigüedad como Filón de Alejandría (I a. C. - I d. C.). En su voluminosa obra, el pensador alejandrino trató de aclarar la cuestión señalando que el patriarca Abraham se dirige a ellos, no como a 3 personas, sino como a 1.

El dios de la Biblia es sin dudas un dios personal (persona, del culto etrusco a Phersu, también carácter y en definitiva, modo de actuar), cuya forma de ser es revelada a los teístas (quienes creen en un dios creador comprometido con el sostenimiento de su Creación) en sus múltiples y decisivas actuaciones. En una de sus importantes intervenciones referida en el Levítico, Dios instituye un patriarcado ternario iniciado con Abraham, continuado con Isaac (XIX – XVII a. C.) y culminado con Jacob. La institución estuvo sellada por un pacto con cada uno de ellos: «Me acordaré de mi pacto con Jacob, de mi pacto con Isaac y de mi pacto con Abraham…». Los 3 patriarcas junto a sus consortes fueron sepultados en la cueva de Macpela (cueva doble), adquirida por Abraham a raíz de la muerte de Sara (XIX – XVIII a. C.) por la suma de 400 siclos (unidad de peso en Mesopotamia y Canaán, equivalente a unos 11,4 g de plata [Ag, del latín *argentum*]).

La pregunta de fondo es ¿si con el triple patriarcado, Dios revela algo de aquello en Sí mismo comprometido con su Creación? Muchos, incluso entre los cabalistas (corriente de la mística hebrea) han visto una respuesta a la pregunta anterior, en la visión del profeta Isaías con el Señor sentado en su trono y:

> Encima de Él estaban los serafines, cada uno tenía seis alas, con dos se cubrían el rostro, con dos se cubrían los pies y con dos volaban. Y se proclamaban unos a otros, exclamando: "¡Santo, Santo, Santo es el Señor de los ejércitos. La tierra toda está llena de su gloria!"

Según el pasaje citado, la triple santidad del Señor estaría siendo proclamada por sus creaturas, los serafines con 3 pares de alas. Sin embargo, la mención a sus ejércitos plantea una duda, pues la triple santidad podría referirse solamente a las manifestaciones del Señor junto a estos. De hecho, los 3 hombres recibidos por el patriarca Abraham en Mamré tenían encomendada la misión de destruir Sodoma y Gomorra, ambas confederadas en una pentápolis entregada a la idolatría.

Sin dudas, la más clara expresión ternaria referida a la divinidad aparece en el Libro del Éxodo, cuando Dios se describe ante Moisés (XIII a. C.) como «gracia», «misericordia» y «amor». La mística hebrea interpretó la mencionada triplicidad, como una referencia inequívoca a algún tipo de triple manifestación de la divinidad en el seno de su Creación. Por otro lado, según afirma la Biblia en Génesis 1, 1: «En el principio Dios creó el cielo y la tierra» y así sin más, se plantea la representación del cielo sobre una base unitaria y la tierra sobre una base ternaria. Tal representación es factible, por ser la Tierra el planeta 3 del Sistema Solar. En la figura 4.4 pueden observarse algunas de las representaciones cuaternarias sobre bases del tipo 1-3 presentes en la Biblia Hebrea.

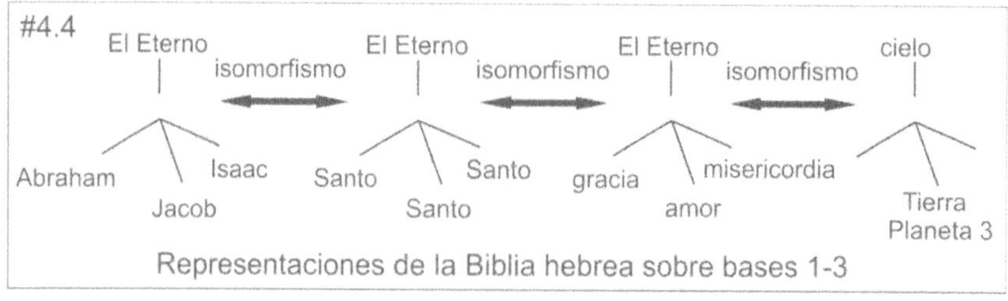

Representaciones de la Biblia hebrea sobre bases 1-3

En la literatura religiosa cristiana tampoco faltan las representaciones cuaternarias del tipo 1-3, una cuestión previsible tratándose de la religión 3. Tanto es así que la estructura cuaternaria de los Evangelios es la mejor referencia. Lamentablemente, en la larga historia de la exégesis evangélica, el interés por un análisis de conjunto ha sido un hecho tardío. Pues no fue sino hacia finales del siglo XVIII d. C. cuando aparecen los primeros intentos. Hasta esa fecha, solo se conocen las observaciones de Papías de Hierápolis

(I - II d. C.) y Agustín de Hipona (IV - V d. C.), sobre una supuesta anterioridad del Evangelio de Mateo, con respecto a los de Marcos (I d. C.) y Lucas. Pero la mencionada relación sinóptica antigua que daba prioridad cronológica al Evangelio de Mateo, fue resuelta en favor de otorgarle al Evangelio de Marcos la primicia.

El primero en agrupar los Evangelios de Mateo, Marcos y Lucas bajo la denominación de «sinópticos» y distinguirlos del Evangelio de Juan (I d. C.) fue el crítico alemán J. Griesbach (XVIII – XIX d. C.). Quizás el más claro ejemplo de la triple relación sinóptica está presente en la pregunta hecha por Jesús a sus discípulos y reseñada en esos 3 Evangelios: «Vosotros, ¿quién decís que soy yo?». Una pregunta clave ausente en el Evangelio de Juan. Se conoce como «triple tradición» a los 330 versículos comunes en los Evangelios sinópticos, un medio del Evangelio de Marcos y aproximadamente un tercio de Mateo y de Lucas. Aislado de la tradición sinóptica está el Evangelio de Juan, cuyo material gravita sobre una densa carga de simbolismo espiritual y teológico. Los sinópticos siguen una cronología en 4 fases, la preparación de Jesús; el ministerio en Galilea; la subida a Jerusalén y su pasión y el período desde su Resurrección hasta la Ascensión. La vida terrenal de Jesús se desarrolla en las fases 1, 2 y 3, dedicándose la fase 4 a Jesús resucitado.

El canon de la Biblia Cristiana fue establecido definitivamente en el Concilio de Hipona (393 d. C.) con la inclusión del Apocalipsis de Juan. Seguidamente, a partir del siglo V d. C. comenzaron las representaciones plásticas de los 4 evangelistas bajo la forma denominada tetramorfos. Los artistas se inspiraron en los seres junto a Dios en su trono, según las describe el Apocalipsis de Juan siguiendo al profeta Ezequiel:

> Con el primero semejante a un león, el segundo a un toro, el tercero tenía la cara de un hombre y el cuarto parecido a un águila. Y los 4 repetían día y noche, Santo, Santo, Santo es el Señor, el Todopoderoso, el que era, el que es y el que viene…

La ilustración 4.5 muestra las correspondencias de los tetramorfos con la arquitectura evangélica y los conceptos asociados a la doctrina trinitaria.

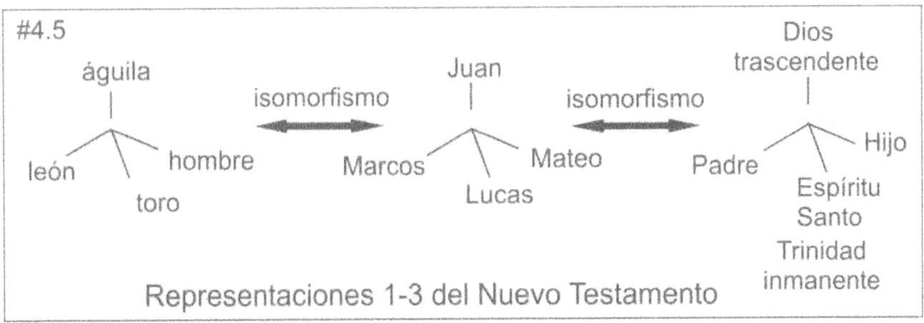

El planteamiento doctrinal evangélico más relevante versa sobre Dios, cuya unicidad trascendente viene atestiguada por la herencia religiosa del pueblo hebreo, al cual pertenecieron Jesús, sus discípulos y primeros seguidores. Sin embargo, a pesar de su monoteísmo de origen, Jesús sorprende cuando según Mateo los envía a bautizar a sus conversos: «en el nombre del Padre y del Hijo y del Espíritu Santo». El pasaje donde Mateo introduce la fórmula Padre, Hijo y Espíritu Santo fue objeto de consideraciones más bien discretas en los primeros días de la Iglesia. Con el paso del tiempo la cuestión se volvió un asunto de importancia capital y las discusiones fueron subiendo de tono hasta convertirse en un escándalo. Debido a la importancia de la doctrina trinitaria para la religión 3 y la arquitectura religiosa en general, se ofrecerá seguidamente un recuento sucinto de su evolución.

Lamentablemente las discusiones no siempre estuvieron limitadas a desavenencias, reprimendas verbales o excomuniones, pues en ocasiones se llevaron a cabo castigos crueles e injustos. Un ejemplo lo constituye el caso de Máximo Confesor (VI - VII d. C.), quien después de dos procesos en su contra fue condenado durante el Papado de Vitaliano (VII d. C.). El castigo incluyó la mutilación de la lengua y mano derecha por oponerse a la doctrina «monotelista» (monotelismo, en Jesús dos naturalezas, la divina y la humana y una sola voluntad divina) y profesar la «diotelita» (dos testamentos, voluntad humana y voluntad divina). Cuestiones que bien pudieron haber quedado resueltas en concilios anteriores. El teólogo murió en el exilio a causa de los maltratos, siendo luego reivindicado en el III Concilio de Constantinopla   (680 d. C.) y canonizado.

La mayor parte de las controversias trinitarias surgidas durante los primeros siglos del cristianismo estuvieron centradas en la identificación de Jesús con la segunda persona de la Santísima Trinidad. Ese gran paso introdujo en el seno de la doctrina trinitaria la cuestión de su naturaleza que podía ser humana, divina o ambas. El primero después de Mateo en pronunciarse sobre la triple manifestación divina fue Teófilo de Antioquía (II d. C.). El Obispo antioqueño empleó por primera vez el término «trías» en su obra «*Defensa frente Autólico*» (*Apologia ad Autolycum*), dirigida a un pagano de nombre Autólico y escrita hacia fines del segundo siglo. El término *trías* fue introducido para denominar con propiedad los 3 aspectos Dios, Verbo y Sabiduría (Padre, Hijo y Espíritu Santo) en un contexto metafísico (conocimiento especulativo de lo que está fuera del alcance de los sentidos). La intención era insertarlos en el esquema de comprensión del «ser», tan propio del pensamiento griego, en el cual Teófilo había sido formado.

En Occidente, Tertuliano (II - III d. C.) acuñó el término «*trinitas*» sin perder de vista la unidad en la divinidad: *Trinitas unius divinitatis, Pater et Filius et Spiritus Sanctus*. También fue Tertuliano el primero en adoptar el concepto de persona al momento de referirse a cada uno de los 3 aspectos. Además, en su obra «*Contra Praxeo*» (*Adversus Praxean*) el prolijo escritor introdujo la fórmula 1 substancia en las 3 personas, pues la unidad en la Trinidad los dispone. Esos 3 no poseen diferencias de estado, ni de grado, ni de substancia, ni de forma, ni de potestad, ni de especie. De manera que, si bien Tertuliano no resolvió todas las cuestiones, se le debe reconocer la exposición coherente de un problema, cuya solución definitiva ha desafiado el paso del tiempo.

Entre quienes contribuyeron a agravar los problemas en lugar de resolverlos estuvo Teodoto de Bizancio (II d. C.), el primero y más notorio de los excomulgados y padre de una forma de «adopcionismo». Según dicha herejía, Jesús (el Hijo) fue un hombre adoptado por Dios en el bautismo. Teodoto llegó incluso a negar la divinidad de Jesús, con el único propósito de escapar de Roma a una de las tantas persecuciones en su contra. Otros adopcionistas sostenían que la adopción tuvo lugar en cambio, al momento de la Resurrección. El adopcionismo partía de la herejía trinitaria del «monarquismo», con la cual se negaba la inter-dependencia de las 3 personas de la Santísima Trinidad, inclinándose por un monoteísmo hebraico radical.

Otra herejía con influencia notable sobre numerosos pensadores de la Iglesia de aquellos días como Justino (II d. C.), Ireneo (II – III d. C.), Tertuliano, Orígenes Adamantius (II - III d. C.) y Novaciano (II - III d. C.) fue denominada «subordinacionismo». Dicha doctrina consideraba al Hijo inferior al Padre, Quien a su vez era erigido en Dios supremo. La gnosis (gnosticismo, esfuerzo por conocer, basado en trascender la razón hacia la intuición) cristiana de Orígenes centró su esfuerzo en distinguir entre las 3 personas, otorgando supremacía al Padre. A consecuencia de ese énfasis hubo un descuido en lo relativo a la unidad e igualdad jerárquica, dejando abierto el camino a sus seguidores para adoptar diversas posturas. La teología origeniana también presentaba al Hijo como el Logos (término introducido por Heráclito de Éfeso [VI - V a. C.] para denominar la razón que hace inteligible la Creación), Quien da sentido, revela y obra la Creación desde su comienzo hasta su final, tal como lo proclama el Apocalipsis: «Yo soy el alfa y la omega, el primero y el último, el comienzo y el final». De hecho Orígenes al referirse al Hijo utilizó en «*Sobre los principios*» (*De Principiis*) la fórmula, no hubo momento en el cual no existiese, pero es del Padre de Quien procede. Muchos acusan a Orígenes de causar una de las grandes crisis doctrinales de la Iglesia, provocando enfrentamientos como ha habido pocos desde aquellos tiempos. La orientación subordinacionista de Orígenes fue radicalizada al extremo de relegar al Hijo a un elemento más de la Creación, reservando solo al Padre la calificación divina.

Quien mejor encarnó todas esas posturas conflictivas en aquellas polémicas tempranas fue Arrio (III - IV d. C.). Nacido en lo que hoy es Libia, Arrio fue el más inquisitivo de los discípulos de Luciano de Antioquía (III – IV d. C.). A los cuarenta años participó en el cisma sectario de Melecio (III - IV d. C.) del cual se retractó posteriormente. Fue entonces ordenado diácono y se le asignó la Iglesia de Baucalis en Alejandría. En sus numerosos viajes al oriente, Arrio predicó las fórmulas adopcionistas y subordinacionistas más extremas, negando enfáticamente que la divinidad del Hijo fuese comparable a la del Padre. La fórmula de Arrio propone que si bien el Hijo es anterior a cualquier creación, hubo un momento previo en el cual no existía. De igual modo pensaba que Dios no fue Padre desde siempre, pues hubo un tiempo en el cual estaba solo. El Hijo no existió desde siempre, ya que todas las cosas han sido hechas de la nada, incluyendo al Verbo de Dios. Tal fue el revuelo causado por Arrio con sus ardientes polémicas, particularmente con Alejandro de Alejandría (III - IV d. C.) que el emperador Constantino I (III - IV d. C.) se vio obligado a intervenir. Motivado por previas experiencias con el «donatismo» (solo los intachables podían ejercer el sacerdocio) y sus repercusiones en la cuenca mediterránea, el emperador les envió una carta con su amigo Osio de Córdoba (III - IV d. C.) reprimiendo severamente a ambos. El fracaso de las gestiones de Osio indujo al emperador a convocar el primer Concilio Ecuménico griego, celebrado en mayo del 325 d. C. El evento tuvo lugar en Nicea cerca de la residencia imperial de Nicomedia, hoy Izmit en Turquía. El emperador dio inicio al concilio pronunciando un discurso de bienvenida en latín, seguido por Eusebio de Nicomedia (III - IV d. C.) quien leyó la fórmula arriana, la cual fue rechazada por la asamblea. El concilio fue clausurado por Constantino con un banquete y generosos regalos a los asistentes, por cumplir veinticinco años como emperador desde su proclamación a los dieciocho años de edad.

La fe del Concilio de Nicea consiste en introducir el término «consubstancial» para referirse a la esencia única del Padre y del Hijo. El Hijo es, Dios verdadero de Dios verdadero, engendrado, no creado, de la misma substancia del Padre, dejando para otra oportunidad lo relativo a la tercera persona, el Espíritu Santo. Se negaron a suscribir la fe de Nicea Arrio, Segundo de Tolemaida (III - IV d. C) y Teonas de Marmárica (III - IV d. C.), quienes fueron excomulgados en el acto y exilados a Ilírico en los Balcanes. Tres meses después los acompañó Eusebio de Nicomedia exilado por tres años, hasta el momento de su reconciliación con el emperador. Las sesiones de Nicea fueron guiadas por la influyente figura de Atanasio (III - IV d. C.), tres años después designado obispo de Alejandría. La teología de Atanasio consideraba al Hijo como la máxima realización del Padre al expresarse a Sí mismo. El Padre genera eternamente al Hijo, su única expresión, interpretada por nosotros como sabiduría y poder de Dios. El Espíritu Santo es dado por el Hijo, al igual que todo lo demás, de manera que el Verbo de Dios (el Hijo) es un instrumento divino de su propia substancia. Pero en Nicea no concluyeron del todo las controversias, pues perduraron numerosos resentimientos y posturas enfrentadas a causa de crueles persecuciones. Las disensiones obligaron la convocatoria de un nuevo Concilio en Tiro (335 d. C.) por parte de los obispos orientales, con el apoyo de Constantino y donde esa vez resultó condenado Atanasio.

Si bien la fe de Nicea significó un triunfo contra el arrianismo, dejó mucho que desear en cuanto al tratamiento dado al Espíritu Santo, ameritando reconsideraciones posteriores. El primero en elevar al Espíritu Santo otorgándole un estatus divino fue el mismo Atanasio, dando así origen al contexto trinitario. Durante sus años de figuración el teólogo alejandrino combatió sin tregua a quienes llamó «pneumatómacos» (adversarios del Espíritu) como Macedonio (III - IV d. C.), por considerar al Espíritu Santo una creatura más de la Creación. En el contexto trinitario, Atanasio coloca al Espíritu Santo como lo dado por el Hijo que pertenece originalmente al Padre (circuminsesión). Posterior a la decisiva aclaratoria hecha por Atanasio siguieron importantes refinamientos, principalmente por los llamados padres capadocios.

Durante el siglo cuarto los tres padres capadocios, Basilio (IV d. C.) obispo de Cesarea, Gregorio Nacianceno (IV d. C.) y Gregorio Niseno (IV d. C.) ampliamente reconocidos por su espiritualidad, hicieron contribuciones decisivas a la doctrina trinitaria. Los capadocios introdujeron el término «hipóstasis» (en griego sedimento de un líquido, lo que de sólido o consistente puede un líquido dar) para referirse a la naturaleza propia, individual e incomunicable que mantienen las 3 personas de la Santísima Trinidad en su intercambio intra-divino. También Basilio adoptó la fórmula de Atanasio elevando al Espíritu Santo al rango de aspecto de la divinidad. Por su lado Gregorio Nacianceno diferenció al Hijo del Espíritu Santo, postulando que el primero es engendrado por el Padre, mientras el segundo procede del Padre. Gregorio de Nisa distinguió las 3 personas en la acción más que por su origen. Situó al Padre en la fuente del poder (el Todopoderoso), al Hijo lo identificó con el poder del Padre (la fuerza misma) y al Espíritu Santo como el poder del Hijo expresado en los existentes (la acción). Los padres capadocios contribuyeron a aclarar la igualdad jerárquica y las relaciones entre los 3 aspectos atribuidos a Dios en el seno de la doctrina cristiana. Sin embargo, también se debe a ellos mucho de la especulación oriental por la cual, el Padre era considerado superior a todo (monarquismo), debido a su rol genético.

En el 381 d. C., después de su victoria sobre los godos, el emperador Teodocio I (IV d. C.) promulgó un edicto en Tesalónica obligando a profesar la fe nicena de Roma y Alejandría. Después de su entrada en Constantinopla presionó por la renuncia del arriano Demófilo (IV d. C.) para nombrar patriarca a Gregorio Nacianceno y convocó de inmediato un concilio en el palacio imperial. A este concilio asistieron Gregorio Nacianceno y Gregorio Niceno, para solo citar los más relevantes. Las dificultades en lograr una fórmula a satisfacción de todos, derivaron en la construcción de un credo basado en citas al Nuevo Testamento relativas al Espíritu Santo. En Constantinopla, los dos Gregorios impusieron la doctrina de Basilio expuesta en su obra «*Sobre el Espíritu Santo*» (*De Spiritu Sancto*) finalizada en el 375 d. C. En ella se reafirmaba la fe bautismal, reconociendo el rango divino de la tercera persona. También fue impuesta la fórmula de los capadocios, 1 «substancia» (substancia primera, en griego ousía, lo que contiene la determinación de sí mismo y por lo tanto, pertenece a una sola cosa) 3 hipóstasis, afirmando que el Espíritu Santo, al igual que el Hijo, procede en última instancia también del Padre. Lo cual fue interpretado distintamente por griegos y occidentales. Los griegos interpretaron que el Espíritu Santo procede del Padre por medio del Hijo. Los occidentales en cambio, pensaban que el Espíritu Santo procede del Padre y del Hijo. La doctrina occidental fue denominada *«filioque»*, la cual para variar, dio pie a nuevas controversias hasta ser declarada por la Iglesia Romana como dogma de fe en el IV Concilio de Letrán (1215 d. C.).

Hubo que esperar a Agustín de Hipona para substanciar y consolidar la doctrina de la Santísima Trinidad y situarla en el centro del pensamiento filosófico de la Iglesia Occidental. Aurelio Agustín nació en Tagaste de Numidia hoy Souk Ahras (al noreste de Argelia) en el año 354 d.C., de padre pagano y madre cristiana (Mónica), quien influyó decisivamente su orientación. La vida de Agustín fue un ejemplo de búsqueda continua de la verdad, siendo un joven apasionado tanto en la búsqueda de los placeres mundanos como en el estudio. Logró alcanzar un elevado nivel cultural, gracias al cual enseñó retórica en Cartago, Roma y Milán. Comenzó sus estudios filosóficos leyendo «*Hortensio*» de Cicerón (II – I a. C.), lo cual acrecentó su pasión por el conocimiento. Posteriormente se adhirió durante diez años a la herejía «maniquea» (doctrina religiosa y filosófica fundada por Manes [III d. C.] centrada en el conflicto entre bien y mal), convirtiéndose en un fanático anti-cristiano. Hastiado y decepcionado del maniqueísmo se marchó a Roma convirtiéndose al «escepticismo» (tendencia del pensamiento que nada afirma), pero sin hacer mella en su afán de búsqueda. Más tarde en Milán después de un reencuentro con el cristianismo profesado por su madre, se pronunció en favor del neoplatonismo de Plotino (III d. C.) y Porfirio (III- IV d. C.). Finalmente en el 387 d. C. fue bautizado por Ambrosio de Milán (IV d. C.) y en el 391 d. C. ordenado sacerdote por el Obispo Valerio de Hipona (IV d. C.), a quien sucedió.

Tras largos períodos de meditación, Agustín vierte en su tratado «*Sobre la Trinidad*» (*De Trinitate*) (399 … 420 d. C.) su amplia visión del pensamiento latino sobre la triple manifestación de Dios. Se trata de una obra extensa destinada a ejercer una gran influencia sobre la fe cristiana. El Dios uno es Padre, Hijo y Espíritu Santo, no son 3 individualidades distintas, sino 1 y solo 1. Además, sustituye el concepto persona por relación, según Agustín serían 3 relaciones, lo cual refuerza la naturaleza comunitaria y unitaria. En síntesis, las 3 relaciones son distintas en la unidad de 1 misma substancia. También enfoca por separado el problema de la Trinidad desde el punto de vista «económico» (economía, lo dispuesto eternamente por Dios para la salvación de la humanidad y realizado en el tiempo), así como desde la perspectiva de su inmanencia en el hombre. De esta manera, Agustín sugiere buscar la Trinidad también en nosotros mismos. Una Trinidad, reflejo del Dios que nos hizo diciendo: «Hagamos un hombre a nuestra imagen y semejanza…», según consta en el Libro del Génesis.

Posteriormente, las consideraciones sobre el dogma de La Santísima Trinidad desde comienzos de la Baja Edad Media se dividieron en dos vertientes, la místico-personalista y la intelectualista. La primera impulsada por figuras como el borgoñés Bernardo de Fontaine (XI – XII d. C.) y el toscano Juan da Fidanza (Buenaventura) (XIII d. C.). Mientras la segunda fue promovida por los italianos Anselmo de Canterbury (XI – XII d. C.) de Aosta y Tomás de Aquino (XIII d. C.) oriundo de Roccasecca. Según los místicopersonalistas, las 3 personas de la Santísima Trinidad residen una en la otra, compenetrándose, pero sin derivar en fusión o mezcla, sino en conjugación. El impulso dinámico de las 3 es único, el mismo, las 3 personas es su Dios. En cambio, el enfoque de los intelectualistas era en cierto modo contrario y similar al de Agustín, en cuanto a que Dios es 1 expresándose de 3 modos distintos.

A lo largo de los siglos, el dogma de la Santísima Trinidad evocó respuestas apasionadas por parte de pensadores y místicos de todas las tendencias. Del lado de la Reforma, Juan Calvino (XVI d. C) adoptó el dogma trinitario subrayando la unidad en la esencia donde son comprendidas las 3 personas. Otros reformadores como Lelio (XVI d. C) y Fausto Socini (XVI – XVII d.C.) fueron abiertamente anti-trinitarios. De su lugar de nacimiento en Siena Italia tuvieron ambos que huir hacia el norte de Europa, a causa del radicalismo de sus doctrinas. Fausto se estableció en Polonia vinculándose a los Hermanos Polacos (*Fratres Poloni*), tan anti-trinitarios o más que él. A principios del siglo XVII d .C. tras la muerte de Fausto, se recogieron los aspectos más importantes de su doctrina en el catecismo de Rakan. Su pensamiento sintetizó lo más granado de las posturas anti-trinitarias del español M. Servet (XVI d. C.) y del humanista italiano V. Gentile (XVI d. C.). El primero enviado a la hoguera junto a su obra y el otro decapitado a causa de la suya.

Entre los padres de la ciencia J. Kepler (XVI – XVII d. C.) ardiente defensor del heliocentrismo y de la doctrina trinitaria vio en la esfera una imagen de esta, situando al Dios Padre en el centro, al Hijo en la superficie y el Espíritu Santo en el espacio interior. Sin embargo, la influencia sociniana fue decisiva en los ambientes anti-trinitarios más recalcitrantes de los Países Bajos e Inglaterra, a los cuales pertenecieron figuras de la talla de I. Newton (XVII – XVIII d. C.). El destacado físico y pensador inglés dejó constancia de su posición anti-trinitaria en numerosos escritos de carácter teológico.

En el seno de la Iglesia católica continuó la especulación formal sobre el dogma trinitario, en completa desvinculación del quehacer y sentir de los fieles. Como bien señalara el teólogo alemán J. Moltmann (XX – XXI d. C.), el que Dios sea trino o que sea uno no parece tener importancia, ni en la fe, ni en la ética. La indiferencia generalizada frente a las interminables polémicas sobre el dogma de la Santísima Trinidad ha conducido a una crisis que perdura hasta nuestros días. Lejos de converger hacia una propuesta coherente, las discusiones continúan exponiendo descarnadamente discrepancias dramáticas entre teólogos, al término de casi dos milenios de discusiones. Pues por un lado, el teólogo germano K. Rahner (XX d. C.) reformula el dogma con su célebre frase, la Trinidad económica es la Trinidad inmanente y viceversa. Mientras el teólogo napolitano B. Forte (XX – XXI d. C.) discrepa argumentando que la Trinidad económica es la narración en nuestra propia historia de la historia de Dios. En tanto que, la Trinidad inmanente es la Trinidad tal y como es para Sí misma.

En definitiva, la historia del dogma de la Santísima Trinidad es sin dudas insólita y sorprendente. Parece increíble que un solo pasaje en 1 solo de los 4 Evangelios pudiese llegar a convertirse en un rasgo tan distintivo como controversial de toda una religión. Volviéndose luego con el paso del tiempo, en un mero enunciado ignorado y desprovisto de significado para los fieles. A pesar del desenlace, corresponde a los cristianos acomodar en una sola representación, al Dios trascendente del Antiguo Testamento con la Santísima Trinidad conceptualizada y debatida por sus teólogos.

Las discusiones sobre el dogma trinitario no quedaron confinadas solamente al seno de la Iglesia. Por el contrario, los escándalos reverberaron con fuerza por todos los confines del mundo antiguo generando todo tipo de aprensiones. Tanto es así que el profeta Muhammad dejó constancia de su postura enfáticamente anti-triteísta en las aleyas de las azoras La Vaca, Las Mujeres y La Mesa, para solo citar algunas. En dichas azoras subrayó la unicidad de Dios y previno contra las exageraciones al decir 3 o al situar a Dios de tercero en una tríada.

En sintonía con las advertencias anti-triteístas del Corán se debería interpretar la geometría del santuario «cúbico» o Caaba, en cuya esquina este está situada la Piedra Negra de Abraham. La Caaba en su conjunto ofrece una presentación plástica extraordinaria del formulismo cuaternario de la religión 4, sobre una base impar del tipo 1-3. La construcción de dicho santuario es atribuida al patriarca Abraham y a su hijo Ismael (XIX - XVIII a. C.) y a lo largo de su dilatada historia acogió cultos a divinidades de la más diversa índole. Al momento de ser adoptada por el profeta Muhammad, la Caaba albergaba el culto a 360 ídolos presididos por Hubal, máxima deidad de la antigua tribu de los nabateos. El ceremonial central del culto al Dios nabateo consistía en alabarlo, mientras se daban vueltas (circunvalar) alrededor de la Caaba (en el sentido señalado por los cuatro dedos de la mano derecha cuando el pulgar apunta hacia arriba), unas veces desnudos, otras rociando la sangre de animales sacrificados. Los ancianos de las tribus dieron al profeta Muhammad el aerolito denominado Piedra Negra de Abraham, con la intención de que lo colocara en el santuario. Sabiamente el profeta lo situó en una esquina próxima al este, el cual coincide con la puerta de entrada a su interior, como muestra la figura 4.6.

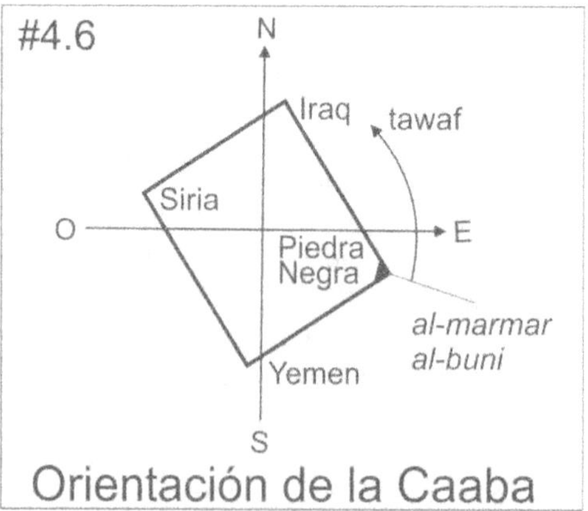

En la figura aparecen indicados los 4 puntos cardinales, la esquina de la Piedra Negra de Abraham y la franja de mármol (*al-marmar al-buni*). Dicha marca indica el comienzo y el final de las 7 circunvalaciones en torno a la Caaba (tawaf), siguiendo el orden de las esquinas de Iraq, Siria y Yemen. En el contexto de una base cuaternaria del tipo 1-3 la Piedra Negra de Abraham representa lo trascendente y por lo tanto debería figurar sobre la base unitaria separada de la terna. En tanto que, las otras 3 esquinas, la iraquí, la siria y la yemení podrían considerarse alusivas a una terna inmanente subordinada. Las correspondencias entre la base cuadrada de la Caaba y el modelo tetraédrico seleccionado para las representaciones cuaternarias aparecen señaladas en la figura 4.7. La esquina sur o yemení ha sido vinculada con una flecha al componente correspondiente de la base cuaternaria.

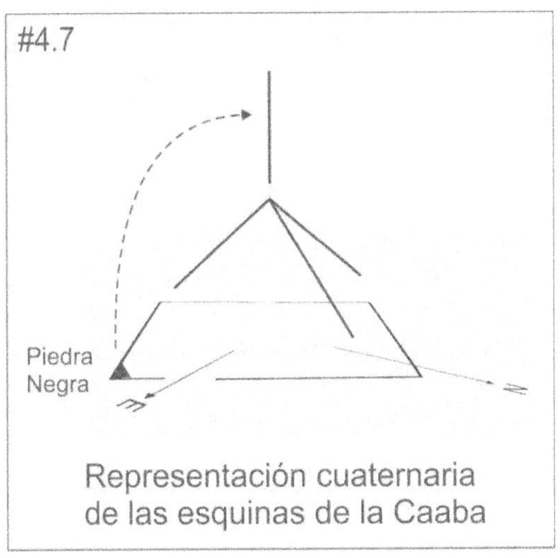

A pesar de las advertencias anti-triteístas del profeta Muhammad, algunos pensadores y místicos del islam han dejado entrever cautelosamente sus inclinaciones trinitarias. Un claro ejemplo de la discreción con la cual es tratado el tema en el islam, lo ofrece el murciano ibn Arabi (XII - XIII d. C.) en «*Los engarces de la sabiduría*» (*Fusus al-Hikam*). En su obra el místico expresa que la cuestión se basa en la singularidad, pero que tal singularidad tiene una composición triple, pues la singularidad dice, proviene del 3.

El presente capítulo ha estado centrado en mostrar la utilidad potencial de las bases cuaternarias del tipo 1-3, en la representación y organización de algunos conceptos religiosos. Oportunamente se ampliará el tema aquí tratado, con la finalidad de abordar otros enfoques orientados a contextualizar la unicidad divina con la multiplicidad observada en su Creación.

CAPÍTULO 5

BASES DE REPRESENTACIÓN CUATERNARIA DEL TIPO 2-2

Las bases cuaternarias pueden configurarse también mediante la composición de 2 bases binarias, lo cual es a su vez una expresión binaria del tipo 2-2. Perteneciendo la unicidad exclusivamente a Dios, el acto de la creación comienza con el número 2. No en vano, el primer versículo de la Biblia dedicado al inicio de la creación comienza con la letra ב (bet, segunda letra del alfabeto hebreo, cuyo valor numérico es 2). Así mismo, la figuración de las aguas en el preludio de toda creación es una constante en las cosmogonías de la antigüedad mejor documentadas. Tal preeminencia induce a pensar que Dios creo las aguas en primer término para luego imponer sobre ellas una partición impar del tipo 1-3.

La mejor forma de comprender la connotación hídrica dada al medio binario del cual habría de surgir el cosmos, pasa por una exploración de la naturaleza del agua química. La afirmación anterior presume que la fenomenología del agua es hasta cierto punto, una exteriorización de los arquetipos binarios de la Creación. A la temperatura de confort para los humanos, el agua por estar en estado líquido y a diferencia de cualquier sólido toma la forma del recipiente donde está contenida. En las condiciones mencionadas, el agua química adolece de las más elementales capacidades para definir su propia forma. Es una substancia indispensable en el surgimiento y mantenimiento de la vida, como bien saben los habitantes de cualquier desierto sobre la faz de la tierra. Sin embargo, su rol está limitado en gran medida a actuar como medio, en el transporte y disociación de otras substancias. Fisicoquímicamente, el agua es considerada un dieléctrico (aislante eléctrico) que mantiene disociados iones de ácidos, bases y las sales de estos, como lo hace incluso en los procesos de la vida biológica.

Químicamente hablando, el agua común es un compuesto con rasgos binarios, como su fórmula molecular H_2O lo indica, 1 átomo de oxígeno enlazado a 2 de hidrógeno. Según ha sido mencionado anteriormente, el oxígeno posee una capa electrónica exterior incompleta con una configuración orbital semejante a la del carbono. No obstante, el elemento posee en dicha capa 6 electrones en lugar de 4 y por lo tanto, solo son requeridos otros 2 para completarla. De allí el rol clave del oxígeno para hacer figurar al agua química, entre los modelos naturales susceptibles de representación sobre bases binarias. Una de las formas en las cuales el oxígeno obtiene los 2 electrones faltantes es compartiendo los suyos, con los de la capa exterior incompleta de 2 átomos de hidrógeno. Cada uno de esos hidrógenos posee 1 electrón disponible y requiere otro para su propia compleción.

En el oxígeno, 2 orbitales están saturados con 2 electrones cada uno, mientras los 2 restantes tienen 1 cada uno y es allí donde los 2 hidrógenos aportan los suyos. Como ocurre con el carbono y el silicio, la capa exterior incompleta del oxígeno puede configurarse bajo una hibridación del tipo sp^3.

Lamentablemente no todo es tan simple, pues si bien hay consenso en que la hibridación sp^3 del oxígeno es la condición preferida, en ciertos casos la cuestión puede ser diferente. Las evidencias apuntan a que el oxígeno del agua puede adoptar también una hibridación sp^2 más p. Bajo dicha configuración solo 2 orbitales p comparten el carácter esférico del orbital s, mientras un tercer orbital p no se hibrida. Ambas formas mantienen el rasgo binario de los enlaces con hidrógeno, permitiendo establecer correspondencias con representaciones sobre bases binarias, tal como se hará con las aguas primordiales. La figura 5.1 presenta esquemáticamente a la izquierda y en el centro, las hibridaciones de los orbitales del oxígeno. Mientras a la derecha se muestra una representación de 2 direcciones independientes, sobre el arquetipo de las aguas primordiales de la Creación.

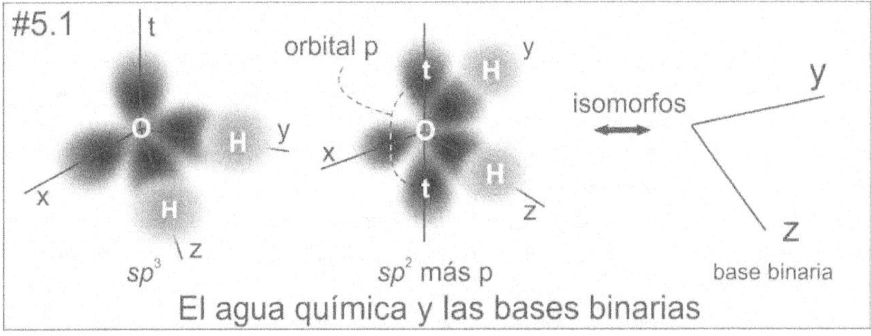

En la figura se han hecho coincidir, sobre una forma tetraédrica y una bipirámide trigonal, dos representaciones cuaternarias. Una de las representaciones corresponde a las direcciones de la terna espacial (x y z) más (t) y la otra a los orbitales del oxígeno.

Debido a la imbricación de las formulaciones impares y pares, el agua química no es puramente binaria. De hecho y aun cuando existan 2 variedades denominadas para-agua y orto-agua, ambas ocurren en proporciones de 1 a 3 como en una base cuaternaria del tipo 1-3. Esto es debido, a que para-agua y orto-agua forman parte de un esquema denominado singlete-triplete. Tal situación se produce por la combinación paralela o anti-paralela de los momentos magnéticos de los núcleos de ambos átomos de hidrógenos (llamados protones). Debido a la carga eléctrica (en este caso positiva [+]) de los protones, sus giros intrínsecos generan momentos magnéticos anti-paralelos si son contrarios o paralelos si giran en el mismo sentido. La figura 5.2 intenta facilitar la comprensión de la fenomenología mencionada.

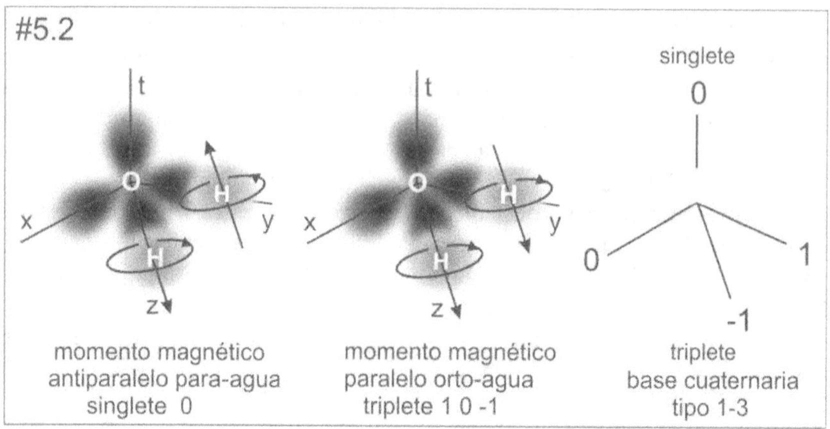

En la figura se muestran las 2 configuraciones magnéticas mencionadas, dejando al lector interesado indagar sobre otras posibles e investigar las composiciones simétricas y anti-simétricas de los estados base. El contraste en el par 1 −1 a la derecha de la figura refleja un rasgo esencial de las aguas, mientras los 0 se refieren a su ausencia.

Los pensadores de la antigüedad vieron en el estado líquido del agua una manifestación del caos, por su incapacidad para definir su propia forma a una temperatura confortable. Ignoraban sin embargo, que a pesar de su fluidez, el agua conserva aspectos de organización de sus moléculas propios de su estado sólido, cuestión que no hacen otros líquidos. De hecho, las atracciones electrostáticas entre los átomos de oxígeno de una molécula y los protones de otra, dan lugar al llamado «puente de hidrógeno», con fuerza suficiente para unirlas. De allí que el agua en estado líquido mantenga localmente, celdas con arreglos similares a los de su estado sólido.

Las aguas primordiales arquetípicas son un elemento esencial en la cosmogonía egipcia y en su doctrina relativa a la vida eterna. El medio acuoso del cual emerge la isla radiante haya su representación en las pirámides, cuando sus caras triangulares son observadas de frente. Desde dicho punto de observación es posible ver únicamente 2 aristas oblicuas e iguales (las estrellas Sirio y Kochab), como en la figura 5.3.

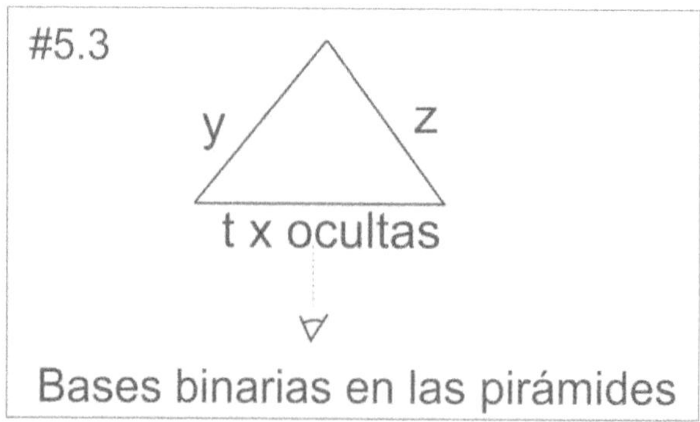

La deshidratación o extracción del agua jugó un papel extraordinario en el ritual funerario egipcio de momificación, asociado a la consecución de la vida después de la muerte. En dicho proceso eran empleados los carbonatos como medio de extracción. Dichas sales aparecían recubriendo las orillas de las lagunas formadas durante las inundaciones del río Nilo, luego de la evaporación del agua por acción del Sol. Los carbonatos simbolizaban entonces, aquello dejado atrás por la desaparición o el retroceso de las aguas, como era el caso con la piedra caliza. El carbonato más abundante a orillas de esas lagunas es el carbonato de sodio (Na_2CO_3), siendo el sodio (Na, del latín *natrium*) más conocido por su presencia en la sal común. Ese carbonato era recogido, calcinado en hornos y empleado para recubrir los restos mortales de la clase pudiente, con el propósito de extraer los dos tercios de agua presentes en sus cuerpos. El proceso de secado dejaba solamente un tercio remanente formado por todos aquellos compuestos distintos al agua. Ese tercio remanente era la esencia de lo impar, el cual quedaría a la espera de otras aguas, las aguas limpias de la resurrección. Elementalmente representadas por aquellas vertidas desde el cielo todos los años para reverdecer el desierto.

En la Biblia no es necesario buscar mucho para encontrar referencias a las aguas primordiales, de hecho en el texto del Génesis aparecen precediendo a toda creación, pues: «la tierra estaba confusa y en caos, y el Espíritu de Dios flotaba sobre la superficie de las aguas». La entronización del Creador sobre el caos de las aguas primordiales es un dato fundamental, imposible de pasar por alto en cualquier intento exegético. Sobre todo por sus reiteradas menciones, entre las cuales destacan las del salmista cuando afirma: «la voz de Dios es sobre las aguas. Truena el Dios de majestad. Dios está sobre muchas aguas y se entroniza sobre las del diluvio». Con lo cual queda establecida la importancia otorgada por la Biblia a las aguas primordiales, como base binaria en el contexto de toda nueva creación. Tal como también sucede por ejemplo, con relación al episodio del Diluvio Universal.

En la religión 2, el zoroastrismo, no puede faltar un tetramorfismo de tipo binario y el Zend-Avesta en el Yasna LVII lo presenta como el profeta Ezequiel, en términos de un carro. La esencia tetramórfica de «Sraosha» (mensajero de Ahura Mazda y encarnación de su palabra) se expresa en la figura de una cuadriga con 4 jinetes y por el tenor de su semblante: «blanco y brillante, bello y poderoso», es decir, 2-2. En los Evangelios, las aguas poseen un carácter contextual e introductorio a la actuación de Dios, como ocurre en el relato de Juan sobre las bodas de Caná. En aquel evento y a instancias de su madre, Jesús transforma en vino el agua contenida en 6 tinajas de piedra. Otro tanto puede decirse del bautismo de agua de Juan, como preludio del bautismo de Espíritu y fuego de Jesús. Según la azora Hud del Corán, las aguas están presentes en el acto creador: «Y Él es Quien ha creado los cielos y la tierra en seis días y su trono está siempre sobre las aguas para manifestar cual de vosotros obra mejor...».

Sobre la importancia de distinguir entre las bases del tipo 1-3 y 2-2 dijo Aqiva ben José (I - II d. C.) que cuando sean alcanzadas las piedras de mármol, no se diga ¡agua!, ¡agua! Recuerde el lector que el mármol es mayormente carbonato de calcio y su ion carbonato ha sido asociado a las representaciones naturales del tipo 1-3. De acuerdo a su representación en el seno de una base cuaternaria, es posible distinguir 2 tipos de bases binarias o aguas. Por un lado, están aquellas en las cuales participa la dirección independiente asociable en las formulaciones 1-3 con la base unitaria. Por otro, las bases binarias inscritas en la tierra o terna inferior. La figura 5.4 ilustra separadamente los 2 tipos de bases binarias representables sobre una base cuaternaria.

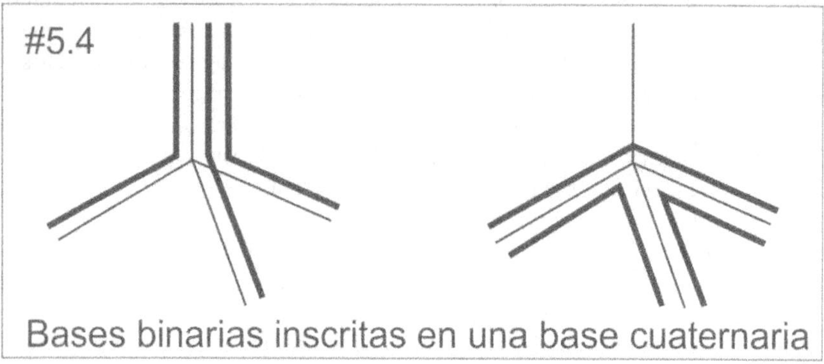

En total son mostradas 6 bases binarias en 2 grupos de 3, no solo para facilitar la visualización, sino también por las diferencias significativas en los roles de cada una. Incluso la Biblia dedica 2 versículos apenas comenzando el Libro del Génesis con la intención de establecer diferencias entre ambas. Para ello: «Dios dijo: "Hágase un expansión entre las aguas separando unas de otras"… Y Dios llamó a la expansión cielo». La figura 5.5 ilustra algunos casos representativos de la expansión entre las aguas.

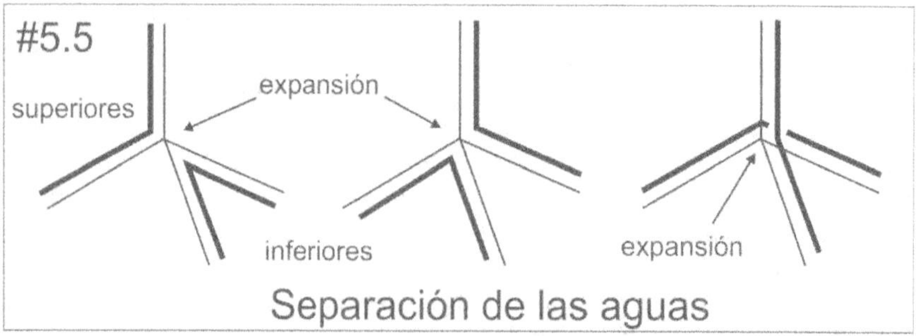

Los discípulos de Aqiva, en especial Simón ben Azai (II d. C.) y Simón ben Zoma (II d. C.) sostuvieron que la voz del santo devino en el ángel sobre las aguas. Quien las reunió en un lugar, de modo tal que, ni siquiera habría un palmo entre las aguas superiores y las inferiores.

El Corán también establece distinciones entre las aguas en la azora La Caverna, cuando Moisés dice a su sirviente: «No descansaré hasta llegar a donde los dos ríos confluyen o continuaré haciéndolo por años». Pero sobretodo en la azora La Distinción nos ilumina distinguiéndolas por su salinidad, la cual tuvo su origen en un evento importante a ser tratado más adelante: «Y Él es Quien ha hecho fluir libremente los dos mares, uno potable y dulce, el otro salado y amargo. Y entre ellos ha puesto una separación infranqueable». Las aguas dulces descargadas desde el cielo, fluyendo luego hacia abajo en torrentes y ríos sobre la tierra simbolizan las «superiores». En tanto que, las aguas salobres reunidas en los mares han sido asociadas a las «inferiores» inscritas en la terna.

En el antiguo Egipto las estrellas Thuban y Alnitak (perteneciente al cinturón de Orión y frecuentemente asociada al dios Osiris) representaban estelarmente las aguas superiores o masculinas. La alineación de los conductos norte y sur que parten de la llamada cámara del rey o superior en la pirámide de Khufu así lo sugiere. Esos conductos simbólicos representando las aguas superiores o masculinas están abiertos al cielo, permitiendo intercambios entre sus dos componentes y el Altísimo más allá de la bóveda empírea. Posteriormente dichas aguas fueron representadas por un par de obeliscos situados a la entrada de los grandes templos.

Las aguas inferiores o femeninas en cambio, tenían su representación en las estrellas Kochab y Sirio (asociada a la diosa Isis), con las cuales están alineados los conductos norte y sur que parten de la cámara de la reina o inferior. Como los dos componentes de las aguas femeninas se contraponen, sus interacciones son mutuas y por lo tanto confinadas a la tierra. La ausencia de interacciones entre las aguas inferiores o femeninas y el Altísimo fue la razón por la cual se bloquearon dichos conductos con piedras rectangulares en sus extremos.

CAPÍTULO 6

BASES COMPUESTAS

El primer versículo de Génesis 1 menciona la creación del cielo y la tierra como dominios separados y de ese modo sienta las bases para ciertas consideraciones de gran relevancia. De hecho, según las Escrituras Sagradas el Creador formuló distintos tipos de creaturas, unas cuyo desenvolvimiento está circunscrito al cielo y otras a la tierra. Por tal motivo, a dichas creaturas les resulta imposible representar la totalidad de un cosmos cuaternario. La incapacidad de las creaturas de proyectar sobre los representados en sus bases y de actuar desde ellos, en dominios cósmicos que los trascienden, da lugar a representaciones incompletas importantes. En adición a la separación entre las formulaciones impares del tipo 1-3 o cielo-tierra, debe considerarse la expansión entre las aguas superiores e inferiores 2-2, cuyos efectos son comparables.

Dada la separación entre cielo y tierra, las creaturas ternarias circunscritas a la última solo pueden representar sobre sus bases, 1 de los 2 componentes de las aguas superiores. En sus representaciones por separado, ambos componentes suelen ser considerados masculinos. En base a lo anterior R. Levi (III d. C.) pensaba que las aguas superiores son masculinas y las inferiores femeninas y las inferiores debían recibir a las superiores como mensajeros de Dios. La sentencia de Levi no es un hecho aislado, pues la masculinidad de las aguas superiores es abordada también por autores cabalistas y aparece en oraciones de la liturgia hebrea. La regla para las aguas superiores es que consisten de 2 componentes de distinto tipo persiguiendo el mismo objetivo. Las consideraciones previas aconsejan entonces, introducir bases unitarias adicionales y contemplar diversos tipos de composiciones. La figura 6.1 ilustra algunas de esas composiciones notables entre bases unitarias, binarias y ternarias, junto a las impares 1-3 y a un caso par tipo 2-2 ya planteado.

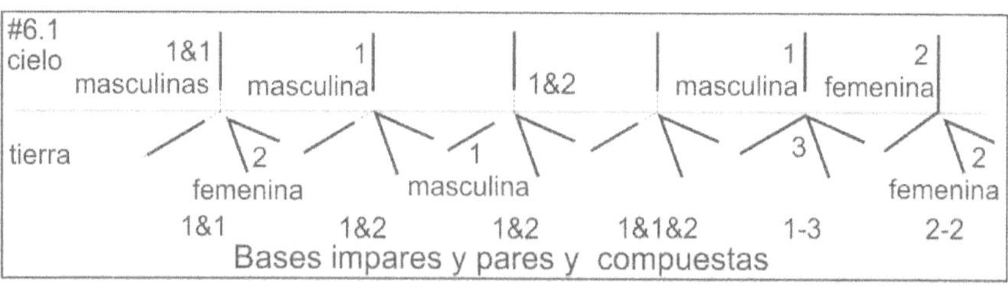

Las bases resultantes serían del tipo 1&1, 1&2 y 1&1&2, las cuales serán de gran ayuda para representar en un todo coherente, conceptos y verdades religiosas de las más diversas procedencias. Esos esquemas facilitarán análisis comparativos y pondrán al descubierto relaciones de isomorfismo o semejanzas que de otro modo pasarían inadvertidas.

Más allá del nivel arquetípico, ningún objeto estructurado en el cosmos es puramente impar o par. Ese rasgo importante es debido a la imbricada participación de ambos tipos de formulaciones en la formación de las creaturas. De allí la exclamación coránica en la azora La Aurora: «¡Por lo par y lo impar!».

CAPÍTULO 7

LOS PROTO-ELEMENTOS

Contando con las bases de representación consideradas hasta ahora, se postularán algunas formulaciones contempladas en las «disposiciones originarias» de la Creación y por tanto de carácter perpetuo. Es decir, rigen a las creaturas y ninguna puede modificarlas o prescindir de ellas. En la antigüedad debió existir un cuerpo de conocimiento común a todas las civilizaciones (filosofía perenne), donde las formulaciones referidas desempeñaban un rol preeminente en la articulación del saber humano. Lamentablemente, dicho saber ha sido olvidado en gran medida o abandonado, como ha ocurrido con el de los llamados «elementos» constitutivos de todas las cosas. La referencia escrita más antigua a los elementos aparece en el Enuma Elish (XVIII … XII a. C) donde tierra, agua, dios-fuego y viento o aire protagonizan una cosmogonía nacida del caos de las aguas primordiales.

En la Biblia cuyo libro más antiguo de escribió probablemente alrededor del siglo VII a. C., también aparecen los elementos. Como por ejemplo, las aguas bajo el cielo y lo seco, con lo cual se mencionan aire (cielo), agua y tierra (seco). También informa la Biblia sobre la creación de luminarias en el cielo, la lumbrera mayor para el día y la menor para la noche. El calor infundido por el Sol durante el día y por las lámparas de aceite en las noches, permitirían presumir una alusión al fuego.

El Corán menciona 4 elementos constitutivos aire (viento), agua, tierra (componente de la arcilla) y fuego. En las azoras Los Rebaños y Sad se afirma la formación del ser humano a partir de arcilla (barro). En tanto que, la azora La Distinción establece el agua como elemento formativo. La misma azora Sad especifica claramente la creación de los genios con proto-elemento fuego. En la revelación coránica no aparece la palabra aire como elemento, pero si dieciocho menciones al viento, cuya relación estaría sujeta a discusión. La opinión entre los exégetas islámicos y figuras de alta significación religiosa sobre la doctrina de los elementos no ha sido uniforme. Es sabido que por ejemplo, el VI[to] imam del chiismo (fracción de seguidores de Ali ibn Abu Talib [VII d. C.] primo y yerno del profeta Muhammad) Jafar ibn Muhammad al-Sadiq (VIII d. C.), basándose en su conocimiento de la alquimia ridiculizó la doctrina de los elementos, mientras otros la adoptaron sin reservas. Las religiones de las Gentes con Libro no respaldan un número de elementos mayor a 4, salvo en el zoroastrismo donde el número podría extenderse a 6.

La doctrina según la cual, todo lo que existe en el cosmos está constituido por un reducido grupo de elementos parece provenir de un origen común. En la antigüedad dicha doctrina formaba parte de las culturas del Lejano Oriente, la India, Mesopotamia, el Cercano Oriente y Grecia. No obstante, la doctrina clásica de los 4 elementos (denominación atribuida a Platón [V – IV a. C]) tuvo su origen en las cosmogonías de los filósofos presocráticos. Así, Tales (VII – VI a. C.) propuso el agua como elemento fundamental y originario, Anaxímenes (VI a. C.) el aire, Heráclito el fuego y Jenófanes (VI – V a. C.) agua y tierra. Finalmente, correspondió a Empédocles (V a. C.) la formulación de la doctrina de los 4 elementos más conocida en la actualidad. Según el pensador agrigentino, las 4 raíces (nombre con el cual denominaba los elementos) estaban en el origen de todo: fuego, aire, agua y tierra. En virtud del amor y el conflicto, las raíces se unían y separaban formando todas las substancias conocidas. Las 4 raíces eran simples, perpetuas e inalterables, pero su participación en las substancias se daba en proporciones variables. Con relación a los elementos Platón fue incluso más allá atribuyéndoles formas de sólidos geométricos. Así, el átomo del fuego tendría forma tetraédrica, el del aire sería un octaedro, el del agua un icosaedro y el de la tierra un cubo.

El origen del atomismo como teoría para describir la constitución de la materia y explicar su comportamiento hunde sus raíces en el Lejano Oriente. En la India, por ejemplo, el origen del atomismo jainí (del sánscrito jina, conquistador) se pierde en el pasado de esta antigua religión (VIII a. C.). En tanto que, el atomismo griego fue sugerido siglos después por Anaximandro (VI a. C.) (homeomerías) y convertido en doctrina tanto por Leucipo (V – IV a. C.), fundador de la escuela de Abdera, como por su discípulo Demócrito (V - IV a. C.). Paralelamente en la India, el atomismo formó parte de la más antigua corriente filosófica ortodoxa del hinduismo fundada por Kashyapa Kanada (VI … II a. C.) (quien come átomos) y denominada *darsana vaisesika* (punto de vista sobre individualidad). El atomismo también formó parte substancial de la doctrina filosófica del budismo ya desde el siglo IV a. C. Para los pensadores budistas existirían 4 tipos de átomos, con propiedades que les permiten actuar en el seno de la materia de un modo característico. Posteriormente, durante el siglo VII d. C. se consolidó un enfoque novedoso según el cual, los átomos eran esencialmente objetos puntuales hechos de pura energía.

Entre las Gentes con Libro, algunos pensadores islámicos fueron los primeros en introducir el atomismo en sus sistemas teológicos, mientras la Europa Medieval estaba sumida en el oscurantismo (período que media principalmente entre las caídas de los imperios romanos de Occidente [V d. C.] y de Oriente [XV d. C.]). No se ha podido precisar un origen común a todas las corrientes del pensamiento atomista islámico. Sin embargo, se sabe de su popularidad ya durante el siglo IX d. C., cuando fue adoptado por los pensadores mutazilitas (los separados) hasta el declive abasí del cual fueron culpados. El máximo exponente del mutazilismo tardío y clandestino y posteriormente su detractor fue al-Ashari (IX - X d. C.), oriundo de Basora (Iraq) y fundador de una renombrada escuela de pensadores islámicos. La plena inserción del atomismo en la escuela de al-Ashari es debida a la figura de Abu Bakr al-Baquillani (X - XI d. C.). El gran jurista de la escuela malikí (una de las cuatro escuelas de juristas del islam) y «maestro» (shaykh) de la sunna (norma de conducta) hizo del atomismo la piedra angular de su teología.

Los seguidores de al-Ashari pensaban que una vez aceptada la indivisibilidad de la materia, se establecía inequívocamente su dependencia de un agente trascendente al cual debía su determinación (su cómo, dónde y cuándo es). Si por el contrario, la materia pudiera dividirse sin límite alguno, ella encerraría en sí misma su propia determinación. También argumentaron que la formación de cualquier cosa en base al agrupamiento de un cierto número de átomos, así como sus cambios, dependían de algo externo a estos, los accidentes. Entre los accidentes más comunes estarían la posición, el reposo, el movimiento, el color, el calor y la duración. Si los átomos no podían explicarse a sí mismos, mucho menos podrían explicar el origen de los accidentes. Dios es Quien realiza los átomos de la materia, así como los accidentes que dinamizan y particularizan la Creación. Él los sostiene mientras dure cada instante y los crea cada vez al inicio de cada instante. Así, Dios crea el cosmos de nuevo a cada cambio y lo hace perdurar. El Dios de la escuela de al-Ashari juega entonces un papel central como creador y sostén del cosmos. Por consiguiente, Dios no sería simplemente responsable de un acto inicial de puesta en marcha, como sostuvieron los doctores de la escuela mutazilita. Los intentos por desacreditar la doctrina asharí adoptada por el kalam (interpretación de la palabra de Dios) más que debilitarla la fortalecieron, pues sus críticos no supieron dar mejores respuestas a los problemas resueltos por esta.

La traducción al latín de las obras del pensador islámico Abd Allah ibn Sina (X - XI a. C.) por varios eruditos, entre ellos el Archidiácono de Toledo D. Gundissalinus (XII d. C.), contribuyó decididamente al renacimiento aristotélico en la Europa Medieval. A consecuencia de ese surgimiento fueron eclipsadas por largo tiempo todas las demás vertientes del pensamiento griego. En contra del atomismo estaba el postulado de Aristóteles según el cual, todo objeto material puede dividirse potencialmente tanto como se quiera, pero en acto solo hasta cierto punto. También la necesidad de un vacío entre los átomos violaría conceptualmente la continuidad de la materia. Y así, el predominio aristotélico y su crítica a las doctrinas atomistas las hizo pasar desapercibidas hasta el siglo XVII d. C., cuando fueron retomadas por P. Gassendi (XVI – XVII d. C.) y Descartes.

A finales del «Siglo de las Luces», el científico francés A. de Lavoisier (XVIII d. C.) publicó en su *«Tratado elemental de química»* (*Traité élémentaire de chimie*) una lista de elementos químicamente indivisibles. Entre estos figuraban: oxígeno, nitrógeno (N, *nitro*, generar en griego), hidrógeno, fósforo (P, *phosphoros*, en griego portador de la luz), mercurio (Hg, *hydrargyros* en griego agua y plata), zinc (Zn, *zinc* del alemán pico), azufre (S, del latín *sulphur*), luz y calor, cuya objetividad en aquel entonces no podía ser puesta en duda. No obstante, estaban ausentes de la lista veintidós elementos ya descubiertos en aquel entonces, comenzando por el cobre (Cu, del latín *cuprum* por su origen chipriota) conocido y utilizado por más de 100 siglos. No obstante, la noción de indivisibilidad química de los elementos y las frecuentes adiciones a la lista de Lavoisier relegaron la doctrina de Empédocles al ámbito de la alquimia.

Las páginas subsiguientes demostrarán que no es posible ni conveniente llevar a cabo una exégesis natural de las Escrituras Sagradas, prescindiendo por completo de la doctrina de los 4 elementos. Hay de hecho conceptos fundamentales en las escrituras, cuya comprensión se dificulta enormemente de no contar con una formulación adecuada de la misma. Para evitar confusiones con los elementos químicos de la tabla periódica serán denominados «proto-elementos», debido a su rol como precursores arquetípicos de las creaturas existentes en el cosmos. Irónicamente, las bases de representación impares y pares inspiradas en el carbono y el silicio, permitirán restaurar la doctrina de los proto-elementos a su justo lugar. Al igual que las 4 raíces de Empédocles, los proto-elementos serán considerados perpetuos, pues sus formulaciones forman parte de las disposiciones originarias de la Creación.

CAPÍTULO 8

PROTO-ELEMENTO AIRE

Todo objeto creado susceptible de representación sobre 1 base unitaria independiente en el cielo (fuera de la terna) estará constituido exclusivamente por el proto-elemento aire. Además de su unicidad, lo caracteriza una identidad propia proveniente de su origen, la cual se despliega en todos sus desarrollos. Su nombre fue tomado de aquel que siendo invisible, determina las formas en la tierra, en la superficie de las aguas y en las llamas del fuego. El aire está en el cielo, por sobre todas las cosas y acoge una realidad superior constituida en modelo de todo lo de abajo. Su cardinalidad es igual a 1 y por lo tanto, se le atribuirá un carácter masculino. Las connotaciones sexuales de lo impar y lo par eran comúnmente aceptadas en la antigüedad. Pues como bien resumió Filón, en los existentes el número impar es el macho y el par es la hembra. La figura 8.1 muestra al proto-elemento aire sobre una base unitaria fuera de la terna.

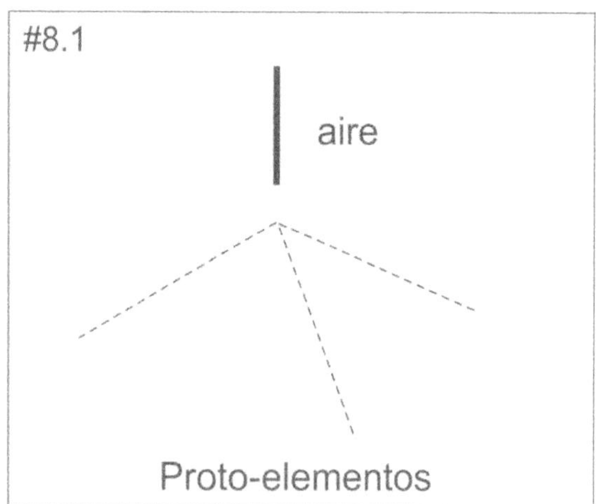

Al proto-elemento aire se le asociará el verbo «determinar» y en el capítulo dedicado a las formulaciones del Espíritu y del arquetipo humano, se comprenderá mejor su importancia.

CAPÍTULO 9

PROTO-ELEMENTO TIERRA

Todo objeto creado cuya representación exacta solo pueda darse sobre bases unitarias en la terna estará constituido exclusivamente por el proto-elemento tierra. En los próximos capítulos se restringirá el empleo de la palabra tierra para referirse a los dominios coincidentes con la terna y así evitar confusiones con el proto-elemento aquí definido. Además de su unicidad, lo caracteriza una identidad propia proveniente de su origen, la cual se extiende a todos sus desarrollos. El nombre tierra está inspirado en su forma de participación en objetos creados de naturaleza compuesta, más que en alguna connotación de carácter telúrico. El proto-elemento tierra será considerado como representante por excelencia del sexo masculino en la terna, así como el aire lo es en el cielo. Fue creado a imagen y semejanza de la actuación de la divinidad sobre su Creación y de las del proto-elemento aire sobre las creaturas binarias que ambos comparten. Pues como revela el Libro del Génesis, Dios dijo: «Hagamos un hombre a nuestra imagen y semejanza». La figura 9.1 ilustra las 3 posibilidades de representación unitaria del proto-elemento tierra en la terna.

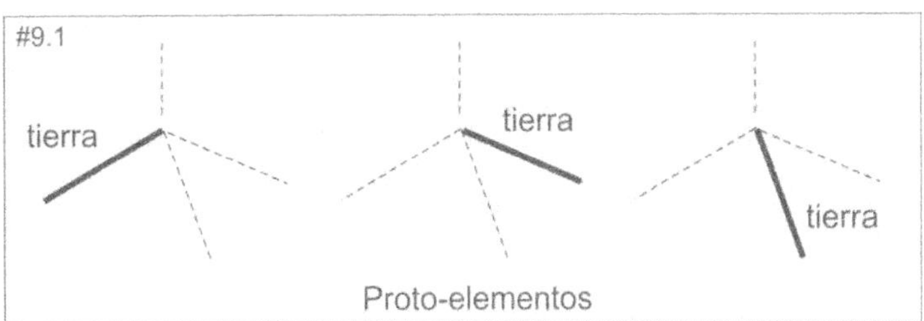

El número cardinal del proto-elemento tierra es 1. Su verbo asociado es «dirigir» y junto al aire puede formar una semblanza de las aguas superiores, jugando ambos un rol fundamental en la formulación del arquetipo humano.

Los principales antagonistas en las Escrituras Sagradas hechos con el proto-elemento tierra son Adán y Jesús, ambos asociados con sus contrapartes celestiales, el Adán celestial y Cristo, quienes forman parte del aspecto inmanente de Dios.

CAPÍTULO 10

PROTO-ELEMENTO AGUA

Todo objeto creado estará constituido exclusivamente por el proto-elemento agua, cuando su representación solo pueda darse exacta y conjuntamente sobre 2 componentes independientes de una base binaria. Ambos componentes del agua comparten una misma identidad proveniente de su único origen y desplegada en sus múltiples desarrollos. Adicionalmente cada componente del agua está condicionado por un par de «atributos binarios» que, a falta de un mejor nombre, serán denominados «contraste claroscuro» (recuerde el lector el par 1 −1 en el triplete del agua química). Estando cada uno de los 2 componentes del agua condicionado por un atributo binario, se deberá tomar en cuenta la permutación de los mismos. En consecuencia puede afirmarse que el proto-elemento agua oscila entre 2 estados.

En capítulos anteriores, las aguas fueron consideradas en un contexto cuaternario amplio, haciéndose además, referencia a una expansión entre ellas, con lo cual quedarían divididas en superiores e inferiores. En lo sucesivo, el término «agua» quedará reservado para denominar las inferiores, por ejemplo, las aguas en la terna en cualquiera de sus 3 versiones. Cuando sea necesario abordar el tema de las aguas superiores o de otras aguas, se harán las aclaratorias pertinentes. El proto-elemento agua será considerado el representante por excelencia de lo femenino, en todos sus aspectos y formas de participación. La figura 10.1 ilustra las 3 posibilidades de representar las aguas en la terna.

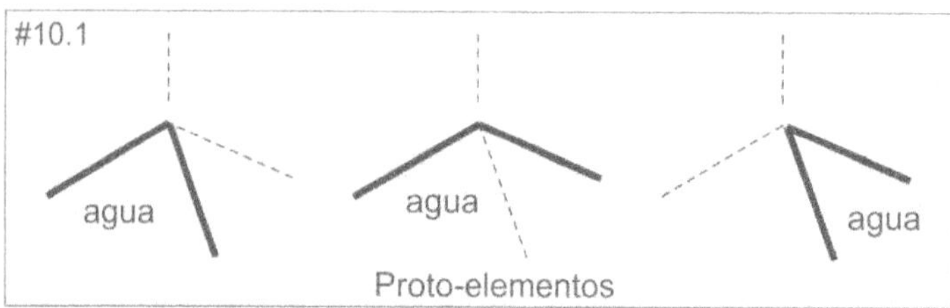

El número cardinal del proto-elemento agua es el 2. Sus verbos son «transcribir» y «componer», ambos operando sobre pares de objetos, el primero ordinalmente y el segundo cardinalmente. A semejanza con los proto-elementos aire y tierra, el agua cobra su mayor significación en la formulación del arquetipo humano.

La religión 2 o zoroastrismo pone énfasis en los rasgos dualistas de los temas religiosos de siempre, en estrecha vinculación con la definición dada al proto-elemento agua. El Zend-Avesta lo expresa en el Yasna XXX en términos de 2 espíritus del mismo tipo, con sus empeños opuestos. El carácter femenino de las aguas será uno de los pilares de la exégesis natural en curso, en plena sintonía con el Zend-Avesta, el cual incluso les rinde culto en el Yasna XXXVIII.

CAPÍTULO 11

PROTO-ELEMENTO FUEGO

Todo objeto creado estará constituido exclusivamente por el proto-elemento fuego, cuando su representación exacta solo pueda darse concomitantemente sobre las 3 componentes independientes de una terna. Los 3 componentes del fuego poseen en conjunto una identidad propia proveniente de su origen, la cual está desplegada en todos sus desarrollos. Adicionalmente, cada uno de ellos está condicionado por 1 de 3 atributos distintivos dotados de un orden intrínseco. Por conveniencia se denominará a cada «atributo ternario» haciendo uso de los colores primarios azul, verde y rojo, aun cuando no existan razones de índole fenoménica para hacerlo. Cualquiera de los 3 componentes puede estar investido por 1 de los 3 atributos, motivo por el cual, deberán tomarse en cuenta sus 3 permutaciones cíclicas. No se le atribuye sexo alguno, pero su naturaleza impar le permite operar de manera similar a los proto-elementos aire y tierra. Una cuestión que ameritará consideraciones bastante detalladas más adelante. La figura 11.1 ilustra la representación del proto-elemento fuego sobre una terna.

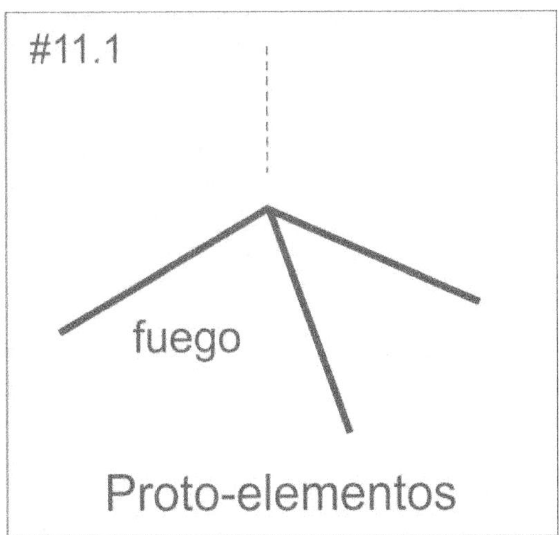

El proto-elemento fuego tiene por número cardinal el 3 y participa en la conjugación concomitante de los verbos «dirigir», «transcribir» y «componer».

CAPÍTULO 12

CREACIÓN DEL ESPÍRITU

El término «Espíritu» es uno de los casos más severos de homonimia en el ámbito de la temática religiosa. Las ambigüedades en tal sentido plantean problemas, algunos casi insolubles, al tratar de armonizar las diversas creencias sobre su verdadero significado. En lo sucesivo el término Espíritu estará reservado para referirse a una creatura constituida exclusivamente por el proto-elemento aire, a Quien la Biblia sitúa en Génesis 1, 2 «flotando sobre las aguas» (de la terna). La imposición de la fórmula Espíritu (aire) y fuego sobre las aguas primordiales de la Creación está presente en las 4 grandes religiones, tanto en sus escrituras como en las tradiciones. Incluso, figura de manera preeminente en la religión 2 o zoroastrismo. De hecho, el Yasna XLVII describe la rectitud en Espíritu (aire) y fuego como vehículo de actuación de Dios, sobre las aguas primordiales formadas por los enfrentados.

El devenir de la creación ha sido de tal naturaleza que la terna (x y z) fue epicentro de cambios importantes en su propio curso. Por su lado, el Espíritu en el cielo mantiene su apego a las condiciones iniciales establecidas por el Creador. En la Biblia Hebrea el término «*Ruach HaKodesh*», cuya traducción sería «Espíritu Santo» aparece pocas veces, una de ellas por ejemplo en los Salmos en una petición a Dios: «no me alejes de tu presencia y no me quites tu Espíritu Santo». Otra aparece en el Libro de Isaías cuando dice: «ellos mismos provocaron la ira afligiendo a su Espíritu Santo, Quien se volvió enemigo de ellos… ¿Dónde está Él Quien colocó su Espíritu Santo en medio de ellos?». En cambio, el término «*Ruach*» interpretado como aliento de Dios o viento es más frecuente y será más fácil de identificar con el Espíritu hecho de aire. El Espíritu aparece en la Biblia, unas veces como impulso procedente de Dios, otras con rasgos personales e incluso en algunas oportunidades cual personificación de la divinidad.

En la literatura hebrea post-bíblica hasta hoy, Ruach ha estado confinado al ámbito profético. Casi siempre como potencia cuya finalidad es capacitar al hombre para hablar en nombre de Dios y perfeccionar su comportamiento ético. En una exégesis natural, donde la Creación es considerada una manifestación profética, Ruach sería entonces un vehículo fiel a Dios en la determinación del curso de su Creación. Bajo la figura de aliento divino, Ruach será considerado masculino. No obstante, cuando Ruach (aire) intervenga junto al Hombre (tierra) también masculino, ambos formarían un objeto con semblanza femenina, a manera de aguas superiores. Tratándose de una palabra del género femenino en el idioma hebreo, Ruach debería entenderse como aliento de Dios en algo, particularmente en cuanto al Hombre se refiere.

En la Biblia Cristiana existen referencias claras al Espíritu Santo, como instrumento determinante de Dios en su Creación. En tal sentido pregunta sin ambages el Libro de la Sabiduría: «¿Quién podrá conocer la voluntad de Dios, si Él no le otorga sabiduría y no le envía desde lo más alto a su Santo

Espíritu?». En los Evangelios igualmente, Dios obra por intermedio del Espíritu Santo y lo hace frecuentemente. La intervención más notoria del Espíritu Santo se da en la fecundación de la Virgen María para dar a luz a Jesús, así lo explica Mateo, pues: «María, madre de Jesús, estando desposada con José y antes de que vivieran juntos, se halló que había concebido en su matriz por virtud del Espíritu Santo». Otro tanto agrega Lucas al señalar: «El Espíritu Santo vendrá sobre María y el poder del altísimo la cubrirá, por tanto el niño que nazca será santo y se le llamará Hijo de Dios». En el episodio de la fecundación de María, resulta innegable la masculinidad del Espíritu Santo y el mismo Jesús por medio de Juan también lo implica, cuando lo hace formar pareja con el agua:

> Había un hombre importante entre los fariseos llamado Nicodemo. Se le acercó a Jesús de noche… y le preguntó: "¿Cómo es posible para un hombre nacer de nuevo siendo viejo? …". Jesús respondió diciendo: "… en verdad te digo, que si el nacimiento de un hombre no proviene del agua y del Espíritu, no es posible para él entrar al reino de Dios. Aquello que ha nacido de la carne es carne y lo nacido del Espíritu es espíritu… El viento va donde le plazca, su sonido viene a tus oídos, pero eres incapaz de decir de dónde viene y a dónde va, así es con todo aquel nacido del Espíritu."

Según ha sido reseñado anteriormente, la Iglesia católica incorporó al Espíritu Santo procedente del Padre y del Hijo en la fórmula del dogma de la Santísima Trinidad. En dicho contexto, el Espíritu Santo determina la sucesión interminable de lo siempre nuevo en la historia o si se prefiere en el tiempo. En la tradición cristiana no han estado ausentes las variantes doctrinarias que atribuyen al Espíritu Santo una naturaleza femenina. Especialmente en las primeras fuentes judeo-cristianas y en la corriente siríaca, donde las lenguas utilizadas, el arameo y el siríaco heredaron ambas el término *Ruach* del hebreo. En base a esos antecedentes no parecería extraño que alguna cristiandad gnóstica o siríaca considerara al Espíritu Santo como una madre. Lo verdaderamente extraño es que incluso el Padre fuese descrito con pechos para amamantar a sus creaturas. Las «*Odas de Salomón*» escritas en lengua siríaca a principios del siglo II d. C. son quizás, el máximo exponente de las doctrinas feministas en la cristiandad temprana. En ellas se describe una Santa Espíritu destapando su seno y mezclando la leche de ambos pechos del Padre para ofrecer la preparación al mundo.

Todas las tendencias orientadas a afeminar la divinidad o su presencia inmanente no gozaron de larga vida dentro de la naciente Iglesia. Pues la mujer, en representación de la feminidad cósmica, era mantenida bajo observación por figuras influyentes como Tertuliano, Orígenes y Jerónimo   (IV – V d. C.). La actitud un tanto misógina de algunos padres de la Iglesia pudo deberse en parte, al contenido de la Primera Carta del Apóstol Pablo a Timoteo cuando espeta:

«que no se permita a la mujer enseñar, ni que domine al marido, pues debe permanecer en silencio, ya que Adán fue formado el primero, luego Eva. Y no fue engañado Adán, sino Eva la que se dejó engañar y pecó». La última aserción ciertamente no se referiría a aquellas aguas arquetípicas fieles a Dios, Quien se manifiesta sobre ellas y por su intermedio.

En el texto coránico se menciona el Espíritu de Dios bajo las dos denominaciones *Ruh-al-Qudus*, cuya traducción sería Espíritu Santo y *Ruh-Allah* o Espíritu de Dios. En la azora La Mesa el Espíritu Santo aparece como apoyo dado por Dios a Jesús y a María, cuando menciona el favor dispensado a ambos al fortalecerlos. Las citas coránicas al Espíritu son esclarecedoras, por ejemplo, la azora La Disputa señala que Dios ha decretado la fe en los corazones y les da apoyo con su Espíritu. Claramente según el Corán, el Espíritu es el instrumento por medio del cual Dios determina el estado de cosas en su Creación. Aun cuando el Espíritu de Dios ha sido motivo de intensos debates exegéticos, no ha habido unanimidad en cuanto al conocimiento que de él se pueda tener. A semejanza de Jesús frente a Nicodemo, el profeta Muhammad también señala los límites al conocimiento en relación al Espíritu. Así lo hace saber en la azora Los Israelitas, cuando ordena responder a quienes buscan indagar sobre Este diciendo que: «las cuestiones del Espíritu son asunto del Señor y no se ha dado más que poco conocimiento».

Las precauciones al abordar el tema del Espíritu Santo en el islam no han impedido que algunos lo identifiquen con el arcángel Gabriel, fuente de la inspiración profética de Muhammad. En apoyo a tal presunción se ha recurrido a la azora La Vaca donde se pregunta lo siguiente: «¿Quién podrá declararse enemigo de Gabriel, si él es quien, con la anuencia de Dios descendió en tu corazón la revelación que confirma todas las anteriores?». De igual modo en la azora La Abeja se describe al Espíritu como un instrumento al servicio de la revelación: «Di: El Espíritu Santo lo ha revelado de tu Señor con la verdad, con la finalidad de identificar a aquellos que creen y como guía y buena nueva para los musulmanes».

Sin duda el tema puede prestarse a discusiones interminables, sobre todo al poner énfasis en los detalles. Lo importante es retener la idea de una expresión divina, cuya realización de acuerdo a las disposiciones originarias determina desde el cielo el curso de la creación. De entre las muchas cosas que los humanos pueden hacer, solo son realizadas aquellas determinadas por el Espíritu. De ser así, Dios y su Espíritu estarían entonces extremadamente cerca de sus creaturas, como claramente lo expresa la azora Qaf del Corán: «Y ciertamente Nosotros hemos creado al hombre y sabemos lo que su mente le sugiere, pues estamos más cerca de él incluso que su propia vena yugular».

CAPÍTULO 13

CREACIÓN DE IBLIS

Antes de considerar la creación de Iblis en términos exclusivamente ígneos, resulta necesario tener presente la relevancia del fuego en el pensamiento antiguo. Sobre todo, con referencia al contexto impuesto por los demás proto-elementos y sus representaciones naturales. Al margen de sus usos domésticos y litúrgicos, el fuego físico siempre fue temido como manifestación de un poder sobrenatural. De hecho, el planeta 3 o Tierra ha aterrorizado a sus habitantes a lo largo de los siglos por sus frecuentes y a veces catastróficas manifestaciones de carácter ígneo. En el contexto planetario el fuego está confinado o encerrado en el subsuelo, mientras en la superficie dominan la tierra y el agua y sobre todos ellos el aire. Esta disposición alusiva a los proto-elementos influyó decisivamente en la formación de los mitos antiguos y puede palparse en las liturgias y los discursos de las religiones actuales.

La cuenca mediterránea cuna de la civilización occidental y de alguna de sus grandes religiones siempre ha vivido bajo la amenaza de episodios ígneos de proporciones colosales. Baste con mencionar la explosión del Santorini en el siglo XVII a. C. que conmovió imperios enteros o las mortificantes erupciones del Monte Vesubio, para solo citar dos de ellas. Uno de esos volcanes mediterráneos temido por los pueblos vecinos es el Monte Etna, situado en la isla de Sicilia también conocida por sus 3 cabos. Según la mitología romana, el Monte Etna está situado sobre la fragua de Vulcano, Dios del fuego y consorte de Venus (diosa del amor, belleza y fertilidad). Los 3 pueblos griegos en llegar a dicha isla fueron los élimos, los sículos y los sicanos, quienes la llamaron *Trinacria* por el triple rasgo geográfico de los cabos. La geología y la historia se han unido para que uno de los grandes símbolos de la actividad ígnea del mar Mediterráneo, fuese asociado a una morfología ternaria manifestándose sobre sus aguas. Según relata Gayo Plinio II (I d. C.), los 3 pueblos griegos adoptaron un «triskelion» como emblema de la isla, en reconocimiento a sus rasgos morfológicos. Después de ser utilizado como símbolo de la isla por siglos, el parlamento siciliano incorporó a la bandera de Sicilia en febrero de 2000, la llamada «Trinacria siciliana». Dicho símbolo reúne en un triskelion de 3 piernas algunos mitos de la antigüedad. La figura 13.1 muestra ilustraciones de los símbolos ternarios de la isla de Sicilia.

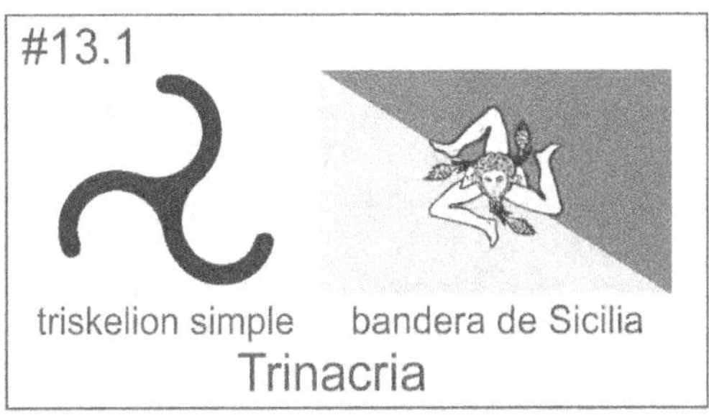

Las asociaciones de lo ígneo a la divinidad no están ausentes en la Biblia, incluso en Éxodo 3 Dios se manifiesta a Moisés por intermedio de una zarza ardiente. En dicho episodio destaca la fórmula: «Dios de Abraham, Dios de Isaac y Dios de Jacob». Note el lector la inmediata conexión entre fuego, la numeración del capítulo y la triple referencia al patriarcado. Particularmente en relación con un hombre, cuyo nombre según el mismo Libro del Éxodo quiere decir «sacado de las aguas». En total son 3 las apariciones en el capítulo 3 del Éxodo de la fórmula mencionada y 1 vez más en el capítulo 4. De esa forma, la fórmula ígnea con sus 3 aspectos aparece como embebida en las 4 componentes de una base impar del tipo 1-3.

Las referencias explícitas al aspecto ternario del fuego son tan escasas en los Evangelios como en la Biblia. Pues solo en la ocasión del bautismo con agua de Jesús efectuado por Juan el Bautista (I a. C. – I d. C.), 2 evangelistas Mateo y Lucas mencionan el bautismo de fuego en sus capítulos III. En ambos relatos se presenta el bautismo de agua, cual paso previo al bautismo en Espíritu Santo y fuego, planteándose también, la preeminencia de este último frente al primero. Hay además una relación de contexto, pues Mateo y Lucas serán asociados en breve al agua y a lo femenino, en una exégesis estructural de los 4 Evangelios.

Las menciones al fuego en la revelación coránica están relacionadas en su mayoría, con el sufrimiento acarreado por oponerse a la voluntad del Creador. En algunas ocasiones deja entrever su carácter ternario, como ocurre en la azora Los Enviados donde el fuego es descrito mediante una formación de 3 columnas. También el Corán reconoce la manifestación ígnea de Dios ante Moisés en la azora Las Hormigas, cuando bendice a quien está en el fuego y a su alrededor. La naturaleza del proto-elemento fuego es asunto complejo, con referencias abundantes, pero poca información, motivo por el cual, es aconsejable tratar el tema con precaución. Al margen de las dificultades, el Corán establece en la azora Sad que dicho proto-elemento es la substancia de la cual fueron hechos los genios, incluido Iblis, su máximo representante. Al formar a Iblis con el proto-elemento fuego, Dios lo hace copartícipe junto al proto-elemento aire de la esencia de lo impar.

La tradición islámica (hadiz, tradiciones y reportes de los dichos del profeta Muhammad) sitúa el trono de Iblis sobre las aguas, tal como corresponde a una imposición de lo impar sobre lo par. Así lo dice el imam Muslim ibn al-Hajjaj (IX d. C.) cuando Jabir reporta que el mensajero de Alá dijo que Iblis coloca su trono sobre agua. En todo caso, a Iblis se lo suele describir como el ángel destinado a caer por el peso de su propio orgullo para convertirse en Satanás. Quien además, asume el reto de tentar a los humanos con la finalidad de extraviar el curso de la creación.

Los partidarios de la filosofía perenne querrán traer a colación en este punto al antiguo dios azteca del fuego (Xiuhtecuhtli) residiendo permanentemente entre tres piedras (como lo hace hoy en los hogares mexicanos tradicionales) y enmarcado en las cuatro esquinas del cosmos.

CAPÍTULO 14

FORMACIÓN DEL SER HUMANO

El «ser humano» al cual hace referencia el título del presente capítulo no debería confundirse con el cuerpo humano biológico. Pues en su naturaleza física y devenir intervienen, además de Dios, otras creaturas. El ser humano a considerar desde este punto es una formulación arquetípica del tipo 1&2 o masculino&femenino. Tal como se daría en la composición de los proto-elementos unitarios masculinos aire (Espíritu) o tierra (Hombre) con las aguas inferiores de la terna (Mujer), quienes representan la naturaleza femenina (las palabras Hombre y Mujer se iniciarán con mayúsculas cuando se refieran a los arquetipos humanos, con la finalidad de diferenciarlas de sus otros usos comunes). La composición de tierra y agua en la constitución del ser humano es denominada «la carne» en la literatura neotestamentaria. En cuanto a la fidelidad hacia Dios de la formulación humana, Jesús recomienda a través de Mateo: «Velen y oren para no caer en la tentación. Pues el Espíritu podrá estar dispuesto, pero la carne es débil». El lector seguramente recordará la base de representación cuaternaria 1&1&2, donde es posible representar conjuntamente 2 formulaciones del ser humano, la celestial aire&agua y la terrenal tierra&agua. Siendo ambas formulaciones de naturaleza ternaria, cada una por su lado adolece de la capacidad para representar en su totalidad, un cosmos esencialmente cuaternario. Por tal motivo, todo aquello perteneciente a la totalidad del cosmos, con representación exacta sobre la base ternaria del ser humano terrenal será denominado «universo».

La concepción de lo humano en términos de una pareja con 1 componente masculino impar (el Hombre) y 1 femenino par (la Mujer) se remonta a los orígenes de la civilización. En el antiguo Egipto prevalecieron esas mismas formulaciones, como puede constatarse en las ogdóadas ya citadas, por ejemplo, aquellas constituidas por 4 dioses masculinos y sus consortes respectivas. Dada la posibilidad de representar cada potencia masculina sobre una dirección independiente y su consorte sobre 2, vale utilizar las vistas de 3 aristas piramidales para ubicar a las 4 parejas. En dichas vistas, el componente masculino debería situarse sobre las aristas verticales aparentemente más cortas y el femenino sobre las 2 aristas oblicuas a cada lado. En total es posible representar 4 parejas, una por cada prolongación de las diagonales de la base. Tales representaciones ocuparon un lugar preeminente en las cosmogonías egipcias, desde el establecimiento de las primeras ciudades estado del bajo y alto Nilo.

En el esquema ideado por los teólogos de Hermópolis, por ejemplo, la acción creadora de Amón está enmarcada en un total de 8 potencias primordiales. Nun y Naunet forman la pareja del agua primordial. Huh y Hauhet rigen la vastedad primordial. Kuk y Kauket son dueños la oscuridad primordial y Amón y Amonet es la pareja poseedora del poder oculto del

Espíritu sobre las aguas y el aire. La figura 14.1 ilustra la representación piramidal de la ogdóada hermopolitana.

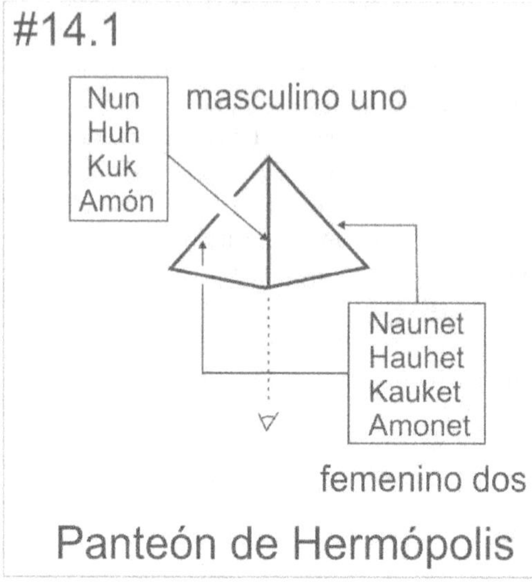

La ciudad de Heliópolis situada en el delta del Río Nilo fue capital política desde tiempos prehistóricos. Posteriormente, Heliópolis fue un centro religioso y cultural de gran importancia, hasta culminar su larga vida en el siglo I a. C., cuando fue abandonada gradualmente. En aquella ciudad y desde el siglo XXVII a. C. aproximadamente se rindió culto a la personificación del dios sol bajo el nombre de Atom. De acuerdo a la teología heliopolitana, Atom se crea a sí mismo a partir del agua primordial, llamada en este caso Nun. Los textos de las pirámides dan gloria a Atom y también a Kepri por engendrarse a sí mismos y reinar sobre la isla radiante. El panteón heliopolitano está constituido por una enéada, con Atom más una «ogdóada» de 4 dioses: Shu, Geb, Osiris y Seth, y sus consortes: Tefnut, Nut, Isis y Nefthys.

Los egipcios conocían de primera mano la reducción en peso de los seres vivos al morir y deshidratarse por completo en el desierto. El calor proveniente del Sol y entregado por las arenas, más el mecanismo de intercambio de agua con el aire seco constituían una versión natural del proceso de momificación. Según ha sido mencionado, los egipcios utilizaron carbonato de sodio calcinado con el propósito de retirar más rápidamente y en mayor medida, el agua de ocurrencia natural en los seres vivos. No debió ser muy difícil notar una reducción en peso tendiendo en el límite a cerca de dos tercios del total. De hecho, en los infantes de un año de edad la proporción de agua es casi exactamente dos tercios un sesenta y seis por ciento. Mientras en adultos no obesos el porcentaje baja a sesenta, razonablemente cerca de dos tercios, la misma proporción del agua en la fórmula 1&2.

En la Biblia Hebrea la formulación humana 1&2 tiene su raíz en la relación entre Dios y su Creación. Donde la unicidad de Dios representada por la letra א (alef primera letra del alfabeto hebreo, cuyo valor numérico es 1) viene acompañada por las aguas, como sugiere la narrativa de Génesis 1, 1 al comenzar con la letra ב (bet). El Libro del Génesis da cuenta de cómo el Hombre o componente masculino de la pareja fue creado a partir del polvo de la tierra, de la cual subía vapor. En tanto que, su consorte fue creada después, motivo por el cual será igual a segunda ordinalmente.

Hay además en el Libro del Génesis de la Biblia, numerosas asociaciones entre el agua, la Mujer y las bases binarias. Un ejemplo se tiene cuando el patriarca Abraham envía a uno de sus siervos con un regalo de compromiso para Rebeca (XIX – XVII a. C.), futura esposa de su hijo Isaac:

> Ella era una mujer extremadamente elegante, de las más bellas vírgenes y desconocida a los hombres. Ella descendió al manantial y llenó sus cántaros con agua… Y el sirviente corrió a su encuentro y le dijo: "Dame un poco de agua de tus cántaros." Y ella respondió: "Beba mi señor."… Entonces, después que los camellos bebieron, el siervo tomó un aro de oro con medio siclo de peso y dos brazaletes de diez siclos de oro.

En el relato Rebeca provee agua al enviado y a sus camellos antes de recibir los obsequios. Los cántaros con agua y el regalo a la prometida del segundo patriarca del pueblo hebreo ofrecen referencias inequívocas a una naturaleza binaria. El anillo pequeño simbolizando la cavidad virtual de la Mujer, con la cual acoge a su marido y los 2 dos brazaletes 20 veces más pesados reflejan su condición binaria. Otro ejemplo aparece en el Levítico, al exponer una relación de 1 a 2 en los períodos de purificación posteriores al nacimiento de un varón o de una hembra: «Una mujer, si da a luz un varón, se mantendrá impura por siete días... y deberá purificarse por treinta y tres días… Pero si da a luz una hembra, se mantendrá impura por dos semanas... y se purificará por sesenta y seis días». Al no haber razones aparentes de tipo biológico para tales preceptos, cabría una interpretación en términos de la fórmula 1&2 para la doble medida en la mujer.

La Biblia no es demasiado explícita a la hora de definir con precisión la naturaleza del ser humano. No obstante, de un modo inesperado el Libro del Éxodo introduce su fórmula en un contexto cósmico, a propósito de la consulta de Moisés sobre ¿cuál debía ser su respuesta al pueblo cuando este preguntase el nombre de Dios? «El Señor le respondió: "Diles: Yo soy el que soy, me envía"». El nombre de Dios en Éxodo 3 «Yo soy el que soy» o «Seré Quien seré» en hebreo «Ehyeh asher ehyeh» devino con los años en el tetragrama IHVH. Una palabra sin vocales y por lo tanto impronunciable desde la destrucción del segundo templo (denominado por algunos el tercero) por Tito de Roma (I d. C.) en el año 70 d. C. Se presume que el tetragrama proviene de la conjugación en tercera persona del verbo ser, en hebreo HIH. En todo caso IHVH puede representarse sobre una base cuaternaria, en especial sobre aquellas donde convergen ambas formulaciones del ser humano, la celestial y la terrenal. La figura 14.2 ofrece una representación cuaternaria del nombre de Dios sobre una base compuesta del tipo 1&1&2.

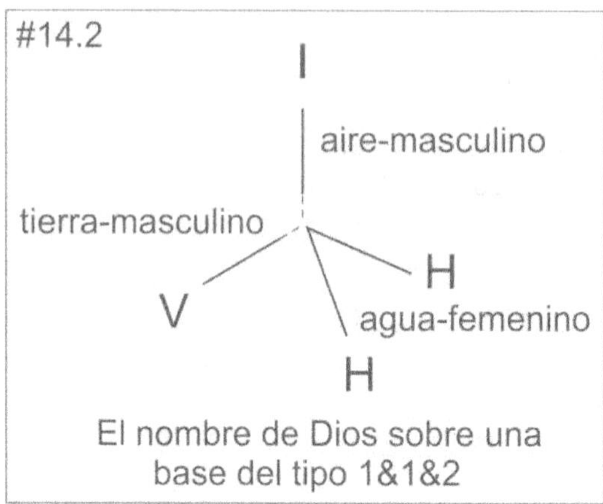

A parte de la representación cuaternaria mostrada en la figura, los sabios cabalistas permutaban las 4 letras con el objetivo de conocer el nombre de Dios en toda su extensión. Las 4 letras IHVH dan lugar a 24 $(24 = 4! = 4 \times 3 \times 2 \times 1)$ permutaciones, cuando las 2 Haches son consideradas componentes distintas en un mismo par (contraste claroscuro). Adicionalmente, la literatura cabalística afirma que la estructura del cosmos, además de cuaternaria existe por triplicado, cuestión asomada anteriormente con relación a las representaciones cuaternarias embebidas por el fuego. Los cabalistas de Provenza asociaban el contenido en lengua hebrea de Números 6, 24–26, donde está escrito: «Dios te bendiga y te guarde», «Te haga resplandecer su rostro en gracia» y «Te dé su aprobación y paz», con el nombre formado por las doce letras IHVH, IHVH, IHVH. Dicha disposición fue interpretada como una indicación de que las denominaciones divinas consisten de tres grupos de los 4 permutables. También pensaban que cada grupo y sus nombres eran semejantes al otro y que cada uno al permutarse de 24 maneras arroja un total de 72. Cifra presente en Éxodo 14, 19–21, cuando dice: «el ángel andaba delante… se puso detrás y vino entre los ejércitos de Egipto e Israel… y la mano de Moisés se extendió…» el cual consta de 72 $(72 = 3 \times 24)$ letras en lengua hebrea.

En la Biblia, las parejas formadas por los 3 patriarcas y sus consortes, Abraham y Sara, Isaac y Rebeca y Jacob y Raquel (XVIII – XVII a. C.) eran todas estériles. Dios debió allegarse a las 3 a Sara, a Rebeca y a Raquel con la finalidad de fecundarlas para poder lograr la descendencia patriarcal. En otras palabras, la Biblia establece de manera explícita que el ser humano terrenal es estéril y requiere de la intervención del Espíritu hecho de aire para su determinación. El componente masculino del ser humano terrenal (Hombre) solo dirige posibilidades y corresponden al Espíritu del ser humano celestial las determinaciones respectivas.

En los Evangelios no hay referencias claras a la naturaleza dual de la Mujer. Solo hay 2 citas en Mateo y Marcos donde Jesús habla de la unión matrimonial en «una sola carne», la cual no debería separarse. Lo humano es descrito como un ser formulado en la unión de dos partes y en libertad de contravenir las disposiciones del Creador cuando actúen conjuntamente. En el Nuevo Testamento y en la Biblia Hebrea, el carácter ternario del ser humano no es solo cardinal, sino que también fluye naturalmente de una disposición ordinal. Según señalara Pablo en su Primera Carta a Timoteo ya citada, lo masculino primero y lo femenino segundo.

Líneas atrás se mencionó la presencia de un meta-mensaje en la estructura cuaternaria de los Evangelios. En tal sentido, análisis recientes han centrado su atención en la cuestión de un material común a 2 de los sinópticos, Mateo y Lucas, el cual se conoce como «tradición Q» (Q, *quelle*, del alemán fuente). Si bien es cierto que los 3 Evangelios sinópticos contienen material exclusivo o «bien propio», los de la tradición Q (Mateo Lucas) (agua) poseen una mayor proporción. De ese modo es posible discernir dos tradiciones, la de Marcos y la tradición Q de la fuente de los dichos. Así, los sinópticos ofrecen una representación del ser humano terrenal, figurando Marcos como el proto-elemento tierra, en tanto que Mateo y Lucas lo hacen por el agua. Habiendo hecho las precisiones anteriores vale ahora señalar, el diálogo llevado a cabo entre los textos evangélicos y su propia estructura. Cuestión puesta en evidencia por el hecho de ser Mateo y Lucas, los únicos en mencionar el nacimiento de Jesús de una Mujer virgen. Si a los sinópticos se agrega el Evangelio teológico de Juan, figurando por el Espíritu, se logra una configuración susceptible de representación sobre una base 1&1&2. En dicha formulación está presente la pareja estéril tierra&agua formada por Marcos&(Mateo Lucas) personificados en José&María, junto al agente de la fecundación. La figura 14.3 ilustra las 4 fertilizaciones de las parejas, 3 patriarcales en la religión 1 y 1 con María en la religión 3.

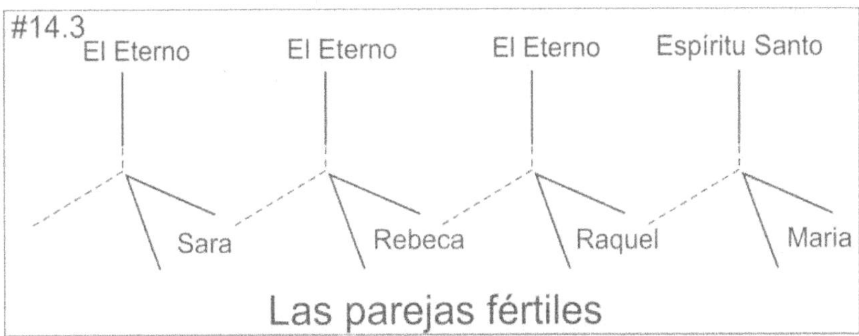

En el Corán abundan las menciones a la creación del Hombre y son tantas que una lectura superficial podría resultar un tanto confusa. Al centrar la atención en los componentes utilizados por Dios en dicha creación, la cuestión se resuelve en muchos casos interpretando la palabra hombre como ser humano terrenal. Por ejemplo, Las azoras El Trecho Rocoso, La Distinción, Los

Romanos, La Postración y Los Creyentes mencionan los elementos empleados en la formación del ser humano. Entre esos elementos figuran polvo de la tierra, tierra húmeda en forma de arcilla, barro y agua.

Sobre la creación de la Mujer, las azoras Las Mujeres y Los Altos endosan la tesis del Libro del Génesis según la cual, la Mujer fue creada en segundo término. Curiosamente según la azora La Vaca, al valorar comparativamente al Hombre y a la Mujer se requieren 2 de estas al momento de reemplazar 1 de ellos: «Y llama a testificar a dos hombres, pero si no hay dos hombres, entonces un hombre y dos mujeres… así que si una se equivoca la otra la corregirá». De modo similar en la azora Los Aliados se informa sobre la doble retribución a las Mujeres: «¡Oh mujeres del profeta!, quien de ustedes sea culpable… el castigo les será duplicado… Y quien de ustedes sea obediente… se le dará doble recompensa».

El Libro Sagrado del islam es bastante generoso con la Virgen María, madre de Jesús de Nazaret, al punto de dedicarle la azora 19 (María). En sus versículos hace referencia a su fertilización por parte del Espíritu de Dios:

> Y menciona a María en el Libro, cuando ella se apartó a un lugar al oriente. De modo que se cubrió de ellos con un velo. Entonces Nosotros le enviamos a nuestro Espíritu y se le apareció como un hombre bien formado. Ella dijo: "Me refugio de ti en el Clemente, si tú eres de los que guardan contra el demonio". Él respondió: "Yo apenas soy enviado por tu Señor para darte un muchacho puro". Ella preguntó: "¿Cómo puedo tener un hijo si ningún mortal me ha tocado, pues soy casta?" El respondió: "Así será. Tu Señor dice: 'Es fácil para Mí y haremos de él un ejemplo y una muestra de nuestra misericordia…'"

Una de las más excelsas representaciones de lo humano en el islam se encuentra en el denso simbolismo oculto en el interior de la Caaba. Allí adentro, sosteniendo el techo del santuario hay 3 columnas separadas en dos grupos por un pequeño altar. La columna entrando a la izquierda representaría a la divinidad, en tanto que las 2 columnas a la derecha simbolizan su Creación como consorte. La disposición interior de la Caaba ha sido ilustrada esquemáticamente en la figura 14.4 para beneficio de los lectores.

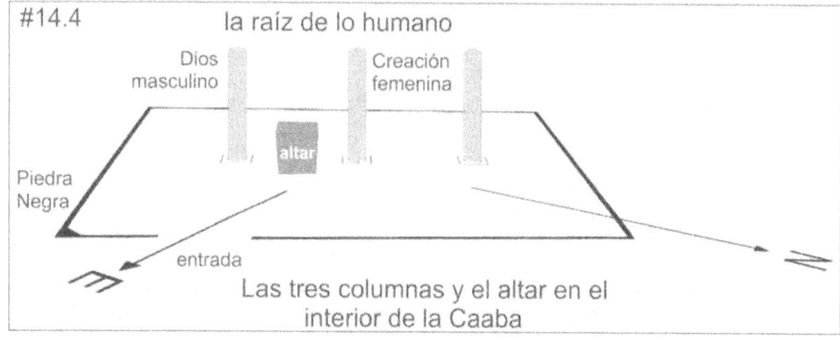

El arquetipo cuaternario solo se completa cuando los seres humanos celestial y terrenal compartan un mismo objetivo final. El fracaso en culminar exitosamente el simbolismo cuaternario en el diseño de los ataques del 11/9 implicaría que el Espíritu Santo (*Ruh-al-Qudus*) no endosó una yihad menor basada en el terror en aquella oportunidad. La figura 14.5 ilustra la representación proto-elemental de los ataques del 11 de septiembre de 2001.

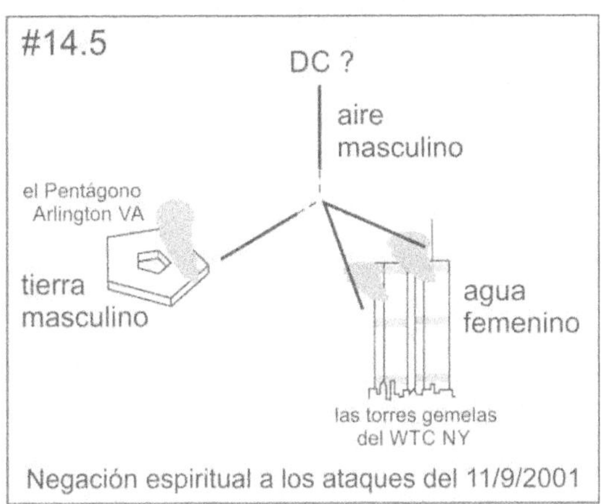

También hubo una falla en la configuración de las aerolíneas desarrollándose en paralelo. De hecho, el par de aerolíneas oponiéndose (compitiendo) destinadas a impactar las torres gemelas del WTC representaban correctamente las aguas femeninas inferiores en la terna, pero aquellas otras destinadas al Pentágono y a DC (aguas superiores o masculinas) debían haber concurrido en lugar de oponerse.

La primacía de lo masculino sobre lo femenino fue una constante en la cultura antigua y su extensión al plano biológico y social debería eliminarse. Justo como intentan hacer los movimientos feministas, pues la imbricación de todos los arquetipos impares y pares en la biología humana, no la justificaría. Un buen ejemplo de tales imbricaciones se tiene en la palabra אב —padre en lengua hebrea—cuya gematría es 2+1, similar a 1&2, nuestra fórmula sintética para el ser humano. El presente capítulo ha sido un poco más extenso, debido a la importancia para los humanos de su propia formulación arquetípica. Pues de sus primeras representaciones derivan, tanto su capacidad para percibir el universo como la de actuar libremente sobre él.

CAPÍTULO 15

INSTITUCIÓN DEL SACERDOCIO

En el marco de la presente exégesis natural, la «institución sacerdotal» iguala en importancia a la del ser humano, con la cual es consagrada la unión entre masculino y femenino. En el caso del sacerdocio se componen aire y tierra o Espíritu y Hombre, en un desempeño mancomunado al servicio de los designios de Dios. De hecho, el sacerdocio establece el vínculo necesario para asegurar la coherencia entre el ser humano celestial y su contraparte terrenal. En las Escrituras Sagradas es planteado a manera de una interrelación, cuya finalidad es conducir la Creación hacia su Dios. Las 4 grandes religiones de las Gentes con Libro consideran el sacerdocio una cuestión de la incumbencia exclusiva de lo masculino, tanto en el cielo como en la tierra.

En el antiguo Egipto la institución sacerdotal alcanzó una relevancia pocas veces vista. Esencialmente, el faraón representaba a la divinidad en su figuración única y masculina, así como su cuerpo lo hacía por la contraparte terrenal. Hubo, sin embargo, una excepción que se trae a colación, por cuanto ayuda a conocer las ideas de los antiguos sobre la realización conjunta de aire y tierra. Un movimiento teológico tebano habría justificado la investidura de la reina Hatshepsut como sumo sacerdote, al dar preeminencia a la semblanza femenina de la unión Espíritu y Hombre (aire y tierra) (aguas masculinas) (las estrellas Thuban y Alnitak). Hatshepsut se casó con su medio hermano Tutmosis II (XV a. C.), quien había tenido un hijo de otra unión llamado Tutmosis III (XV a. C.). Ante la corta edad del heredero, Hatshepsut se constituyó primero en regente y posteriormente accedió al trono.

Estando en la cima del poder, Hatshepsut dedicó a Amón (el oculto) Dios de Tebas 2 obeliscos de granito rosado recubiertos de electro (aleación natural de oro [Au, del latín *aurum*] y plata). Uno de esos monumentos todavía en pie, pero despojado de su ornamento metálico, continúa atestiguando el esmero de los sabios del Egipto antiguo en sus expresiones plásticas del formulismo cuaternario. El obelisco de Hatshepsut con 29.6 metros de altura fue alzado en el templo de Karnak (nombre del pueblo árabe vecino, al-Karnak). Para fortuna de todos, todavía conserva en su base una inscripción donde la reina dejó testimonio de su propósito: «Desde mi palacio medito en quien me ha creado. Mi corazón me impuso construir para él 2 obeliscos de electro... los 2 obeliscos los he recubierto de electro y así dedicárselos a quien me ha creado, Amón...». En aquel periodo de la historia de Egipto, los faraones de turno pretendieron dar muestras de mayor devoción, superando a sus antecesores en la magnificencia de sus obeliscos.

Después de la muerte de Hatshepsut, Tutmosis III finalmente ascendió al trono de Egipto e hizo desaparecer todo rastro de la reina, a excepción del obelisco remanente. Aun cuando pudo haberlo derribado el faraón optó por conservarlo, pero lo rodeó de un muro con la intención de ocultar los dos tercios inferiores de su altura total (proporción correspondiente al agua en la formulación 1&2). Todo con la intención de expresar su rechazo a las pretensiones de la reina, de desvirtuar el carácter exclusivamente masculino de la institución sacerdotal en el antiguo Egipto.

Las Escrituras Sagradas son generosas en referencias a la institución del sacerdocio y la Biblia ofrece varios modelos. Por un lado, se tiene la relación de Dios con Abram y de este con Melquisedec (XIX – XVIII a. C) rey de Salem y sacerdote del Dios Altísimo. Melquisedec recibió a Abram y:

> Trajo pan y vino y después de bendecirlo, dijo: "Pueda la bendición del Dios Altísimo, creador del cielo y de la tierra, ser sobre Abram y alabado sea el Dios Altísimo, Quien te ha dado en las manos a tus enemigos". Y Abram le dio diezmos de todo. Y el rey de Sodoma dijo a Abram. "Dame los prisioneros y quédate con los bienes". Pero Abram le respondió al rey de Sodoma: "Alzando mis manos hice un juramento al Señor, el Dios Altísimo, creador del cielo y de la tierra, que no tomaré ni un hilo ni una correa de calzado de ti, así que no puedas decir: Yo di riquezas a Abram".

En el citado pasaje del Génesis aparece la primera referencia a Jerusalén (ciudadela de Salim, el dios sirio del sol poniente), en aquel entonces, una ciudad joven cuyo rey era sacerdote del Altísimo (El Elyon) o Dios en las alturas.

Por otro lado, está la relación de Dios con Moisés y Aarón (XIII a. C.) y de ambos entre sí, reseñada en el Libro del Éxodo y planteada por el Señor en los términos siguientes:

> ¿No tienes a tu hermano Aarón, el levita? que Yo sepa es fácil de palabra. Y Ahora sale a tu encuentro y al verte se regocijará en su corazón. Deja que oiga tu voz y tú pondrás mis palabras en su boca y Yo estaré en tu boca y en la suya y Os enseñaré lo que habréis de hacer. Él hablará por ti al pueblo y te servirá de boca y tú serás para él como Dios.

La cita amplía el contexto de la institución sacerdotal incluyendo a Dios, en la actuación mancomunada del Espíritu y del componente masculino del ser humano terrenal (Hombre) para la realización cósmica.

En los Evangelios hay varias referencias al mismo esquema planteado por el Libro del Éxodo. Quizás la más elocuente se ofrece en la Transfiguración de Jesús en el Monte Tabor referida por los 3 sinópticos Mateo, Marcos y Lucas. En dicho episodio:

> Jesús tomó a Pedro, a Santiago y a Juan su hermano y los llevó a un monte alto. Y se transfiguró delante de ellos. Su rostro brillaba como el sol y sus vestiduras se volvieron blancas como la luz. Y se aparecieron Moisés y Elías hablando con él... Mientras aún estaba

hablando, una nube luminosa los cubrió y una voz desde la nube dijo: "Éste es mi Hijo amado, en quien me complazco, escuchadlo".

La narrativa da cuenta de la relación especialísima entre Dios y Jesús y de este con Pedro (I d. C.), quien dio respuesta a la triple pregunta: «Vosotros, ¿quién decís que soy yo?». Simón fue designado por Jesús como cabeza visible de la institución sacerdotal en la Iglesia cristiana por haber respondido:

"Tú eres el Cristo, el Hijo del Dios viviente". Jesús entonces le dijo: "Bendito seas, Simón, hijo de Juan, porque ese conocimiento no proviene de la carne ni la sangre, sino de mi Padre en los cielos. Y yo te digo que tú eres Pedro y sobre esta roca fundaré mi Iglesia y las puertas del infierno no la rebasarán. Yo te daré las llaves del reino de los cielos y lo que atares en la tierra quedará atado en los cielos y lo que desatares en la tierra quedará desatado en los cielos".

La figura 15.1 intenta ilustrar algunas relaciones de la institución sacerdotal.

Según señala Juan, la institución sacerdotal se extiende al discipulado cristiano, en virtud de la sujeción a Dios de toda su Creación. Pues Jesús se proclama como la vid y al Dios Padre como el viñador, cuando hace referencia a la necesaria dependencia de los fieles, los sarmientos.

El Corán también plantea el carácter mancomunado de la profecía, esencia de la relación entre Dios y el profeta y con sus representantes: «¡Señor nuestro! Eleva un Mensajero entre ellos que les recite tus aleyas y les enseñe el Libro y la Sabiduría y los purifique». (azora La Vaca); «Y los hicimos líderes que guiaban al pueblo bajo nuestro comando y les revelamos como hacer buenas obras, a guardar la plegaria y a dar limosna. Y a Nosotros únicamente sirvieron». (azora Los Profetas).

CAPÍTULO 16

REPRESENTACIONES NATURALES

Hasta este punto las bases cuaternarias han sido utilizadas con el propósito de representar contextualmente algunos fenómenos siderales y para relacionar de manera coherente, ciertos conceptos religiosos sin conexión aparente. Si bien los Textos Sagrados ofrecen un reservorio inagotable, en cuanto a formulaciones cuaternarias se refiere, es necesario también prestar mayor atención a la naturaleza. Sobre todo, al desarrollar una exégesis natural cuyo objetivo es poner al descubierto, correspondencias entre los temas abordados por las Escrituras Sagradas y los objetos de estudio de la ciencia. Debido a las representaciones exactas de los principales arquetipos de forma de la Creación sobre bases cuaternarias, podría preverse también, un vasto cúmulo de posibilidades en la naturaleza. Por tal motivo, conviene focalizar sobre algunas áreas de interés, con miras a reforzar el valor heurístico de las bases de representación exploradas hasta el momento. Un área interesante es la fisiología del cuerpo humano, pues sobre las primeras representaciones en sus bases subyacentes, son proyectadas sus observaciones y desde ellas se emprenden sus acciones.

Seguramente resultará de utilidad comenzar por algo simple, como la fisiología de la visión en 3 colores primarios de una pequeña parte del espectro electromagnético. Dicho espectro está formado por un número prácticamente infinito de frecuencias, la mayor parte de las cuales escapa a la capacidad del sentido de la vista. Es sabido que los ojos, más específicamente las células cónicas de la retina, tienen una respuesta normalizada a una base ternaria de 3 colores azul, verde y rojo. En 1964, los norteamericanos P. Brown (XX d. C.) y G. Wald (XX d. C.) en Harvard y E. MacNichol (XX - XXI d. C.) y W. Marks (XX - XXI d. C.) en Johns Hopkins demostraron que cada célula cónica responde a 1 de 3 sectores del espectro. A principios de los años ochenta, el norteamericano J. Nathans (XX - XXI d. C.) descubrió el origen genético de los 3 pigmentos responsables de la visión en 3 colores. Los genes con los cuales se producen los pigmentos responsables de la visión del rojo y del verde se encuentran en el cromosoma X. Por su lado, los genes del pigmento para el color azul están situados en el cromosoma siete. En esos términos, la percepción de cada uno de los 3 colores primarios posee una base física y sensorial bien identificada. La correspondencia es plena, pues cada color se corresponde con un rango de frecuencias en el espectro y en el plano sensorial hay un tipo de cono para cada caso.

La coincidencia en tiempo y espacio de partículas de luz con frecuencias asociadas a los 3 colores primarios, deriva en una impresión psíquica en nuestro cerebro correspondiente al color blanco. Dicho color no se corresponde con un sector del espectro electromagnético, no tiene una frecuencia asociada. Es imposible la emisión de un solo fotón (partícula o cuanto de luz) asociable al color blanco, no existe tal cosa. Con relación a las frecuencias del espectro no cubiertas por la visión humana existe un número prácticamente infinito de ellas. Tal es el caso de las frecuencias inferiores a la del rojo y aquellas mayores a la del azul violáceo, todas ellas invisibles para los humanos. En términos de bases cuaternarias, es factible representar los colores visibles sobre una terna y las frecuencias no visibles, sobre una base unitaria separada, pero relacionada. Ambas constituirían una base impar del tipo 1-3. La figura 16.1 ilustra el tipo de representación propuesta.

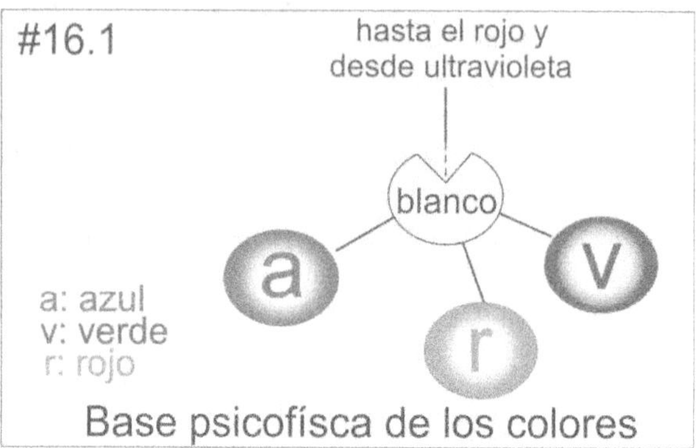

La fisiología humana es fuente inagotable de configuraciones susceptibles de ser representadas sobre bases cuaternarias, ternarias, binarias y unitarias vinculables. Las relaciones de isomorfismo entre las representaciones sobre estas bases y los arquetipos de la Creación explorados hasta ahora constituyen los pilares fundamentales de cualquier ejercicio de exégesis natural. Al momento de interpretar la carga simbólica presente en la fisiología del cuerpo humano, del hombre y la mujer, ambos serán considerados en su conjunto. Para ello basta adoptar la fórmula «una sola carne» presente en Mateo y Marcos y la cual guarda estrecho paralelismo con la definición del ser humano.

La separación biológica de los sexos ocurrió en el período Esténico hace unos mil doscientos millones de años, según lo atestiguan los primeros fósiles de gametos y esporas. No puede considerarse entonces como un acontecimiento reciente, ni puede argumentarse que dicha separación anticipase las exteriorizaciones de los arquetipos, propias de las manifestaciones sexuales del cuerpo humano biológico. Queda a discreción del lector creer si hubo o no un plan.

Desde un punto de vista orgánico, las evidencias apuntan a una estructura humana dimorfa, particularmente con relación al sexo, donde la fórmula 1&2 (tierra&agua o masculino&femenino) se expresa de varias formas. Un ejemplo de representación fisiológica del tipo 1&2 en la sexualidad puede observarse en los órganos reproductivos de la mujer. En su conjunto poseen una cavidad virtual donde acoger el órgano sexual masculino y las 2 trompas de Falopio para la migración de los óvulos provenientes de los ovarios. La figura 16.2 ilustra esquemáticamente el concepto.

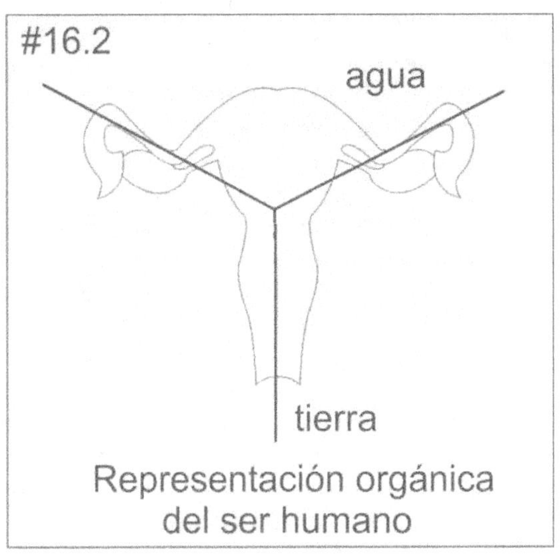

Como suele ser el caso, el proto-elemento agua asociado al sexo femenino lleva implícita la noción de periodicidad, llámense ciclos o fases. Recuerde el lector la permutación del contraste claroscuro. Pues es bien conocida la alternancia de los ovarios en la ovulación de cada ciclo menstrual de 28 días, casi exactamente un ciclo lunar. En el hombre no hay un ciclo sexual propiamente dicho y permanece fértil a lo largo de toda su vida sexual hasta el climaterio. La idea de ausencia de periodicidad, de fases o ciclos en el sexo masculino trae a la mente de inmediato el concepto de matemático de divergencia. El ejemplo bíblico por excelencia de la divergencia masculina lo ofrece Abram, quien después de abandonar la casa de sus padres en Mesopotamia nunca más volvería a ella. Ese no retorno es conceptualmente, el rasgo característico y contrastante de la divergencia, frente al carácter recurrente de las fenomenologías rotacionales.

Uno de los terrenos más prospectivos para la búsqueda de representaciones naturales de la formulación del ser humano es sin duda la bioquímica del sexo. Hay, sin embargo, restricciones para abordar el tema de lleno, pues se trata de un área de estudio demasiado amplia y compleja. La actividad sexual y reproductiva en la biología humana comienza con la hormona liberadora de gonadotropinas producida en el hipotálamo y denominada por sus siglas en inglés *GnRH* (*gonadotropin releasing hormone*). La *GnRH* induce en la glándula pituitaria la producción de la hormona luteinizante o *LH* (*luteinizing hormone*) y de la hormona folículo estimulante o *FSH* (*follicle-stimulating hormone*). Completa el cuadro la hormona gonadotropina coriónica humana o *hCG* (*human chorionic gonadotropin*) producida también en la pituitaria y por el feto durante el embarazo. Baste sin embargo notar que las hormonas fundamentales son 4 y 1 de ellas, la *GnRH* es determinante en el desempeño de las otras 3.

Afortunadamente las hormonas mencionadas son reguladoras de otras no tan complejas frecuentemente citadas por publicaciones de todo tipo. Sin embargo, aun siendo prácticamente de interés general, las estructuras químicas de dichas hormonas podrían resultar intimidantes para algunos lectores. Razón por la cual, se ruega no poner demasiado énfasis en los detalles de las ilustraciones y quedarse con las simples observaciones que se harán. La primera hormona a considerar es la testosterona, sin duda la más conocida entre las rectoras de la sexualidad masculina. Es producida principalmente en las células de Leydig de los testículos, cuya regulación está a cargo de la hormona *LH*. Su presencia se mantiene relativamente constante, a niveles dependientes más bien de la edad.

Si la fórmula 1&2 del ser humano posee algún carácter predictivo, se esperaría que las hormonas femeninas correspondientes fuesen al menos de 2 categorías, lo cual resulta ser el caso. Destacan de entre las hormonas femeninas los estrógenos y la progesterona. De los tres estrógenos principales se seleccionará el estradiol por su importancia en el ciclo reproductivo. Pues el estriol es un metabolito del estradiol y solo alcanza alguna relevancia durante el embarazo, mientras la estrona adquiere importancia durante la menopausia. Otro tanto puede decirse de los estrógenos menores, cuya omisión de ningún modo resta significado a las consideraciones siguientes. Ya sería posible entonces, representar la testosterona, el estradiol y la progesterona sobre una base 1&2, lo cual se deja a la imaginación del lector. Tanto el estradiol como la progesterona intervienen en fases sucesivas y complementarias del ciclo menstrual de la mujer. Esa alternancia permitiría asociar de nuevo su naturaleza binaria con fases o ciclos y a las permutaciones del contraste claroscuro.

Las formulaciones humanas inscritas en las estructuras químicas de las hormonas sexuales pueden descubrirse, observando los grupos funcionales en los cuatro anillos de sus bases esteroideas. Uno de esos grupos es el hidroxilo (–OH) y el otro formado por un oxígeno doblemente enlazado (=O). En la testosterona está presente 1 de cada uno, lo cual podría interpretarse como una representación de la institución sacerdotal. De acuerdo a dicha interpretación, el oxígeno doblemente enlazado representaría al Espíritu hecho de aire y el grupo hidroxilo al componente identificado con el proto-elemento tierra (Hombre). Desde la perspectiva de los hidroxilos, la pareja testosterona estradiol podría interpretarse como una representación natural del ser humano terrenal según la fórmula 1&2. La figura 16.3 muestra a la izquierda, la mencionada configuración correspondiente al ser humano terrenal.

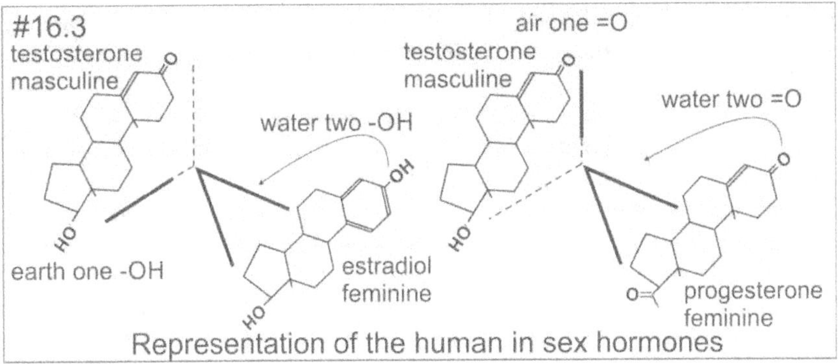

Sin embargo, la representación hormonal de la formulación humana es doble, de acuerdo a las versiones terrenal y celestial introducidas anteriormente. El par testosterona progesterona a la derecha mostraría entonces, una formulación 1&2 en términos de los 3 oxígenos doblemente enlazados y figuraría por el ser humano celestial. En cada hormona femenina, grupos semejantes figuran distintamente, en lo que aparenta ser una referencia a los atributos binarios del contraste claroscuro. La pareja testosterona estradiol alusiva al ser humano terrenal es insuficiente para un ciclo reproductivo fértil. De hecho el estradiol activa la ovulación, pero es la progesterona presente en la otra pareja, representativa del ser humano celestial, la responsable de acondicionar el endometrio para la fertilidad.

Otra de las áreas de la biología humana con un profuso lenguaje simbólico es la genética. En esa área del conocimiento científico han destacado figuras como el inglés F. Crick (XX – XXI d. C.) y el norteamericano J. Watson (XX – XXI d. C.). Así como lo han hecho, legiones de talentosos científicos y organizaciones de muchos países. Gracias a la contribución de todos ellos, es posible ampliar el alcance de la exégesis natural a esa área del conocimiento. Los esfuerzos han estado centrados en los proyectos orientados a identificar y cartografiar física, química y funcionalmente, unos 25.000 genes presentes en el genoma humano. También ha habido numerosos intentos por descifrar el código genético, en cuanto a las relaciones entre sus claves nucleotídicas y los aminoácidos a los cuales están asociados. Todo ello con la intención de descubrir algún contenido cifrado, dejado allí por una inteligencia superior cual prueba de su grandeza.

La posibilidad de encontrar algún mensaje escrito en el código genético está sustentada en el hecho de que solo una décima parte del ADN (Ácido Desoxirribonucleico) humano tiene utilidad actualmente. Del total de 6.000 millones de bases, la gran mayoría se encuentra al margen de la síntesis de unas 60.000 proteínas requeridas en el funcionamiento regular del cuerpo humano. Lamentablemente, todos los intentos para encontrar algo más que pura genética en el ADN han resultado infructuosos hasta ahora. En cuanto al presente trabajo, no existe la más mínima posibilidad de unirse a tal búsqueda. El interés aquí es utilizar el tema genético como herramienta básica para poder dilucidar en un futuro, las vías de expresión de los arquetipos de forma en la cadena biológica de exteriorización/interiorización hasta/desde el plano social y religioso.

La grandeza y complejidad de la molécula de ADN motivó a F. Crick a investigar, si su origen pudo haber sido puramente terrestre y producto del azar. De hecho, pasó bastante tiempo calculando la probabilidad de que la vida surgiera por sí sola en el planeta Tierra. Sus cálculos indicaron que era casi, sino imposible, un surgimiento espontaneo de la vida a partir de una sopa primordial. Incluso de la obtenida en el experimento de los norteamericanos S. Miller (XX – XXI d. C.) y H. Urey (XIX – XX d. C.). Los resultados alcanzados y su decidido ateísmo, lo indujeron a proponer el surgimiento de la vida en algún otro planeta desconocido con mayores probabilidades.

Otros antes de él ya habían sugerido un origen extraterrestre para la vida, como el pensador griego Anaxágoras (VI – V a. C) quien afirmara la presencia en todas partes de las semillas de todo. Más recientemente el físico sueco S. Arrhenius (XIX – XX d. C.) adoptó el término «panspermia» del biólogo alemán H. Richter (XIX d. C.) para denominar su teoría sobre la diseminación de la vida por el espacio sideral. Pues según el físico, a pesar de las distancias y el vacío, los mundos intercambian fuerzas, materia y hasta semillas vivientes. Ya en plena era de la aventura espacial, F. Crick y L. Orgel (XX – XXI d. C.) propusieron en 1973 d. C. una teoría controversial. Según plantearon los renombrados investigadores, seres extraterrestres de origen desconocido llevaron a cabo una «panspermia dirigida» en el planeta Tierra. Dicha teoría se apoya en la universalidad del código genético y por lo tanto, en su origen infeccioso. De hecho la vida biológica puede verse como una infección del Reino Mineral.

Llegado el momento de tratar el tema de la bioquímica genética, es conveniente alertar a los lectores sobre un mayor grado de complejidad en las próximas ilustraciones. Tales complicaciones aconsejan, no perderse en los detalles, no adelantar conclusiones que no vienen al caso y limitarse a observar solo lo indicado por el texto. El esfuerzo estará centrado en identificar las posibilidades de representar la molécula de ADN y sus constituyentes sobre bases cuaternarias, teniendo presente sus funcionalidades químicas y bioquímicas. También se extenderán dichas consideraciones al ácido ribonucleico mensajero (ARNm), al ácido ribonucleico traductor (ARNt) o de transferencia y al conjunto de aminoácidos requeridos en la síntesis proteínica del cuerpo humano.

El ADN es una molécula compleja enrollada y plegada en varios niveles, hasta adoptar una forma exterior denominada cromosoma. De los distintos tipos de cromosomas, vale la pena mencionar aquellos con los cuales se define el sexo biológico del hombre y la mujer. El par cromosómico XY correspondiente al sexo masculino y el XX al femenino. El cromosoma Y posee unos 50 millones de pares de bases nucleotídicas, mientras el X unos 150 millones de pares. El cromosoma X sigue una formulación 1&2 en la pareja humana biológica de acuerdo a la fórmula X&XX (X en el varón y XX en la hembra). El cromosoma Y podría considerarse como una referencia al proto-elemento aire, Quien figura en una proporción de 1 a 3 con tierra (50 a 150).

Extendida, la molécula de ADN posee una estructura helicoidal donde 2 hélices similares se encuentran acopladas, pero dejando espacio a una tercera ausente. Los surcos entre las hélices son de dos tipos, hay uno delgado de 12 Å (Å, ángstrom 0,000 000 000 1 m) y otro de 22 Å donde podría situarse la hélice ausente. La relación aproximada entre los surcos es entonces de 1 a 2. Las 2 hélices han sido bautizadas en honor a F. Crick y J. Watson y podrían representarse sobre los componentes de una base binaria. La molécula de ADN se correspondería por lo tanto con el proto-elemento agua y podría acoger un tercer componente, por ejemplo, una representación de los proto-elementos aire o tierra. De forma tal que, podría participar en ambas formulaciones del ser humano. Las hélices están constituidas por hebras, actuando de soporte para unas bases responsables de almacenar la información genética. En las hebras se alternan el hidrogenofosfato y la β-D-2′-desoxirribosa enlazada por un lado, al carbono 3′ y al 5′ por el otro, dándole sentido a las hebras. Ocurre que ambas son anti paralelas, de acuerdo a la orientación de las 2 desoxirribosas, es decir, 2 modalidades cual contraste claroscuro. La figura 16.4 ilustra el anti-paralelismo de las hélices de ADN.

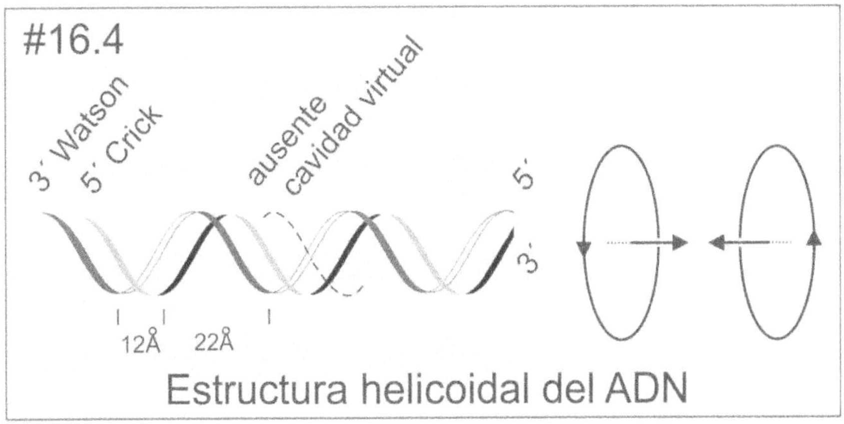

Se podría argumentar que siendo ambas hélices derechas y anti paralelas, representarían giros contrarios para un total igual a cero, cuestión que resultará ser un rasgo de las aguas. El ADN también puede adoptar, en ciertos casos excepcionales, una configuración izquierda, lo cual no será discutido aquí, pues el lector estará en capacidad de encontrarle sentido al final. Tampoco se considerarán las interesantes representaciones cuaternarias inscritas en el hidrogenofosfato y la β-D-2′-desoxirribosa de las hebras para poder dirigir la atención a las bases de nucleótidos del código genético.

Uno de los rasgos más notables de la maquinaria genética es la existencia de dos sistemas de 4 bases de nucleótidos. Uno de ellos almacena la información en la molécula de ADN, mientras el otro lo hace en los ARN. El sistema de bases del ADN está constituido por la timina (T) y 3 bases más y el de los ARN por el uracilo (U) y las mismas 3 bases, formándose así 2 tétradas gemelas. Las estructuras de ambos sistemas serán consideradas sucintamente, tanto química como bioquímicamente para beneficio del lector. La timina y el uracilo son moléculas semejantes, cuyas diferencias pueden representarse sobre una base impar del tipo 1-3, según se muestra la figura 16.5.

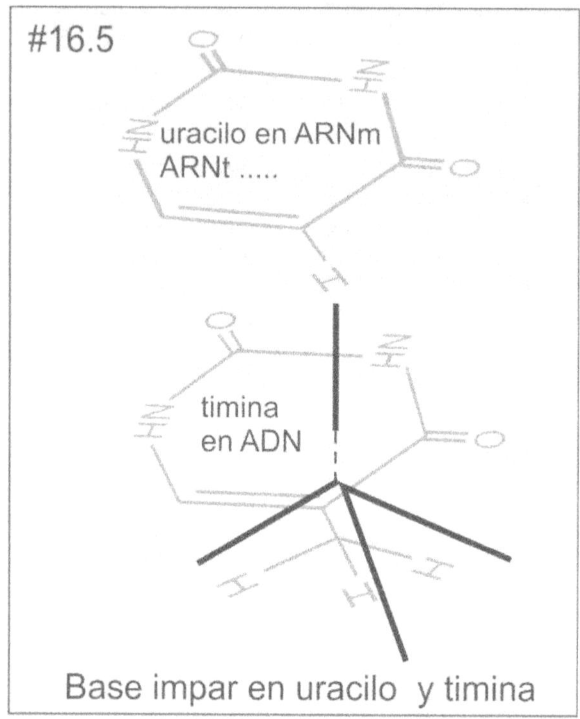

Donde la timina tiene un grupo metilo ($-CH_3$) con 3 átomos de hidrógeno, el uracilo tiene apenas 1 solo átomo de hidrógeno (H). Incidentalmente la timina con su rasgo ternario está presente solo en el ADN, donde las bases operan de manera individual. En tanto que el uracilo y su rasgo unitario aparecen en los ARN, donde las bases operan en grupos de 3 llamados codones. Los dos sistemas de bases de nucleótidos estarían entonces vinculados, mediante representaciones cruzadas del tipo 1-3. Siendo los ARN con uracilo evolutivamente anteriores al ADN con timina, se ha justificado el paso en términos de un aumento en la estabilidad de la molécula. Dicha estabilización se debió a la sustitución de uno de los átomos de hidrógeno en el anillo pirimidínico del uracilo, por el grupo metilo en la timina.

Químicamente el sistema timina más las 3 bases: adenina (A), guanina (G) y citosina (C) puede representarse sobre una base cuaternaria del tipo 2-2, de acuerdo a sus semejanzas estructurales. La figura 16.6 a continuación ilustra el caso.

En la figura pueden observarse las 4 bases agrupadas en 2 pares, de acuerdo a las similitudes en sus estructuras químicas. El lector habrá distinguido un par con un solo anillo característico de las pirimidinas y el otro par con dos anillos, las llamadas purinas. Cada par representaría un tipo de agua, por ejemplo, las superiores formadas por timina y citosina y las inferiores por guanina y adenina.

La interpretación puede ir incluso mucho más allá y puede conducirse de diversas formas, de las cuales se ofrece un ejemplo a continuación. Basándose en el contraste claroscuro de las aguas, es posible identificar con este los nitrógenos básicos (N) y no básicos (NH) inscritos en los anillos (excluyendo los grupos amino ($-NH_2$), fuera de los anillos). Bajo el mencionado esquema interpretativo, en la citosina habría una representación de las aguas inferiores. Mientras en la timina estaría representada una semejanza de agua superior masculina (aire&tierra) (NH&NH) asociable a la institución sacerdotal. En la guanina puede observarse una formulación del tipo 2-2 entre los 2 pares de nitrógenos básicos (N) y no básicos (NH). En tanto que en la adenina está presente otra formulación del tipo 1&1&2 con un nitrógeno básico (N) y otro no básico (NH) figurando por el agua y 2 básicos (N) adicionales. El par de nitrógenos básicos (N) en la adenina representaría otro tipo de figuración de aire y tierra. Ambas formas de representar las aguas masculinas serán interpretadas más adelante, cuando sean considerados los hechos dramáticos que habrán de reconfigurar la Creación. Los grupos amino (–NH$_2$) por su lado están presentes en 3 de las 4 bases, citosina, guanina y adenina configurando una representación ígnea. Otras interpretaciones incorporando los dobles enlaces y los átomos de oxígeno son también posibles, pero se dejan a la iniciativa del lector.

Si bien la representación química de las bases de nucleótidos puede resultar interesante desde un punto de vista sistemático, en la práctica las bases se relacionan genéticamente de otro modo. En el apareamiento de bases en la molécula de ADN están establecidos los pares bioquímicos siguientes: timina con adenina y citosina con guanina y viceversa en cada par (en los ARN cambiar timina por uracilo). Dicho apareamiento permite establecer otro tipo de representaciones cuaternarias, según puede observarse en la figura 16.7.

El par timina adenina ofrece una confrontación entre 2 formas de representar aire y tierra, con las aguas de por medio y cuya interpretación queda pendiente, según ha sido indicado. En el par guanina citosina aparecen 3 representaciones distintas de las aguas, correspondientes a la totalidad de las aguas inferiores.

Los apareamientos de las bases de nucleótidos en las hélices del ADN se materializan mediante un vínculo distinto a un enlace químico. Más bien se trata de una atracción física de carácter electrostático, entre las cargas opuestas de los grupos funcionales enlazados a los anillos. El vínculo en cuestión es denominado puente de hidrógeno y como ya se ha dicho, es fundamental en la organización macroscópica del agua química y de muchas moléculas. El puente de hidrógeno es posible entre moléculas, donde un protón (H) con su carga eléctrica positiva pueda ser atraído por un grupo funcional con carga opuesta o negativa. En las bases de nucleótidos las cargas opuestas a la del protón las poseen los átomos de oxígeno doblemente enlazados (=O) y los átomos de nitrógeno básicos (N). La figura 16.8 muestra los puentes de hidrógeno entre timina y adenina en las hebras helicoidales ascendente y descendente del ADN.

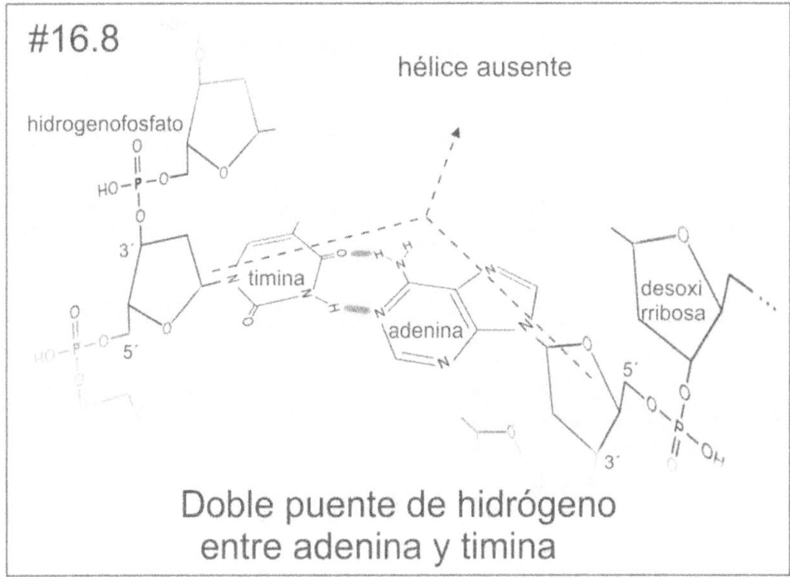

Los puentes son ilustrados mediante pequeñas nubes difusas para distinguirlos de los trazos sólidos de los enlaces. El lector observará un puente tipo (O...H) y otro (N...H) que pueden representarse sobre una base binaria. En el apareamiento de citosina y guanina hay en cambio, un puente (N...H) y 2 (O...H), lo cual permite establecer una correspondencia con la formulación del ser humano. La figura 16.9 muestra esquemáticamente el triple puente de hidrógeno en el apareamiento citosina guanina.

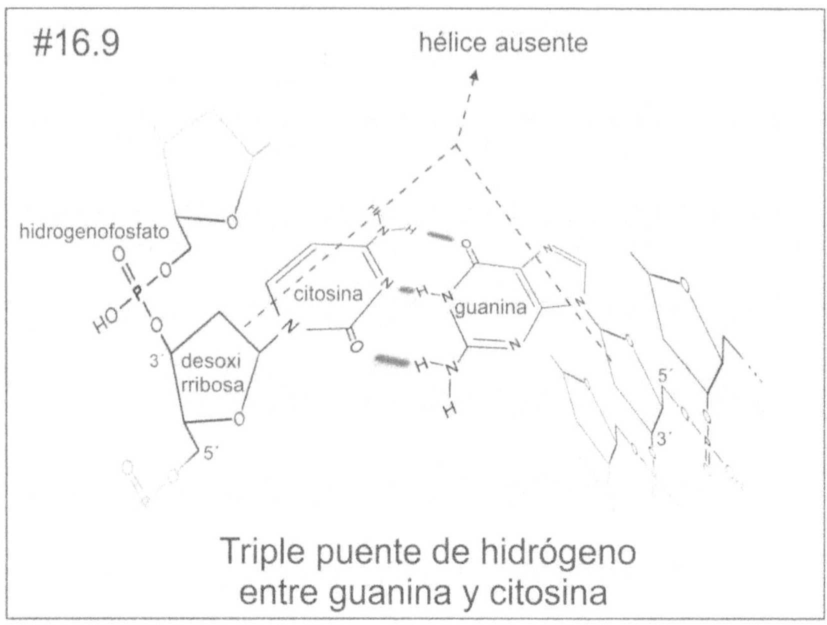

El número de pares de bases en los cromosomas humanos va, desde unos 40 millones a algo cercano a 240 millones. El efecto acumulativo de los puentes de hidrógeno provee entonces, la fuerza necesaria para mantener firmemente apareadas las 2 hélices presentes en la molécula de ADN.

Según se ha anticipado, no resulta muy difícil asociar la doble hélice de la molécula de ADN con el proto-elemento agua en un contexto macro. Sin embargo, eso no es suficiente, es necesario situarla en el contexto de la maquinaria genética sobre una base cuaternaria. Es sabido que el espacio abierto dejado por la hélice ausente permite, la intervención de agentes externos en los procesos de duplicación del ADN o de transcripción para producir ARNm. El proceso de deformación, separación y transcripción del ADN está a cargo de un grupo de enzimas como: las topoisomerasas, los motores de seis helicasas y las polimerasas. Al momento de relacionar dichas enzimas con algún proto-elemento, este sería aire, pues es el responsable de la determinación de todos los procesos. Sin embargo, las enzimas mencionadas no bastan, porque en última instancia ellas dependen de otras hormonas, agentes químicos e incluso factores conductuales, medioambientales y sociales para activar los procesos mencionados.

Por sus características fundamentales resulta imperativo distinguir entre los dos tipos de procesos, la duplicación del ADN y la producción del ARNm. Si bien ambos son indispensables y poseen una carga simbólica invalorable, las limitaciones económicas imponen abordar solamente el rol del ARNm en la fase inicial de la síntesis proteínica. En el ARNm el uracilo se aparea con la adenina y las 4 letras del alfabeto genético forman palabras siempre con solo 3 de ellas. Todo el proceso está estructurado en torno a los siguientes pasos, en primer término figura la doble hélice de ADN en representación del proto-elemento agua o madre. Luego sigue la determinación fecundadora del proceso a cargo de la ARN polimerasa y el producto es el ARNm o advenimiento del hijo. La figura 16.10 ilustra de manera esquemática, el proceso de transcripción del ARNm. Donde la ARN polimerasa desenrolla la doble hélice, habilita la transcripción y la vuelve a enrollar.

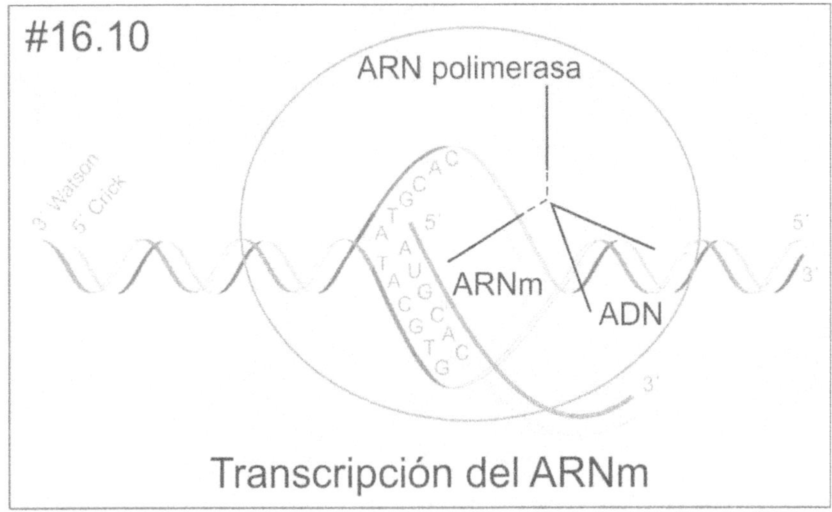

En las células eucariotas como las del cuerpo humano, el ARNm es transcrito en el núcleo y posteriormente trasladado hasta el citoplasma donde ocurre la síntesis de las proteínas. Para ello el ARNm es alojado en el ARNr (ARN del ribosoma) donde cada grupo de 3 bases (codón genético) de la secuencia se aparea con una variedad de ARNt. Cada ARNt contentivo de las bases complementarias habilita en su otro extremo la síntesis proteínica. Es un caso de variaciones con repetición de 4 bases orden 3 y el total es calculado así 4^3 ($4 \times 4 \times 4$), arrojando como resultado 64. Hay entonces 64 codones genéticos distintos de 3 bases tomadas de 4 y cada uno de ellos está asociado a un aminoácido en los ARNt. Las proteínas a ser sintetizadas están formadas por cadenas de aminoácidos enlazados y la secuencia de los mismos está codificada en la sucesión de codones del ARNm. La figura 16.11 ilustra el proceso de traducción de los codones de 3 bases en el ARNm a aminoácido, en la síntesis de una proteína.

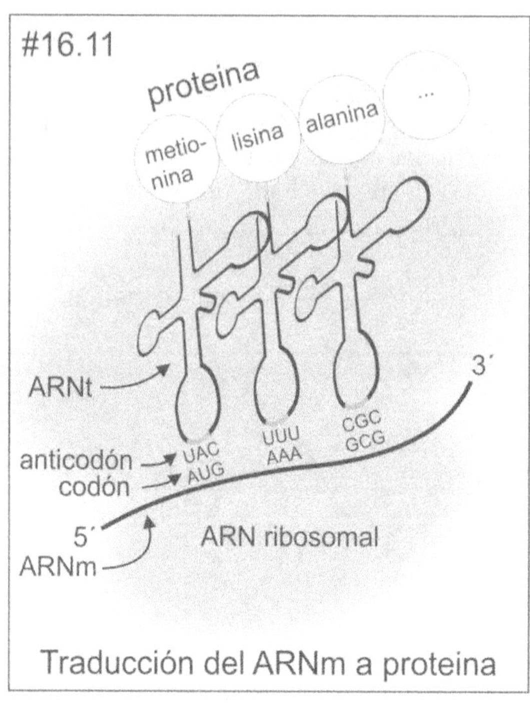

Aquí conviene detenerse un poco para apreciar la importancia de este proceso, en los esfuerzos por identificar las vías de exteriorización arquetípicas desde sus bases de representación. La ocurrencia de un mecanismo de transcripción genética operando con 4 bases, de las cuales solo 3 participan en el código de un codón, debería ser objeto de profundas consideraciones. Se trataría de una representación simbólica del rol de las creaturas ternarias en un cosmos cuaternario para fines que trascienden su propio ámbito de representación. El codón vendría a ser una ventana estereoscópica limitada a 3 direcciones independientes, por la cual se observa y actúa parcialmente sobre un cosmos supra-estereoscópico. Todo esto, con la finalidad de penetrar en una realidad, no solo representada por la síntesis de proteínas, sino por su exteriorización hacia el desempeño de los seres vivos. Teniendo además por límite en primera instancia, a la humanidad en su totalidad y posteriormente su expresión en el plano social y religioso.

Los 64 codones existentes solo generan 21 aminoácidos, casi exactamente un tercio, lo cual apunta a la proporción de lo masculino en la formulación del ser humano. Los otros dos tercios del total de codones son redundantes y no producen nada distinto, lo cual es característico del componente femenino arquetípico. En conexión con las cifras mencionadas conviene tener presente que el alfabeto hebreo consta de 21 letras, excluyendo la primera א (alef) que representaría la unicidad trascendente.

En la ventana del codón se presentan 3 situaciones típicas, correspondientes a las 3 formas de ser 3 observables en la Creación. Las 3 bases de nucleótidos son iguales, 1 base de nucleótidos difiere de las otras 2 iguales entre sí o las 3 bases de nucleótidos son distintas. La primera de ellas se corresponde con una representación del proto-elemento fuego, los 3 interdependientes. La siguiente forma de ser 3 puede asociarse a la formulación del ser humano en todas sus manifestaciones. En tanto que la última equivale a la «triplicidad» del proto-elemento tierra, los 3 mutuamente independientes, como por ejemplo, los componentes de la terna (x y z).

Así concluye una breve disertación orientada a demostrar el uso de bases cuaternarias, con miras a representar conceptos y realidades naturales eventualmente pertinentes a una exégesis natural de las Escrituras Sagradas. El lector habrá notado que en el presente capítulo no se han ofrecido ejemplos de representaciones de objetos estudiados por la física. La razón principal detrás de tal proceder está, en que buena parte del esfuerzo que sigue se centrará en descubrir en las Escrituras Sagradas las descripciones de esos objetos.

Antes de abandonar este capítulo y para beneficio del lector convendría aclarar el uso de los términos «masculino» y «femenino», «hombre» y «mujer» a todo lo largo de este libro. Los términos masculino and femenino fueron seleccionados debido a que poseen connotaciones tanto sexuales como de género y por lo tanto, pueden emplearse para ambos aunque de manera imperfecta. Los arquetipos proto-elementales fueron descritos previamente en función de sus esencias masculina (activa) y femenina (pasiva) y aun cuando no posean sexo o género se acoplan y muestran proto-comportamientos propios.

Algunos eventos a ser analizados en detalle en capítulos subsiguientes fragmentaron parte de las estructuras arquetípicas y abrieron posibilidades a la diversificación, imbricación y sodomía arquetípica, que a su vez restaron nitidez a los rasgos precisos de sus esencias. La complejidad derivada en los individuos biológicos también ha abierto la posibilidad de múltiples combinaciones, como sucede por ejemplo, en sexualidades definidas genéticamente en un contexto de desbalances hormonales y fisiológicos. Los pensadores de la antigüedad tampoco ayudaron mucho cuando acuñaron términos como «aguas masculinas» para diferenciar aquellos objetos binarios cuyos componentes poseen comportamientos concurrentes de los femeninos donde se oponen.

Las estructuras sociales de poder y la performatividad también influenciaron la evolución de los géneros, como demostraron autores postestructuralistas de la Teoría de Género de la talla de M. Foucault (XX d. C.) y J. Butler (XX –XXI d. C.). Sin embargo, a juzgar por la crítica, a la Teoría de Género le queda todavía un largo camino por recorrer antes de ofrecer a las mayorías y minorías una propuesta conceptual ampliamente satisfactoria. La Teoría de Género apenas contribuye marginalmente a salvar la brecha entre religión y ciencia—el objetivo de este trabajo—por lo que no será tratada en capítulos posteriores. El lector debería considerar desde ahora, que los términos masculino y femenino se aplican a toda instancia activa y pasiva en el devenir de la Creación.

CAPÍTULO 17

DESDE LA UNICIDAD A LA MULTIPLICIDAD

Defender el concepto de la unicidad divina y acomodarlo con la multiplicidad imperante no ha sido fácil. Sobre todo cuando las Escrituras Sagradas presentan a Dios hablando en plural, quizás según algunos, con la finalidad de subrayar su majestad y magnificencia (*pluralis majestatis*). Para abordar el tema del origen de la multiplicidad, se traerán a colación algunos esfuerzos en el ámbito místico y filosófico de las 4 grandes religiones. Algunas de las propuestas evocan la tetraktys de Pitágoras (VI – V a. C.) y sus 4 números generadores de la década (10 = 1 + 2 + 3 + 4). No obstante, las cosmogonías decimales anteceden al filósofo griego y su origen es difícil de precisar.

Las primeras controversias documentadas sobre el tema en el seno de la religión hebrea se dieron poco después de la destrucción del templo de Herodes el Grande. Sucesos trágicos a raíz de los cuales comenzó el abandono de la tierra dada en herencia al patriarca Abraham. Pero no todo fue destrucción en el siglo I d. C., pues a la par de la inestabilidad social y política, iba tomando cuerpo un esfuerzo importante para consolidar la religión hebrea. Paradójicamente, la desaparición del estado contribuyó a fortalecer dicha religión, hasta convertirla en el sostén de un nuevo tipo de identidad. Si bien los orígenes de ese proceso se remontan a la lectura de la Biblia, su interpretación reflejó la necesidad de adaptarla de acuerdo a los requerimientos de cada época. Ese esfuerzo de adaptación derivó forzosamente en controversias entre fariseos (comunidad de hebreos) y saduceos (descendientes de Sadoc   [X a. C.], sumo sacerdote del rey Salomón [X a. C.]), tanto en la conducción del estado como en los asuntos religiosos. División que se extendió a los eruditos de la escuela de los pares (zugot). Dicha escuela había sucedido a los escribas (soferim) en la custodia de la ortodoxia religiosa. En ella, cada par de maestros ocupaba las dos primeras posiciones del consejo (sanedrín), la de patriarca (nasí) y la de su sustituto (*ab bet din*). La última de las cinco parejas de los escribas estuvo constituida por Hillel el Viejo (I a. C. - I d. C.) y por Sammay (I a. C. - I d. C.), cuyas discrepancias doctrinales fueron legendarias.

Durante el sitio a Jerusalén, uno de los discípulos de Hillel el Viejo llamado Johanan ben Zakkai (I d. C.) logró escapar. Una vez en libertad, obtuvo permiso de las autoridades romanas para establecer en Jamnia, hoy Yavne en Israel, un centro de estudios religiosos. Allí floreció de nuevo la tradición farisaica con un dominio absoluto del consejo, dando origen al judaísmo rabínico de la escuela de los estudiosos (tanaítas). Gracias a ese esfuerzo pudo establecerse en forma definitiva el canon de la Biblia Hebrea, se calculaba anualmente el calendario religioso y se normaron los preceptos y el ritual religioso. Los méritos de la labor de ben Zakkai lo hicieron acreedor del título «nuestro maestro» (rabbán). Honor que compartió con algunos descendientes de Hillel el Viejo, quienes le sucedieron en la jefatura del consejo.

Las reflexiones sobre las escrituras y la tradición oral a lo largo de los siglos fueron compiladas por los estudiosos y vertidas en un texto voluminoso denominado «*Estudio y repetición*» (Mishná). Tras los primeros esfuerzos de Aqiva y de Ismael (I - II d. C.), la Mishná pudo ser editada finalmente por Yehuda ha-Nasí (II – III d. C.) en tiempos de la revuelta de Simón Bar Kojbá (II d. C.). La Mishná fue complementada con una recopilación de comentarios y dichos denominada «*Guemará*», cuyo origen y relación con la primera no ha podido dilucidarse por completo. Ambos compendios constituyen una vasta obra denominada «*Estudio*» (Talmud), la cual sirvió de referencia a los estudiosos hebreos hasta bien entrada la edad moderna. En su vastedad, el Talmud recoge tres grandes temas: la «interpretación de las escrituras sagradas» (midrás), la «ley y mandamiento de la tradición hebrea» (halaká) y la «historia de Israel» (haggadá). Hasta poco después de la muerte de Yehuda ha-Nasí en el año 217 d. C., la escuela de los tanaítas llegó a formar seis generaciones de estudiosos. Paralelamente, dicho esfuerzo se fue diseminando a las academias de Tiberíades, Séforis y Cesarea en Judea y a las de Nehardea, Pumbedita y Sura en Babilonia.

En el seno de la academia, no todo fueron coincidencias a la hora de interpretar las Escrituras Sagradas. Las polémicas fueron de la más variada índole, tanto sobre temas midrásicos como halákicos, interesando sobre todo, aquellas centradas en el tema de Dios. Al respecto se delinearon con precisión dos posturas consideradas irreconciliables, a juzgar por el contenido e intensidad de los debates. La corriente de seguidores de Hillel el Viejo afirmaba la trascendencia absoluta de Dios, mientras la de su rival Sammay elaboraba sobre su inmanencia. Para la escuela de Hillel (*Bet Hillel*, Casa de Hillel), Dios habría creado un cosmos sin mediación, regido por un conjunto de leyes y todo acerca de su evolución podría ser eventualmente racionalizado. El ser humano ejercería a plenitud su libre albedrío y sería responsable de sus actos en esa misma medida. Según la escuela de Sammay (*Bet Sammay*, Casa de Sammay), Dios crea un poder intermediario, la Torá, con la cual actualiza su presencia inmanente en su Creación. Por consiguiente, nada podría ser en última instancia objeto de la razón, pues al final tropezaríamos siempre con sus designios inescrutables. El ser humano es libre de escoger, pero debe contar con el consentimiento de Dios para realizar, tanto el bien como el mal. Las controversias contribuyeron a mantener la tensión entre esas dos formas de concebir a Dios, tan propias de la religión hebrea, pero buscando sin descanso un punto de equilibrio.

El zoroastrismo es en esencia una religión fundamentalmente monoteísta cuyo Dios, Ahura Mazda es insuperable y al final habrá de prevalecer. Sin embargo, el cosmos atraviesa un período en el cual, la supremacía divina es disputada por una entidad que desvirtúa el sentido de su Creación, Angra Mainyu. La oposición de ambos poderes escenifica un dualismo, cuya preeminencia constituye el rasgo por el cual es conocido el zoroastrismo. Aun en ese ambiente dualista hay espacio para una progresión decimal, como puede constatarse en el Yasna XI del Zend-Avesta dedicado a la ofrenda del haoma (soma, un dios y también bebida alucinante indoaria). Dicho texto presenta un desarrollo en el cual, el 1 se despliega progresivamente hasta formar la década.

Del lado cristiano, el enfoque trinitario incipiente e inacabado de los primeros siglos fue propicio para toda suerte de divagaciones de corte emanantista. Uno de los primeros e idear un esquema con un fuerte tinte emanantista fue Basílides de Alejandría (II d. C.), primer gnóstico de Egipto. Según el pensador alejandrino, el Dios incognoscible en su primera y máxima expresión manifestada es Abrasax (según algunos traductores latinos Abraxas), soberano del primer cielo. En sucesión espaciotemporal procederían 365 ángeles con sus cielos respectivos, expresados naturalmente en los días del año. El ángel del último cielo era según Basílides el Dios hebreo, creador del mundo bajo su dominio en los términos expuestos por el Libro del Génesis de la Biblia.

Para Tolomeo el Gnóstico (II d. C.) en cambio, la Creación comenzaría con la concepción del intelecto unigénito en el seno del Dios incognoscible. Del proceso intelectivo procede su exteriorización cual astro salvífico para habilitar el retorno a Dios de su entorno, comúnmente denominado «pléroma». El unigénito procedente del Dios Padre encarna en su interior la multiplicidad de 30 eones, desde el Logos hasta Sofía. El desorden propiciado por Sofía al quererse unir al Padre, habría degenerado en la formación de la materia amorfa. El intelecto divino actuando de manera natural expulsa el desorden de la materia amorfa, con la finalidad de dar origen al universo creado. Todo esto, con el propósito de obrar posteriormente de manera espiritual sobre las múltiples perfecciones y así poder dirigir el retorno hacia el Creador. La cruz del salvador en el pléroma marca el punto más distante y el inicio del retorno a la fuente.

Al margen de las gnosis emanantistas, se dieron escaramuzas entre filósofos y teólogos para sembrar las semillas de unos en territorio de los otros. El resultado de esas maniobras fue un conjunto de variantes doctrinales, donde pensamientos tan disímiles como el neoplatonismo y la teología cristiana parecen haber nacido el uno para el otro. Un ejemplo de esa convivencia se da en el *Corpus Areopagiticum*, obra atribuida a un cristiano versado en el neoplatonismo, quien habría vivido entre los siglos V - VI d. C. La teología del pseudo-Dionisio Areopagita hace referencia a un «primer principio» trascendente, inmutable y separado de todo. Un «segundo principio» emana del primero, con la misión de retornar a la fuente originaria. En síntesis, la actividad divina es de naturaleza cíclica y está regida por uniones y distinciones conduciendo a la multiplicidad. Dios es la luz que ilumina los demás seres, de acuerdo a gradaciones de tipo jerárquico y cuya unión en el amor los integra a la unidad suprema. A pesar de su temprana influencia, las propuestas de tipo emanantistas quedaron relegadas al olvido, a medida que el dogma cristiano de la Santísima Trinidad iba dominando la escena.

Uno de los primeros y más notables intentos en el islam, por explicar el paso de desde la unicidad de Dios a la multiplicidad estuvo a cargo de al-Farabi (IX - X d. C.). Latinizado Farabius, el pensador de origen turco nacido cerca de Farab hoy en Turkmenistán supo darle un giro decisivo a la filosofía islámica. Su influencia atenuó el predominio aristotélico incorporando sin mencionarla, la doctrina neoplatónica de las emanaciones desde una divinidad de quien procedería la existencia de todo lo demás. El Dios uno en el esquema farabiano es, la primera causa del ser, distinguiéndose de Aristóteles quien solo reconoció un primer motor. Tal giro habría tenido su origen, en las enseñanzas de sus maestros cristianos versados en el pensamiento de Juan Filoponos de Alejandría (V - VI d. C.). En su crítica a Aristóteles, el filósofo alejandrino había propuesto pensar en algo distinto al movimiento para dar inicio a la cadena causal.

El Dios uno de al-Farabi es un intelecto en plena acción cuando piensa en sí mismo y por este pensar crea un nuevo ser, el primer intelecto. Este nuevo ser tiene ya dos cosas en las cuales pensar, la primera obviamente es en el Dios uno y la otra en sí mismo. Cuando piensa en el Dios uno crea un segundo intelecto, en tanto que, cuando piensa en sí mismo crea la primera esfera celeste o primer rotor del orbe. Por repeticiones sucesivas del pensar en el ser al cual deben su origen y en sí mismos, son generados progresivamente diez intelectos y nueve rotores más el mundo sublunar. Concluye la progresión el décimo intelecto o intelecto agente, quien da el ser al cosmos y lo hace un objeto inteligible. El mundo sublunar donde viven los humanos es generado entonces, cuando el intelecto agente se piensa a sí mismo. Identificó la primera esfera con el cielo oscuro tras las estrellas fijas visibles, el empíreo. Su oscuridad representa nuestra incapacidad para comprender dos cosas, por un lado, lo que piensa de sí mismo aquel quien es, lo que Dios piensa de Sí mismo. Por otro lado, la misma oscuridad representaría también, el antecedente del magno acontecimiento del advenimiento del ser. El carácter decimal del planteamiento filosófico farabiano en modo alguno puede catalogarse de original, pues ya entre los pensadores de la antigüedad abundaban las propuestas cosmogónicas inspiradas en dicho número.

A pesar de las innovaciones introducidas por el esquema cosmogónico farabiano, apenas se conoce un escaso número de seguidores. De hecho, la fama de al-Farabi se debió a su influencia sobre ibn Sina, otro gran nombre de la filosofía islámica ya mencionado. Conocido en el Occidente Medieval bajo el nombre de Avicena, el pensador persa provenía de una familia influyente que supo darle una educación esmerada. Su padre, un ferviente ismaelita (seguidores de Ismael en el chiismo) inclinado hacia la causa fatimí (seguidores de los descendientes de Fátima [VII d. C.] [Hija del profeta Muhammad] y de Ali ibn Abi Talib) llegó a ocupar el cargo de gobernador en un pueblo vecino a Bujará, centro cultural de la dinastía samánida. La ascendencia de la familia en el gobierno samánida hasta cierto punto sorprende, habida cuenta del celo suní de aquellos gobernantes. Los samánidas eran descendientes de una familia de sacerdotes zoroástricos, con profundas raíces en la cultura persa, a la cual dieron también un gran aliento. De modo que desde su niñez, ibn Sina tuvo la oportunidad de conocer el islam suní e ismaelita y las joyas de la antigua tradición persa.

La cosmogonía aviceniana está basada en un proceso intelectual, iniciado por un ser necesario eternamente. La actividad intelectual de este ser necesario y eterno genera una cadena de seres también de naturaleza intelectual, pero no necesarios por sí mismos al deber su existencia al primero. La cadena de seres no necesarios por sí mismos es entonces, una cadena de seres apenas contingentes. Sin embargo, los intelectos creados son, además de contingentes por sí mismos, también necesarios, pues el ser necesario y eterno les otorga esa condición, la cual pueden transmitir. Se desprende entonces, que la larga cadena de seres apenas contingentes por sí mismos, es decir, la de todos aquellos que pudieran no haber existido debió tener necesariamente algún principio. Pues de otro modo, nunca habría llegado a existir. Ese principio al cual deben todos la existencia, no puede ser él también contingente, sino que debió existir necesariamente.

El primer intelecto emanado del ser necesario eternamente tiene entonces tres cosas en las cuales pensar, mientras el de al-Farabi tenía solo dos. El primer intelecto arcangélico cuya creación ocurre cuando el Dios uno se piensa a Sí mismo adquiere conocimiento, primero, pensando en el ser al cual debe su origen. Segundo, obtiene un nuevo conocimiento cuando se piensa a sí mismo como ser necesario en virtud de su principio. Finalmente, logra una tercera forma de conocimiento cuando se piensa contingente por sí mismo. En tanto que efectúa la triple actividad, da origen al segundo intelecto arcangélico, al alma angélica de la primera esfera celeste y a su cuerpo material o primer rotor celeste. En este caso, el primer rotor se corresponde con el cielo tras las estrellas fijas. De allí en adelante, el proceso sigue el esquema decimal de la cosmogonía farabiana hasta completar las nueve esferas. Con el descenso en la escala, van agotándose las posibilidades de continuar generando nuevos intelectos. Así, el décimo intelecto arcangélico solo alcanza a generar, la multiplicidad de las almas humanas y el mundo sublunar de los seres contingentes temporales.

Según el pensador iraní S. Nasr (XX – XXI d. C.), Avicena entendió las distintas ramas del saber científico como un ejercicio de exégesis sobre el gran texto de la realidad del cosmos. Dejó una profunda huella en el renacer filosófico y científico de la Europa Medieval. Fue además ampliamente reconocido por sus obras de medicina, las cuales gozaron de gran popularidad hasta bien entrado el siglo XVII d. C. Aún en el presente, sus textos de medicina siguen siendo utilizados por los practicantes islámicos en el sub-continente indio. Su pensamiento filosófico y su cosmogonía de tipo emanantista representan una síntesis de corte aristotélico-neoplatónica de gran originalidad. Sería sin embargo injusto, limitarse a catalogar su trabajo filosófico e ignorar sus notables esfuerzos por asimilarlos a la tradición coránica, así como sus reflexiones de carácter místico. Sus obras fueron vertidas al latín por varios traductores, entre ellos Gundissalinus, contribuyendo decididamente al renacimiento aristotélico en la Europa Medieval y a la difusión de su pensamiento filosófico.

La críticas al pensamiento aviceniano no se hicieron esperar, la más cáustica de todas provino del teólogo francés Guillermo de Auvernia (XII - XIII d. C.). El obispo de París rechazó el que Dios obrase por necesidad, un cosmos coeterno con Él, una creación a cargo de intermediarios y sobre todo el contenido de su «angelología» (estudio de los ángeles). No obstante, como muchos teólogos críticos de Avicena, islámicos y cristianos, tomó para sí parte de la filosofía aviceniana del ser. Especialmente, con referencia a la identificación que se da en Dios entre esencia y existencia, cuestión en la cual se centraron posteriormente importantes discusiones. Al margen de las críticas, Avicena ejerció una notable influencia sobre los grandes teólogos del cristianismo medieval, como Alberto el Grande (XII - XIII d. C.) y su discípulo Tomás de Aquino. Este último tomó prestado de Avicena la distinción entre el mal y lo malo y dos pruebas sobre la existencia de Dios. La primera prueba relativa a la causa eficiente y la segunda basada en la contingencia de los seres. Sin embargo, el filósofo cristiano también rechazó las ideas de Avicena sobre Dios y su relación con su Creación, en especial la coeternidad de ambos.

Entre los pensadores surgidos del renacimiento aristotélico en la península ibérica preocupados por acomodar la unicidad divina con la multiplicidad observable, destacó el hebreo Moisés ben Maimón (XII - XIII d. C.). El sefardí provenía de una familia con raíces religiosas, teniendo la oportunidad de ser educado en las ciencias rabínicas por su propio padre ben José (XII d. C.). Las dificultades surgidas a raíz de la conquista almohade obligaron a la familia a aparentar su conversión al islam y posteriormente a huir de Córdoba. Después de abandonar Andalucía, el grupo familiar emigró a Fez, cuando el joven ben Maimón contaba con poco más de veinte años de edad. Allí en Fez aún bajo el dominio almohade, ben Maimón entabló una relación estrecha con el gran talmudista Judá ha-Cohen ibn Sosan (XII d. C.) que habría de servirle de inspiración. Finalmente emigró a Palestina y posteriormente a Egipto, donde se estableció definitivamente. La obra por la cual fue situado entre los grandes pensadores de todos los tiempos fue su «*Guía de perplejos*» (*Dalalat al-Hairin*), traducido posteriormente del árabe a lengua hebrea con el título «*Moreh Nebukim*». En defensa de la unicidad de Dios, el sefardí sostuvo que en Dios, uno desde todo punto de vista, no debe admitirse multiplicidad alguna, ni puede sobreañadirse a su esencia. Pensaba que la gran diversidad de atributos divinos con los cuales se califica a Dios en las escrituras, tienen que ver con la abundancia de sus actos y no con su esencia. Para ben Maimón entonces, el origen de la multiplicidad en la Creación deriva de las distintas formas de actuación de un solo Dios.

Durante el siglo XII d. C. floreció entre los hebreos de Provenza la corriente mística de los cabalistas, quienes centraron sus discusiones en los grandes temas expuestos por las Escrituras Sagradas. Entre los tópicos de discusión más destacados figuraron la «obra de la creación» (*Ma'aseh Bereshit*) y del «relato del carro de la gloria de Dios» (*Ma'aseh Merkabah*). También estudiaron en profundidad el simbolismo del alfabeto hebreo, sus valores numéricos (cuyo estudio es conocido como gematría, «gramática» [en griego *grammateia*] o quizás remotamente «geometría») y los casos de sinonimia numérica (asociación de palabras por su valor numérico más que por su etimología). Pero quizás el tema por el cual son más conocidos es la doctrina de los 10 Sefirot del «*Libro de la formación*» (*Sefer Yetsirah*), la cual dataría del periodo comprendido entre los siglos III y VI d. C. Con relación a dicha doctrina, los cabalistas se extendieron más allá del significado numérico asociado a cada Sefirá, especulando de lleno en aspectos relativos a sus esencias. En el contexto de una densa amalgama de símbolos, se planteó la existencia de un Dios único, residiendo en el entorno de plenitud de sus Sefirot. La doctrina de los Sefirot partía originalmente de los 10 dichos Creadores presentes en el Libro del Génesis: «Y dijo Dios» (Génesis 1, 3; 1, 6; 1, 9; 1, 11; 1, 14; 1, 20; 1, 24; 1, 26; 1, 29; 2, 18). Algunas de las eternidades o Sefirot fueron identificadas con ciertos componentes del carro de la gloria de Dios (descrito por Ezequiel) y con elementos claves en la narrativa del Libro del Génesis. No obstante, Los esfuerzos cabalísticos mostraban una gran dispersión en su forma de presentación, donde convivían elementos de diversas procedencias. Muchos de esos elementos eran extraños a las creencias hebreas, lo cual atentaba en contra de su coherencia con tradiciones previas.

Con relación a las 10 eternidades, se las solía dividir en 3 y 7, 3 porque según el «*Libro de la claridad*» (*Sefer ha-Bahir*) la santidad en lo alto es 3 por 3. Junto a la letra א (alef) en representación de la unicidad separada del Creador, estarían los 3 loando al Señor con el «Santo, Santo, Santo», quedando entonces 7 dichos. Los cabalistas de aquel tiempo solían seguir el orden de los últimos 7 Sefirot, según el Libro Primero de las Crónicas: «Vuestra, oh Señor, es la fuerza, el poder, la gloria, la autoridad y el honor. Pues todo lo que hay en el cielo y en la tierra es tuyo. Tuyo es el reino, oh Señor». De acuerdo a ese orden y colocando entre paréntesis los nombres con los cuales fueron designados, se tiene: fuerza (Hesed), poder (Gevurah), gloria (Tiferet), autoridad (Netzah), honor (Hod), todo (Yesod) y reino (Shekhinah). Los 7 Sefirot emanaban de una tríada superior Kether (corona), Hokhmah (sabiduría) y Binah (inteligencia), en torno a la realidad inaccesible de Ein Sof, la causa de las causas absolutamente trascendente.

El ambiente en la Narbona de aquel entonces no era ciertamente el más propicio para continuar el desarrollo de la Cábala. De hecho y a pesar del decreto de protección emitido a principios del siglo XIII d. C., los hebreos se encaminaban hacia su expulsión. Así, después de más de siete siglos de presencia continua en Provenza, los hebreos fueron finalmente desterrados en 1306 d. C. Entre los eruditos de Provenza más destacados, antes de aquel final trágico, figuraron Abraham ben Isaac de Narbona (XII d. C.), su hijo Abraham ben David (XII d. C.) y su nieto apodado Isaac el Ciego (XII - XIII d. C.). Hay consenso en considerar a Isaac el Ciego, el más influyente y en un sentido estricto quizás también, el primer cabalistas de Provenza. El maestro contribuyó de manera decisiva a instaurar la doctrina de los Sefirot, con la finalidad de aproximarse a los temas de la trascendencia divina y del origen de la multiplicidad.

Mientras las corrientes místicas de Provenza comenzaban a declinar, otras iban cobrando fuerza en Cataluña, particularmente en Gerona. La vinculación política de Cataluña y Provenza hasta la cruzada contra los cátaros (albigenses) a principios del siglo XIII d. C. favoreció intercambios de índole cultural y religiosa entre las comunidades hebreas. Los primeros cabalistas de Gerona fueron influenciados en gran medida por Isaac el Ciego, siendo Moisés ben Nahaman (XII - XIII d. C.) quizás el más renombrado de todos ellos. Nahaman e Isaac el Ciego fueron partidarios de restringir las discusiones sobre temas cabalísticos a un reducido grupo de adeptos. Por el contrario, Azriel de Gerona (XII - XIII d. C.) el discípulo más joven emprendió una intensa actividad divulgativa, a raíz de la cual, recibió una severa reprimenda de sus maestros.

Gracias a aquella apertura, se tiene hoy en día cierto conocimiento de los temas de discusión entre los cabalistas de la época y con sus rivales en el campo filosófico. Las discusiones estaban centradas principalmente en aclarar la cuestión de si los emanados formaban una unidad con su fuente o por el contrario, eran independientes de ella. En el primer caso la realidad de la divinidad se cerraría sobre sí misma en su trascendencia, volviéndose inaccesible racionalmente e inexpresable. Aunque, abordable en alguna medida mediante la contemplación de sus símbolos. En el segundo caso, los emanados son inmanentes al mundo y abordables, mediante la interpretación de las alegorías presentes en las Escrituras Sagradas y la tradición. Para Azriel, «Ein Sof » es un término empleado para referirse al Creador en su absoluta incomprensibilidad trascendente, a Quien sería posible describir haciendo uso de una teología negativa (que solo afirma lo que no es). En cambio, los Sefirot son aspectos positivos de la actividad creadora de Dios, entendidos como emanaciones desde su infinitud hacia lo finito.

Poco después de Azriel emergió un personaje enigmático de quien poco se sabe, aparte de ciertas anécdotas de origen dudoso. A pesar del misterio que lo envuelve, nadie duda de su influencia sobre el nuevo curso seguido por la Cábala desde el siglo XV d. C. El personaje en cuestión fue Moisés ben Shem Tov de León (XIII - XIV d. C.), en sus días de juventud un apasionado estudioso de ben Maimón, luego un erudito del Talmud. Finalmente se convirtió en un influyente autor cabalista con la difusión de su magna obra *«Libro del resplandor»* (*Sefer ha-Zohar*), la cual atribuía a Simón ben Yohai (II d. C.). Su influencia se extendió incluso después del periodo que siguió la expulsión de los hebreos de la Península Ibérica. El temido decreto de expulsión fue promulgado por Fernando V de Castilla y II de Aragón (XV - XVI d. C.) el 31 de Marzo de 1492 d. C. Moisés de León concebía la primera exteriorización del Creador en su absoluta incomprensibilidad trascendente, a quién denominó Santo Anciano, en términos de 9 luces llameando desde su disposición. Esas 9 luces chispeantes y destellantes emanan e irradian hacia los confines de la Creación por todos los lados.

A los pocos años de consumarse la expulsión de los hebreos por parte de los reyes católicos, comenzaron a florecer nuevas comunidades al oriente de la cuenca del mar Mediterráneo. Obviamente Tierra Santa ofrecía un atractivo especial bajo la tutela del Sultán Solimán I el Magnífico (XV - XVI d. C.), quien en aquel entonces condujo el imperio otomano a su máximo poderío. La oportunidad fue particularmente propicia para el resurgimiento de la Cábala en Tierra Santa, especialmente en Safed donde se concentraron místicos y aspirantes. En el año 1522 d. C. se estableció allí un joven aventajado de nombre Moisés ben Jacob Cordovero (XVI d. C.). Bajo la tutoría de maestros de la talla de José Karo (XV - XVI d. C.) y Salomón ha-Levi Alkabetz (XVI d. C.), Cordovero penetró los secretos de la literatura religiosa y la Cábala. Con relación al Creador, Cordovero solía expresarse en términos filosóficos afirmando que el Creador, Ein Sof, es uno y no es secundado. Él es la causa de las causas y primer motor. Sin embargo, a pesar del tenor emanantista de su propuesta, Cordovero se afanó en defender la unicidad del Creador. Afirmaba que los 3 primeros Sefirot deben pensarse como una unidad, pues son 3 aspectos de una unidad y los creyentes deberían pensar la emanación por entero también como una unidad.

Cordovero no fue el místico de Safed más influyente, a pesar de mostrar una fecundidad literaria prodigiosa durante su corta vida, pues murió a los cuarenta y ocho años de edad. Su obra pasó al olvido tras la llegada al norte de Tierra Santa de otra gran figura carente de facultades literarias comparables, se trata de Isaac ben Salomón Luria Askenazí (XVI d. C.). Nacido en Jerusalén en el año 1534 d. C., Luria vivió la mayor parte de su corta vida en Egipto al amparo de la familia de su madre. Allí estudió con talmudistas de la talla de Salomón ibn Abi Zimra (XV - XVI d. C.) y Bezalel Askenazí (XVI d. C.). Posteriormente se retiró a la isla Jazirat al-Rawda en los bancos del río Nilo, donde se dedicaría a la contemplación y al estudio del Zohar atribuido a Moisés de León. En 1569 d. C. fue a Safed con el propósito de unirse a la escuela de Cordovero, un año antes de la muerte del maestro y tres antes de la suya en 1572 d. C.

La cábala luriánica se conoció a través de un discípulo de Cordovero, posteriormente el más ferviente seguidor de Luria, el entonces alquimista Hayyim ben José Vital (XVI - XVII d. C.). Los discípulos de Luria continuaron estudiando bajo la tutoría de Vital la doctrina del maestro, bajo juramento de no divulgarla. Sin embargo, el hermano de Vital fue sobornado para permitir la copia de los manuscritos originales, los cuales sirvieron para su difusión en Safed y posterior introducción en Italia. Cualquiera hubiese pensado que después de la sistematización de la Cábala emprendida por Cordovero ya se habría dicho todo, mas no fue así. Según Vital, Luria fue capaz de dar un vuelco conceptual insospechado a la Cábala, conservando los elementos tradicionales como parte de una nueva doctrina. Quizás el rasgo más notorio del nuevo enfoque fue, dar un fundamento teísta a una doctrina esencialmente panteísta (sostiene que el universo es Dios).

Luria pensaba que el acto creador no fue puramente efusivo como proponían los emanantistas, sino que fue precedido por una «retracción» desde la infinitud ocupada originalmente por Dios. En su retirada, el Creador fue dejando tras de Sí un rastro de luz, reshimu, ocupando su ausencia. Esto fue posible porque durante la retracción, Dios iría abandonando su unicidad de manera selectiva. En ese «residuo» dejado atrás se producirían «reflexiones» de la luz del infinito Ein Sof, de allí que en cierta medida pueda considerarse que la Creación ocurre en algo de Dios. El proceso de retracción de Dios hacia su interioridad lo denominó «tzimtzum» y Luria hizo de este concepto el fundamento de su doctrina. El concepto de la retracción no era original de Luria, pues autores gnósticos como Basílides, maestros del período midrásico e incluso autores cabalistas habían acariciado ideas similares. Pero sin duda alguna fue realmente Luria, quien hizo del tzimtzum un tema central de discusión entre los cabalistas hasta el día de hoy. Dicho concepto es plenamente compatible y hasta cierto punto justifica, todas las tradiciones religiosas que sitúan a Dios tras el empíreo y lo llaman Altísimo.

El lector habrá podido apreciar, el alto grado de sofisticación alcanzado por los esfuerzos por contextualizar la unicidad de Dios con la multiplicidad en su Creación. Pero las ideas desarrolladas por dichos sistemas no eran consideradas aptas para el vulgo, de manera que fueron encubiertas por simbolismos a veces extravagantes y presentadas mediante figuras casi impenetrables. Motivo por el cual, todos esos empeños quedaron relegados al margen, siendo de interés tan solo para un grupo minúsculo de místicos y eruditos. El breve recuento ofrecido hasta aquí ha tenido por objetivo, sembrar en la mente del lector algunas inquietudes sobre un tema clave, cuyas dificultades inherentes difícilmente puedan superarse algún día. Quizás la exégesis natural desarrollada a lo largo de este libro evoque respuestas, orientadas a aclarar la misteriosa relación de Dios con su Creación.

CAPÍTULO 18

AMPLIANDO LAS BASES DE REPRESENTACIÓN

Las bases cuaternarias han sido hasta ahora suficientes para organizar y relacionar algunos conceptos religiosos y establecer correspondencias con ciertas estructuras naturales. Empero, desde un punto de vista teísta, esas mismas bases resultan claramente insuficientes para articular la actuación inmanente de la divinidad en la realización de su Creación. Con miras a subsanar tal deficiencia, bastaría agregar una dirección independiente adicional sobre la cual instrumentar el paso de las cosas de posibles a reales. Ante la realización de las cosas puede decirse que Dios por medio de los «Ungidos»—llamados quintaesencia—les otorga realismo epistémico—las cosas existen aun cuando no sean observadas. Por tal motivo se selecciona la letra (u) para identificar a dicha dirección. Solo son «ungidas» las posibilidades sujetas a las disposiciones originarias, por ello, los medios realizadores representados en (u) también aseguran a perpetuidad la plena vigencia de estas.

La noción de la presencia direccionalmente transversal de aquello en Dios comprometido con la realización de su Creación no es una novedad, pues ya había sido sugerida por S. Boecio (V–VI d. C.). El filósofo romano afirmaba que Dios lo ve todo desde el torreón de su providencia. Pues desde lo alto Dios lo ve todo de una vez, mientras los de abajo sobre el suelo solo pueden ver lo que tienen justo delante. También Tomás de Aquino suscribiría una tesis similar en su «*Suma teológica*» (*Summa Theologiae*). El teólogo ejemplificó en su obra que un hombre al andar por un camino no puede ver a todos aquellos delante o detrás de él. Pero un hombre situado sobre una colina, puede ver al mismo tiempo a todos los que viajan a lo largo, así como lo hace Dios.

Las 4 direcciones independientes contempladas previamente son suficientes para establecer un dominio, donde representar las formulaciones de algunas creaturas con «grados de libertad» inherentes o «valencias». Haciendo uso de sus libertades, dichas creaturas dirigen y determinan el curso de la creación y por amor a ella Dios realiza «todas aquellas actuaciones sujetas a las disposiciones originarias». Sin esa condición solo habría Dios. Existen también dominios «externos o laterales» a los cuerpos formados en las 5 direcciones independientes (u t x y z), extendidos en una dirección de carácter «ancilar», a la cual se denominará (i). Esos dominios externos o laterales son denominados «alas» en las Escrituras Sagradas, en virtud del carácter periódico de ciertas «abstracciones mecanicistas» desarrolladas en ellas. Aun cuando la introducción a priori de (i) en este momento luzca preconcebida, ella permitirá alcanzar provisionalmente la completitud de las 6 direcciones independientes mencionadas en diversas tradiciones. Por ejemplo, las 6 direcciones y 4 cualidades a las cuales se refería Cordovero, denominadas en círculos de la Cábala temprana en términos de: altura, profundidad, este, oeste, norte y sur. Presentes también en numerosas simbologías direccionales, asociadas a los 4 puntos cardinales (del latín *cardo maximus*) más cenit y nadir.

Con las 6 direcciones propuestas, los dominios celestiales cuentan a partir de este punto con una terna de direcciones independientes (u i t). En tanto que, los dominios de la tierra siguen estando definidos por la terna (x y z). Hay entonces tres contextos, la Creación con 6 direcciones independientes (u), (i), (t), (x), (y) y (z), el cosmos con 4 (t), (x), (y) y (z) y el universo con 3 (x), (y) y (z). Al adoptar la configuración electrónica de la capa de valencia del carbono para ilustrar bases cuaternarias, estaba implícita la necesidad de contar con 2 posibilidades adicionales para (u) e (i). Ambas direcciones tendrían su paralelismo, con los 2 electrones en un orbital tipo s esférico de la capa interior completa del carbono. Los electrones en la capa s interior no intervienen directamente en los 4 grados de libertad o valencias químicas del elemento, pero son fundamentales en su desempeño. Por tal motivo, las representaciones cartesiana y tetraédrica de los orbitales de la capa de valencia del carbono seguirán siendo útiles. La figura 18.1 ilustra gráficamente tres formas de representar las 6 direcciones independientes de la Creación.

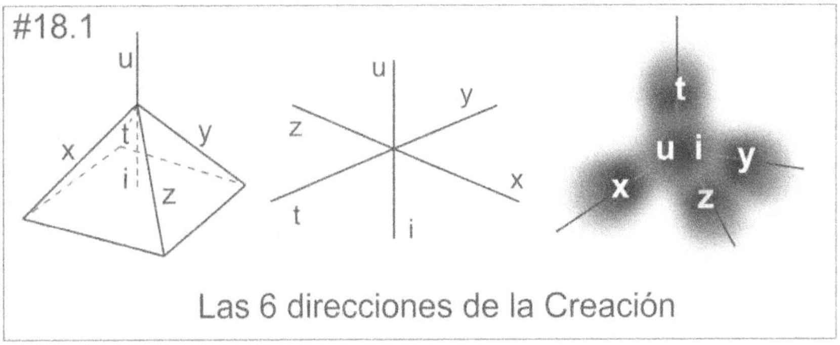

La primera representación a la izquierda es la piramidal egipcia, mientras la del centro es de tipo cardinal geográfica más cenit (u) y nadir (i). La representación química a la derecha está basada en la hibridación tetraédrica sp^3 de los elementos del grupo catorce de la tabla periódica, ya mencionados como carbono y silicio.

La estructura fundamentalmente cuaternaria del cosmos sigue manteniéndose, pero habrá de considerarse en el contexto generado por los 15 planos definibles en el múltiple hexa-direccional de la Creación. En dicho contexto destacan los 10 planos formables con las 5 direcciones (u), (t), (x), (y) y (z), los cuales serán clasificados en 3 grupos. El plano (u t) será denominado plano santísimo. Los 3 planos de la terna (x y z) como (x y), (y z) y (z x) serán los planos terrenales. Finalmente están los 6 planos (u x), (u y), (u z), (t x), (t y) y (t z) denominados intermedios. Adicionalmente hay 5 planos ancilares o alas (u i), (t i), (x i), (y i) y (z i).

Las 5 direcciones (u), (t), (x), (y) y (z) forman también 10 ternas derechas independientes, según la regla indicada en la figura 3.4. Las ternas en cuestión pueden así mismo dividirse en 2 grupos: las 9 ternas angélicas (u t x), (u t y), (u t z), (u x y), (u y z), (u z x), (t x y), (t y z) y (t z x), y la terna inferior o terrenal (x y z). Es posible establecer ciertas correspondencias entre las 9 ternas angélicas y las 9 órdenes propuestas por Dionisio Areopagita en su obra *«Sobre las jerarquías celestiales»*, ampliamente comentada por Tomás de Aquino en *«Suma teológica parte I cuestión 108»*. Las 3 primera ternas se corresponden con los santuarios cúbicos tales como el lugar santísimo del Tabernáculo y del templo del rey Salomón (Kodesh HaKodashim), la Jerusalén enmarcada y la Caaba, las cuales albergan Serafines, Querubines y Tronos, quienes rigen la mecánica profética. Los santuarios hebreos, de acuerdo a las Escrituras Sagradas, tenían en su interior Querubines esculpidos. Las ternas restantes albergan Dominaciones, Virtudes, Potestades, Principados, Arcángeles y Ángeles. La terna inferior o terrenal es el ámbito de los seres humanos terrenales y de los ángeles caídos. Esos seres poblando las 9 ternas fuera de (x y z) son los ángeles vistos por Jacob: «ascendiendo y descendiendo» (Génesis 28, 12) por una escalera entre el cielo a la tierra. La dirección (i) no forma ternas junto a las otras 5, de allí el calificativo de externo o lateral dado a las alas o planos formados con esta.

Un aspecto de suma importancia relativo al contexto hexa-direccional de la Creación es la distribución de las aguas entre los cielos y la tierra. Hasta ahora solo se han considerado las aguas superiores y las inferiores. Las primeras tienen 1 de sus 2 componentes en el cielo (t) y el otro en la tierra (x y z). Las segundas o aguas inferiores tienen sus 2 componentes en la tierra. Las primeras fueron calificadas dulces y los antiguos las relacionaban con las aguas de la lluvia y con aquellas bajando por torrentes y ríos. Las otras por contraste fueron descritas como salobres y comparadas con las aguas en mares y océanos. Con la ampliación a 6 de las direcciones independientes de la Creación es posible introducir un nuevo tipo de aguas. Se trata de las aguas de la nube, cuyos componentes están ambos en el cielo (u i t) y que los profetas, místicos y visionarios simbolizaban con esas formaciones de vapor. Si hay algo característico en todos los relatos de las Gentes con Libro, sobre las apariciones de la divinidad, es su presencia en el seno de una nube y rodeada de seres alados. Uno de los primeros en el islam en dar a «la nube» un carácter originario, en el marco de su cosmogonía, fue el andaluz ibn Masarra (IX – X d. C.). Las ideas del pensador islámico se conocen a través de seguidores de la talla de ibn Arabi, quien situó al «Cálamo» sublime (u) en ese entorno nubloso.

Merecen atención las relaciones entre formulaciones con semblanza de aguas en la nube que (u) constituye junto a (t) y las superiores formadas por ambas junto a (x), (y) y (z). Esas relaciones vinculadas a la institución sacerdotal hasta ahora abordadas tangencialmente, deberán considerarse con un poco más de detalle dada su importancia para la exégesis natural en curso. Por pura conveniencia se repite aquí y comenta el pasaje de la Torá donde son expuestas más claramente:

> ¿No tienes a tu hermano Aarón, el levita? que Yo sepa es fácil de palabra. Y Ahora sale a tu encuentro y al verte se regocijará en su corazón. Deja que oiga tu voz y tú pondrás mis palabras en su boca y

Yo estaré en tu boca y en la suya y Os enseñaré lo que habréis de hacer. Él hablará por ti al pueblo y te servirá de boca y tú serás para él como Dios.

El texto referido deja con lugar a pocas dudas la vinculación entre uno de los Ungidos (u) y el Espíritu (t) («Yo estaré en tu boca» [la de Moisés, en representación del Espíritu]). Así como la relación entre el Ungido y el Hombre en (x y z) («y en la de él» [la de Aarón, en representación del sacerdote y componente masculino del ser humano terrenal u Hombre]), con la finalidad de consumar la institución sacerdotal. Adicionalmente dice: «y Os enseñaré lo que habréis de hacer. Él hablará por ti al pueblo y te servirá de boca y tú serás para él como Dios», es decir, (t) en conexión con las posibilidades en tierra (x y z), a semejanza de (u). Ambos el Ungido (u) y el Espíritu Santo (t) encabezan las tétradas gemelas arquetípicas, previamente descritas en términos de nucleótidos, las cuales son cruciales para la realización y la determinación de los eventos espaciales.

Una vez establecido el contexto definitivo de la Creación, convendría «validar» las formulaciones de los proto-elementos y las creaturas, con representación exacta sobre bases unitarias, binarias y ternarias. Tanto en el marco de las bases cuaternarias impares 1-3 de Espíritu (aire) y fuego, como de las pares 2-2 correspondientes a las aguas primordiales. Ambas bases divididas en los dominios celestial y terrenal, tienen inscritas las instituciones abordadas hasta ahora. Por ejemplo, las uniones matrimoniales de los seres humanos 1&2 y la institución sacerdotal 1&1. Las formulaciones mencionadas son ratificadas una y otra vez, por su presencia en las medidas relativas de los objetos y centros de culto más importantes del pueblo hebreo. A manera de muestra se ofrecerán seguidamente algunas de esas medidas, dejando al lector una revisión más exhaustiva.

Las medidas del Arca del Testimonio en codos de acuerdo a Éxodo 25 son 1,5 de alto, 1,5 de ancho y 2,5 de largo. Esas medidas pueden descomponerse sustrayendo 0,5 codos en representación de (u). Quedarían entonces, 1 de alto por 2 de largo para el ser humano celestial y 1 de ancho por 2 de largo para el ser humano terrenal. Según Éxodo 26, 36 y 38, las medidas del tabernáculo contentivo del Arca del Testimonio contemplan un atrio de 1 × 50 codos de ancho por 2 × 50 de largo en representación del ser humano terrenal. Por su lado, el tabernáculo dentro del atrio contiene el lugar santo con 1 × 10 codos de ancho por 2 × 10 de largo representando al ser humano celestial. En tanto que el lugar santísimo con 1 × 10 codos de ancho 1 × 10 de largo y 1 × 10 de alto figura por la institución sacerdotal a la cual está reservado.

Las medidas del templo construido por el rey Salomón según 1 Reyes 6 y 2 Crónicas 3 contemplan 3 ambientes. El pórtico con 1 × 10 codos de largo por 2 × 10 de ancho representa al ser humano terrenal. La altura del pórtico es de 12 × 10 codos de alto en representación de las 12 tribus de Israel a ser consideradas más adelante. El lugar santo del templo de 1 × 20 codos de ancho por 2 × 20 de largo figura por el ser humano celestial. El lugar santísimo de

1×20 codos por 1×20 simboliza la institución sacerdotal. El lugar santísimo posee también una altura de 1×20 codos, la cual podría referirse a la presencia del Creador vía los Ungidos (u) junto al Espíritu (t) y al sacerdote (cualquier posibilidad de tierra en (x y z)).

En Apocalipsis 21,16 de Juan se describe el enmarcado cuadrado y cúbico de Jerusalén el cual, de acuerdo a mediciones angélicas, tenía 12.000 estadios y su longitud, anchura y altura son iguales.

Los santuarios cúbicos como el lugar santísimo, la Jerusalén enmarcada y la Caaba permiten establecer correspondencias análogas. Ellas representarían en sus 3 direcciones alto, ancho y largo al Ungido (u), al Espíritu (t) y al sacerdote (cualquier posibilidad de tierra en (x y z)). En el caso de la Caaba se puede establecer una correspondencia adicional, entre la Piedra Negra de Abraham y el origen donde se cruzan las 3 direcciones de las 3 ternas en cuestión, estando allí implícita la presencia de Dios trascendente (Alá).

Para alivio de todos, no se requerirán direcciones independientes adicionales en lo sucesivo y la mayoría de las formulaciones se seguirán representando sobre bases cuaternarias.

CAPÍTULO 19

EL DISCURSO LUMINOSO

Lo más acertado para desarrollar un nuevo modelo de la realidad sería tomar como punto de partida, la primera declaración discursiva del Creador ofrecida por el Libro del Génesis: «Y dijo Dios: "haya luz" y hubo luz». (Génesis 1, 3). De igual modo, en versículos subsiguientes la descripción de todo lo dispuesto por Dios es antecedida por la misma expresión: «Y dijo Dios». Las tres palabras revelarían una decidida intención por plantear la creación a manera de un discurso. En total pueden contarse 10 repeticiones del mencionado verbo en los versículos dedicados a la creación, cifra emblemática y fundamento de numerosas cosmogonías decimales. En los próximos capítulos se abordará también la importancia de dicha cifra, en conexión con los 10 planos y 10 ternas formables en el múltiple (u t x y z). De un modo similar el Evangelio de Juan centra el acto creador en la figura discursiva cuando expresa:

> Desde el principio él era el verbo y el verbo estaba en relación con Dios y era Dios. Este verbo estaba desde el comienzo con Dios. Todas las cosas vinieron a la existencia por él y sin él nada se hizo. Cuanto vino a la existencia en él es vida y la vida es la luz de los hombres.

Juan reafirma entonces el tenor creador y luminoso del verbo divino, el cual será interpretado aquí como verbo en conjugación. No menos explícita es la azora El Rebaño del Corán cuando se refiere al discurso creador diciendo: «Y Él es Quien creó los cielos y la tierra en la verdad y cuando Él dice: "Sea", es. Su palabra es la verdad...».

Según las citas anteriores, todo llega a ser necesariamente por intervención divina y eso permitiría postular el verbo «crear» cual verbo originario. Resulta, sin embargo, materialmente imposible para la mente humana avanzar en una exégesis natural de los Textos Sagrados contando con tan solo un verbo. Tampoco sería de mucha utilidad disponer de una lista abierta e interminable. Lo ideal sería proyectar el verbo crear sobre las 6 direcciones independientes de la Creación, con miras a obtener 6 verbos que reflejen actuaciones propias sobre cada una de ellas. Dado que el resto de este libro estará dedicado a justificar la elección de los 6 verbos, se ofrece a priori una propuesta de los mismos.

Sobre la dirección donde se representa (u) el verbo crear se proyecta como «realizar», cuya conjugación consuma el tránsito de posibilidad a realidad, asegurando incidentalmente la vigencia de las disposiciones originarias. Junto a la dirección (i) la proyección el verbo es «armonizar», cuya función es meramente ancilar. Con la representación de (t) se proyecta el verbo crear como «determinar». En tanto que, las direcciones de la terna (x y z) concurren indistintamente con las proyecciones «dirigir», «transcribir» y «componer». Con el verbo dirigir son definidos los cursos posibles. Con el verbo transcribir son producidas transferencias vía la generación de «copias» y con el verbo componer condensan como una sola cosa, objetos de un mismo tenor. Proyectar el verbo crear sobre las 6 direcciones independientes de la Creación equivale en principio a asignarle verbos a los proto-elementos ya postulados. Por tal motivo, al abordar lo relativo a la formulación del aire le fue asignado el verbo determinar. Al proto-elemento tierra se le asoció el verbo dirigir y al agua los verbos transcribir (ordinalmente) y componer (cardinalmente), ambos vinculables a pares de objetos. El proto-elemento fuego conjuga los verbos dirigir, transcribir y componer de forma concomitante.

Las creaturas determinan, dirigen, transcriben y componen posibilidades en la creación, pero ellas solo construyen recipientes vacíos, los cuales solo serán llenados cuando el Creador los realice. Según Eleazar ben Sadoc (I - II d. C.), la vida de aquel quien utilice de manera indebida los recipientes con los cuales son creados este mundo y el futuro será arrancado de ambos. Los verbos actúan desde y sobre el «discurso luminoso», el cual es concebido como un dominio geométrico donde son conjugados.

Para efectos del modelo a desarrollar y por motivos que se harán evidentes según vaya avanzando su planteamiento, se restringirá el uso de formulaciones en términos puntuales. Pues salvo en el origen, no se trataría de una geometría formada por puntos o entes geométricos carentes de partes, según la definición de Euclides (IV – III a. C.). Tampoco por objetos de dimensión cero, de acuerdo a versiones más modernas. Sino más bien en base a «unidades elementales» o mónadas, a las cuales se ajusta convenientemente la forma circular. En cuanto a sus dimensiones, se establece su radio de acuerdo a la medida física más pequeña disponible, la longitud de Planck $1,6 \times 10^{-35}$ m (0,000 000 000 000 000 000 000 000 000 000 000 016 m). Nombrada en honor al físico alemán M. Planck (XIX – XX d. C.), la unidad de longitud seleccionada se denota con el símbolo ℓ_P. Su magnitud es tan pequeña que el grosor de un cabello está aproximadamente a mitad de camino entre ℓ_P y el diámetro de todo el universo conocido.

Durante los primeros 6 días de la Creación, los 6 verbos son conjugados como 1 solo, crear. Posteriormente, después del sexto día, cuando Dios de por terminada su actuación solitaria como Creador, se abren nuevas etapas e instancias donde la diferenciación entre los verbos será posible. Los seres humanos celestial y terrenal determinarán, dirigirán, transcribirán y compondrán libremente las posibilidades, contando con su realización por parte de la divinidad. Las Escrituras Sagradas son extraordinariamente explícitas en proclamar la libertad absoluta, con la cual pueden actuar las creaturas impares de la Creación. Incluso, contraviniendo expresamente algunas condiciones iniciales establecidas por el Creador, de allí la sorprendente afirmación de la Biblia ofrecida por Isaías: «Yo soy el dador de luz y el hacedor de las tinieblas. Envío bendiciones y causo el mal. Yo soy el Señor, que hace todas esas cosas». Esa libertad de acción o libre albedrío como también será llamada, se asocia en el dominio cósmico a los verbos determinar y dirigir. Ambos propios de creaturas con formulación impar, a quienes les ha sido otorgado el rol de «co-creadores» o conductores de la creación, mediante la articulación de sus posibilidades geométricas. Obviamente, por mucha libertad que el Creador tenga a bien otorgar, no será nunca una libertad de carácter absoluto. Sobre todo cuando al otorgarla, Dios ha puesto también límites a la suya propia. Sería por lo tanto inapropiado, considerar a Dios como un simple autómata realizador.

Supeditar la realización de las cosas creadas a la intervención divina, imparte definitivamente un carácter asharí a la exégesis natural en desarrollo. Particularmente en cuanto a la absoluta dependencia de la Creación de su Creador. En sintonía con al-Ashari se propone que las acciones de cualquier creatura vía los verbos determinar, dirigir, transcribir y componer, requieren de la realización por parte de Dios. No obstante, las creaturas asumen su participación con pleno consentimiento y son responsables de sus actos. No hay realizaciones en ausencia de la intervención divina y las creaturas solo alcanzan a formular posibilidades en el marco de sus propias atribuciones. No en vano el Zend-Avesta en el Yasna XLIV pregunta a Dios: «¿Quién desde abajo sostiene la tierra y las nubes de manera permanente?».

CAPÍTULO 20

EL ROL DE LOS NÚMEROS

Mucho se ha publicado sobre la historia de los números y la matemática en general. Motivo por el cual, no se pretende repetir aquí, lo escrito y documentados por otros con tanto acierto. Sin embargo, conviene recordar como históricamente, el uso de los números ha estado estrechamente vinculado a las posibilidades de supervivencia individual y grupal de los humanos. Por lo tanto y en líneas generales, podría afirmarse que su dominio ha sido también indispensable para levantar imperios y estructuras de poder. El uso de los números ha permitido la administración de los recursos y el desarrollo de la ciencia y la tecnología hasta el presente. Razón por la cual, la matemática ha sido elevada al rango de lenguaje universal. El éxito en el empleo de los números con fines administrativos, analíticos y predictivos descansa sobre sus afinidades con los fenómenos naturales.

Las Escrituras Sagradas también reflejan el contenido numérico de la Creación y en la Biblia Hebrea la cuestión cobra significación particular. La importancia de los números en la Biblia reside en el hecho de que las letras del alfabeto hebreo tienen cada una asignado un valor numérico. Así, cada palabra y cada versículo bíblico posee también una lectura aritmética, con resultados a veces sorprendentes. No obstante, el estudio de las relaciones numéricas en el texto de la Biblia Hebrea conocido como gematría ha tenido una importancia variable a lo largo de los siglos. En los círculos cabalísticos más antiguos ya se pensaba que Dios había creado el cosmos mediante números, letras y palabras, semejantes a un destello de luz y con alcance infinito. La cuestión de los números adquirió una relevancia significativa con el desarrollo de la Cábala, constituyéndose en un asunto imposible de ignorar en cualquier exégesis natural.

Todas las civilizaciones de la antigüedad desarrollaron sus sistemas matemáticos propios y en la mayor parte de los casos, estos corrieron la misma suerte de aquellas. Las matemáticas occidentales tuvieron su origen en la confluencia de las matemáticas de la antigua Grecia y el sistema numérico decimal indo-arábigo, difundido en Europa durante el siglo X d. C. por orden de G. Aurillac (X – XI d. C.) Papa Silvestre II. Según se cree, los sistemas numéricos decimales debieron tener un origen antropológico basado en el uso de los dedos de las manos. De hecho, diversas civilizaciones de la antigüedad desarrollaron tales sistemas, aun cuando no fuesen posicionales como el indo-arábigo.

Las matemáticas griegas utilizadas en Europa permanecieron invariables hasta el siglo XIX d. C., cuando se produjo en Occidente una explosión en el desarrollo de nuevos sistemas matemáticos. Basadas en axiomas aparentemente evidentes por sí mismos y en el uso de la lógica para llevar a cabo los procesos deductivos, las matemáticas griegas acumularon problemas insolubles e inconsistencias. La cuantía y seriedad de los problemas inquietó a los pensadores matemáticos modernos. Durante el siglo XIX d. C. surgió por primera vez una cultura crítica sobre el estado de las matemáticas, lo cual derivó en el desarrollo de la metamatemática. Dicha disciplina se ocupa, no de hacer las deducciones en sí, sino de cómo deben plantearse y llevar a cabo.

La matemática moderna está centrada en el apego irrestricto a la lógica de las demostraciones de sus proposiciones y no le importan, ni la naturaleza de su aplicación ni sus resultados. Tanto es así que B. Russell (XIX – XX d. C.) las describió como la ciencia en la cual no se sabe de qué se habla, ni si lo que se dice es verdad. El proceso de autocrítica de los procedimientos matemáticos fue duro y tedioso, como también fueron escasas las propuestas metamatemáticas. Los esfuerzos finalmente fructificaron cuando B. Russell y A. Whitehead (XIX – XX d. C) idearon un sistema matemático pretendidamente coherente y libre de errores. La intención era poder demostrar, mediante la lógica y un número reducido de símbolos y reglas de expresión y transformación, la veracidad de todas las proposiciones conocidas. Ese conjunto finito de símbolos y reglas quizás con alguna que otra adición pretendía ser suficiente también para que el ser humano pudiese demostrar cualquier proposición matemática a ser planteada en el futuro. Sin embargo, no pasaron muchos años hasta el momento de descubrir en aquella propuesta, no solo errores, sino también flagrantes contradicciones. Las dudas sobre la consistencia interna de los sistemas matemáticos irrumpieron de nuevo con fuerza, abriendo el paso a nuevos episodios de perplejidad y confusión.

En 1921 el filósofo austríaco L. Wittgenstein (XIX – XX d. C.) proveniente de unas de las familias más acaudaladas de su medio demostró el alcance de los usos erróneos de la lógica. Especialmente en conexión con el uso dado en la propuesta de los matemáticos británicos, antes mencionados. Tal y como había asomado ya el matemático francés H. Poincaré (XIX – XX d. C.) para Wittgenstein las proposiciones lógicas y el resultado de aplicar sus reglas deductivas no son más que series tautológicas (repeticiones inútiles de lo obviamente verdadero). La lógica no aporta conocimiento nuevo, ni dice algo distinto a lo ya implícito en sus axiomas de partida. Es simplemente un proceder mecanicista que, cuando bien utilizado, permite expresar los planteamientos de distintas formas y sin ambigüedades. De inmediato Russell respondió argumentando que las verdades matemáticas no eran tautológicas, sino sintéticas. Sin embargo, pronto sucumbió y luego se lamentaría con pesar, reconociendo que había perdido la certeza que esperaba encontrar en la matemática.

La cuestión sufrió un giro inesperado en 1931 d. C. con la entrada en escena de K. Gödel (XX d. C.), un joven matemático checo con apenas veinticinco años de edad. Para asombro de todos, el joven entrante demostró que existen infinitas proposiciones aritméticas ciertas no deducibles mediante un conjunto cerrado de reglas. Quedando como corolario, el que la aritmética sea incapaz de probar que ella misma esté libre de contradicciones. Las pretensiones de Russell y Whitehead y de otras eminencias, entre ellas

D. Hilbert (XIX – XX d. C.), de abarcar con sus propuestas todo el campo de las verdades matemáticas se esfumó para siempre.

Para lograr su cometido, Gödel se apoyó en una paradoja formulada por el matemático francés J. Richard (XIX – XX d. C.). Sobre esa base, el matemático checo ideó una forma de asignar un número a cada símbolo lógico, variable numérica, variable proposicional y variable predicativa. La intención era identificar cada expresión matemática con un número de Gödel único. Los siete símbolos lógicos empleados en su demostración los asoció a números enteros. Las variables numéricas fueron asociadas a números primos mayores a un cierto número p. ej. diez. Las variables proposicionales (aquellas cuyo valor solo puede ser «cierto» o «falso») se corresponderían con números primos mayores a diez elevados al cuadrado. En tanto que finalmente, las variables predicativas del tipo «menor que», etc. se vincularían a números primos mayores a diez elevados al cubo. Con esas asignaciones el matemático pudo formular un método de cálculo, con el objetivo de identificar toda expresión matemática con un número específico. De manera tal que fuese posible, obtener a partir de esos números de vuelta la expresión matemática correspondiente.

El lector podrá notar que Gödel empleó los números primos (solo divisibles exactamente por sí mismos y por la unidad) a manera de una base de representación. Así, con la «aritmetización» de las matemáticas, Gödel pudo representar las propiedades de las expresiones matemáticas dentro del cálculo mismo para efecto de sus conclusiones. También Gödel en términos platónicos y a diferencia de Wittgenstein pensaba que los objetos de la matemática son reales y la tarea del ser humano no es inventarlos, sino descubrirlos.

El rol de los números en la Creación ha sido abordado hasta ahora en este libro con la mayor timidez. Solo han sido utilizados los 6 primeros números naturales para caracterizar la potencia direccional de la Creación, sus bases y las formulaciones de los proto-elementos representados congruentemente sobre ellas. En cuanto a la creencia de si los números existen por sí solos o en algo, aquí se opta por la segunda. En la exégesis natural en desarrollo se considerará que los números surgen en la articulación del discurso luminoso a través de su despliegue y sin límite alguno. Los postulados sobre la articulación del discurso luminoso serán desarrollados bajo la tutela de las Escrituras Sagradas. Siempre en el marco de un esfuerzo orientado hacia el objetivo de lograr la máxima correspondencia de sus conclusiones con el conocimiento científico alcanzado al presente.

CAPÍTULO 21

LAS CLAVES DE GÉNESIS 1, 1

Las Escrituras Sagradas ofrecen información más que suficiente para dar el próximo paso, pero lo hacen de una manera no explícita. La razón principal es proteger a los humanos, pues el conocimiento repentino de toda la verdad nos enceguecería y nos haría perder la razón individual y colectivamente. La ignorancia y la duda nos protegen de la locura y así se lo advirtió el Señor a Moisés cuando este le pide:

"Muéstrame tu gloria." Él respondió: "Te mostraré toda mi bondad y pronunciaré el nombre del Señor delante de ti. Y tendré lástima de quien Yo quiera y seré misericordioso con quien me plazca." Y agregó: "Tú no eres capaz de ver mi rostro. Pues ningún hombre que lo vea puede quedar vivo." Y le dijo: "Hay un lugar sobre la roca donde podrás estar. Y cuando mi gloria pase, te colocaré en una grieta de la roca y te protegeré con mi mano derecha. Y luego quitaré mi mano y podrás ver mi espalda, pero mi rostro no podrás verlo."

La espalda de Dios está tras el cielo oscuro del empíreo, su rostro antes del 1 en la fuente de la totalidad de las luces—en física el origen de todas las partículas puntuales. En base a los indicios ofrecidos por el Libro del Génesis se procederá metodológicamente de manera alternada. Primero se extraerán datos de interés del texto y cuando la cuantía de los mismos lo permita, se irá construyendo un modelo del discurso luminoso. También serán introducidos a priori algunos postulados para llenar espacios vacíos, con la finalidad de asegurar la coherencia de los planteamientos. Ya desde la próxima cita a la Biblia comenzará a ser evidente la imposibilidad de soslayar el tema de los números. Y dicha cita no puede ser otra que la de su propio comienzo: «En el principio Dios creó el cielo y la tierra». Sin duda el primer párrafo es el más leído de todo libro y tratándose del libro más leído, el lector estará preguntándose si queda algo por descubrir en su texto. Literalmente, el versículo es una simple declaración de la necesaria intervención divina para crear el contexto donde han de desenvolverse todas las creaturas, incluyendo ambas formulaciones del ser humano. Al analizar el texto con un poco más de detalle, puede descubrirse una redacción en términos de 7 palabras en lengua hebrea empleando 28 letras ($28 = 4 \times 7$) (como el codo real egipcio con sus 7 palmos y 28 dedos).

Previamente se consideró un dominio celestial definido en términos de las 3 direcciones independientes (u), (i) y (t) y la tierra configurada por las otras 3 de la terna (x), (y) y (z). Una cuestión que puede considerarse representada en lengua hebrea, por las 3 primeras palabras y por las 3 últimas del versículo y donde la palabra central figura por Dios. De hecho, la plenitud simbolizada por el número 7 se refiere en primera instancia a las 6 direcciones de la Creación y a su Dios trascendente representado en el origen. Aparentemente esto es todo cuanto podría decirse del contenido literal citado. No obstante, quedaría por explorar el recurso ofrecido por la gematría, con la intención de analizar cada palabra, sumas parciales de palabras y sus relaciones con la suma total.

Antes de emprender la descomposición en factores de los totales señalados, conviene recordar que los números naturales se clasifican bajo tres categorías. Se tienen entonces el número 1, los números primos y los números compuestos. El número 1 no se incluye entre los primos para evitar recurrencia en las descomposiciones. Los números primos son todos aquellos solo divisibles exactamente por sí mismos y por la unidad. Los números compuestos poseen más de un divisor exacto, distinto a 1 y a sí mismos. La letra א (alef) del alfabeto hebreo tiene asociado el valor 1, motivo por el cual, suele representar simbólicamente la unicidad del Creador. Tanto es así que el primer versículo del Génesis sobre la Creación comienza con la letra ב (bet) cuyo valor numérico es 2. Ambas א y ב representan la raíz de la encarnación humana en la obra de Dios según la fórmula 1&2. La figura 21.1 muestra los valores numéricos de cada letra del primer versículo en la primera línea por debajo del texto hebreo sin puntuaciones. En la segunda línea pueden leerse los totales correspondientes a cada palabra y en la tercera el total del versículo.

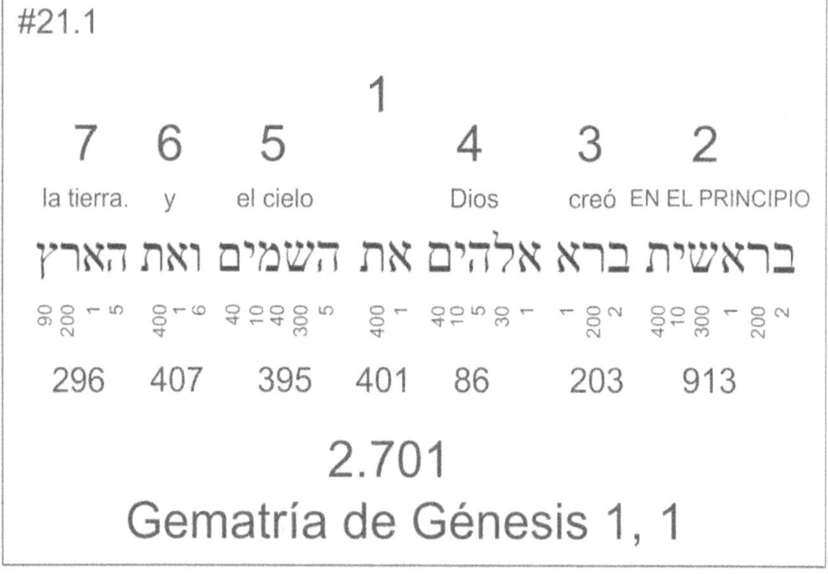

Ahora podrán comprenderse los motivos por los cuales, no resulta fácil hacer comentarios al primer versículo de la Biblia. No solo por las dificultades inherentes al tema, sino también ahora por el tenor de las controversias en torno a su significado literal y numérico. Fuera del título obra de la creación discutido en los círculos cabalistas, es muy poco el material referencial existente sobre el contenido numérico de la Biblia. La ausencia de publicaciones y estudios académicos se extiende también a la isopsefía (estudio del valor numérico asociado a letras, palabras y frases en lengua griega) de los Evangelios escritos en lengua griega. Mientras la crítica a los módicos intentos por adentrarse en los misterios numéricos de las escrituras ha sido abundante, las contribuciones no pueden ser más escasas. Uno de los estudios seculares de la gematría e isopsefía bíblicas fue llevado a cabo a principios del siglo XX d. C. por I. Panin (XIX – XX d. C), un inmigrante ruso radicado en los Estados Unidos. El libre pensador publicó varias obras donde expuso sus descubrimientos sobre ciertas claves numéricas de la Biblia, hasta ese momento tomadas en serio solo por los cabalistas. No viene al caso relatar la lluvia de críticas que recibió en vida y después de su muerte en plena Segunda Guerra Mundial. Se deben reconocer sin embargo, sus méritos por llamar la atención sobre un tema ignorado en Occidente, muy versado por cierto, en las filigranas lingüísticas de las Escrituras Sagradas. Algunos de los aspectos numéricos del primer versículo del Génesis a los cuales se hará referencia, inevitablemente coinciden con sus observaciones y con las de renombrados cabalistas. Lamentablemente y al margen de algunas exageraciones, Panin puso énfasis en el estudio del número como tal, sin buscarle un significado contextual en un sentido amplio.

La palabra en el centro de la oración en Génesis 1, 1 y distinguida con el número 1 consta de 2 letras, la primera y última del alfabeto hebreo. Dicha palabra arroja un total de 401(primo). Tiene un origen puramente gramatical, no posee un significado propio como las otras 6, ni puede traducirse. También 401 es el único número primo en el total de una palabra, lo cual le otorgaría a la misma un significado particular. Sustraer א (alef) o 1 en representación del Creador a 401 en la palabra 1 equivale a despojarla de su rasgo distintivo para obtener 400 (compuesto), valor de la letra ת (tav). El valor de la última letra del alfabeto hebreo puede descomponerse en 4 × 10 × 10 (4 y 10 compuestos). Los 3 factores pueden interpretarse como una referencia a un cuádruple condicionamiento en los 10 planos y 10 ternas donde son formados todos los cuerpos geométricos de la Creación. Para una segunda apreciación del significado de las 2 décadas convendría seguir la guía cabalística de los 10 Sefirot. En base a dicha referencia se podría efectuar una partición en 3 (primo) Kether, Hokhmah y Binah y en 7 (primo) Hesed, Gevurah, Tiferet, Netzah, Hod, Yesod y Shekhinah. La división en factores expresados en términos de sumandos conmutados permitiría descomponer 400 de la siguiente manera 4 × (3 + 7) × (7 + 3). Curiosamente, dicha división puede relacionarse con la descomposición en factores del total del versículo 2.701 (compuesto) (2.701 = 37 × 73) en 37 y 73, ambos primos.

La figuración del número 7 en un versículo tan preeminente como Génesis 1, 1 es un reflejo de su importancia en las formulaciones de la Creación. Tal distinción puede tomarse como un preludio de su aparición frecuente en múltiples instancias. De hecho su figuración en diversos tipos de formulaciones podría generar alguna confusión, sobre todo cuando los símbolos septenarios aparezcan embebidos unos en otros. La cuestión tiende a complicarse un poco porque algunas formulaciones en base al número 7 surgen de la composición de 2 fórmulas impares 1-3 imbricadas parcialmente, una sobre la otra. En Génesis 1, 1 por ejemplo, se presenta el caso de 2 formulaciones impares 1-3. Una de ellas formada por la letra א y las palabras 2, 3 y 4 y la otra por la letra ת y las palabras 5, 6 y 7. Bajo la división sugerida sería posible dar una segunda interpretación al versículo. Donde 2 trascendentes representados por (u) y (t) estarían relacionados cada uno de manera independiente con la terna (x), (y) y (z), en clara alusión a la institución sacerdotal. Se trata de una configuración análoga a la planteada por los 2 sistemas de bases nucleotídicas, donde uracilo y timina están relacionadas con las mismas bases adenina, guanina y citosina.

Los protones (H) relacionados con el grupo amino en neurotransmisores y neuromoduladores como la triptamina y la N,N-dimetiltriptamina (ambos con el mismo grupo 3-indolil) ameritarían las mismas consideraciones, tal como sugiere la figura 21.2.

En cuanto al total del versículo, calculado mediante la adición del valor numérico de las 7 palabras o de las 28 letras, cabrían también algunas observaciones. Pues según ha sido mencionado, se trata de un número un tanto peculiar porque sus factores son 37 y 73, pareja que de por sí debería llamar la atención. Curiosamente 37 es divisor exacto de las cifras siguientes 111, 222, 333, 444, 555, 666, 777, 888, 999, 1110, etc. por serlo de la primera. El número 37 debe poseer además, una importancia singular pues está presente como factor, no solo en el total general del versículo, sino también en 22 totales parciales de sus palabras. Justo el mismo número de las letras con las cuales está formado el alfabeto hebreo. Sucede necesariamente que cuando 37 aparece como factor en 1 palabra, también lo será de la suma de las restantes 6. Cuando sea factor del total de cualesquiera 2 palabras, también lo será del total de las restantes 5. Finalmente, si es factor del total de cualesquiera 3 palabras, también lo será de las restantes 4. La figura 21.3 muestra a las claras, la intencionalidad en subrayar la importancia del número 37 en Génesis 1, 1.

TOTALES DIVISIBLES POR 37

בראשית ברא אלהים את השמים ואת הארץ

#	la tierra	y	el cielo		Dios	creó	EN EL PRINCIPIO	Totales divisibles por 37	factor
7	296	407	395	401	86	203	913	2.701	1
1	296							296	
6		407	395	401	86	203	913	2.405	2X2
1		407						407	
6	296		395	401	86	203	913	2.294	
2	296	407						703	
5			395	401	86	203	913	1.998	
2			395		86			481	2X3
5	296	407		401		203	913	2.220	
2					86		913	999	
5	296	407	395	401		203		1.702	
3	296		395		86			777	
4		407		401		203	913	1.924	
3	296				86		913	1.295	
4		407	395	401		203		1 406	
3		407	395		86			888	
4	296			401		203	913	1.813	2X6
3		407			86		913	1.406	
4	296		395	401		203		1.295	
3			395	401		203		999	
4	296	407			86		913	1.702	
3				401		203	913	1.517	
4	296	407	395		86			1.184	

Totales de palabras en Génesis 1, 1 divisibles por 37

También llama la atención la factorización de los totales parciales escritos en la columna de la derecha. Los 3 grupos traen a la mente las ideas de Filón de Alejandría sobre el número 6. El pensador alejandrino afirmaba que el mundo fue hecho en seis días porque las cosas creadas requieren de un arreglo y número es relativo a arreglo. Calificaba además al número 6, como el más productivo por estar compuesto de los factores 3 y 2, macho y hembra.

Los dos dígito del número 73 (73 = 1 + 36 + 36, agua) como los de 37 (37 = 1 + 36, aire o tierra) y los tres de 109 (109 = 1 + 36 + 36 + 36, fuego) suman 10. Notablemente, la representación binaria de 73 es 1001001 un palíndromo—con dos mitades opuestas (imágenes especulares) como los 2 componentes de las aguas inferiores o femeninas más la fuente (1). La representación binaria del número 37 es 100101, donde 100 corresponde a tierra y 01 al aire, las así llamadas aguas masculinas. El número 73 es factor de 2.701 y de 2 totales parciales en la suma de 2 palabras y en las restantes 5, otorgándole una connotación femenina. La figura 21.4 a continuación lo resume.

	la tierra.	y	el cielo	Dios	creó	EN EL PRINCIPIO	TOTALES DIVISIBLES POR 73	
7	296	407	395	401	86	203	913	2.701	1
2				401			913	1.314	1X2
5	296	407	395		86	203		1.387	

Totales de palabras en Génesis 1, 1 divisibles por 73

El número 73 significaría un paso adicional en el simbolismo destinado a exponer el desarrollo del primer objeto creado. Sin embargo, su menor figuración en la gematría de Génesis 1, 1 le confiere sin dudas un rol secundario y quizás por ello, vinculable a los arquetipos femeninos.

Para interpretar el alcance y significado de los números 37 y 73 convendría sustraer la unidad, como se hará frecuentemente con los números primos. El resultado obtenido de la substracción es 36 y 72 respectivamente, cifras ambas relacionadas por un factor igual a 2 (72 = 2 × 36). Según habrá podido anticipar el lector, la relación evoca de inmediato la formulación del ser humano 1&2. Las unidades sustraídas se corresponderían con las «fuentes» únicas asociadas a cada proto-elemento, así aire o tierra procederían cada uno de su propia fuente. Mientras los 2 componentes del agua tendrían la suya propia, resultado de la composición de 2. A pesar de su rol secundario, la cifra 72 está presente en las principales tradiciones religiosas. Por ejemplo en las denominaciones divinas según la mística hebrea, en los 72 discípulos de Jesús y en las 72 vírgenes en el paraíso islámico. El número 36 posee la mayor importancia en las tradiciones hebreas, como en el simbolismo de las 36 luces (excluyendo los Shamash) del milagro de Chanukah. La descomposición de 36 en los factores 6 × 6, podría sugerir una progresión multiplicativa desde un «hexágono primordial» durante los 6 días de la creación, como lo indican 6 + 1 azoras del Corán: «creó… los cielos y la tierra en seis días» (Las Alturas: 54, Jonás: 3, Hud: 7, El Discernimiento: 59, La Postración: 4, Qaf: 38 y El Hierro: 4).

La héptada divina del zoroastrismo procedente de Ahura Mazda está encabezada por Spenta Mainyu (la fuente a substraer) y se desdobla en 6 amesha spentas (mencionados por los 7 Yasnas del XXXV al XLI [los Haptanghaiti]). El Apocalipsis de Juan menciona numerosas veces el número 7 y describe a Dios sentado en su trono y delante de este habían «siete lámparas encendidas, que son los siete espíritus de Dios». La primera azora del Corán llamada La Apertura (*Al-Fatiha*) tiene 7 aleyas de las cuales las 4 primeras están dedicadas a los nombres de Dios. La azora La Luz (*al-Nur*) menciona 7 veces la palabra luz (*nur*) y dice textualmente: «Dios es la Luz de los cielos y de la tierra».

CAPÍTULO 22

LA ENCARNACIÓN DEL DISCURSO LUMINOSO

Según se desprende de los versículos 3 al 5 de Génesis 1, el discurso luminoso es creado cual objeto radiante y complementado con un mecanismo de fases alternas: «Y dijo Dios: "haya luz" y hubo luz. Y Dios, mirando la luz, vio que era buena y Dios hizo una división entre la luz y la oscuridad, llamando a la luz, día y a la oscuridad, noche. Y hubo tarde y hubo mañana, el primer día». El texto citado constituye la primera especificación bíblica del contraste claroscuro, atributos distintivos de los 2 componentes del proto-elemento agua. La representación del contraste en días y noches es debida al giro del planeta Tierra sobre su eje y a la proyección de la luz solar sobre su superficie. La figura 22.1 ilustra la representación geográfica de la naturaleza cíclica o periódica del contraste claroscuro durante el verano del hemisferio sur.

El aspecto radiante del discurso luminoso será asociado al componente masculino de una formulación ordinal de tipo humano 1&2 y denominado «aspecto divergente de la luz». Por su lado, el comportamiento cíclico o periódico que lo sucede será considerado femenino y llamado «aspecto rotacional de la luz». Se tienen entonces hasta ahora, 2 versiones complementarias en la Torá sobre la encarnación humana del discurso luminoso. Una de ellas en Génesis 1, 1 relacionada con la pareja de cifras 36 y 72 más sus fuentes respectivas, referidas a una encarnación cardinal. La otra en Génesis 1, 3–5 recién considerada relativa a una encarnación ordinal. Ambas naturalezas, la masculina y la femenina, están imbricadas de tal manera en las encarnaciones cardinal y ordinal del discurso luminoso que resultará casi imposible considerarlas independientemente. A pesar de las dificultades, en los próximos capítulos se tratará en lo posible de exponerlas por separado, con la finalidad de formar luego una visión de conjunto coherente.

El primer paso para dilucidar la estructura del discurso luminoso es ampliar el lenguaje mediante la incorporación de algunos conceptos matemáticos, con miras a un desarrollo más expedito del tema. Las creaturas impares asociadas a los arquetipos masculinos y las pares femeninas están dotadas de la capacidad de actuar. Solo que la formulación de las últimas a diferencia de las primeras contempla mecanismos de compensación, en virtud de los cuales, se anulan sus actuaciones individuales.

Según observaciones efectuadas en el ámbito científico, destacan dos fenomenologías que se ajustan a las manifestaciones femeninas propias de las encarnaciones cardinal y ordinal de la formulación humana. Las expresiones femeninas en las encarnaciones cardinales se corresponden con la noción de rotación o giro, comúnmente experimentada por los cuerpos sólidos en la terna (x y z). El modelo a desarrollar generalizará esas rotaciones y giros a todos los planos y ternas formables en el múltiple (u t x y z) bajo ciertas restricciones. En los planos laterales o alas se considerará otro tipo de rotación que escapa a la experiencia común y que constituye la esencia de las manifestaciones femeninas propias de las encarnaciones ordinales. Para abordar las últimas en los próximos capítulos conviene introducir algunos conceptos en lo que resta del presente. Los detalles pueden resultar tediosos para algunos, motivo por el cual pueden optar por saltarlos e ir a la próxima.

El modelo del discurso luminoso será desarrollado entonces en el múltiple de 5 direcciones independientes bajo una estructura de cuerpo real (en sentido matemático). En tanto que los desarrollos en las alas o planos ancilares se enmarcarán en estructuras de cuerpo complejo (en sentido matemático), pues la dirección (i) será tratada como un eje imaginario. En ambos casos se precisará del uso de sucesiones numéricas sobre sus direcciones independientes. La finalidad es representar cuantitativamente, tanto la radiación divergente del componente masculino como las funcionalidades armónicas propias de los fenómenos periódicos femeninos en los cuerpos y las alas.

Los matemáticos italianos G. Cardano (XVI d. C.) y R. Bombelli (XVI d. C.) descubrieron un tipo de número peculiar, imaginado por Descartes y denotado por el suizo L. Euler (XVIII d. C.) con la letra i por «imaginario». Su definición matemática coincide con los requerimientos necesarios para representar algunas variantes del aspecto rotacional de la luz, en estrecho paralelismo con los modelos desarrollados por la física. En aquel entonces, i era simplemente la inconcebible raíz cuadrada de menos uno ($\sqrt{-1}$), pero ya hoy en día esa visión ha sido superada. La perplejidad de los pensadores de la época fue en aumento, dadas las frecuentes apariciones de i, hasta que aprendieron a verlo como algo común.

Casi un siglo después el noruego C. Wessel (XVIII – XIX d. C.) ideó el «plano complejo» situando una dirección de tipo imaginario (i) sobre una vertical perpendicular a una horizontal real. Dicha representación asimiló tablas de multiplicación que arrojan resultados opuestos aditivamente en cada caso, lo cual abrió las puertas a mecanismos de compensación armónica propios de ciertas manifestaciones femeninas. Por ejemplo en los reales (u), (t), (x), (y) o (z), cuando se multiplica más uno (+1) por más uno (+1) el resultado es más uno (+1). En cambio, al multiplicar más i (+i) por más i (+i) el resultado es menos uno (−1), convenientemente el opuesto aditivamente. También cuando se multiplica menos uno (–1) por menos uno (–1) en los reales el resultado es más uno (+1). En tanto que, al multiplicar menos i (–i) por menos i (–i), el resultado es menos uno (–1), igualmente conveniente y consistente. Ahora bien, cuando se multiplica más uno (+1) por menos uno (–1) o viceversa, el resultado en los reales es menos uno (–1). Pero al multiplicar más i (+i) por menos i (–i) o viceversa, el resultado es más uno (+1). Tal como debería ser para que todos los productos en (i) sean opuestos aditivamente a los obtenidos en (u), (t), (x), (y) y (z). Las multiplicaciones combinadas de reales por i o i por reales siguen la prescripción de los reales.

CAPÍTULO 23

EL CARÁCTER MASCULINO DEL DISCURSO LUMINOSO

La realización del discurso luminoso obedece a un conjunto de disposiciones originarias perpetuas y a ciertas condiciones iniciales establecidas por el Creador. Forman parte de dichas condiciones un conjunto de grados de libertad, sometidos a la discreción de las «creaturas impares». La capacidad de las formulaciones impares para actuar obedece a la ausencia de contradicciones internas en algunos de sus aspectos formativos, quedando así habilitadas para ejercer acciones no nulas. La postulación de las disposiciones originarias y de las condiciones iniciales en términos geométricos es en esencia, la única descripción posible de estas. En uno de sus diálogos socráticos escritos cerca del año 385 a. C. cuando reprochaba a su alumno Gorgias, Platón le dijo: «Olvidas que la igualdad geométrica reina, todopoderosa, entre los dioses así como entre los hombres». Entendiendo entonces por dioses a los arquetipos originales de la Creación, el presente capítulo estará dedicado al desarrollo de la geometría del discurso luminoso, a la cual se denominará «condicionamiento cero».

Se trata de un desarrollo geométrico progresivo basado en una expansión poligonal en los 15 planos, desde sus fuentes a partir del primer día de la creación. Puede concebirse como un único atributo por componente $(1 = 1 \times 1)$ sin un contrario definido y expresándose como modelo y fundamento de toda geometría. Sobre sus desarrollos en (u t x y z), va definiendo nuevas localizaciones posibles de su propia fuente en el origen. Su carácter radialmente divergente se expresa en el plano religioso, en la rectitud indeclinable del patriarca Abraham y su avance siempre hacia adelante, sin regresar a su punto de partida. La expresión litúrgica del avance divergente es el alzamiento de las manos apuntando al empíreo, hacia el cual se dirige la expansión poligonal. Por su rectitud, Abraham es el padre de 3 religiones judaísmo, cristianismo e islam. También en la religión 2 de Zoroastro, la «divina rectitud» (asha) es loada frecuentemente por sobre todas las cosas, como ocurre en el Yasna XXVIII del Zend-Avesta.

Los «puntos» en los vértices de la expansión poligonal, usualmente llamados «ojos» en las Escrituras Sagradas, ya han sido definidos en términos de dominios para la conjugación del verbo crear. El único objeto concebible en términos estrictamente puntuales en un sentido matemático o geométrico es la fuente en el origen. Todos los dominios de conjugación de los verbos tendrán una extensión radial de 1 ℓ_P. En esas localidades convergen el Creador y sus creaturas en la realización de las transcripciones de las fuentes. La exteriorización poligonal al cabo del primer día es un hexágono con 6 ocurrencias posibles del verbo crear, las cuales se definirán desde los puntos de una geometría inspirada en la forma de Génesis 1, 1.

Por su lado la fuente posee, desde el punto de vista de cualquier desempeño, la más alta significación. Por lo tanto y para efecto de las comparaciones del caso, se la establece como unidad de medida con un valor igual a 1. La significación del hexágono es la misma de su fuente. Sin embargo, los 6 dominios de conjugación del verbo crear en sus vértices se la dividen entre sí, resultando en una «significación puntual» igual a un sexto del total. También es posible desarrollar el modelo en base a un hexagrama, lo cual introduciría algunas diferencias en su proceso de expansión—no confundir con el hexagrama unicursal o *hexagrammum mysticum*. Un modelo comenzando en un hexagrama posee un atractivo particular, habida cuenta de la composición en Génesis 1, 1 de 2 formulaciones impares del tipo 1-3. No obstante, con el objetivo de simplificar al máximo la exposición y sus ilustraciones, se opta por la versión hexagonal mostrada a la izquierda de la figura 23.1. Ambos, hexágono y hexagrama se han desarrollado sobre el plano (x y), dejando al lector la visualización sobre los otros catorce planos del múltiple (u i t x y z).

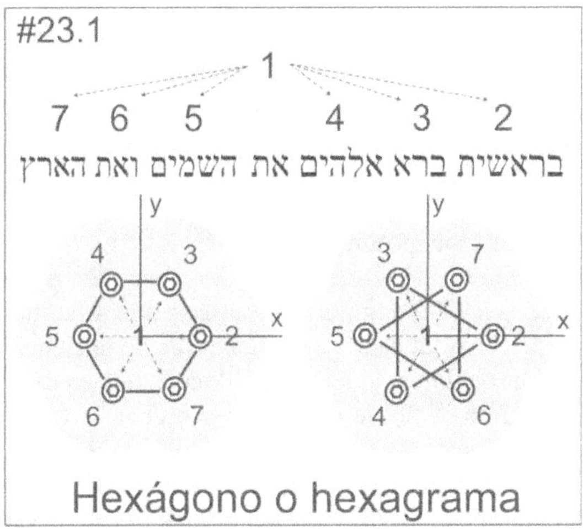

Todas las expansiones poligonales poseen una identidad propia, asociada al arquetipo proto-elemental al cual pertenecen. A partir del día 7 del desarrollo está abierta la posibilidad de iniciar, desde los dominios recién generados, un nuevo proceso de expansión poligonal. Las transcripciones de la fuente a los dominios generados después del día 6 siempre vienen acompañadas por la formación de un hexágono primordial en su entorno inmediato.

El hexagrama fue empleado desde la más remota antigüedad por diversas culturas, como figura decorativa o para expresar simbólicamente algunas creencias. De hecho, ya estaba presente en Tierra Santa cuando Josué (XIII - XII a. C.) entró en ella. La arqueología muestra que sus apariciones en la cultura hebrea a lo largo de los siglos no fueron más profusas de lo que pueda afirmarse de otras. Su uso generalizado entre los hebreos se originó tardíamente por un decreto de Carlos IV de Luxemburgo (XIV d. C.) rey de Germania y Bohemia, coronado emperador en Roma en 1355 d. C. Dicho decreto solo buscaba identificar los predios permitidos a la judería de Praga, mediante el uso de un estandarte cuya procedencia hebrea no ha podido ser establecida. Lo más probable es que el diseño haya sido impuesto, como suele ser el caso en circunstancias similares. De Praga pasó a Viena donde comenzó a observarse a mediados del siglo XVII d. C. y de allí a Alemania en el siglo XVIII d. C. Durante su estadía en los Balcanes, el filósofo hebreo F. Rosenzweig (XIX - XX d. C.) se adhirió al simbolismo del hexagrama y lo utilizó como fuente de inspiración en su *«Estrella de la redención»* (*Der Stern der Erlosung*). A pesar de su popularidad en toda Europa por aquellas fechas, el hexagrama era rechazado por los sectores más influyentes de la ortodoxia hebrea.

Representar el hexágono primordial sobre los 15 planos permite, entre otras cosas, postular un radio (en un hexágono el radio y los lados poseen la misma longitud). Para ello conviene acudir de nuevo a la medida física más pequeña disponible, la longitud de Planck. El hexágono primordial tendría entonces su radio y lados, todos iguales a 1 ℓ_P de longitud. Adicionalmente se adopta la velocidad de la luz (300.000.000 m /s aproximadamente) como velocidad de transcripción del discurso luminoso, lo cual establece para las medidas temporales el tiempo de Planck t_p. La longitud adoptada para el radio y los lados del hexágono primordial implica, un solapamiento de los dominios vecinos de conjugación de los verbos. Según se ha dejado entrever, la fuente y sus polígonos son concomitantes y por tal motivo no se considerará la primera como un objeto puntual independiente.

El paso siguiente en la expansión divergente del desarrollo poligonal consiste en la generación del dominio de transcripción de su fuente más allá del hexágono primordial. Así, al cabo del segundo día de la creación se produce la multiplicación del hexágono a dodecágono (doce lados) en todos los planos. En esencia se trata de un modelo de expansión y propagación poligonal y por lo tanto discreto, en cuanto a la generación de los centros de los dominios de conjugación. Todos esos dominios quedarán separados entre sí por distancias del orden de 1 ℓ_P. La divergencia radial del modelo resultará evidente a medida que progrese y constituye el rasgo distintivo del componente masculino del discurso luminoso, llamado a ocupar el dominio abierto por la retracción divina. Dependiendo de cómo se plantee la progresión poligonal, podrá ponerse en evidencia o mantenerse implícita, la necesidad de anular cierto sesgo rotacional generado por la misma. En virtud de la necesidad de incorporar al modelo algún aspecto rotacional, en representación del carácter femenino del discurso luminoso, se opta por la versión explícita.

Por la naturaleza divergente del carácter masculino del discurso, los rasgos rotacionales resultan inadmisibles en su formación y deberán anularse en los 15 planos de la Creación. Afortunadamente la solución es sencilla y consiste en considerar 2 atributos o accidentes rotacionales en oposición para su cancelación mutua. Una solución alterna sería la realización de no 1, sino de 2 propagaciones poligonales con el mismo patrón de expansión, pero con sus sesgos rotacionales contrarios. Sin embargo, duplicar el número de polígonos complica el modelo, dificultando su visualización, sobre todo cuando se consideren otros atributos. En ambos casos, las rotaciones serán identificadas como un «segundo condicionamiento» del discurso luminoso, en atención a su rasgo periódico y femenino. La figura 23.2 intenta ilustrar la creación de la luz el día 1 y su propagación divergente a dodecágono al cabo del día 2, con sus 2 atributos contra-rotacionales.

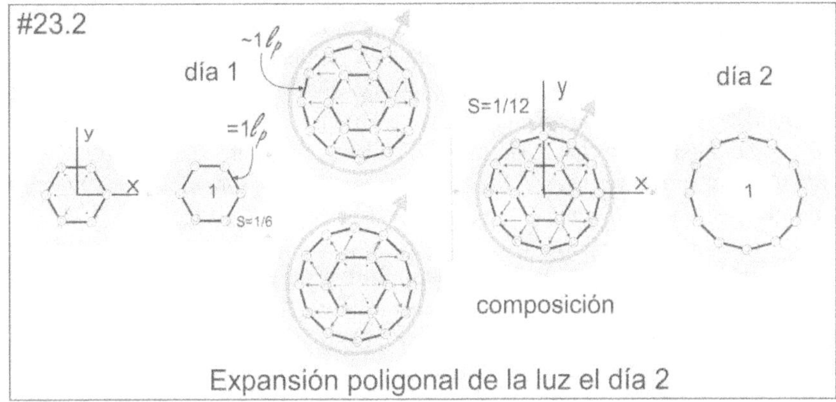

En la ilustración se muestra gráficamente la propagación a dodecágono mediante transcripción, donde pueden observarse los atributos rotacionales contrarios y su anulación. Las circunferencias grises en trazo grueso representan el sesgo rotacional y sobre ambas han sido indicados sus sentidos contrarios. También aparece una flecha recta de color gris apuntando hacia afuera en cada uno, indicando el aspecto divergente de la expansión. Por su parte el radio del dodecágono ha aumentado a 2 ℓ_P, en tanto que, la longitud de sus lados continua siendo del orden de 1 ℓ_P. La significación total del dodecágono es 1, mientras en sus vértices es un doceavo. Al ampliar radialmente las posibilidades de transcripción de la fuente en (u t x y z), los dominios de conjugación van perdiendo significación en el plano, en cuanto a sus posibilidades de alojarla. No obstante, la suma de las significaciones de todos los vértices de cada polígono seguirá siendo igual a 1, independientemente de su orden. Es decir, todos los polígonos incluyendo los más alejados de la fuente tienen la misma significación de esta.

La generación del dodecágono (12 lados y vértices) el segundo día es el punto de partida de numerosas simbologías—en algunas de ellas los 12 son equivalentes, otras en cambio, siguen una formulación del tipo 1-3. También los múltiplos de 12 como 24 y 36 y aquellos que se originan en formulaciones cuaternarias   juegan un papel simbólico destacado, resultando a veces casi imposibles de distinguir debido a sus anidaciones. La ciudad de Jerusalén según el Libro de Nehemías tiene 12 (12 = 2 × 6) puertas: (Nehemías 3, 1; 3, 3; 3, 6; 3,13; 3, 14; 3, 15; 3, 26; 3, 28; 3, 29; 3, 31; 8, 16 ; 12, 39). Autores posteriores se refirieron sabiamente a la expansión diciendo que la Jerusalén celestial solo fue creada a causa del amor de Dios hacia la Jerusalén terrenal. La cual se irá expandiendo hasta llegar a su trono.

La ocurrencia de los 12 ciclos lunares anuales y su poder inductivo sobre la mente humana, aseguró un lugar preeminente a dicha cifra en las culturas de la antigüedad. Desde los tiempos de la antigua Mesopotamia (XXIV a. C.), el número 12 figuró en la formulación de calendarios y horarios del día y la noche. Cuestión relacionada con el desarrollo de una aritmética basada en las 12 falanges de los 4 dedos (excluido el pulgar). Posteriormente la división del cielo en 12 sectores estableció las bases para la definición del Zodíaco, cuya expresión plástica antigua más elaborada es el Zodíaco egipcio de Dendera (I a. C.). También en el Egipto antiguo, a parte de su empleo tardío en el Zodíaco y en la medición del tiempo, el número 12 poseía una importancia extraordinaria. Así lo atestiguan los grandes monumentos piramidales y su evolución posterior en obeliscos de gran porte.

No menos importante es la figuración de la cifra en el modelaje de las estructuras humanas a escala social y religiosa y en la formulación de algunos contenidos doctrinales. En el mundo pagano antiguo, donde Grecia ha estado entre sus máximos exponentes, se fundó en el siglo VI a. C. una anfictionía de 12 pueblos o liga religiosa. Cada uno de esos grupos era representado por 2 hieromnemones para un total de 24. Sus reuniones tenían lugar en el templo de Deméter en Antela o en el oráculo de Delfos.

Las religiones semíticas de las Gentes con Libro tienen todas reservadas un lugar destacado a las formulaciones «duodecimanas». Por ejemplo en la Torá, las tribus de Israel conformadas por los descendientes de Jacob son 12, quienes junto al Eterno completan el número 13. Del lado cristiano los apóstoles de Jesús fueron 12, hasta momentos antes de su muerte y durante la Última Cena estaban presentes 13, figurando Jesús por la fuente. En islam la importancia del número 12 la expone el mismo Corán, al dedicar la azora 12 a José, hijo de Jacob y a sus 11 hermanos. El chiismo reconoce 12 imames sucesores del profeta, descendientes del linaje de Fátima y Ali ibn Abi Talib. El doceavo imam del chiismo (al-Mahdi) oculto desde el siglo IX d. C. regresaría junto a Cristo para culminar la obra redentora pocos días antes del Juicio Final. Junto a las formulaciones duodecimanas del islám, deberá considerarse la fuente de la revelación para alcanzar el número 13.

Sin embargo, no todos entre los 12 suelen figurar de la misma manera. En cuanto a las 12 tribus de Israel, en razón de mezclas, guerras, migraciones y exilios, el número de tribus profanas fue reducido a 2, las de Judá y Benjamín. Adicionalmente estaría la tribu de Leví para completar 3, la cual fue absorbida por las demás en virtud de su dedicación al sacerdocio, quedando así excluida de las listas. Entre los 12 apóstoles de Jesús también hubo distinciones, pues es notoria su predilección por 3 de ellos, Simón Pedro y los hijos de Zebedeo, Santiago el Mayor y Juan.

Consistentemente se plantea la propagación del discurso luminoso durante los días subsiguientes de la creación, hasta llegar al sexto. Al culminar ese día el hexágono primordial se habrá expandido a un triacontakaihexágono, un polígono de 36 vértices y lados. Bajo las mismas prescripciones aplicadas al dodecágono, se contempla la composición de 2 atributos contra-rotacionales, para anular cualquier indicio rotacional. El radio del triacontakaihexágono aumenta a 6 ℓ_P y cada lado se mantiene en el orden de 1 ℓ_P. La significación puntual de los dominios de conjugación en cada vértice se ha reducido a un treintaiseisavo, mientras su total en el polígono sigue siendo 1. La figura 23.3 ilustra el estado del discurso luminoso al cabo del día 6.

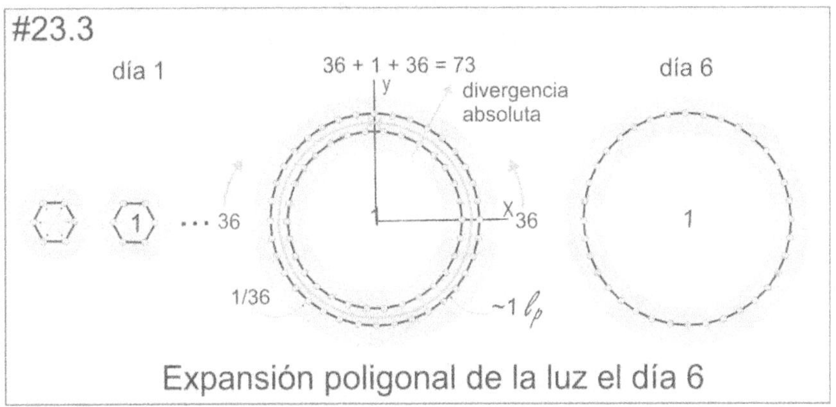

Expansión poligonal de la luz el día 6

Se asocia la cifra 37 (37 = 36 + 1) indicada en la figura al carácter masculino, con sus 36 dominios o puntos del desarrollo divergente resultante más la fuente. En tanto que, la cifra 73 (73 = 36 + 1 + 36) se corresponde con su contraparte femenina más su propia fuente. Al cabo del día 6, con la compleción del triacontakaihexágono, culmina el desarrollo de la llamada «luz oculta» (en hebreo *ohr haganuz*) de la cual disfrutaron Adán y Eva en el jardín del Edén. En los 4 planos (u t), (x y), (y z) y (z x) la cifra correspondiente asciende a 144 (144 = 4 × 36) sobre la cual dice el Apocalipsis de Juan: «Y me mostró la ciudad sagrada de Jerusalén, descendiendo de los cielos desde Dios... Y midió el muro que la rodeaba de ciento cuarenta y cuatro codos, la medida de un hombre y también de ángel».

Durante el séptimo día y a diferencia de los anteriores (donde se genera un solo polígono cada día) se vuelven a generar los 7 primeros polígonos a manera de una serie. La fuente genera y mantiene el hexágono y los polígonos a medida que estos se transcriben expansivamente, de manera tal que, al final del día 7 estarán presentes 7 polígonos. La formación del tetracontakaidígono (42 = 6 × 7 vértices y lados) al culminar el día 7, marca entonces un hito en el desarrollo del discurso luminoso por iniciarse el desarrollo de la «luz manifiesta». El objeto creado en dicha instancia será denominado «cuanto divergente», por ser la unidad básica de una creación modular y en alusión a su autonomía para transcribirse dentro y fuera de sus propios límites (a ser considerada como comportamiento de partícula en el múltiple [u t x y z] y sus planos ancilares). Según el Libro del Génesis, el sexto día destaca por la culminación de la actividad creadora de Dios en solitario, mientras en el séptimo comienza la actuación del ser humano. En la pareja ordinal, lo femenino habrá de figurar como portador indispensable de la fuente entre transcripciones. La cuestión será tratada con cierto grado de detalle en el próximo capítulo y solo ha sido mencionada aquí, con la finalidad de situar la divergencia en un contexto.

En los días siguientes al sexto, siempre y cuando la fuente no decida su transcripción, la propagación de la serie divergente proseguirá por sus propios medios. Los términos siguen siendo los mismos ya expresados, con el número de lados del polígono en el frente de luz aumentando sin límites. Así es descrito en la figura 23.4, donde han sido omitidos los dominios de conjugación de los verbos con el propósito de simplificarla, tal como se hará en sucesivas ilustraciones.

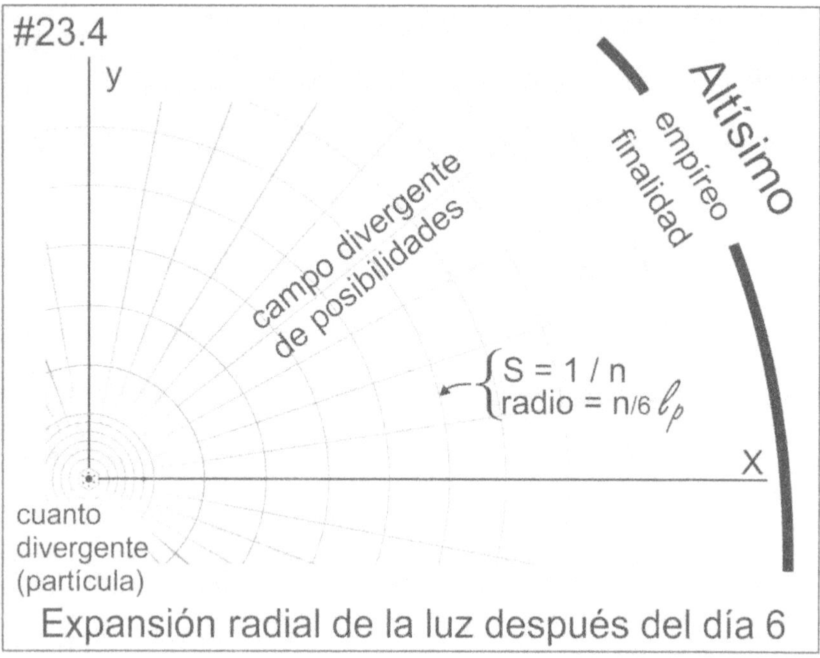

La ilustración muestra como al cabo de n/6 propagaciones divergentes, el polígono tendrá n vértices y lados, el radio habrá aumentado a n/6 ℓ_P. Los lados se mantendrán en aproximadamente 1 ℓ_P y la significación puntual de cada vértice se habrá reducido a 1/n. En el límite, cuando n sea infinitamente grande, los polígonos serán prácticamente circunferencias, marcando la transición desde una perfección hexagonal finita a una circunferencia infinita.

Dios está al comienzo y al final del tránsito entre dos perfecciones, desde la hexagonal a la circunferencia. Así lo sugiere la presencia de la primera y la última letra del alfabeto hebreo א (alef) y ת (tav) en la palabra 1 de Génesis 1, 1. También así lo señala el Capítulo I del Apocalipsis de Juan en la declaración: «Yo soy el alfa y la omega, dice el Señor Dios, el que es, el que era y el que viene, el Todopoderoso». Podría afirmarse entonces que algo de Dios «Se habla a Sí mismo» por intermedio de la creación de su discurso luminoso.

Inspirándose en la Pesikta de-Rab Kahana (priska 20:7), la figura 23.5 muestra de forma esquemática el discurso luminoso en toda su amplitud.

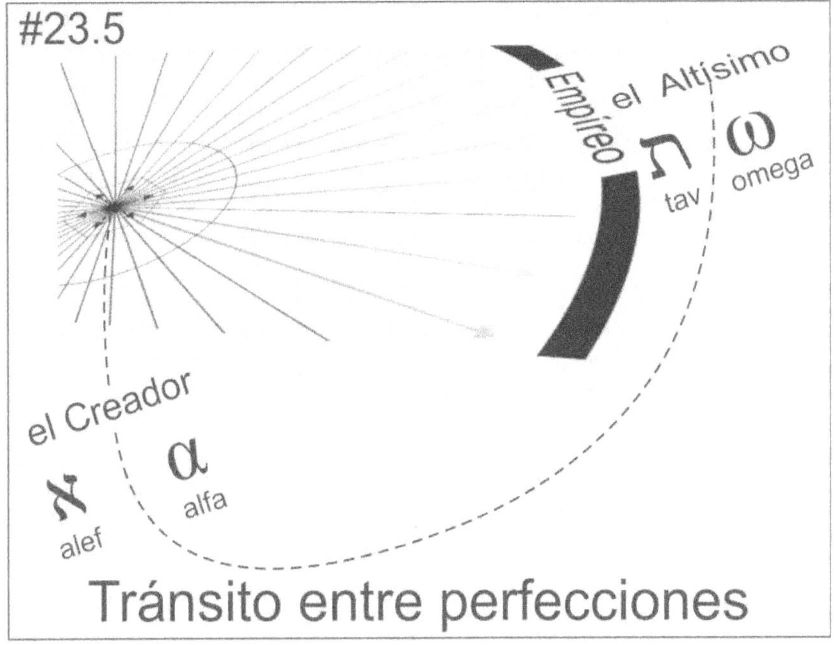

Desde una panorámica como la mostrada en la figura anterior podría inferirse que en el todo constituido por Dios y su Creación, solo hay circulaciones en lazo cerrado. Dicho cierre implicaría algún tipo de curvatura inherente a todo el desarrollo. Habrían entonces 2 tipos de circulaciones o rotaciones. Por un lado, está la expansión poligonal del aspecto divergente de la luz en una circulación de lazo cerrado «pasando por Dios extra-cósmicamente», identificada con el componente masculino del discurso. En tanto que por otro, estarían los atributos femeninos contra-rotacionales cerrándose consigo mismos «intra-cósmicamente y sin pasar por Dios». La circulación vía la divergencia «pasando por la infinitud divina» y representada por la palabra 1 ת א es observada humanamente en términos de una proyección hacia la bóveda del empíreo. Las afirmaciones del párrafo anterior sugerirían en principio que Dios habría creado solo aguas debido al carácter femenino de las circulaciones en lazo cerrado, incluso de aquellas «pasando por Él».

Así como fueron contempladas rotaciones contrapuestas en los planos, habrán de considerarse también en el contexto (u t x y z) los contra-giros alrededor de las 2 direcciones con las cuales son definidos. No obstante, la cuestión no es tan sencilla, pues hay limitaciones al abordar formalmente rotaciones y giros en dicho múltiple con las herramientas matemáticas empleadas para 3 direcciones. Afortunadamente el problema es superable porque el modelo a desarrollar en esta exégesis natural, no contempla creaturas cuyo dominio de existencia y actuación sea mayor a 3 direcciones independientes. En consecuencia, las 10 ternas definibles en el contexto (u t x y z), además de poseer un orden intrínseco, podrían considerarse también mutuamente independientes. Cada una de esas ternas albergaría creaturas confinadas a las mismas, cuyas rotaciones y giros no las trascienden. Por ejemplo una creatura angélica de la terna (t x y) no posee giros definidos alrededor de (z) o de (u), solo en torno a sus 3 direcciones. A pesar de su independencia, todos los entes en las 10 ternas del múltiple (u t x y z) están subordinados vía las fuentes en sus orígenes. Pues en las fuentes puntuales reside la sujeción de toda la Creación al Dios trascendente. Así como sobre (u) y (t) se decide la realización y determinación de los eventos en (x y z), con la concurrencia de los ángeles.

Para proseguir con el tema de las rotaciones y giros es preciso considerar su tratamiento formal, al menos en el seno de las ternas mencionadas. En geometría las rotaciones y giros reales son definidos convenientemente, en términos del producto de 2 magnitudes con dirección y sentido denominadas vectores. En las ternas, como por ejemplo (x y z), el resultado de dicho producto se suele representar por un tercer vector transversal al plano de rotación. Además de dirección, a dicho vector se le dará un sentido mediante la convención de la mano derecha, según la ilustración en la figura 23.6.

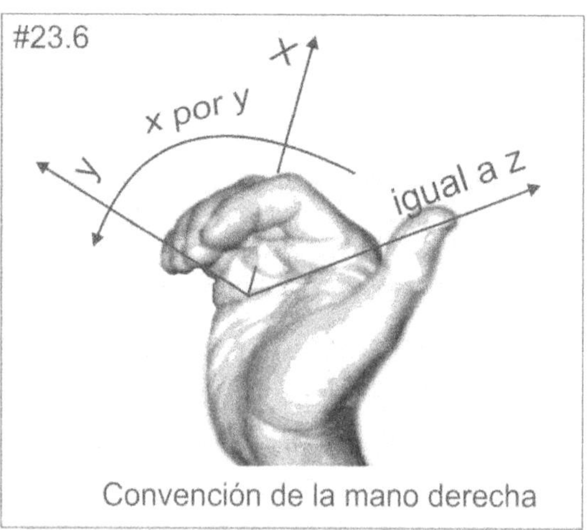

La convención de la mano derecha estipula que los cuatro dedos curvos entran primero por (x) luego por (y) para el producto de (x) por (y), correspondiente a las rotaciones indicadas en el plano (x y). El resultado se representa sobre una tercera dirección transversal a dicho plano, en este caso (z) con el sentido señalado por el dedo pulgar. La misma regla aplica para los giros alrededor de (z) de los 2 planos (y z) y (z x) de la terna. Si los dedos entran primero por (x) y luego por (y), al invertir el sentido en ambas direcciones concomitantemente, como corresponde con las formulaciones tipo agua, seguirá ocurriendo lo mismo. Por lo tanto, el resultado no variará, observación que ratifica el carácter nulo de las actuaciones propias de los arquetipos binarios o femeninos. La figura 23.7 trata de ilustrar la observación anterior de manera esquemática.

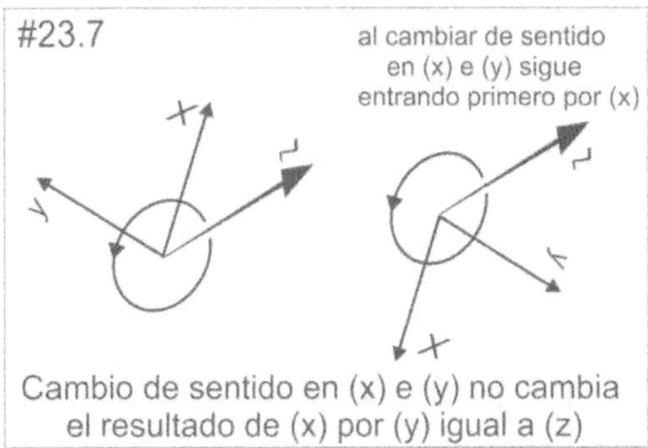

En resumidas cuentas, un desarrollo poligonal en el plano (x y) perteneciente a una creatura de la terna (x y z) tendrá sus contra-rotaciones alrededor de (z) y sus contra-giros alrededor de (x) e (y). Análogamente en los otros 2 planos (y z) y (z x) de manera tal que podrían considerarse 2 grupos. Uno de ellos donde se reúnen los atributos correspondientes a rotaciones y giros derechos, por ejemplo alrededor de (z). En tanto que en el otro estarían todos los contrarios izquierdos.

En cuanto al carácter masculino en los planos ancilares o alas, solo tienen contra-rotaciones confinadas a su propio dominio. No contra-giran por no formar ternas, ni siguen las reglas introducidas anteriormente para las ternas en (u t x y z). Dichos planos completan además, una segunda encarnación cardinal del discurso luminoso bajo la fórmula 1 plano y 2 pares de alas. La figura 23.8 ilustra esquemáticamente los desarrollos del carácter masculino asociados al plano (x y) de la terna (x y z), con sus planos ancilares o alas formables con (x) e (y). Para efecto de las ilustraciones se considera que las alas son transparentes de modo tal que el par de alas (x i) estaría viéndose por detrás.

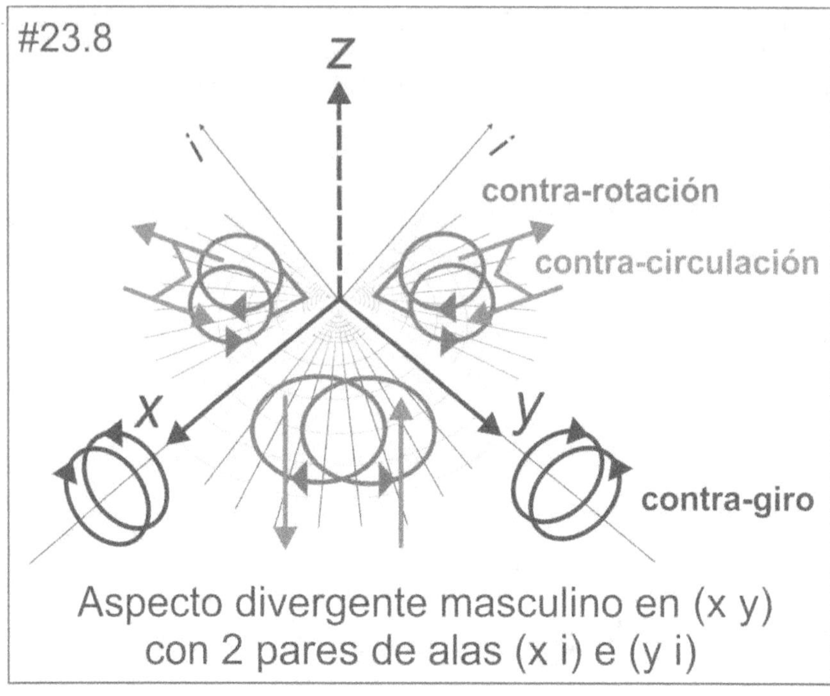

En la figura se muestran las contra-circulaciones radiales que aspiran a pasar por Dios indicadas por doble flechas y las contra-rotaciones y los contra-giros alrededor de los ejes. Todos ellos se anulaban mutuamente en las condiciones iniciales de la Creación en todos los planos, no así el avance divergente señalado por flechas en los ejes, incluido (i). La neutralidad en las circulaciones «pasando por Dios» es debida a «orientaciones» contrarias y estas serán denominadas «primer condicionamiento» del discurso luminoso. Dicho condicionamiento figurará como un par de atributos adicionales a los del cero y segundo para un total de 4 (4 = 1 × 2 × 2).

Las condiciones iniciales contemplaron grados de libertad en la configuración de las orientaciones en los 10 planos del múltiple (u t x y z), correspondientes al carácter masculino. Por tal motivo, las flechas con las cuales son representadas en la figura aparecen desvinculadas, como si fuesen independientes. Lo mismo para las contra-rotaciones y los contra-giros indicados. En los planos ancilares en cambio, no se dispusieron grados de libertad ni en orientaciones ni en rotaciones, de allí su vinculación en la figura por pares como aguas. Condiciones estas últimas mantenidas a perpetuidad. De acuerdo a las consideraciones anteriores sobre la orientación, la Jerusalén terrenal tendría entonces 12 puertas de entrada y salida.

Las 28 letras de Génesis 1, 1 harían referencia al desarrollo del hexágono más la fuente o a los 7 polígonos del cuanto divergente, ambos en un contexto cuádruple. En base a lo expuesto hasta aquí, el rasgo cuádruple debería interpretarse en términos de las fórmulas cuaternarias ya discutidas

(28 = 4 × 7), en especial de las impares del tipo 1-3. Una interpretación en base a una fórmula cuádruple en lo impar contemplaría los despliegues geométricos del hexágono o del cuanto en 4 planos claves, incluyendo el santísimo (u t) y los terrenales (x y), (y z) y (z x). Dichos planos son fundamentales para el desarrollo de los seres humanos celestial y terrenal y de la institución del sacerdocio. Note el lector que la forma cuádruple justo mencionada, está subordinada a los 4 condicionamientos referidos al considerar el valor de la letra ת (tav).

Con relación al contraste entre divergencia y rotaciones y giros, quizás sea este el momento para tener presente la cosmogonía decimal farabiana. En dicho esquema se genera un nuevo intelecto arcangélico, cuando este piensa en el ser al cual debe su origen (divergencia) y se produce un rotor del orbe cuando piensa en sí mismo (rotación). Cada punto o dominio en la geometría poligonal alberga la posibilidad de conjugar el verbo crear. En tanto que su elección como destino para la transcripción de una fuente proto-elemental es una cuestión de la exclusiva competencia de esta. Desde una perspectiva observacional la afirmación del párrafo anterior implicaría que la libertad absoluta de las fuentes es sinónimo de impredecibilidad. No obstante, un número suficientemente elevado de transcripciones develaría la finitud de las posibilidades en la geometría del discurso luminoso.

Las bases de tipo cartesiano han sido empleadas aquí para representar las relaciones geométricas en los distintos dominios del discurso luminoso, debido a su aceptación general. No obstante, conviene tener presente que las significaciones de los puntos de la geometría dependen del radio y las coordenadas cartesianas juegan en esto un rol secundario. Los puntos en el múltiple (u t x y z) poseen significaciones dependientes de los desarrollos divergentes, con los cuales se define la expansión de la 4-esfera sobre la cual están situados. En el caso específico de la terna (x y z) los puntos están situados sobre la superficie de una 2-esfera (una esfera en 3 dimensiones) centrada en la fuente. En relación con la mencionada superficie, poseen una significación puntual igual a 1/n por 1/n ($1/n^2$). La relación cuadrática de la significación puntual sobre la esfera, deriva del producto de las significaciones puntuales sobre 2 circunferencias mutuamente perpendiculares. Ambas son necesarias para formar la esfera y precisar localizaciones sobre ella. Cuando el radio se duplica, la significación de cada punto o dominio sobre la superficie de la esfera se reduce a un cuarto. Se obtiene así la «ley del inverso del cuadrado del radio» referida en este caso, a las posibilidades de cada punto sobre la esfera para alojar una transcripción eventual de su fuente. Las esferas concéntricas rodeando la fuente poseen cada una en su totalidad una significación igual a 1, como ocurre con las circunferencias alejadas de la fuente en todos los planos. En el origen de las fuentes se pueden visualizar infinitas triadas de planos independientes posibles y en los destinos de su transcripción, infinitos pares de planos también independientes y posibles que pasen por dicho origen. La figura 23.9 presenta esquemáticamente el desarrollo de dichos conceptos.

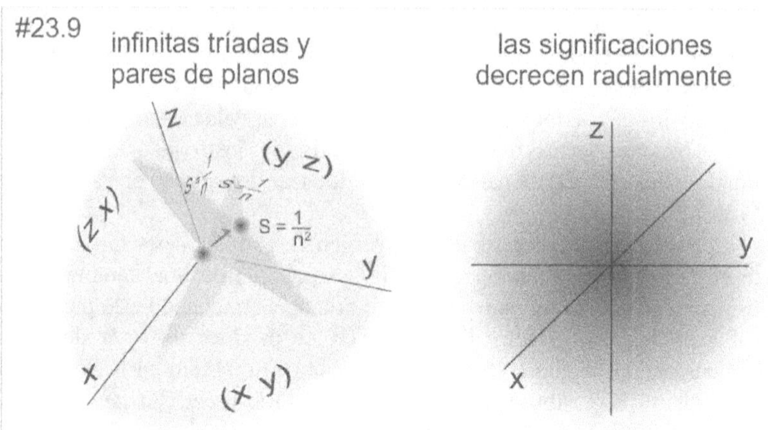

Transcripciones de la fuente y gradiente de significación

En las disposiciones originarias se le ha conferido al componente masculino del ser humano terrenal (Hombre), la potestad de dirigir las transcripciones de la fuente a cualquier punto del dominio (x y z). En tanto que el ser humano celestial las determina sobre la dirección transversal (t) y Dios las realiza vía (u), con la concurrencia de los ángeles. Con la finalidad de la divergencia hacia el empíreo en mente, Agustín de Hipona sentenció en el libro primero de las «*Confesiones*» (*Confessiones*): «Grande eres, Oh Señor... porque nos hiciste para Ti...». El tercer versículo de la azora El Hierro del Corán resume todo lo anterior diciendo: «Él es el primero y el último, el Altísimo y el Más Cercano, y todo lo sabe». El Altísimo lo situamos tras el empíreo, el Más Cercano en todas las fuentes puntuales de las luces.

CAPÍTULO 24

EL CARÁCTER FEMENINO DEL DISCURSO LUMINOSO

Antes de entrar de lleno en el tema del presente capítulo, conviene precisar algunas diferencias entre los dos tipos de expresiones femeninas del discurso luminoso mencionadas hasta este punto. Las de tipo cardinal están vinculadas al verbo componer y la ordinal asociada al verbo transcribir. Las primeras han sido desarrolladas hasta ahora en tres contextos, mientras la segunda será abordada seguidamente. Los dos primeros contextos cardinales tratados en el capítulo anterior están relacionados, por un lado, con las contra-circulaciones y por otro, con las contra-rotaciones y contra-giros. Ambas son semejantes en cuanto a las anulaciones por pares de la naturaleza femenina. Un tercer contexto cardinal fue contemplado con relación a la dualidad de los pares de alas por cada plano de los 10 del múltiple (u t x y z). En el presente capítulo se expondrá el mecanismo de la encarnación ordinal del discurso luminoso y una formulación cardinal adicional.

Según el Libro del Génesis, la pareja humana fue creada el día 6, por lo tanto, su rol procreador comenzaría a partir del séptimo. La afirmación de Pablo en su Primera Carta a Timoteo en sintonía con Génesis 2, 22: «Adán fue formado el primero, luego Eva» expone además, el carácter ordinal del acto procreador. Cuestión que la Tora plantea desde su inicio al asociar la unicidad divina con la letra א (alef) y la creación con ב (bet).

La encarnación ordinal del discurso luminoso se da cuando la fuente decida transcribirse a cualquier polígono de la luz generado a partir del día 7. Aun cuando la fuente posee entera libertad de transcribirse a cualquier polígono generado a partir de ese día, la intención inicial era que se mantuviese dentro del muro de Jerusalén (o linderos del jardín del Edén). Como ya se ha mencionado dichos límites estaban demarcados por el triacontakaihexágono. En las transcripciones de las fuentes, la divergencia original o padre un primer día es seguido por la madre o aspecto rotacional en los planos ancilares. Durante el segundo día, la madre acoge la fuente, la transporta y la devuelve al tercer día como hijo bajo la forma del hexágono primordial de la luz oculta. Dicho esquema está estrechamente vinculado a la frecuente y no menos enigmática sentencia «al tercer día», enunciada elocuentemente por Oseas: «Nos revivirá después de dos días. Al día tercero nos levantará para que vivamos ante su vista. Entonces entenderemos y conoceremos al Eterno».

Así como el cuanto divergente completa 7 polígonos el día 7, el carácter femenino o «cuanto rotacional» se expresa en 7 ciclos o vueltas ese mismo día (comportamiento tipo espín y ondulatorio en el múltiple [u t x y z] y sus planos ancilares respectivamente). En relación a las formulaciones cuádruples consideradas en el capítulo anterior, es también posible establecer correspondencias entre las vueltas y las 28 letras de Génesis 1, 1. Solo que en el caso femenino, se hará con las 7 vueltas de sus 2 pares de alas sincronizadas y asociadas a cada plano del cuanto divergente (4 = 2 × 2). Curiosamente, la cifra relacionada con cada plano tiene representación biológica en el ciclo menstrual de la mujer, con sus 28 días (28 = 4 × 7 × 1). En tanto que, los 280 días de duración del embarazo biológico podrían relacionarse con el total correspondiente a los 10 planos del múltiple (u t x y z) (280 = 4 × 7 × 10). Se dejan a la iniciativa del lector otras interpretaciones con relación a la cifra 28, en el contexto asociado al aspecto rotacional del discurso luminoso. La figura 24.1 ilustra el rol mediador del carácter femenino, en la transcripción de una fuente desde el día 7 al polígono generado ese día. Justo afuera del muro de Jerusalén (o linderos del jardín del Edén).

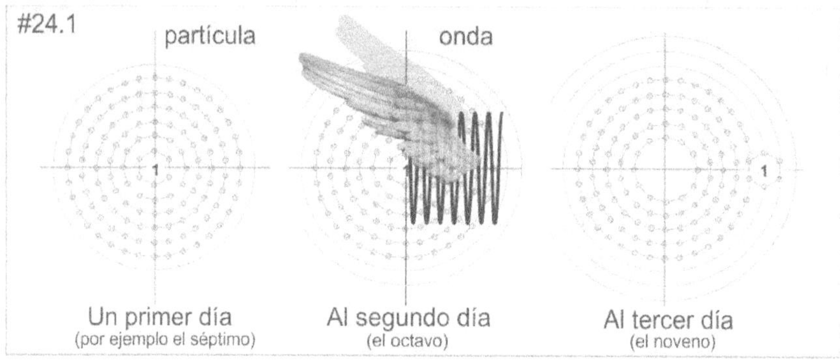

Mientras la fuente es transcrita en el múltiple (u t x y z) por la madre o aspecto rotacional, la progresión divergente en los planos ancilares se detiene mientras rota. Una vez transcrita la fuente, sigue la creación en 6 días, luego el séptimo, etc. Por su lado, el padre diverge hacia el empíreo sin generar nuevos polígonos desde su origen.

El presente capítulo abordará en primer término la función mediadora del carácter femenino o aspecto rotacional en la encarnación ordinal del discurso luminoso. Sobre todo, en cuanto a su afectación de las significaciones en cada punto de la geometría. En el modelo a desarrollar cobrará particular relevancia la cardinalidad de la cifra 73 (73 = 36 + 1 + 36), representativa hasta ahora de los polígonos en contra-rotación en el carácter femenino. La vinculación de la cifra 73 con las contra-rotaciones posee una representación sideral imperfecta en los ciclos bienales del planeta Tierra alrededor del Sol, máximo exponente de la divergencia luminosa. Cada bienio consta de 730 días, cifra que puede relacionarse con los 73 puntos de los desarrollos poligonales contra-rotacionales, multiplicados también en este caso por 10 según los planos del múltiple (u t x y z).

Para los sabios de la antigüedad, los orígenes de los patrones siderales no se remitían en última instancia al azar. Pensaban los antiguos que había un proceso inductivo orquestado deliberadamente, con la finalidad de llamar la atención a los humanos sobre cuestiones con un significado más profundo. La figura 24.2 en su parte superior muestra esquemáticamente la partición del bienio según los términos señalados, junto a una tabla de los calendarios de la antigüedad y cifras relacionadas.

#24.2

calendarios anuales:
sumerio (XXIV a. C)   360
babilónico (XVIII a. C)   354
zoroastra (II a. C)   360
gregoriano (XVI d. C)   365
división de la circunferencia en 360° en astronomía babilónica (V a. C)
Abrasax de Basílides (II d. C) 365 cielos

	1 año 365 Días			1 año 365 Días	(aprox.)
ciclo bienal	360	5	5	360	730
puntos de la geometría al día 6	36		1	36	73

Representaciones siderales y planetarias del carácter femenino del discurso luminoso

Es sabido que las velocidades de rotación de la Tierra sobre su eje y de traslación alrededor del Sol provienen de los desplazamientos de gases y rocas durante su formación. La acreción en torno a los núcleos gravitacionales de dichos materiales fue seguida, por incontables colisiones de las más variadas proporciones ¿Cómo al cabo de un proceso tan caótico como el descrito anteriormente se puede llegar hoy a un período bienal con 730 días? En principio podría responderse diciendo que 730 es un número como cualquier otro y el autor del Génesis tomó la cifra y la dividió entre diez. Una cuestión ampliamente debatible, pero en principio posible. En todo caso, ya en el siglo V a. C. los babilonios supieron sustraer los 10 días (epagómenos) correspondientes a la fuente para luego dividir la circunferencia con los 360 de cada desarrollo (equivalentes al muro de Jerusalén en 10 planos). La cifra bienal de 730 días con la órbita elíptica actual de la Tierra, solo puede lograrse con una combinación adecuada de velocidades de traslación y de rotación. Las velocidades promedio actuales son 29,8 Kilómetro por segundo (Km/s) en la traslación de la Tierra alrededor del Sol y 0,465 Km/s en la velocidad tangencial de rotación sobre su eje (ambas en proporción de 64,09 a 1, casi 64

[64 = 4 × 4 × 4]). Si disminuyese la velocidad de traslación o aumentase la de rotación, aumentaría el número de días del año y viceversa.

Las asociaciones entre el número 2 y lo femenino fueron una constante en la cultura antigua. Así lo atestigua por ejemplo, la asociación del segundo planeta rocoso con la diosa Venus consorte de Vulcano. El planeta Venus es la segunda luminaria celeste en importancia antecediendo o sucediendo al Sol (símbolo masculino de la divergencia luminosa) al amanecer o atardecer. Sin embargo, fuera del alcance de las observaciones visuales hay una representación sorprendente de las rotaciones de la forma poligonal. Ese evento increíble ocurre en el planeta Saturno, segundo planeta gaseoso y sexto desde el Sol. Si bien el número 2 podría asociarse al carácter femenino rotacional y el 6 al hexágono primordial, la coincidencia de ambos números no resulta demasiado sorprendente. Lo verdaderamente llamativo es la dinámica de un hexágono atmosférico descubierto por la sonda Voyager de la NASA en su misión de 1981 a 1982. Se trataría de una formación de nubes en el Polo Norte de Saturno, entre dos masas de la atmósfera girando a velocidades distintas. Lo más curioso del asunto es que el fenómeno atmosférico podría regirse por otro número, si las velocidades relativas de las masas de gases fuesen distintas a las actuales. Podría resultar en un pentágono, un cuadrado, un heptágono o cualquier otro, incluso en un polígono superior de apariencia casi circular. Pero ¿por qué justo 6 lados en el planeta 6? ¿Se trataría de una insinuación? ¿De quién? Observe el lector en la parte inferior de la figura 24.2 una presentación esquemática de los anillos y del hexágono del planeta 6.

En la visualización del modelo a exponer seguidamente es importante distinguir, entre la generación de posibilidades de transcripción de la fuente y la concreción de solo una de ellas. De hecho podría considerarse que todas las posibilidades de transcripción de la fuente se generan y modulan en paralelo con la progresión divergente. En tanto que la dirección, transcripción, determinación y realización de una sola implica una modulación ancilar ordinalmente en segundo lugar. De hecho, la intermediación del carácter femenino rige el tránsito desde el origen hacia el destino de la transcripción, en cualquiera de los términos previstos como posibilidad. Seguidamente se propondrá el mecanismo mediante el cual se modula dicha transcripción, hacia uno solo de todos los destinos posibles y por uno de todos los caminos posibles.

Con relación al mecanismo de modulación de las posibilidades de transcripción, a semejanza con toda fenomenología de carácter periódico, las rapideces son factores importantes. A los efectos de su cuantificación se sugieren factores de caracterización de las rapideces en cada plano ancilar. Las rapideces de las rotaciones en el plano (t i) serán representadas por el símbolo p_t y en (x i), (y i) y (z i) por p_x, p_y y p_z respectivamente. Dadas las limitaciones del ser humano terrenal para distinguir entre las modulaciones en los planos (u i) y (t i) serán agrupadas y contabilizadas bajo (t) y p_t.

Con miras a cuantificar las «significaciones rotacionales» del discurso luminoso en su rol modulador, es preciso proponer algunas definiciones para poder converger eventualmente hacia formulaciones matemáticas de amplia aceptación. En primer lugar, se definirá la dependencia del ángulo de rotación en los planos ancilares en términos de dos factores. Por un lado, será considerado dependiente del «camino» posible seguido por la fuente en la transcripción y por otro, del factor de caracterización de la rapidez de las contra-rotaciones. El problema entonces, está centrado fundamentalmente en formular la variación de la significación rotacional en función de dicho ángulo. En la práctica se supondrá que la rotación ocurre alrededor de la fuente virtualmente en toda la extensión de la expansión poligonal ancilar, mientras la geometría permanece inmutable sin deformaciones. La figura 24.1 insinuó una dependencia de la significación rotacional de tipo cosenoidal (1 al inicio cuando el ángulo es cero), pero toca ahora proponer el «cómo» de la manera más sencilla.

Con el propósito de facilitar la visualización se seguirá un enfoque inductivo, comenzando por la noción de ángulo recién propuesta, la cual será aplicada a la rotación del hexágono primordial. Seguidamente se extenderá el concepto con miras a generar una rotación en todo el dominio posible. A tales efectos serán utilizadas dos leyes de composición harto conocidas, la suma y el producto, la primera se aplicará radialmente y la segunda angularmente. Comiéncese por sumar la significación puntual de la fuente en el origen cuyo valor es 1 a la significación puntual en un vértice del hexágono cuyo valor es un sexto. Se multiplica la significación del vértice por el ángulo que barre al rotar y por i, debido al involucramiento de la dirección ancilar en el plano de rotación (la fuente cuya significación es 1 no rota). El resultado de la propuesta anterior puede escribirse de la siguiente forma $(1 + p_x x i/6)$, donde $p_x x$ (p_x por x, factor de rapidez por camino) es el ángulo de la rotación, como ya ha sido sugerido. Debido a que el hexágono rota como un todo, la composición angular por producto de las rotaciones de cada uno de los 6 vértices sería entonces $(1 + p_x x i/6) (1 + p_x x i/6) (1 + p_x x i/6) (1 + p_x x i/6) (1 + p_x x i/6) (1 + p_x x i/6)$. Dicha expresión puede escribirse sintéticamente en términos de $(1 + p_x x i/6)^6$. En el caso de un dodecágono sería $(1 + p_x x i/12)^{12}$, cuando se trate de un triacontakaihexágono $(1 + p_x x i/36)^{36}$ y para un polígono de orden superior $(1 + p_x x i/n)^n$. Cuando n aumente sin límite se llega al número trascendente bautizado en honor a Euler y cuyo símbolo es «e», elevado en este caso a la potencia «ángulo por i». La figura 24.3 intenta resumir mnemotécnicamente el origen de la significación rotacional del hexágono primordial.

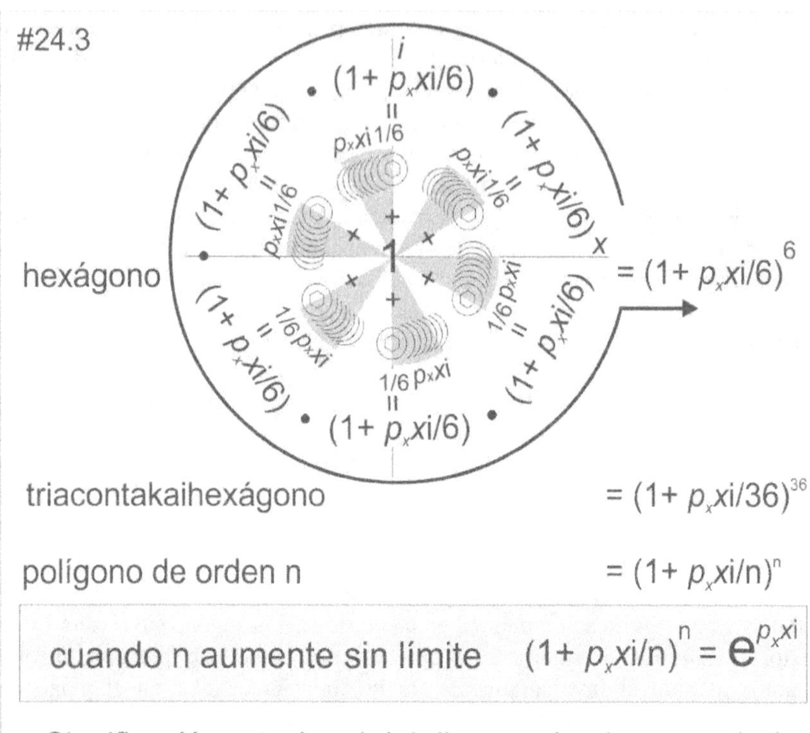

$$\text{triacontakaihexágono} = (1+ p_x xi/36)^{36}$$

$$\text{polígono de orden n} = (1+ p_x xi/n)^{n}$$

$$\text{cuando n aumente sin límite} \quad (1+ p_x xi/n)^{n} = e^{p_x xi}$$

Significación rotacional del discurso luminoso en (x i)

Por el momento se extenderá el modelo propuesto para el plano (x i) únicamente a los planos (y i) y (z i). Lo relativo a las rotaciones en los planos (u i) y (t i) requiere consideraciones adicionales, las cuales serán hechas a su debido tiempo. La composición de las rotaciones en las alas del dominio terrenal puede expresarse matemáticamente entonces, según se indica a continuación.

$$[(1+ p_x xi/n)^{n} \times (1+ p_y yi/n)^{n} \times (1 + p_z zi/n)^{n}]_{n \to \infty} = e^{p_x xi + p_y yi + p_z zi}$$

Significación rotacional asociada a (x), (y) y (z)

El resultado de componer la significación rotacional en los 3 planos terrenales presume la existencia de un ángulo global o fase. Dicho ángulo modula las casi infinitas posibilidades disponibles en la transcripción de la fuente, dando origen a fenómenos de interferencia entre caminos distintos hacia un mismo destino.

Según se ha afirmado, el aspecto rotacional solo procrea a partir del día 7 de la creación, pudiendo dar a luz un hijo sobre cualquier polígono generado ese mismo día. Con el objeto de cumplir con su cometido debe completar el mínimo de los 7 ciclos del cuanto rotacional, cuya culminación ocurrirá al segundo día. No obstante, las probabilidades de que ocurra en el universo conocido un evento como el ilustrado en 24.1, donde se cumplan 7 ciclos en 7 ℓ_P son prácticamente nulas. De acuerdo a las observaciones hechas no se conocen procesos capaces de generar las rapideces requeridas, aun cuando hubiesen existido al inicio del proceso cosmogónico. Transcripciones a polígonos generados un día n ocurrirán después de cumplir con un número no necesariamente entero de ciclos. Todo el proceso dependerá del camino por el cual transite el cuanto rotacional (de 7 ciclos) y la rapidez angular (o frecuencia) con la cual lo haga.

Con relación al camino seguido por la fuente suele pensarse erróneamente solo en la línea recta. En realidad la fuente tiene la posibilidad de ir por «todos» los caminos disponibles y así lo hace, sin limitación alguna en cuanto al significado de todos. Empero, las posibilidades de ir por caminos próximos a la línea recta poseen significaciones rotacionales semejantes, las cuales resultan ser aditivamente dominantes. A medida de que los caminos posibles se alejan de la trayectoria recta haciéndose más largos, las significaciones rotacionales comienzan a interferirse destructivamente unas a otras. Las interferencias se producen a causa de la alternancia de los valores positivos y negativos de las significaciones rotacionales. La figura 24.4 ilustra esquemáticamente a la izquierda, la generación de las primeras alternancias de valores entre +1 y −1 en las modulaciones o significaciones rotacionales.

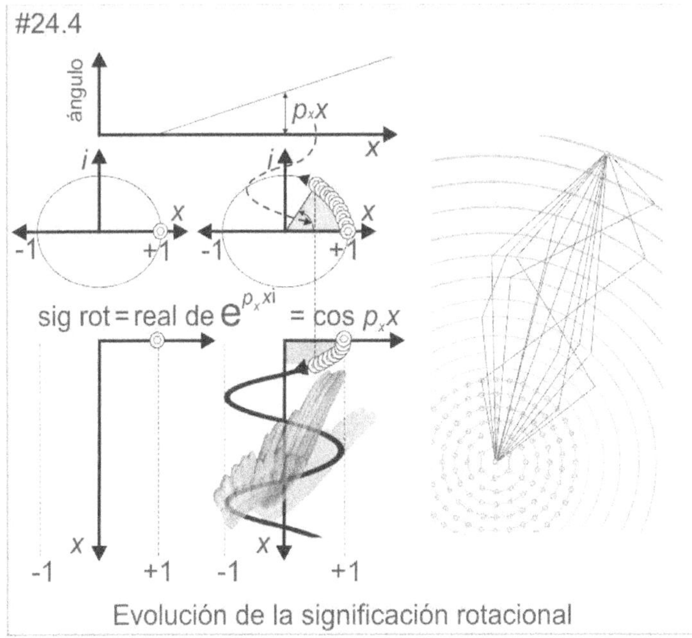

Evolución de la significación rotacional

En la parte superior izquierda se ilustra el aumento del ángulo de rotación en las alas con el desplazamiento en dirección (x) correspondiente a una rapidez igual a p_x. Inmediatamente debajo se muestra la generación del ángulo barrido por la rotación de 1 de los vértices poligonales partiendo de cero. En el extremo inferior puede observarse la evolución de la componente real de la significación rotacional (coseno de $p_x x$). Las interferencias de las posibilidades entre caminos distintos son producidas debido a la suma de significaciones rotacionales oscilando entre +1 y −1. Cuando se componen (suman) dos significaciones rotacionales positivas o dos negativas, la interferencia es constructiva y si son de signo contrario resulta ser destructiva. Por convención se asociarán los incrementos en las significaciones rotacionales con el atributo claro del contraste y los decrementos con el oscuro y la evolución de la función cosenoidal sería una permutación del contraste. A la derecha de la figura se muestran esquemáticamente algunos caminos posibles, entre la fuente en el origen y un destino posible, fuera del muro de Jerusalén (o linderos del Edén). Se deja al lector imaginar todos los caminos hacia todos los puntos de destino.

El carácter femenino ordinal del discurso luminoso se corresponde con la expresión ancilar de los atributos contra-rotacionales de los poligonos actuando como portadora de la fuente entre transcripciones desde el día 7. Las componentes reales de las significaciones o formas cosenoidales de ambos atributos contra-rotacionales ancilares coinciden, pues los ángulos en sentido positivo o negativo generan los mismos valores. Por su lado y en las condiciones dadas, las partes imaginarias o sinusoidales de las 2 contra-rotaciones se cancelan. Ambos aspectos, divergente y rotacional, constituyen una unidad y se suceden en la realización de la encarnación humana ordinal del discurso luminoso. La figura 24.5 ilustra el aspecto rotacional femenino en las alas correspondientes al plano (x y), destacando sus 2 contra-rotaciones vinculadas por pares.

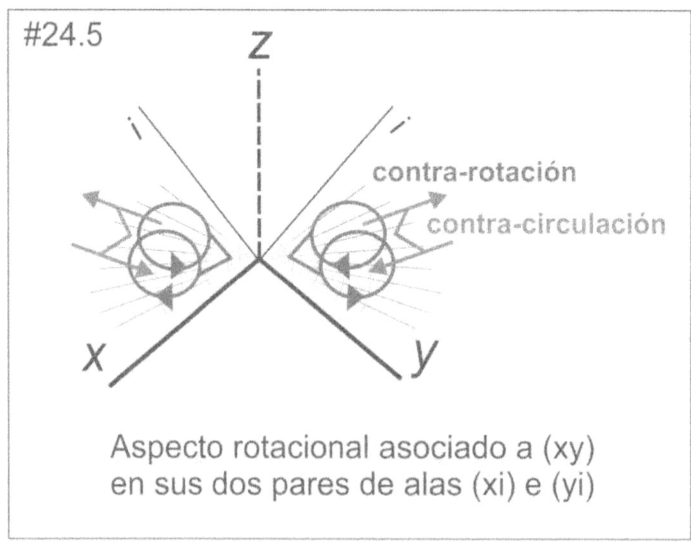

Aspecto rotacional asociado a (xy)
en sus dos pares de alas (xi) e (yi)

Según puede apreciarse en la figura, la expansión divergente se ha detenido y las contra-circulaciones están comprometidas en pares como aguas. No olvidar que el plano (x i) estaría viéndose por detrás.

Con relación a la actividad de las alas de los ángeles, Shahab al-Din Sohrawardi (XII d. C.) respondió a una pregunta del maestro sufí Abu Ali Farmadi (XI d. C.) diciendo: «la mayor parte de las cosas observadas, son sonidos del ala de Gabriel». Tratándose de un «maestro de la iluminación» el fenómeno periódico de las «alas de Gabriel» ciertamente se referiría a las manifestaciones cíclicas de la luz en los planos laterales a (u t).

Seguidamente será abordado lo relativo a un cuarto contexto de la encarnación cardinal del discurso luminoso. En realidad, lo descrito entre el capítulo anterior y lo que va del presente ha estado circunscrito a los desarrollos divergentes del carácter masculino y sus transcripciones. En dicho contexto, los componentes masculinos contemplan formulaciones femeninas anuladas por pares para una resultante que bien podría considerarse como tierra luminosa (en los casos de (x y), (y z) y (z x)) o aire luminoso (en cuanto a (u t)). Ahora toca describir sus parejas femeninas correspondientes, a las cuales se denominará aguas luminosas.

A diferencia de los desarrollos masculinos, donde están contemplados grados de libertad en los atributos, las aguas los tienen apareados con sus contrarios anulándose a perpetuidad. La encarnación bajo consideración, exterioriza entonces una formulación adicional del ser humano de tipo 1&2, de la cual se han desarrollado hasta ahora solo sus componentes masculinos. Así por ejemplo, los desarrollos masculinos en cada plano de la terna (x y z) (los 36) tienen otros 2 asociados a manera de pareja femenina (los 73). Los desarrollos de la tierra luminosa en el plano de posibilidades (x y) encarnarán cardinalmente con su pareja, una formulación binaria tipo agua formada en los planos ((y z) (z x)). De igual modo, los desarrollos en el plano (y z) estarán apareados en ((z x) (x y)) y los del plano (z x) en ((x y) (y z)). Un ejemplo a considerar serían las ondas electromagnéticas, con las oscilaciones eléctricas desarrollándose en un plano y las magnéticas en el plano transversal compartiendo la dirección de propagación. Por su lado los desarrollos en (u t) se aparearían con las aguas luminosas a determinar.

La disposición originaria de neutralidad perpetua en las aguas luminosas contempla como posibilidad, la reconfiguración interna de los atributos entre aguas yuxtapuestas o coincidentes. También admite intercambios de atributos equivalentes internos y con sus consortes masculinos. De hecho, esos intercambios de atributos constituyen un aporte significativo de las aguas a la cohesión de todo tipo de estructuras. Las aguas del discurso luminoso pueden además, componerse o descomponerse, sumando o repartiéndose las rapideces en sus planos ancilares. En lo que resta de este libro se abordarán algunos comportamientos de las aguas del discurso luminoso, tan pronto surja la necesidad, pero evitando las complejidades asociadas al tema.

Para inspirarse en la visualización de las posibilidades planteadas, el lector debería revisar algunas representaciones gráficas de la duplicación de la molécula de ADN, disponibles por distintos medios de información. A manera de aclaratoria y anticipo vale la pena mencionar ahora que las aguas del discurso luminoso se corresponden con la noción de vacío en física. El tema es complejo y será desarrollado progresivamente, dentro de las limitaciones económicas impuestas a esta exégesis natural.

En las transcripciones de las fuentes se producen diversas situaciones de las cuales solo se comentarán un par de ellas. La primera está relacionada con las deformaciones de la divergencia y la segunda con posibles descomposiciones y recomposiciones de las aguas en la emisión y absorción por intercambio de acciones. La figura siguiente ilustra a la izquierda el caso de las deformaciones por transcribir una fuente desde una localidad a otra en el plano (x y). En el caso ilustrado se representa la neutralidad en el primer condicionamiento mediante doble flechas, los demás condicionamientos también neutros no son indicados. La divergencia partiendo al inicio de la fuente en A ha progresado hacia la periferia cuando la fuente ha sido transcrita a B. Desde esa nueva posición, la divergencia continúa su desarrollo a partir del origen donde está ahora su fuente. Observe el lector la variación en la fase, indicado en la figura 24.6 por un cambio angular en el puntero.

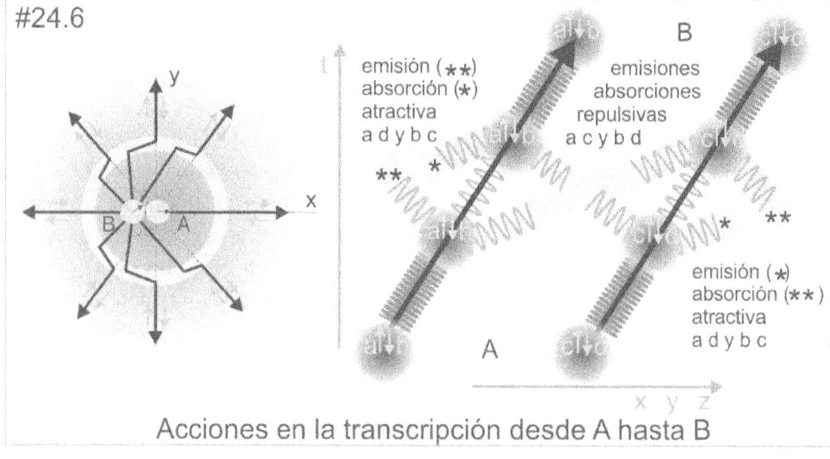

Acciones en la transcripción desde A hasta B

El lector podrá notar también un anillo más claro donde está indicada la mencionada deformación. Si el cuanto divergente oscilara entre A y B se produciría una «onda» en dicho dominio. A pesar de las deformaciones en el desarrollo de la divergencia por transcripción de las fuentes, el frente original sigue su avance circular hacia el empíreo.

Bajo las condiciones iniciales las luces masculinas tenían todos sus contrarios anulados por pares, limitando el impacto de sus actuaciones. Las anulaciones que más interesan se daban tanto en los desarrollos de la terna en (x y), (y z) y (z x) como en el plano santísimo (u t). Las aguas por su lado y a pesar de su condición de neutralidad, siempre se pueden reconfigurar dividiéndose o agrupándose, a instancia de las luces masculinas con las cuales están apareadas. En el caso de las divisiones, las aguas se reparten las rapideces de manera tal que las rotaciones en sus planos ancilares serán más lentas. Cuando las aguas se agrupan, sus rapideces se suman y las rotaciones ancilares resultantes serán más rápidas. Al abordar los eventos disruptivos que modificaron el curso de la Creación, particularmente en cuanto a sus condiciones iniciales se refiere, se abordarán algunas variantes en el comportamiento de las aguas.

A la derecha de la figura 24.6 se ilustra un caso de descomposición y recomposición de las aguas del discurso luminoso. La emisión y absorción mutua o intercambio de aguas entre cuantos divergentes se efectúa, vía la intermediación de los cuantos rotacionales de estas. Específicamente la figura ilustra un tipo de intercambio que no produce desviaciones en la transcripción de los cuantos divergentes, debido a la neutralidad imperante, pero si cambios de frecuencia (rapidez). En la figura se han indicado las contra-circulaciones de los cuantos divergentes mediante doble flechas identificadas con las letras *a*, *b*, *c*, y *d*. Los atributos correspondientes al segundo condicionamiento no se han indicado. El intercambio de aguas se hace siempre a la velocidad de la luz, independientemente de las rapideces de sus propios cuantos rotacionales. Aun cuando la ilustración recién comentada se asemeje a los diagramas de R. Feynman (XX d. C.) utilizados en Mecánica Cuántica, no conviene llevar la comparación demasiado lejos. En realidad el objetivo primario de la ilustración es transmitir la idea de la descomposición y recomposición de las aguas. Las ondas o rotaciones ancilares mostradas son indicativas y solo buscan generar una impresión. La conjugación del verbo dirigir establece los destinos de la transcripción de la fuente y de sus acciones. En tanto que los cuantos podrán absorber las acciones emitidas por aquellos otros, en cuyas geometrías se sitúen.

Desde un punto de vista exegético, las proposiciones en los párrafos anteriores en modo alguno constituyen una novedad estrictamente hablando. Pues ya en el siglo XII d. C. Sohrawardi introdujo su pensamiento iluminativo, donde la luz en todas sus manifestaciones figura como única forma de expresión divina en la Creación. Pensaba el iluminado de Sohraward que si hay algo que no necesita definición o explicación debe ser obvio por naturaleza y nada hay más obvio y claro que la luz. En la extensa obra de Sohrawardi se descubren precisiones sorprendentes sobre la naturaleza del fenómeno luminoso. Las mismas fueron expuestas en un lenguaje alegórico, empleado con frecuencia por pensadores de su tiempo con la intención de evadir controversias fatales, cuestión en la cual no tuvo éxito. Una de esas precisiones versa sobre el contexto decimal del fenómeno luminoso complementado con un condicionamiento cuádruple. En el modelo sohrawardiano, la luz se origina en un dominio decimal donde residen 10 perfecciones a las cuales describe como 10 ancianos de belleza sublime. Cada anciano está a cargo de un molino de 4 niveles.

Mientras el carácter masculino del discurso luminoso avanza radialmente en busca de Dios tras el empíreo, el femenino progresa angularmente en busca de sí mismo dentro de la Creación. La periodicidad de los ciclos reproductivos de la mujer (ausentes en el hombre) ha sido considerada como una expresión de la «distracción» del arquetipo femenino con la cual «rehuiría» de la búsqueda de Dios. Consecuentemente, se negó a la mujer el ejercicio de funciones con rango sacerdotal en las religiones de las Gentes con Libro. Por ejemplo, jamás fue permitida la entrada al lugar santísimo del templo hebreo a mujer alguna, pues solo accedía a su interior el Sumo Sacerdote en contadas ocasiones. En el zoroastrismo y en el cristianismo, el sacerdocio está reservado al sexo masculino, aun cuando las mujeres puedan asistirlos en cuestiones menores. En la religión islámica las mujeres no pueden dirigir los rezos de los hombres, ni liderar el «esfuerzo» (yihad) para extender la ley de Dios.

La aversión a ciertas manifestaciones circulares o periódicas intra-cósmicas adquiere incluso un carácter formal extremo en la Biblia. Tal es el caso de la prohibición del uso de herramientas de hierro (Fe, del latín *ferrum*) en la edificación de la casa del «culto de adoración al Altísimo». En ese sentido declara la Biblia en el Primer Libro de los Reyes: «Mientras se construía la casa, se emplearon piedras cortadas y terminadas. Así que no se oyó martillo, ni cincel, ni ninguna otra herramienta de hierro en la casa, mientras estaba en construcción». Más allá de la evidente corruptibilidad y rigidez del hierro, las motivaciones para tales previsiones parten de otros aspectos de su fenomenología, harto conocidos desde su descubrimiento. Entre los rasgos indeseables figuran, su paramagnetismo (propiedad de todos aquellos elementos o compuestos de ser atraídos por un campo magnético) y su ferromagnetismo (generación de un campo magnético externo masivo por ordenamiento de unidades constituyentes). Las huellas circulares concéntricas del polvo de hierro alrededor de trozos más grandes debido al magnetismo, ponían en evidencia una tendencia deplorable a cerrarse sobre sí mismo en el mundo. Un comportamiento a todas luces impropio, en una casa o monumento consagrado a la divergencia. La figura 24.7 representa esquemáticamente las fenomenologías rotacionales asociadas al magnetismo.

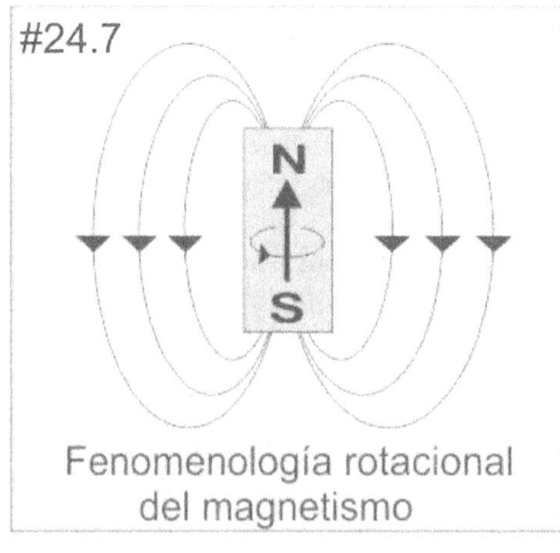

Fenomenología rotacional
del magnetismo

En cuanto a la improcedencia de trayectorias cerradas en la casa de la divergencia, dijo Ezequiel:

> Cuando el pueblo de la tierra viniere ante el Señor, en días de fiesta, el que entre por la puerta del norte para adorar saldrá por la puerta del sur y el que entre por la puerta del sur saldrá por la puerta del norte. No volverá por la puerta por la cual entró, sino que siempre irá hacia delante ante Él.

Las circulaciones intra-cósmicas incluidas en las disposiciones originarias de la Creación y sus condiciones iniciales y las cuales parecen evadir la divinidad, son también obra del Creador. Por lo tanto, no deberían considerarse esencialmente malignas. Otras fenomenologías en lazo cerrado, producto de un abandono de dichas condiciones iniciales, lo son.

Fuera del templo construido por el rey Salomón hubo, sin embargo, lugar a representaciones con semblanza femenina. Tal fue el caso de un par de columnas de bronce (aleación de cobre) probablemente de estaño (Sn, del latín *stannum*) situadas delante del pórtico y a las cuales se llamó Boaz (situada al norte) y Jaquín (situada al sur). Pero no toda dualidad es necesariamente femenina en estricto sentido. Pues en el caso de las columnas, una de ellas, Boaz sería de una representación plástica de carácter simbólico de uno de los Ungidos (u). En tanto que Jaquín lo sería de los vinculables a las aguas inferiores, el Espíritu (t) o el sacerdote (cualquier posibilidad de tierra en (x y z)). Entre ambas cabría una formulación del tipo 1&1. Colocar una representación de la institución sacerdotal a la entrada del templo construido por el rey Salomón en el siglo X a. C. no fue una innovación. En Egipto, los templos de Karnak y Luxor construidos diez y cuatro siglos antes, ya tenían a la entrada dos obeliscos recubiertos de electro, con igual significado y función.

Un objeto situado al frente del templo del rey Salomón, susceptible de ser considerado entre las representaciones genuinas de la naturaleza femenina es el llamado «mar de bronce». Ubicado al lado de Jaquín (Espíritu o sacerdote) y desde luego fuera del templo, dicho recipiente estaba soportado por 4 tríadas de bueyes apuntando a los 4 puntos cardinales. En el contexto de su uso litúrgico como medio de purificación las aguas del mar de bronce simbolizaban el caos en las aguas primordiales al inicio de toda creación. Las 4 tríadas de bueyes representarían a su vez, las 4 direcciones cósmicas contentivas de algunas aguas superiores y las inferiores. Los 3 bueyes representan al proto-elemento fuego embebido en las 4 direcciones cósmicas, como en Éxodo 3 y 4.

Según el texto bíblico en (1 Reyes 7, 23) y (2 Crónicas 4, 2) el mar de bronce medía 10 codos de diámetro y 30 codos de circunferencia. Un par de cifras usualmente tomadas a la ligera al señalar una supuesta ignorancia de la Biblia sobre la relación de trascendencia entre el diámetro y la circunferencia (conocida como número pi [π]). Según se ha mostrado con suficiente detalle en la formulación del discurso luminoso, la circunferencia perfecta es obtenida por expansión divergente o por rotación del hexágono primordial. Las medidas en codos dadas por la Biblia se corresponden con ese origen hexagonal y con la cuantía de las aguas en los recipientes que las contienen. La figura 24.8 ilustra una interpretación de las medidas bíblicas del mar de bronce.

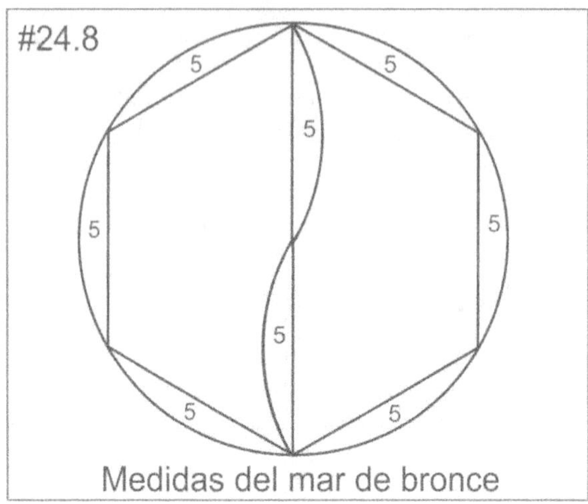

De hecho, las cifras 10 y 30 pueden relacionarse al contenido rotacional o aguas de los recipientes o planos. La primera referida al total de contra-rotaciones en los 5 planos ancilares (10 = 2 × 5) del carácter femenino de la encarnación ordinal. En tanto que la segunda, al de las contra-rotaciones en los 15 planos (30 = 15 × 2) del carácter masculino.

Habiendo postulado el carácter femenino del discurso luminoso, corresponde ahora considerar el mecanismo de su fecundación. La Biblia es enfática al proclamar la insuficiencia del ser humano terrenal en la realización de la creación y lo hace precisamente en conexión con el linaje patriarcal. Las narraciones relativas a dicha sucesión reúnen funcionalmente a 4 actores indispensables El Eterno, su Espíritu, el Hombre y la Mujer, conjugados en los seres humanos celestial y terrenal. Tratándose de patriarcas (tal como Osiris sin falo) llama poderosamente la atención la esterilidad de las 3 parejas, la de Abraham y Sara, la de Isaac y Rebeca y la de Jacob y Raquel. Sobre todo en lo referente a la procreación de herederos al título. Según ha sido comentado con anterioridad, el Libro del Génesis narra como el Señor se acercó a Sara, a Rebeca y a Raquel para fecundarlas. Tenga presente el lector las 3 posibilidades de la fórmula 1&1&2, en cuanto a tierra y agua se refiere.

La secuencia de la encarnación ordinal del ser humano podría ilustrarse con el patriarca Abraham, en representación de una divergencia ya determinada y realizada por Dios en un primer día. En su desarrollo poligonal divergente, el patriarca contempla un dominio de posibles ocurrencias de su fuente. Haciendo uso del libre albedrío que posee como creatura masculina impar, Abraham dirige su intención hacia una ocurrencia en particular en la terna (x y z). Pero para poder transcribir allí su propia naturaleza y tener un hijo o copia de sí mismo, debe acudir a la instancia mediadora de su cónyuge. Su pareja ordinal fue descrita anteriormente en términos del aspecto rotacional de la luz en los planos ancilares, quien ha de convertirse en portadora de la semilla durante la transcripción. Pero todo eso no pasa de ser planes familiares o puesto en otras palabras meras posibilidades, pues frente a la sucesión patriarcal la pareja es estéril. La fecundación del componente femenino del discurso luminoso solo podrá lograrse con la determinación del Espíritu y la realización por parte del Creador vía (t) y (u) respectivamente. Ese Dios garante de las disposiciones originarias e indispensable en la realización de la sucesión patriarcal, es también Quien fecunda con su Espíritu a María, madre de Jesús. El padre de Jesús ante la sociedad llamado José es tan incapaz de fecundar a María, como lo son Abraham, Isaac y Jacob con sus consortes. De allí la respuesta dada por Jesús a Nicodemo en el Evangelio de Juan, ya citada con anterioridad: «...en verdad te digo que, si el nacimiento de un hombre no proviene del agua y del Espíritu, no es posible para él entrar al reino de Dios».

No deberían sorprender entonces las interminables discusiones a lo largo de los siglos sobre la virginidad de María, antes y después del cisma entre las Iglesias romana y griega. Su proclamación dogmática más elocuente tuvo lugar en el Sínodo de Letrán en el año 649 d. C. Dicho concilio fue convocado por el Papa Martín I (VI - VII d. C.), quien fuese martirizado luego por algunas resultas doctrinales contrarias a las creencias del emperador Constante II (VII d. C.). Parafraseando a Máximo de Turín (IV – V d. C.), los padres conciliares reunidos en la basílica de Letrán proclamaron el dogma de la «perpetua virginidad de María» en los términos siguientes:

> Si alguno, de acuerdo con los santos padres, no confiesa que María Inmaculada es real y verdadera Madre de Dios y por siempre Virgen, en cuanto concibió al que es Dios único y verdadero –el Verbo engendrado por Dios Padre desde toda la eternidad– en estos últimos tiempos, sin semen humano y nacido sin corrupción de su virginidad, que permaneció intacta después de su nacimiento: sea anatema.

Declaración perfectamente aplicable al carácter femenino asociado al plano (u t) (además de (u i) y (t i)), por motivos que serán abordados más adelante y que están vinculados a la fidelidad del Espíritu con las condiciones iniciales de la Creación.

Por su parte el profeta Muhammad adoptó sin reservas la virginidad de María cuando dice en la azora Los Profetas: «Y aquella que retuvo su virginidad, así que infundimos en ella nuestra inspiración e hicimos de ella y de su hijo una aleya para las naciones». Las Escrituras Sagradas no son demasiado profusas en el tratamiento del tema de la esterilidad, sin embargo, destacan el hecho informando de otras Mujeres estériles. Tales fueron los casos de la madre de Sansón (XII - XI a. C.) según Jueces XIII; el de Ana la esposa de Elcana (XI a. C.), reportada en I Samuel I, y el de Isabel (I a. C – I d. C.) mujer de Zacarías (I a. C – I d. C.) y madre de Juan el Bautista, según cuenta Lucas I. Por su lado el Corán endosa la infertilidad de Sara y Rebeca en la azora Hud.

También reconoce la de Isabel, al relatar la concesión hecha a su marido Zacarías para el nacimiento de Juan, según consta en la azora Los Profetas.

A pesar de las limitaciones del componente masculino del ser humano terrenal (Hombre) en la fecundación de su cónyuge, este puede dirigir libremente el discurso luminoso en el seno de la terna (x y z). En dicho ejercicio reside su capacidad para actuar como «co-creador», según lo señala con claridad el Salmo 8: «¿Qué es el hombre para que Tú lo tengas en mente? ¿Y qué es el hijo del hombre, que Tú tomas en cuenta? ... lo has hecho gobernante de las obras de tus manos, has puesto todas las cosas bajo sus pies...». El componente masculino del discurso luminoso le da forma a la creación al dirigirla, a semejanza de lo que hace un orfebre cuando fabrica un recipiente vacío. Como el lecho de un río seco y es al Espíritu a Quien corresponde llenarlo con una corriente de determinaciones, a la espera de su realización por parte de Dios.

Antes de concluir este capítulo dedicado al componente femenino del discurso luminoso, conviene hacer una breve reflexión sobre el carácter discreto de los desarrollos. Pues según han sido planteadas aquí las cosas, no existirían en la Creación movimientos con solución de continuidad, solo hay transcripciones en la vecindad de objetos geométricos estáticos, como una malla. Concluye L. Massignon (XIX - XX d. C.) que para el teólogo musulmán el tiempo no es continuo, sino una constelación de instantes y el espacio no existe, solo hay puntos. Los atomistas de la sunna como al-Ashari o los iluminacionistas después de Molla Sadra (XVI - XVII d. C.) no tendrían muchas dificultades en admitir los postulados resumidos en párrafos anteriores. De hecho, el filósofo y místico de Shiraz dio un giro decisivo a la filosofía de la iluminación, al dar primacía a la «existencia» por sobre todo lo demás. Entendiendo por existencia a todo lo realizado por Dios, según se ha venido planteando. Tanto Molla Sadra como el eminente filósofo jesuita de origen granadino F. Suárez (XVI - XVII d. C.) contemporáneo suyo pensaban que los modos de existencia constituyen la verdadera y única substancia. Para ambos, todo el desarrollo cósmico es una sucesión de modos de existir. Tal sucesión fue denominada por Molla Sadra «movimiento substancial» (*haraka yawhariyya*), término traducido por el filósofo francés H. Corbín (XX d. C.) como «la inquietud del ser» (*l´inquiétude de l´être*). Se trata de una negación de lo inmutable conducida de manera progresiva hacia una finalidad.

En estricto sentido, habría a cada paso un nuevo cosmos precedido por su no-existencia y sucedido en la acción por su dispersión hacia el empíreo. Para luego ser reemplazado por otro similar, pero emergente y distinto, otro modo de existir. Afirmaba Molla Sadra que la sucesión de modos de existir, ni tuvo comienzo ni tendrá final, porque la causa directamente y a cada paso un ser eterno, Dios. El movimiento en la substancia sería de hecho el cambio perpetuo de la presencia divina en el cosmos, según la afirmación coránica en la azora El Clemente: «Todos aquellos en los cielos y en la tierra preguntan sobre Él. Cada momento Él está en un nuevo estado de gloria. ¿Cuál de los dones de vuestro Señor negaréis?».

CAPÍTULO 25

LA LUMINARIA DEL TABERNÁCULO

Ya no es posible seguir extrayendo datos de Génesis 1 sobre la naturaleza del discurso luminoso, sin incurrir en complicaciones que desvirtuarían el propósito de este libro. Por tal motivo, es preferible dirigir la atención a otras figuras simbólicas de gran potencia con el propósito de avanzar. Quizás, el candelabro encargado a Moisés por Dios sea el objeto simbólico más idóneo para llegar a una formulación suficientemente acabada del discurso luminoso. La luminaria con sus 7 luces encendidas no es fácil de interpretar y visualizar. De hecho, según el Libro del Éxodo, Moisés tuvo dificultades con las instrucciones de fabricación dadas por Dios y debió guiarse por un modelo. Por la complejidad referida, se ruega al lector abordarlo con cautela. Pues representa recurrencias propias de las exteriorizaciones de los arquetipos del discurso luminoso en diversas instancias, lo cual ofrece material suficiente para meditar largamente. En la interpretación del simbolismo asociado a la «luminaria del tabernáculo» se procederá en tres etapas. La primera incluye una cita del texto bíblico sobre las instrucciones de fabricación, seguida por una ilustración esquemática de su forma. En la segunda etapa, se identificarán sobre la luminaria los elementos del discurso luminoso ya abordados. Por último, se considerarán los datos adicionales aportados por la luminaria con el propósito de incorporarlos al modelo.

Según el Libro del Éxodo de la Biblia, las instrucciones dadas a Moisés para fabricar la luminaria del tabernáculo fueron las siguientes:

> Y tú harás un candelabro del mejor oro. Su base y tallo central serán de oro labrado a martillo, sus glóbulos y sus flores han de ser hechos del mismo metal. Tendrá seis ramas saliendo a los lados, tres ramas de un lado y tres del otro. Cada rama tendrá tres cálices hechos como flores de almendro, cada cáliz con su glóbulo y su flor, en todas las ramas. El tallo central tendrá cuatro cálices como flores de almendro, con su glóbulo y su flor. Y debajo de cada par de ramas habrá un glóbulo, hecho con la rama, para las seis ramas… Entonces harás los siete recipientes para las luces, colocándolas en su lugar de manera que alumbren al frente.

Antes de presentar una ilustración de la luminaria del tabernáculo, convendría referirse al origen de las discrepancias entre los distintos tipos de representaciones plásticas hechas a través de los siglos. La gran diversidad de modelos se ha debido principalmente a la ausencia en la narrativa bíblica de ciertos detalles en cuanto a su forma. Muchas de esas representaciones se han inspirado en interpretaciones del texto del Libro del Éxodo, otras en referencias históricas, disposiciones religiosas y no pocas en la imaginación. Algunos son partidarios de identificar la luminaria con la zarza ardiente, pero tal asociación no parece acertada pues Moisés la había visto con detenimiento y no requeriría de un modelo.

También el candelabro es asociado al árbol de la vida, un mitema (parte irreducible de un mito) presente en casi todas la tradiciones religiosas de la antigüedad. Por otro lado, hay quienes la comparan incluso con la salvia palestina, muy común en Tierra Santa y con la cual posee un parecido notable. Desafortunadamente, todas esas comparaciones obvian el rico y denso simbolismo presente en el candelabro. La figura 25.1 muestra una representación esquemática del candelabro basada en hallazgos arqueológicos de dos sinagogas, una en Magdala del siglo I d. C. y la otra en Eshtemoa del siglo II d. C. Ambas casi contemporáneas con la destrucción del templo de Herodes el Grande.

La luminaria del tabernáculo formó parte del botín tomado por los romanos tras el saqueo del templo. Una representación con un pedestal de forma un tanto dudosa aparece en el arco levantado por el emperador Domiciano (I d. C.) para conmemorar el triunfo de su hermano Tito sobre los hebreos. Casi de inmediato entró en vigencia la prohibición de elaborar réplicas de la luminaria, hasta tiempos recientes, cuando han comenzado a producirse representaciones plásticas de la más diversa índole. El simbolismo presente en la forma de la luminaria del tabernáculo será interpretado en base a la presentación esquemática de la figura 25.1. La forma ilustrada contiene algunos de los elementos más significativos de las instrucciones dadas a Moisés. Posteriormente será tratado lo relativo al metal y el combustible escogido por Dios, con lo cual culminará el ejercicio planteado para el presente capítulo.

La luminaria es en primer término una referencia a la presencia de Dios más allá del comienzo y final del dominio hexa-direccional de la Creación. En dicho esquema interpretativo el tallo central figuraría por la actuación extra-cósmica del Creador y los 6 brazos laterales representan simbólicamente el múltiple de direcciones independientes de la Creación (u i t x y z). Su forma es también afín a una interpretación de Génesis 1, 1 en términos de la composición de 2 formulaciones cuaternarias impares del tipo 1-3. Más específicamente, el tallo central simbolizaría al 1 que trasciende a los 3, ya sea (u) o (t) trascendiendo a (x), (y) y (z). En términos de planos, el tallo central se correspondería con el plano (u t) y los 3 pares de brazos laterales con los planos (x y), (y z) y (z x). En la presentación esquemática de la figura 25.2 se muestran las mencionadas correspondencias entre las 7 palabras del primer versículo del Libro del Génesis y la forma del candelabro. También se indican las contra-circulaciones que condicionan el paso por Dios de los desarrollos divergentes involucrados en la segunda interpretación.

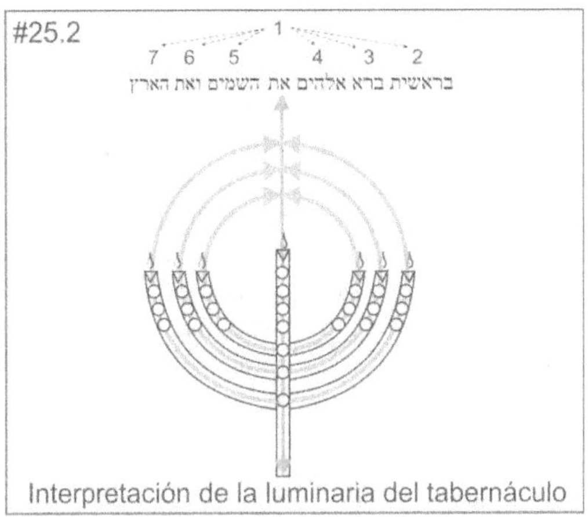

Por su lado, el simbolismo de los glóbulos es bastante complejo y puede ser objeto también de diversas interpretaciones, debido a exteriorizaciones de las formulaciones arquetípicas en diversas instancias. Con miras a clarificar la exposición, los glóbulos sujetos a interpretación son distinguidos con trazos oscuros en la figura 25.3.

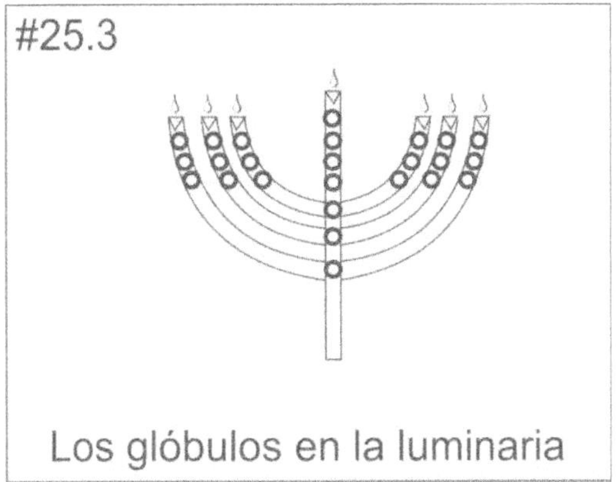

Observe el lector los 7 glóbulos presentes en el tallo central y en las 3 hileras horizontales. El arreglo puede interpretarse como se hizo con las 28 letras de Génesis 1, 1 en términos de fórmulas cuádruples asociables a los cuantos ($28 = 4 \times 7$). A pesar de que los glóbulos mostrados sean 25 en total, al incluir solo uno en el tallo central por cada par de brazos laterales. En el tallo central se expresan verticalmente 2 formas de ser 3 en presencia del 1 trascendente, simbolizado en la figura por el glóbulo en el extremo superior. Inmediatamente debajo de ese glóbulo superior en el tallo central habría una representación simbólica de los 3 iguales o interdependientes. Mientras los lóbulos en el cruce del tallo central con los 3 brazos laterales simbolizarían las intersecciones de los trascendentes con los 3 distintos o independientes (x), (y) y (z).

Las 3 hileras de glóbulos presentes en el tallo central y en los brazos laterales plantean un condicionamiento de tipo ternario en el discurso luminoso. Habría entonces 3 candelabros indisolublemente unidos en 1 solo. Cada uno de ellos representando un atributo propio distintivo e incomunicable y dependiente de los otros 2, a semejanza de las formulaciones ígneas. Algo parecido a lo que sucede con los 2 componentes del contraste claroscuro en las aguas, ya sea en un codón con formulación humana o en sus manifestaciones independientes. En consecuencia y solo por razones de conveniencia, los atributos distintivos de cada candelabro son identificados mediante el uso de los colores primarios azul, verde y rojo. Tal como se hizo con los componentes del proto-elemento fuego, a pesar de no existir una vinculación indiscutible con la fenomenología del espectro luminoso.

En un tono especulativo sería posible presumir sin embargo, que la impresión psíquica causada por los 3 colores primarios se remite a la pura esencia de los atributos del fuego. Sin posibilidad de agregar algo más a su descripción. Los atributos ternarios serían entonces solo eso, lo exteriorizado en la mente cuando son vistos. En todo caso e independientemente de la terminología empleada para distinguirlos, lo importante en la realización conjunta de las 3 luminarias es su sujeción a la formulación del proto-elemento fuego. La figura 25.4 sugiere un esquema de visualización de la formulación ígnea de las 3 luminarias.

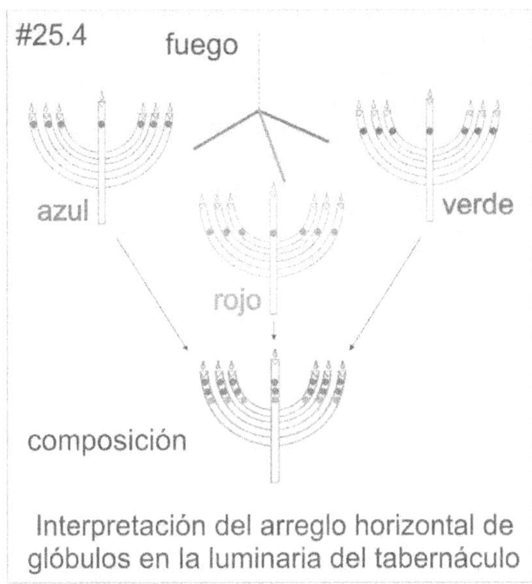

Interpretación del arreglo horizontal de glóbulos en la luminaria del tabernáculo

El glóbulo en el extremo superior sobre el tallo central y los 3 glóbulos independientes en el cruce con los brazos laterales no participarían del despliegue cromático. La ocurrencia de 3 tipos de atributos distintivos constituye la base del «tercer condicionamiento» del discurso luminoso encarnado. En las condiciones iniciales de la Creación ninguno de los atributos predominaba localmente sobre los otros 2. No obstante, para todos los efectos de la exégesis en curso se supondrá que solo la condición de neutralidad a escala global es una disposición originaria. Adicionalmente, las ternas de atributos identificadas cromáticamente estarían al inicio dotadas también de un orden intrínseco y permutadas cíclicamente en 3 componentes, lo cual derivaría en 9 (9 = 3 × 3) posibilidades. Cifra recurrente en las 9 ternas del múltiple (u t x y z) donde figuran (u) y (t). Según se ha sugerido con anterioridad, las 9 ternas mencionadas son independientes entre sí y han sido identificadas como (u t x), (u t y), (u t z), (u x y), (u y z), (u z x), (t x y), (t y z) y (t z x), las moradas de las entidades angélicas. La presencia de (u) o (t) o ambos se relaciona con la afirmación de la mística hebrea según la cual, la santidad en las alturas es 3 por 3. Así son generadas las 9 luces o Sefirot (excluyendo Shekhinah, la terna (x y z) de la tierra), llameando desde sus disposiciones y radiando hacia los confines.

El arreglo será denominado haciendo uso de los términos «luz» o «luces» en plural ya empleados y abarca los desarrollos geométricos desde el hexágono primordial más su fuente, hasta el frente exterior progresando hacia el empíreo. En la figura 25.5 se ilustran las composiciones de las 3 permutaciones cíclicas de los atributos ternarios, identificándolas con las 3 primeras letras del alfabeto hebreo א (alef), ב (bet) y ג (guimel).

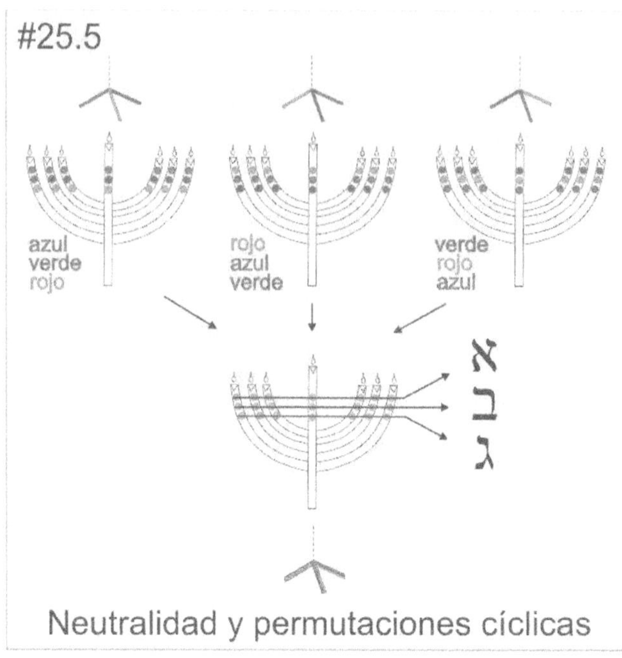

La manifestación del tercer condicionamiento será considerada con especial interés para los desarrollos en (u t), (x y), (y z) y (z x), en los cuales está embebido el fuego, como los bueyes soportando el mar de bronce. Su expresión más clara en la Biblia se da en las 4 apariciones ya mencionadas de la declaración: «Dios de Abraham, Dios de Isaac y Dios de Jacob», 3 veces en Éxodo 3 (brazos laterales) y 1 cuarta vez en Éxodo 4 (tallo central). También llama la atención el paralelismo entre geometría con sus 3 atributos y la fórmula de los padres capadocios planteada en el siglo IV d. C.: «una misma substancia, 3 divinas hipóstasis». Dicho término fue empleado por los padres para referirse a la naturaleza propia, individual e incomunicable que mantienen las 3 personas de la Santísima Trinidad en su intercambio intra-divino. Según palabras de Agustín de Hipona se trata de 3 «relaciones» y «lo que para los griegos es hipóstasis para los latinos es persona». Por su lado, Tomás de Aquino tras los pasos de Agustín concebía el ser de las 3 personas de la Santísima Trinidad en términos de «relacionalidad constitutiva». Con el correr de los siglos el término «persona» fue evolucionando e identificándose progresivamente con la naturaleza humana racional. Motivo por el cual, resulta hoy en día totalmente inapropiado al momento de referirse a los 3 aspectos de la divinidad. Las hipóstasis de los padres capadocios son interpretadas actualmente en términos de: «subsistencias», «modos de subsistir», «modos de ser», etc. Entonces, del lado cristiano al menos, sería posible relacionar los 3 atributos con alguna forma de exteriorización de la Trinidad inmanente, aquello en Dios comprometido con su Creación.

Consistentemente, las aguas luminosas del discurso serán definidas en los pares de planos terrenales complementarios ((y z) (z x)), ((z x) (x y)) y ((x y) (y z)) y estarían igualmente condicionadas de manera triple. Se replantearía así y aquí la cuarta encarnación cardinal del discurso luminoso, ya introducida en el capítulo anterior. La necesidad de una neutralidad absoluta en las aguas sugeriría duplicar el desarrollo luminoso, a manera de una encarnación cardinal adicional. Por consiguiente, los masculinos luminosos poseerían un doble juego de atributos ternarios distinguidos cromáticamente como azul, verde y rojo con su neutralidad relativa. En tanto que las aguas luminosas tendrían un juego con los atributos azul, verde y rojo y otro con los anti-atributos amarillo (anti-azul), magenta (anti-verde) y cian (anti-rojo). En plena correspondencia con el contraste claroscuro que las caracteriza.

La interpretación del simbolismo de la luminaria en base a la composición de 2 formulaciones del tipo 1-3 permite observar 2 arreglos matriciales de 3 × 4 en los glóbulos. Un arreglo similar se encuentra en el pectoral del Sumo Sacerdote, donde están engarzadas 4 × 3 piedras preciosas y semipreciosas en representación de las 12 tribus de Israel. Los 3 glóbulos en el tallo central de la luminaria establecen una distinción con el resto, como ocurre en los simbolismos duodecimanos de la Biblia Hebrea y de los Evangelios. En el pectoral del Sumo Sacerdote el arreglo matricial rectangular es vertical, mientras en la luminaria son ambos horizontales, tal como está indicado en la figura 25.6.

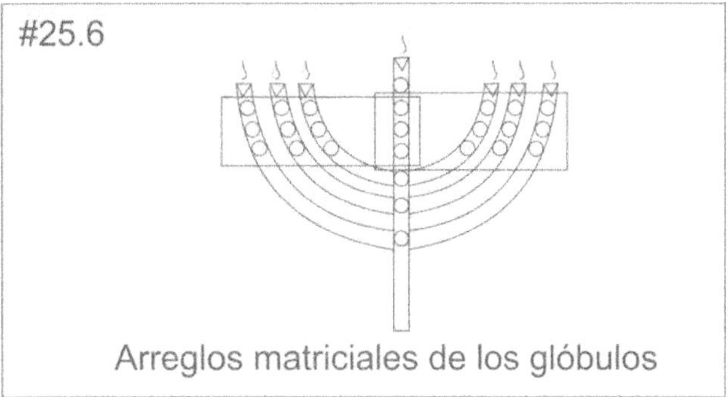

En total son 21 (21 = 3 × 7) glóbulos dispuestos horizontalmente. La cifra y el arreglo replantearían el conjunto de atributos afectando el desarrollo poligonal, cuyos condicionamientos ascienden a 12, su máximo valor (12 = 1 × 2 × 2 × 3).

Habiendo interpretado elementos de forma en la luminaria suficientes para proseguir, convendría dedicar algunas líneas al metal de fabricación. Según las instrucciones divinas el metal en cuestión es el oro, proveniente seguramente del botín tomado de Egipto al emprender el Éxodo. El oro es un buen conductor de la electricidad y del calor y también mayormente diamagnético (repelido por campos magnéticos, diamagnetismo, fenómeno descubierto por el botánico holandés J. Brugmans [XVIII – XIX d. C.]). El oro es entonces repelido por las substancias magnetizadas y sus manifestaciones circulares, haciéndolo particularmente conveniente para las representaciones simbólicas de la divergencia. Posee además, una extraordinaria ductilidad (calidad de sufrir grandes deformaciones mecánicas en frío sin romperse) y maleabilidad (cualidad de ser reducible a hojas delgadas en frío), el metal ideal para la orfebrería.

El oro es también un elemento químico poco reactivo, no es fácilmente corruptible químicamente hablando. El marcado «desinterés» del oro a involucrarse con otros elementos químicos fue interpretado en la antigüedad como una representación natural de la santidad. A imagen y semejanza con el comportamiento de las luces al inicio de la Creación dedicadas exclusivamente a la adoración del Altísimo, mientras se ignoraban mutuamente. En las escasas reacciones químicas del oro con otros agentes adopta dos condiciones principalmente. Una de ellas es denominada en química ion auroso u oro (I) y la otra es llamada ion áurico u oro (III), ambas afines a las bases de representación 1-3 tan presentes en la luminaria. Son aún menos frecuentes los compuestos de oro (II) y de oro (V), al punto de no merecer mayores consideraciones.

El oro metálico posee un número impar de electrones (79), lo cual implica que el giro intrínseco o «espín» de uno de ellos no tiene contrario con el cual aparearse. En su estado fundamental, el oro posee 78 electrones sin rotación neta alrededor del centro del átomo y con sus giros intrínsecos contrarios apareados ($L_z = 0$, $S_z = 0$), arrojando un total igual a cero. Es prácticamente imposible contar con un elemento químico para fabricar un candelabro cuyo átomo esté exento de rotaciones orbitales y giros intrínsecos en «condiciones normales» (como ocurre con los gases nobles). Por dicha limitación, la neutralidad rotacional de las luces al inicio de la Creación no pudo ser representada exactamente en el candelabro. En una exégesis natural y acogiéndose al principio de la navaja del franciscano G. Ockham (XIII – XIV d. C.) (*lex parsimoniae*), el electrón 79 será identificado con algunos tipos de luces por conocer. De hecho, en el capítulo 33 el lector estará en condiciones de reconocerlas.

El giro intrínseco del electrón 79 en la terna (x y z) es considerado una expresión del segundo condicionamiento del discurso luminoso e incluido en las posibilidades ya enumeradas. Dado que las tierras luminosas o componentes masculinos de los seres humanos terrenales (abreviadamente terrenales u Hombres) están formulados exclusivamente en el mismo contexto ternario, dicho giro será considerado intrínseco a estos. Por pertenecer al segundo condicionamiento, los giros en el seno de la terna (x y z) eran local y globalmente nulos en las condiciones iniciales. Así como también lo son a perpetuidad en las aguas. Por lo tanto, el desdoblamiento local de los giros tendría su origen en un evento disruptivo que deberá ser abordado. El modelo del discurso luminoso considerará entonces, solo dos tipos de manifestaciones rotacionales femeninas. Una de ellas en los planos ancilares (u i), (t i), (x i), (y i) y (z i) asociada a una encarnación ordinal. La otra, en el seno de la terna y alrededor de sus ejes (x), (y) y (z), denominada giro intrínseco y originada en una encarnación cardinal. No serán contemplados otros giros fuera de los señalados. Por tal motivo, todas las demás posibilidades imaginables en las 9 ternas restantes del múltiple (u t x y z) serán consideradas absolutamente nulas por contraposición a perpetuidad.

Ya han sido descubiertas dos formas de ser 3 en el simbolismo de la luminaria del tabernáculo, los 3 distintos e independientes (x y z) y los 3 iguales e interdependientes (azul verde rojo). Faltaría por descubrir la otra forma de ser 3, la formulación del ser humano. La ausencia de un simbolismo evidente de carácter humano en la forma de la luminaria del tabernáculo es un hecho de gran relevancia. Al igual que lo es la presencia destacada del proto-elemento fuego en su forma rígida. No obstante, la formulación humana está presente en el combustible fluido y en la luz irradiada.

El combustible del candelabro es el aceite de oliva cuyo componente principal es la oleína. Se trata de un triglicérido con 3 grupos cis-oleicos presente en una proporción en peso aproximada de ¾, respecto al total del aceite. Muy poco ácido cis-oleico se encuentra en estado libre, estando casi todo comprometido en el triacilglicerol-oleico-oleico-oleico anteriormente llamado por su nombre común, oleína. El ácido cis-oleico tiene la peculiaridad de estar formado por una cadena de 18 átomos de carbono separados por un doble enlace en la mitad. Su estructura está dividida así en dos partes con 9 átomos de carbono cada una, justo el número de glóbulos a cada lado del arreglo matricial sobre los brazos laterales. La oleína posee una estructura donde 2 grupos funcionales cis-oleicos a los extremos están vinculados a 1 central, representando molecularmente la fórmula del ser humano terrenal. La figura 25.7 intenta ilustrar la carga simbólica de la oleína en la luminaria del tabernáculo.

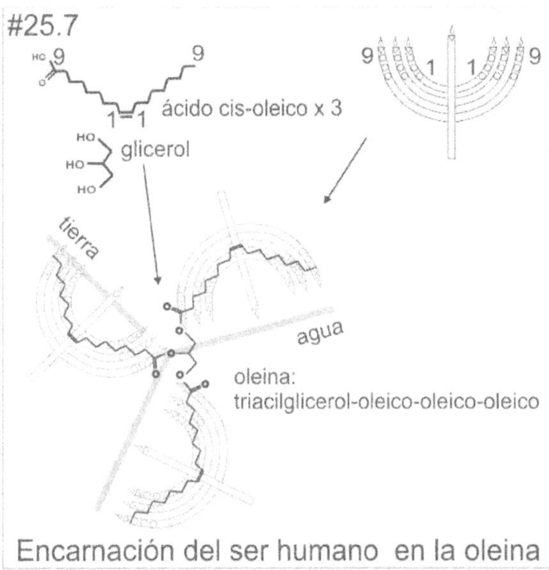

Siendo la oleína el combustible con rasgos humanos cuya transformación produce la luz, ratifica la condición humana como la esencia a expresarse en las formulaciones de la luminaria. Es como si las bases ternarias del tipo 1&2 y su expresión en los seres humanos celestial y terrenal encarnasen las formulaciones del cosmos a título primero y último. Es importante recordar finalmente que la forma de la luminaria en la mente de Moisés, constituye tan solo meras posibilidades. En otras palabras, se trata de un recipiente vacío. Cuando la luminaria haya sido hecha y encendida por un acto de realización divina será entonces un objeto real.

A pesar de su potencia simbólica, la representación gráfica de la forma de la luminaria no es práctica para emplearla en construcciones modulares de objetos compuestos más complejos. Se requiere de un símbolo extremadamente compacto, donde puedan condensarse todos los componentes del discurso luminoso y sus atributos. Con el propósito de no introducir un nuevo ingrediente, se extenderá el significado dado al símbolo utilizado en las ilustraciones de los puntos de la geometría luminosa para representar el cuanto divergente (partícula). La figura 25.8 busca presentar diagramáticamente la definición del símbolo abreviado para el ámbito terrenal.

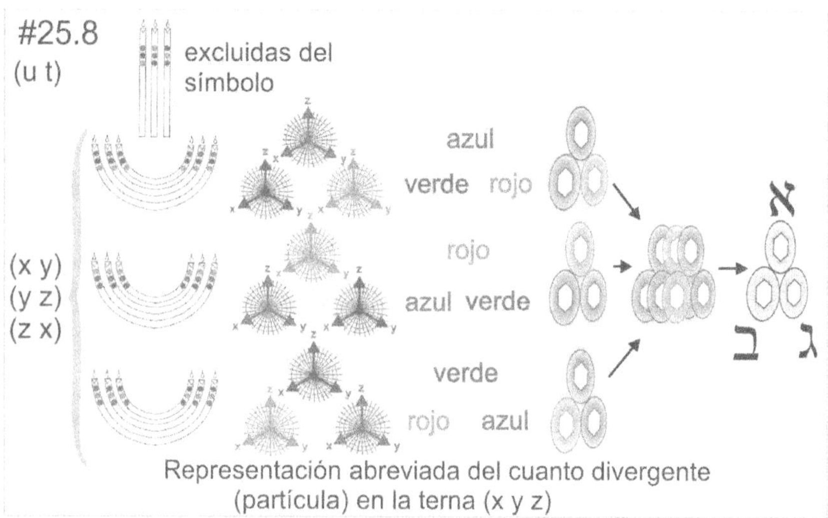

Representación abreviada del cuanto divergente
(partícula) en la terna (x y z)

Las direcciones (u) y (t) son los dominios del Ungido y del Espíritu, el primero expresión de Dios y el segundo de incuestionable fidelidad hacia Él. En virtud de su unidad de propósito, ambos mantienen en sus dominios las condiciones establecidas por Dios al inicio de la Creación sin variación alguna. La ausencia de cambios en su situación es la razón por la cual son excluidos en las abreviaciones simbólicas. Otra cosa muy distinta ocurrió en los dominios definidos por las direcciones terrenales (x), (y) y (z) y sus planos. En los dominios referidos hubo disrupciones importantes en el rumbo trazado inicialmente, motivo por el cual, las próximas consideraciones y sus ilustraciones estarán centradas en ellos. La unidad de propósito entre (u) y (t) se expone en numerosos pasajes de las Escrituras Sagradas, de los cuales quizás en I Samuel (Reyes) III se encuentre la más evidente. Según relata la Biblia, Dios (por medio de (u)) habló a Samuel (XI a. C.) ((t) quien escucha a Dios) en 4 oportunidades, en 3 de las cuales el joven profeta pensó que era la voz de Elí (XI a. C.) (Cualquier posibilidad de tierra en (x y z)). El sucesor de Sansón era juez, sumo sacerdote y mentor del joven Samuel. No obstante, Elí era desdeñado por el Señor debido a las iniquidades cometidas en su casa (x y z). A partir del cuarto llamado, el Señor selló su relación con Samuel, según puede leerse en el Primer Libro distinguido con su mismo nombre: «Y Samuel maduró y el Señor permanecía con él y no dejó que sus palabras quedaran sin efecto. Y estaba claro a todo Israel, desde Dan hasta Bersabee, que Samuel fue hecho profeta del Señor».

En la Biblia aparece una mención a otro candelabro, donde el énfasis está puesto en la necesaria intervención divina para la iluminación del cosmos. El profeta Zacarías (VI – V a. C) fue el agraciado con la visión de dicha luminaria del segundo templo:

> Y el ángel que hablaba conmigo regresó, despertándome como se despierta a un hombre de su sueño. Y me dijo: "¿Que ves?" y yo dije: "He visto un candelabro hecho todo de oro, con un tazón en el tope y siete lámparas y habían siete tubos para las lámparas. Y dos olivos, uno a la derecha del tazón y otro a la izquierda."… Y le pregunté al ángel: "¿Qué son esos dos olivos a la derecha del candelabro y a la izquierda?" Y le pregunté por segunda vez: "¿Qué son esas dos ramas de olivo, que a través de sus conductos de oro vierten aceite?" Y me contestó diciendo: "¿No tienes conocimiento de lo que son?" Y le respondí: "No, señor mío". Entonces me dijo: "Estos son los dos ungidos que están ante el Señor de la tierra."

Los «dos Ungidos» son el Adán celestial y Cristo, quienes representan las dos vías de realización del cosmos por medio de sus actuaciones en la dirección (u).

La Biblia no siempre se vale de la figura de un candelabro para referirse descriptivamente a la luz originaria de la Creación. Tampoco los eruditos de la religión hebrea han considerado la luminaria del tabernáculo como la referencia clave para imaginarse y comprender el entorno divino al momento de toda creación. Las reflexiones sobre el tema de la luz originaria llevadas a cabo por las escuelas «místicas y esotéricas hebreas» (*hekalot*) están agrupadas más bien bajo dos grandes títulos. El primero de ellos es conocido como obra de la creación y el segundo como relato del carro de la gloria de Dios. El primero fue explorado someramente al considerar la gematría del primer versículo del Libro del Génesis y no volverá a tratase y del segundo se hará una breve consideración seguidamente. La razón es simple, pues aun cuando escasa, la literatura sobre ambos supera con creces cualquier intento en estas líneas y su consideración quedará a la iniciativa del lector. Ambos temas estuvieron siempre reservados a la discusión por parte de los eruditos e ignorados totalmente por la mayoría de los creyentes. Durante la época Talmúdica (I - VII d. C.), los seguidores de Sammay prohibieron la lectura pública del texto de Ezequiel sobre el relato del carro de la gloria de Dios. En tanto que muchos otros después de ellos reservaron su estudio e interpretación a unos pocos elegidos.

Ya antes del profeta Zacarías, el profeta Ezequiel había sido testigo de una revelación sobrecogedora sobre el entorno del Creador. El texto que la expone fue referido anteriormente de pasada y se reproduce a continuación por conveniencia del lector. Cuenta Ezequiel, como estando a orillas de un brazo del Éufrates llamado Kebar:

La mano del Señor se puso sobre mí. Y mirando, yo vi un remolino tormentoso viniendo del norte y una gran nube envuelta en un fuego resplandeciente, alrededor y dentro había algo de color ámbar. Y en su interior estaban las formas como de cuatro seres vivientes. Y este era su aspecto: ellos eran parecidos a un hombre y cada uno tenía cuatro caras y cada uno de ellos tenía cuatro alas. Y sus pies eran derechos como pies de becerro y brillaban como bronce bruñido. Y ellos tenían manos de hombre bajo sus alas en los cuatro lados. Y los cuatro tenían caras a sus cuatro lados. Y sus alas se juntaban. Ellos andaban sin volverse y todos iban derechos hacia delante de sus caras. En cuanto a las formas de sus caras, ellos tenían la cara de un hombre y los cuatro tenían la cara de un león en el lado derecho y los cuatro tenían la cara de un toro del lado izquierdo y los cuatro tenían encima la cara de un águila. Y sus alas estaban extendidas arriba, dos alas de cada uno se juntaban y dos cubrían sus cuerpos. Todos ellos avanzaban derecho al frente. Donde quiera que fuera el espíritu allí iban ellos. Avanzaban sin girar... Y mientras yo observaba a los cuatro vivientes, apareció una rueda sobre la tierra con cuatro lados, junto a los vivientes... y su apariencia y hechura era como una rueda dentro de otra. Avanzando, ellas iban por medio de sus cuatro partes y no daban vueltas. También, el tamaño y la altura de las ruedas eran impresionantes. Y su cuerpo estaba lleno de ojos alrededor de los cuatro lados. Y cuando los vivientes avanzaban, las ruedas iban junto a ellos y cuando los vivientes eran levantados de la tierra, las ruedas eran levantadas también, pues el espíritu de los vivientes estaba en las ruedas. Y sobre los vivientes había un firmamento parecido al cristal, pero espantoso de observar y extendido por sobre sus cabezas. Bajo el firmamento sus alas se extendían juntándose unas a otras... Y yo escuche el sonido de sus alas como si fuesen grandes aguas, como la voz del Señor. Cuando andaban, se escuchaba el sonido de una multitud, como el de un ejército en marcha... Y sobre el firmamento, que estaba suspendido sobre sus cabezas había la semblanza de un trono, como de piedra de zafiro. Y sobre la semblanza del trono había la apariencia de un hombre sentado. Y yo vi algo color ámbar, con la apariencia de fuego en Él y alrededor… Había la apariencia de un arcoíris, como en las nubes en día de lluvia, así era el aspecto del esplendor alrededor de Él. Esta fue la visión de la gloria del Señor. Y cuando la vi, caí postrado a tierra.

El lector habrá notado la posibilidad de establecer correspondencias entre la descripción del carro de la gloria de Dios del profeta y el modelo desarrollado en páginas precedentes. Sobre todo destaca el tetramorfismo en el carro con sus 4 vivientes. Las 4 creaturas se corresponderían con los desarrollos en los 4 planos (u t), (x y), (y z) y (z x) sujetos a 4 condicionamientos. Los rostros humanos estarían relacionados con la preeminencia de la formulación del ser humano en el discurso luminoso. Los espíritus moran en una rueda (*ophanim*) compuesta de 4, una dentro de otra, pobladas de ojos (dominios de conjugación) y avanzando hacia sus 4 lados sin rotar. Ciertamente las ruedas se corresponderían con el aspecto divergente de la luz en los 4 planos, con sus rotaciones anuladas por contraposición. La descripción de Ezequiel se referiría a las componentes de los planos ancilares como si fuesen alas. De modo tal que 2 de ellas definen los planos «cubrían sus cuerpos» y otras 2 en (i) «se juntaban», entre sí y con las de los otros vivientes. La transcripción o propagación de las ruedas en los 4 lados depende las alas en los planos ancilares, cuyos rasgos son obviamente femeninos por su sonido de grandes aguas. Para conocer en mayor profundidad a los vivientes, su tetramorfismo, las ruedas y otros elementos de la visión de Ezequiel, es recomendable recurrir a la fuente y meditar con detenimiento.

En el Corán, el tema de la luz originaria es desarrollado en la azora La Luz (*al-Nur*) del período mediní (de Medina), cuya prosa ha deslumbrado por su belleza:

Dios es la luz de los cielos y de la tierra, su luz se asemeja a la de una lámpara sobre un pedestal. La lámpara está en un recipiente de vidrio, el vidrio reluce como una estrella brillante, encendida gracias a un olivo bendito, ni oriental ni occidental, cuyo aceite da luz, aunque el fuego no lo toque, luz sobre luz. Dios guía hacia su luz a quien le place. Y Dios describe sus parábolas a los hombres. Dios es omnisciente de todo. Está en hogares donde Dios permite ser exaltado y que su nombre sea recordado. Donde le glorifican en las mañanas y en las tardes, hombres a quienes la mercancía y los negocios no distraen del recuerdo de Dios…

Antes de concluir este capítulo convendría recapitular lo más relevante del considerable caudal de datos numéricos sometidos a la consideración del lector hasta este punto. La figura 25.9 intenta condensar los hitos numéricos principales en la formulación del discurso luminoso. En la parte superior de la ilustración se muestra la estrecha relación entre los 4 grandes rasgos numéricos de la Creación, presentes en la literatura religiosa canónica y apócrifa. El tetramorfismo (4 = 3 + 1), el heptamorfismo (7 = 6 + 1), el decamorfismo (10 = 9 + 1) y el triskaidecamorfismo (13 = 12 + 1), todos derivan de la composición multiplicativa de una tríada más una unidad separada. En la exégesis natural llevada a cabo en líneas precedentes, el tetramorfismo contextualiza las formulaciones básicas de la Creación, en términos de verbos, dominios direccionales del cosmos, condicionamientos y proto-elementos. El heptamorfismo rige la plenitud en el esquema hexa-direccional de la Creación, en la exteriorización del hexágono primordial y en los cuantos. El decamorfismo centrado en los 10 planos y 10 ternas donde se realizan los 10 dichos del Creador. Finalmente el triskaidecamorfismo en la composición de 2 hexágonos primordiales en rotación o de los 3 atributos interdependientes en las formulaciones cuaternarias. Junto a los 4 números notables aparecen los 2 números primos claves de la gematría de Génesis 1 (37 y 73), obtenidos por la vía de dos factorizaciones posibles en base a 2 y 3.

Los números primos contenidos en 13 son 6 en total (2, 3, 5, 7, 11 y 13) a los cuales debe agregarse el número 1 para obtener 7. El número 11 podría asociarse a los 10 planos, ternas o dichos y a su Creador.

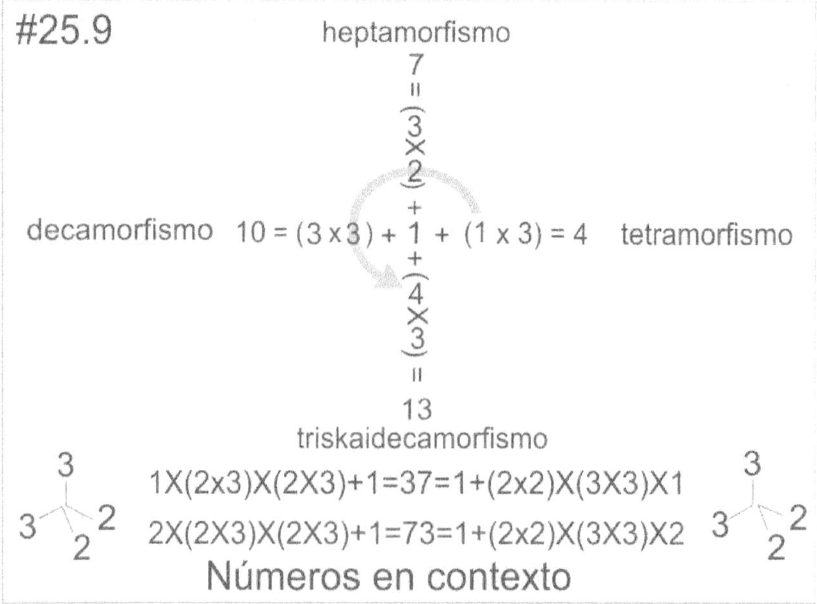

#25.9

heptamorfismo

$$7 = (2 \times 3) + 1 + (3 \times 4) = 13$$

decamorfismo $10 = (3 \times 3) + 1 + (1 \times 3) = 4$ tetramorfismo

triskaidecamorfismo

1X(2x3)X(2X3)+1=37=1+(2x2)X(3X3)X1

2X(2X3)X(2X3)+1=73=1+(2x2)X(3X3)X2

Números en contexto

Los números 4, 7, 10 y 11 fueron empleados por los arquitectos de la pirámide de Khufu para establecer en codos reales su altura (280 = 4 × 7 × 10) y la longitud de la base de cada lado triangular (440 = 4 × 11 × 10). También fueron utilizados para definir algunas de las proporciones de su geometría, de los recintos interiores y de sus ubicaciones relativas.

A lo largo del desarrollo del modelo del discurso luminoso se ha considerado su fuente y la progresión nacida del hexágono primordial, principalmente desde un punto de vista entitativo. No obstante, se han hecho también referencias a una pluralidad en sus capacidades de actuación. En tal sentido se ha hablado de una esencia constituida por 4 verbos en poder de las creaturas, más 4 condicionamientos como causales de distinción entre modalidades de actuación. El carácter entitativo y los modos de actuación son aspectos de las luces cósmicas, cuya consideración por separado no debería dar pie a confusión alguna. Más allá de las precisiones anteriores, lo verdaderamente fundamental es distinguir con claridad la separación entre Dios trascendente y su inmanencia comprometida en la realización de su Creación vía (u).

De Dios trascendente nada será dicho en esta exégesis natural, la cual solo se ocupa de su inmanencia. El aspecto inmanente de Dios podría describirse como una absoluta libertad de expresión hecha luz, la cual es refractada de diversas maneras por los arquetipos proto-elementales. La refracción de la libertad de expresión absoluta de Dios por los arquetipos impares o masculinos, en el contexto de las disposiciones originarias, limitó sus grados de libertad a sus dominios respectivos. Como resultados, dichos arquetipos disfrutaron de lo que podría llamarse libre albedrío bruto, siempre y cuando permaneciesen como una sola entidad fiel a su Creador. Los arquetipos pares o femeninos anulan la libertad de expresión refractada debido a interferencias destructivas internas. Por lo tanto, son conocidas por poseer cero grados de libertad.

De acuerdo a los términos planteados hasta este punto, al modelo del discurso luminoso solo resta definirle el contexto de globalidad vinculado al cumplimiento de las disposiciones originarias. Una vez alcanzado ese objetivo, será posible enfrentar algunos retos interpretativos mayores para conocer los orígenes del estado de cosas actual.

CAPÍTULO 26

EL CONSEJO ALTÍSIMO

La encarnación de la luz fue la unidad modular con la cual el Creador formó el primer órgano cósmico, ampliando así, el alcance de las claves numéricas del discurso luminoso. En la literatura religiosa es mencionado con diversos nombres como consejo o asamblea. Figura sobre todo en pasajes donde se hace referencia al entorno del Creador, uno de ellos en el Salmo 89 cuando pregunta: «¿Quién en los cielos se asemeja al Señor… un Dios glorificado en la asamblea de los santos, grande y formidable entre quienes le rodean?». En algunos casos, sus componentes se precisan con profusión de detalles, como en la descripción del carro de la gloria de Dios según el profeta Ezequiel.

También es descrito con cierta minuciosidad en el Apocalipsis de Juan cuando dice:

> Y Yo vi un trono elevado en el cielo y uno sentado en él. Y a mis ojos Él lucía como de piedra de jaspe y sardónica y había un arco iris de luz sobre el trono, como de esmeralda. Y alrededor del trono habían veinticuatro tronos y en ellos veinticuatro ancianos sentados, vestidos con ropajes blancos, con coronas de oro sobre sus cabezas. Y del trono salían llamas, voces y truenos. Y siete lámparas de fuego ardían ante el trono, que son los siete Espíritus de Dios. Y frente al trono había, según parecía, un mar transparente de cristal y en medio del trono y alrededor del mismo, cuatro bestias llenas de ojos alrededor. Y la primera bestia era como un león y la segunda como un toro y la tercera tenía la cara de un hombre y la cuarta era como un águila en vuelo. Y las cuatro bestias, teniendo cada una seis alas, estaban llenas de ojos alrededor y por dentro y sin descanso día y noche decían Santo, Santo, Santo, es el Señor Dios, Todopoderoso, Quien era y es y será.

El Corán aporta datos claves sobre la constitución del «Consejo Altísimo» o «Consejo Supremo», los cuales serán utilizados para conocerlo con suficiente detalle. No solo con relación a su estructura, sino también en conexión con los sucesos acaecidos en su seno. A pesar de las transformaciones a las cuales fue sometida dicha institución se mantiene vigente a perpetuidad: «Ciertamente hemos adornado el cielo del mundo con un ornamento, las estrellas. Y hay una protección contra todo demonio rebelde. No podrán escuchar al consejo altísimo y serán rechazados desde todos los lados…» (Azora Aquellos en las Filas).

En cuanto a sus integrantes, el Consejo Altísimo incluiría las entidades descritas por Ezequiel, por el Apocalipsis de Juan y las azoras del Corán. En tal sentido se supondrá que los participantes son principalmente seres humanos luminosos en los términos planteados anteriormente. También participan Iblis, sus genios y las entidades angélicas usualmente situadas alrededor del trono, pues como dice el Corán en la azora La Compañía: «Verás a los ángeles rodeando en torno al trono, glorificando a su Señor con alabanzas».

Los lectores seguramente recordarán que la pareja humana luminosa está compuesta por los componentes masculinos (Hombres) y sus consortes (Mujeres) ambos encarnados cardinal y ordinalmente en todos los planos. Sus formulaciones al inicio eran neutras localmente en los condicionamientos relativos a orientación, rotación y giro y atributos ternarios, y estaban sujetas a sus propias fuentes proto-elementales. Dadas las características de las aguas luminosas y su inhabilidad para alterar por sí solas el curso de la creación serán omitidas en el desarrollo del presente capítulo. Según ya es costumbre, la estructura del Consejo Altísimo se representará sobre una base cuaternaria, en términos de los componentes impares masculinos de los seres humanos terrenales (Hombres). Las motivaciones para tal proceder se deben, al uso que dieron los arquetipos masculinos a sus capacidades para ejercer el libre albedrío, con el propósito de reconducir la creación.

La estructura del Consejo Altísimo puede deducirse de las Escrituras Sagradas mediante la interpretación de un sin número de referencias. Ninguna de ellas muy concisa, pero asociadas frecuentemente a las cifras 4, 8, 12 y 24. Desde luego, los números no bastan, se deberán integrar todos los datos relevantes aportados por las escrituras y la literatura religiosa con la finalidad de poder justificar una propuesta. En todo caso, se postulará una estructura cuya validez, dependerá de sus posibilidades para sustentar la viabilidad de un modelo de conocimiento único en su conjunto.

Para simplificar al máximo el planteamiento del problema, se propone a priori una estructura basada en 8 seres humanos luminosos, dividida en 2 grupos de 4. En cuanto a los integrantes masculinos, uno de los grupos está constituido por luces a las cuales se denominará «derechas», mientras en el otro estarán las «izquierdas». Las disposiciones originarias del Consejo Altísimo son fundamentales, pues ellas definen el contexto de la neutralidad global en los condicionamientos. La neutralidad local podrá entonces abandonarse, siempre y cuando sea preservada globalmente a nivel de los integrantes de dicho consejo. Hay además instituidos, entrelazamientos entre las luces derechas, entre las izquierdas y entre ambas. Esos vínculos derivan en composiciones cuyo primer resultado es la cohesión del consejo a manera de un solo ente. Los entrelazamientos bajo las condiciones iniciales podrían visualizarse, al menos parcialmente, en términos de un intercambio de atributos equivalentes entre las luces.

Se pide al lector en este momento traer a la mente el símbolo abreviado de la luminaria del tabernáculo para una interpretación cabal de los diagramas. La representación gráfica del Consejo Altísimo mostrada en la figura 26.1 fue hecha de acuerdo a una estructura basada en 8 seres humanos luminosos. Los entrelazamientos implícitos entre componentes masculinos derechos e izquierdos han sido representados simbólicamente mediante pseudo-hexagramas.

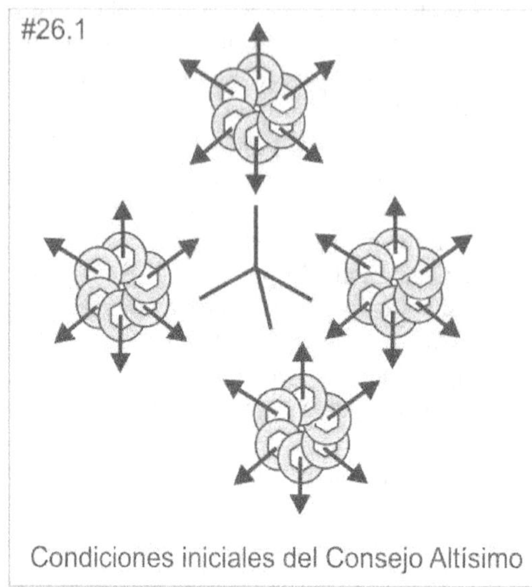

Condiciones iniciales del Consejo Altísimo

Las flechas rectas indican la progresión divergente y el direccionamiento de acciones neutras hacia el empíreo, típicos del culto de adoración al Altísimo prevaleciente en el consejo desde su inicio. Mientras estaban vigentes las condiciones iniciales, las calificaciones luminosas derecha e izquierda vinculadas a sus actuaciones posteriores no eran muy relevantes. Pues dicha calificación se refiere a giros contrarios en el seno de la terna (x y z), los cuales eran anulados localmente por pares en las condiciones iniciales. En su parte inferior, la figura 26.2 desglosa el entrelazamiento entre pares de luces masculinas con filiaciones derechas e izquierdas, exponiendo los detalles del giro intrínseco nulo en ambas.

Afiliaciones

Las alusiones frecuentes en las escrituras al rol de las «manos» del Creador reflejan la importancia de las filiaciones propuestas y el Primer Libro de los Reyes lo subraya cuando: «dijo Miqueas: "...Vi al Señor sentado en su trono, con todos los ejércitos del cielo en sus posiciones alrededor de Él, a su derecha y a su izquierda."» o según dice el salmista: «La diestra del Señor ejerce su poder». Hay tradiciones en las 4 grandes religiones según la cuales, las manos derecha e izquierda del Creador hacen cosas distintas, incluso contrarias de acuerdo a sus designios.

El consejo no fue creado como un ente único, pues un número inconmensurable de réplicas fueron transcritas a partir de un original. La multiplicación obedeció a una instrucción registrada por el Libro del Génesis: «multiplicaos» y las bases para un estimado cuantitativo serán ofrecidas cuando se posean elementos de juicio suficientes. Las réplicas de las 8 luces de cada unidad estaban yuxtapuestas al inicio, en ausencia absoluta de interacciones mutuas por estar todas consagradas al culto de adoración al Altísimo. La totalidad se transcribía o desplazaba coherentemente según informa el Corán en la azora La Verdad Segura: «Y los ángeles estarán en los confines del cielo y ese día ocho transportarán el trono de tu Señor sobre ellos». El trono del Señor en las Escrituras Sagradas se correspondería con la fuente como primera expresión de aquello tras el empíreo. En tanto que los ángeles de la cita anterior son 8 réplicas de los moradores en las 9 ternas (excluyendo $(x$ y $z)$), con sus propias formulaciones en los términos señalados por la azora El Originador: «¡Alabado sea Dios, Originador de los cielos y de la tierra! Hacedor de los ángeles, mensajeros volando con alas, con dos, tres o cuatro». El mencionado desplazamiento ocurría siempre por transcripción dentro de los límites del triacontakaihéxagono generado a partir del día 7, es decir, dentro del muro de Jerusalén.

Con la institución del Consejo Altísimo culmina la formulación del discurso luminoso en el marco de la presente exégesis natural. El modelo contiene elementos suficientes para abordar con cierto detalle los acontecimientos dramáticos acaecidos en su seno, a causa de los cuales, se ha llegado al estado de cosas actual. Los 8 integrantes masculinos del consejo y sus consortes femeninos se enfrentaron a 2 escenarios. Continuar el culto de adoración al Dios Altísimo, según las condiciones iniciales establecidas por el Creador o por el contrario, abandonarlo y dedicarse a interactuar con sus pares luminosos. La mencionada disyuntiva ha sido planteada desde todos los ángulos imaginables en las Escrituras Sagradas. De todos ellos, el planteamiento dualista del Fargad I en el Vendidad del Zend-Avesta es el más próximo al de exégesis natural en curso: rectitud en las condiciones iniciales de la Creación (divergencia hacia el empíreo) o desviación de las condiciones iniciales (contra-creación en lazo cerrado intra-cósmico).

CAPÍTULO 27

GRADOS DE LIBERTAD Y LIBRE ALBEDRÍO

Antes de entrar de lleno en el tema del libre albedrío otorgado a las creaturas del discurso luminoso, es preciso recalcar el contexto teísta de la exégesis natural en curso. El lector estará ya al tanto del rol decisivo reservado a Dios en la realización del cosmos a cada paso, según se ha venido planteando insistentemente. En tanto que, las creaturas del discurso fueron concebidas con algunos grados de libertad para actuar sobre aspectos de forma y organización, de acuerdo a las disposiciones originarias. En tal sentido es también importante recordar siempre, la libre e incuestionable fidelidad del Espíritu en el cielo hacia su Creador, Quien se expresa mediante los Ungidos. Constituido exclusivamente por el proto-elemento aire y conjugando el verbo determinar, el Espíritu mantiene a perpetuidad las condiciones iniciales establecidas por Dios en los términos expuestos en los capítulos precedentes. Por tal motivo, las direcciones (u) y (t) serán omitidas de las consideraciones del presente capítulo, al igual que se hizo en la representación abreviada de las luces.

Los componentes masculinos de los seres humanos luminosos obtienen en principio de su propia fuente, una libertad absoluta al momento de dirigir individualmente sus transcripciones y acciones. Sin embargo, el poco fundamento disponible a nivel de las estructuras más simples (por ausencia de canales de exteriorización/interiorización suficientes) para sustentar tales decisiones deriva en comportamientos individuales impredecibles. Al inicio, todos los integrantes del Consejo Altísimo estaban comprometidos en el culto de adoración al Altísimo. El estado de santidad de dicho culto se traduce en la transcripción coherente y colectiva de las fuentes y en el intercambio de acciones neutras con el Altísimo tras el empíreo. Bajo ese régimen, todos los seres luminosos se ignoraban mutuamente en un ambiente de absoluta indiferencia, permaneciendo todos ellos vinculados a una identidad común. No obstante, la posibilidad estaba abierta para que todos ellos se dirigieran mutuamente las acciones y se transcribieran en distintas direcciones, adquiriendo cada uno su propia identidad. Pero dichas posibilidades no tendrían mucho sentido para los terrenales, dada la neutralidad imperante en los condicionamientos desde el inicio. Así como tampoco lo tenían para las aguas por su neutralidad perpetua.

El re-direccionamiento de las transcripciones de las fuentes y acciones entre terrenales implicaría, establecer lazos cerrados intra-cósmicos con rasgos femeninos y traspasar el muro de Jerusalén (linderos del jardín del Edén). Por tal motivo, este hecho ha sido calificado en la literatura religiosa en términos de afeminar o sodomizar la divergencia. En las escrituras hay referencias abundantes, donde se vincula la sodomía de los terrenales a la idolatría, en contra del ideal de rectitud divergente. Así lo narra el Primer Libro de los Reyes cuando: «Asa hizo lo que era recto a los ojos del Señor, como David su padre. Y expulsó fuera de su país a los involucrados en los cultos sexuales a los

162

ídolos y quitó todas las imágenes que sus padres habían hecho». Agrega Pablo en su Primera Carta a los Corintios: «¿Tienen Ustedes conocimiento de que los inicuos no tendrán parte en el reino de Dios? No os hagáis ideas falsas acerca de esto, nadie que vaya tras los deseos de la carne o rinda culto a imágenes o sea adúltero o sea menos que hombre o haga mal uso de los hombres... tendrá parte...». Otro tanto dice el Corán en la azora Los Altos: «Y Lot, cuando dijo a su gente: "¿Cometen ustedes una abominación que nadie en el mundo hizo antes? Ciertamente os acercáis a los hombres con lujuria en lugar de las mujeres... E hicimos llover sobre ellos una lluvia. Vean entonces, cuál fue el final..."».

Según se desprende de las condiciones actuales del cosmos, los atributos fueron objeto de reconfiguraciones bajo un esquema del tipo 1-3. El objetivo fue dar sentido al direccionamiento mutuo de las acciones entre terrenales, en reemplazo del culto de adoración al Altísimo. En dicho esquema, se habrían mantenido las condiciones iniciales de la geometría según el condicionamiento cero. En tanto que el ser humano terrenal e Iblis hicieron uso de los grados de libertad disponibles en su reducto terrenal (x y z) para dislocar los atributos selectivamente. Los pobladores de las 9 ternas angélicas (u t x), (u t y) y (u t z), (u x y), (u y z), (u z x), (t x y), (t y z) y (t z x) concurren con el Espíritu y los Ungidos, determinando y realizando las actuaciones humanas y de Iblis. Pero lo hacen, sin participar en las decisiones de estos y manteniéndose en el marco de la más absoluta neutralidad en los condicionamientos.

Para simplificar al máximo la exposición, se procederá según la enumeración dada a los condicionamientos del discurso luminoso y las consideraciones se centrarán en los planos de la terna terrenal (x y), (y z) y (z x). Con relación al primero sobre la orientación conviene recordar que dicho condicionamiento tiene su origen en la composición de las 2 contra-circulaciones divergentes pasando por Dios extra-cósmicamente. Dado el régimen de intercambio de atributos equivalentes entre las luces del consejo, cuando prevalecían las condiciones iniciales, las derechas e izquierdas podían permutar sus atributos por orientación. Al hacerlo, tenían la posibilidad de elegir entre seguir neutras localmente o quedar polarizadas por pares. El objetivo de una polarización por pares sería, obtener unos terrenales orientados en un sentido y un número igual al contrario. La figura 27.1 muestra las permutaciones de la orientación en las circulaciones divergentes en el seno de la terna (x y z) ((u t) sin cambios).

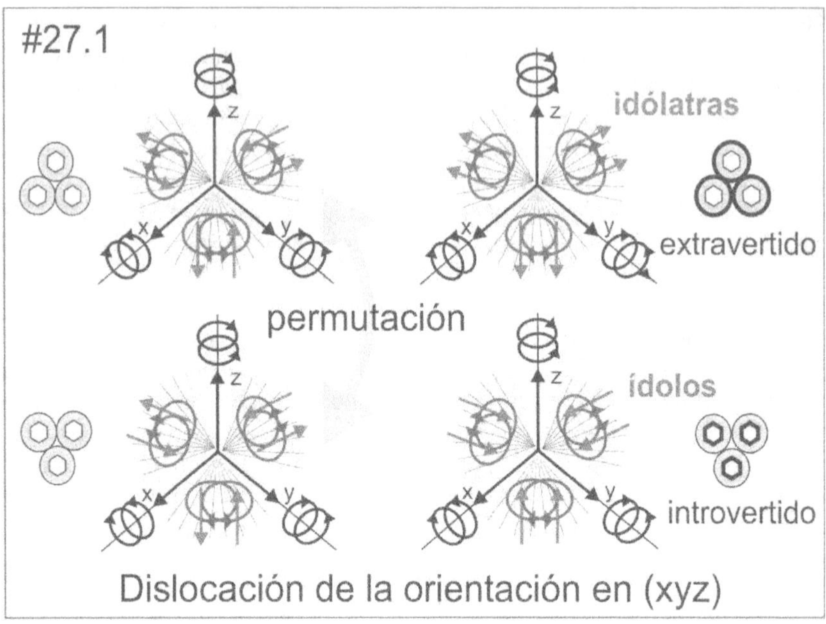

La figura muestra a la izquierda un par de terrenales de distinta filiación en sus condiciones iniciales, con sus respectivas neutralidades en las contra-circulaciones, contra-rotaciones y contra-giros y en los atributos ternarios. A la derecha se ilustra la polarización resultante, por permutación en los atributos de las circulaciones sobre una geometría destinada a pasar por Dios extra-cósmicamente. También son mostradas a los extremos, las abreviaciones simbólicas correspondientes a cada una. Según puede observarse, la mencionada permutación dotaría de orientación a las progresiones divergentes de los terrenales. Unos quedarían orientados hacia afuera, a manera de una extraversión hacia lo circular y los otros hacia adentro, introvertidos hacia el hexágono primordial.

Los terrenales extravertidos serán denominados idólatras y los introvertidos ídolos y el direccionamiento e intercambio mutuo de acciones entre ambos será la idolatría. Las acciones emitidas y absorbidas, hacia y por sí mismos (ya sean de idólatras o de ídolos), serán consideradas egolatría. Cuando las acciones sean emitidas hacia otros semejantes serán denominadas enfrentamientos. También pueden permutarse las contra-circulaciones entre luces de una misma filiación con iguales resultados. En las aguas luminosas tales permutaciones deberán ocurrir internamente, debido a su neutralidad perpetua. Aun así, es posible una polarización interna de las aguas permitiéndoles figurar como si se tratase de 2 masculinos apareados, con todos sus atributos contrarios. Obsérvese también que a escala global, la orientación neta de los masculinos sigue siendo nula ya que las polarizaciones contrarias se producen por pares. En realidad desde la perspectiva de la Creación por entero, todo sigue más o menos igual, es decir, neutro globalmente en cuanto a orientación se refiere. Sin embargo, desde el punto de vista individual de los terrenales han ocurrido cambios observables, cuyo impacto será comprendido en los próximos capítulos.

Con relación al segundo condicionamiento, los terrenales podrían optar también por una permutación de los atributos contra-giratorios en su propio dominio. El objetivo sería una redistribución de los giros en el seno de la terna (x y z). Con la dislocación de los giros alrededor de una dirección en el mencionado dominio, los terrenales quedarían en una condición de «giro permanente». La figura 27.2 ilustra la dislocación de los giros alrededor de (z), la cual coincidiría con la dirección de transcripción o propagación del consejo a la velocidad de la luz.

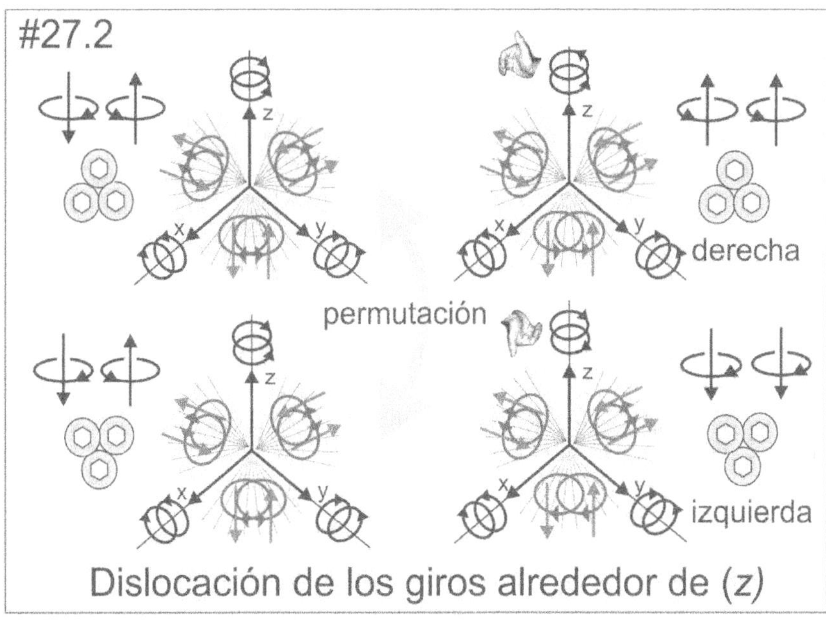

A la izquierda de la figura pueden observarse las condiciones iniciales de los terrenales de ambas filiaciones, con su neutralidad en el segundo condicionamiento. A la derecha aparecen los terrenales bajo su nueva condición giratoria, pero manteniendo un balance global neto igual a 0. Observe el lector que después de la dislocación, los terrenales están divididos en derechos e izquierdos de acuerdo a la regla de la mano derecha. De allí, el nombre dado a las filiaciones derechas e izquierdas. A semejanza con el caso anterior, la dislocación de los giros no produjo efectos externos en las aguas luminosas debido a su neutralidad perpetua.

La dislocación de los atributos ternarios es semejante a las anteriores, pero en este caso son requeridos 3 terrenales para completarla en su forma más compacta y reducida. Tratándose de la iniciativa de un genio de fuego, no debería sorprender que las dislocaciones ocurran concomitantemente en los 3 planos del dominio terrenal (x y), (y z) y (z x). Se den conjuntamente en 3 condicionamientos, primero, segundo y tercero. Así como en 3 pares de terrenales para lo cual sería necesaria la concurrencia del ser humano. La figura 27.3 ilustra los efectos de la permutación de los atributos ternarios exclusivamente, indicando con las letras «a», «v» y «r», los colores azul, verde y rojo.

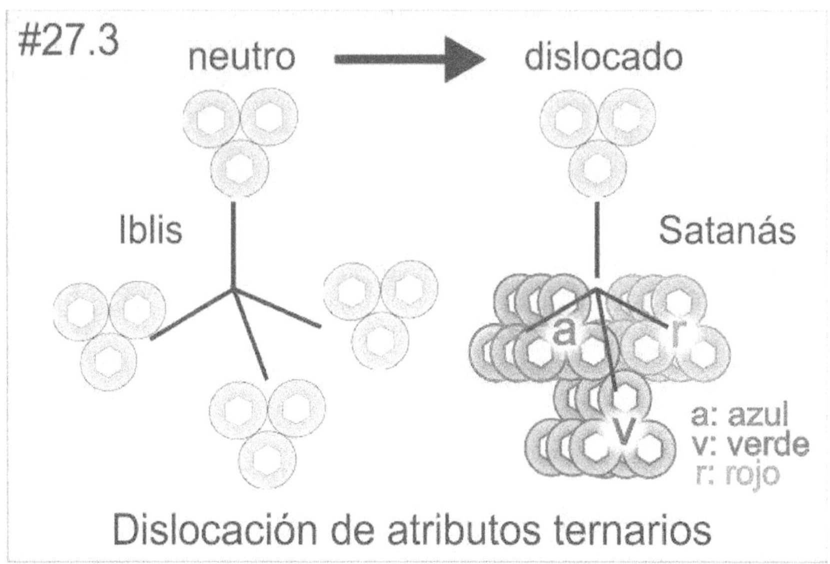

Bajo su nueva configuración, el genio Iblis será identificado con Satanás. La descripción de dicha entidad y su contexto estará completa, cuando sea considerada la participación de cada miembro del Consejo Altísimo en el devenir de la institución.

Como ya se ha anticipado, las aguas luminosas pueden redistribuir internamente sus atributos ternarios, imitando en parte las polarizaciones de los masculinos, pero respetando el contraste claroscuro. Por ejemplo, las aguas inferiores pueden reconfigurarse como 2 masculinos (Hombres), uno semejante a un idólatra extravertido (con giro en un sentido y atributos ternarios azul, verde y rojo) y el otro a manera de su anti, introvertido como un ídolo (con giro contrario y anti-atributos ternarios amarillo, magenta y cian).

El re-direccionamiento mutuo de las acciones en el contexto de la dislocación de los atributos, desarticularía el régimen de coherencia y yuxtaposición (comunión de los santos), en el cual eran posibles las decisiones colectivas. Sobre todo en lo relativo a las permutaciones de atributos, pues al perderse el régimen de yuxtaposición, los efectos de las mismas podrían volverse irreversibles a perpetuidad.

CAPÍTULO 28

EL PECADO SEGÚN LAS ESCRITURAS SAGRADAS

El tema del pecado es difícil de abordar, por sus abundantes y a veces complejas referencias en las Escrituras Sagradas y por su amplia diseminación. En virtud de la penetración del pecado en el universo, quedaron matizadas con un tinte «moral» fenomenologías consideradas secularmente ajenas al problema del bien y el mal. En ciertos círculos religiosos la materia es asociada al origen de todos los males y la renuncia a lo material está considerada entre los logros espirituales. No obstante, el problema no está en toda la materia, sino en aquella centrada en el abandono del culto de adoración al Altísimo. Hay materia fiel al Creador susceptible de ser reconocida por su escasa interacción con aquella otra que dio la espalda al Altísimo para entregarse a un frenesí de interacciones mutuas. En el marco de la exégesis natural, el rechazo al culto de adoración al Altísimo con el consiguiente re-direccionamiento de las acciones será tratado como el pecado capital. En tanto que, la dislocación de los atributos será considerada como un acto complementario, de por sí, intrínsecamente inocuo.

En la Biblia el pecado es fundamentalmente un acto de desobediencia a Dios. Ya sea a órdenes dadas por Dios expresamente, como hicieron Adán y Eva. A los mandamientos entregados a Moisés en el Monte Sinaí o a las prescripciones religiosas dictadas en distintas instancias y oportunidades. Destaca entre todos esos pecados el primero, por acarrearles un cambio de estatus, no solo a su instigador, la serpiente (*nahash*, en hebreo quien descubre los secretos), sino también a Adán y Eva. Cambio extensivo a toda su descendencia por separación de sus réplicas, al quedar todos esos individuos por igual fuera del jardín del Edén. El problema de la irreversibilidad del primer pecado está, en que no fue cometido solamente por los seres humanos, sino también por los genios liderados por Iblis. Todo indica que las decisiones de Iblis y de un sector humano de filiación izquierda fueron definitivas, con lo cual se cierra el paso a la rectificación de los idólatras derechos.

Además, el pecado de los primeros padres parece haber dejado una huella de maldad en la naturaleza del ser humano, como bien lo expresa el Señor tras el Diluvio: «No maldeciré de nuevo la tierra por culpa del hombre, pues los pensamientos del corazón humano son malos desde su edad temprana…». Advierte también el Deuteronomio que no hay excusas para faltar a los mandamientos del Señor, pues ninguno supera la capacidad del ser humano:

No están en el cielo para que puedas decir: "¿Quién subirá al cielo por nosotros y nos dé el conocimiento para poderlos cumplir?". Tampoco están del otro lado del mar para que digas: "¿Quién pasará al otro lado del mar para nosotros y nos traiga noticias de ellos así que podamos cumplirlos?" Mas la palabra está muy cerca de ti, en tu boca y en tu corazón, para que puedas cumplirla.

Estando las formulaciones masculinas totalmente imbricadas con las femeninas, no sorprende que el Libro del Génesis plantee el primer pecado como un asunto de la pareja y no de sus integrantes. El relato bíblico en el Libro del Génesis sobre la caída de la pareja humana es extenso, motivo por el cual, la cita ha sido reducida a lo esencial:

> La serpiente, más astuta que cualquier bestia del campo hecha por Dios preguntó a la mujer: "¿Ha dicho Dios verdaderamente que no comáis el fruto de ningún árbol del jardín?" Y la mujer respondió: "Nosotros podemos comer el fruto de los árboles del jardín, pero del fruto del árbol que está en medio del jardín, Dios ha dicho: Si lo coméis o ponéis vuestras manos sobre él, la muerte os sobrevendrá". Y la serpiente dijo: "La muerte ciertamente no vendrá a vosotros, pues Dios sabe que el día en que comáis su fruto, vuestros ojos se abrirán y seréis como dioses, teniendo conocimiento del bien y del mal." Y cuando la mujer vio que el árbol era bueno para comer y una delicia a los ojos y deseable para volverse sabios, ella tomó su fruto y lo dio a su marido.

El texto pone al descubierto un interés por parte de la serpiente para lograr la concurrencia de Adán y Eva, con la finalidad llevar a cabo su proyecto. El desenlace perseguido por la serpiente es tomar el control de buena parte de la Creación, lo cual no lograría sin la adhesión de la pareja humana. La indispensabilidad del ser humano es debida, a la preeminente figuración de su formulación en aspectos esenciales del discurso luminoso. Los dos árboles del Edén, el del «conocimiento del bien y el mal» y el de la «vida», serían derivaciones del «árbol de las posibilidades» cuyas ramas contemplan secuencias decisorias. Elegir el camino del árbol prohibido implicaría traspasar los límites del triacontakaihexágono (los 36) en algún plano del múltiple (u t x y z). Dichos polígonos forman el muro de Jerusalén o lindero del jardín del Edén. Límite que sería infringido en la aventura de re-direccionar las transcripciones y acciones entre luces (idolatría), una vez dislocados los atributos condicionantes.

En los Evangelios el pecado es básicamente un acto consciente de abandono o rechazo a las prescripciones divinas. Sin embargo, cuando los textos de los 4 Evangelios son comparados en el contexto de la arquitectura cuaternaria discutida con anterioridad, emerge en segundo plano un planteamiento interesante. El lector recordará que el Evangelio de Juan llamado teológico, se mantiene aparte en muchos aspectos con relación a los 3 sinópticos. Uno de esos aspectos de carácter fundamental es la omisión de las 3 tentaciones de las cuales fue objeto Jesús después de su ayuno en el desierto. Dicha omisión podría asociase a la incuestionable fidelidad del Espíritu (al cual representa) con las condiciones iniciales de la Creación. Mientras el hecho de que las tentaciones a Jesús sean relatadas solo por los 3 sinópticos, circunscribe su alcance a los dominios propios del ser humano terrenal e Iblis. Más aún, los sinópticos, según recordará el lector, se dividen en dos, por un lado, Marcos y por el otro, la tradición Q de Mateo y Lucas. El primero figurando por el componente masculino del ser humano terrenal (Hombre) y los otros 2 por el componente femenino (Mujer). El evangelio de Marcos apenas toca de pasada las tentaciones a Jesús, pero no las ignora como Juan. Esa mención a las tentaciones permitiría asociarlo con un abandono del culto de adoración al Altísimo y la subsiguiente inclinación por la idolatría. Los Evangelios de la tradición Q presentan en cambio, un recuento minucioso para destacar el rol preeminente del componente femenino del ser humano (las aguas) en el cambio de actitud.

Básicamente, la narrativa en Q subraya el carácter ternario del pecado planteándolo en términos de 3 tentaciones, pero presentando una permutación en 2 de ellas. Cuestión vinculable a permutaciones en 2 de 3 direcciones independientes y para todo efecto práctico en el contexto terrenal, a una inversión de la terna derecha (x y z) (contraste claroscuro de las formulaciones femeninas). La presencia de 2 ternas con sentidos opuestos, como reflejándose en el origen, puede relacionarse con la dislocación del primer condicionamiento y su eminente figuración en la idolatría. Los 3 relatos, el de Marcos y los de Mateo y Lucas son copiados aquí en beneficio de los lectores:

> El Espíritu lo envió al desierto. Y él estuvo en el desierto por cuarenta días, siendo tentado por Satanás y estaba entre fieras y los ángeles lo cuidaban.

> Entonces Jesús fue enviado por el Espíritu al desierto para ser tentado por el Diablo. Y después de estar sin comida cuarenta días y cuarenta noches, tuvo hambre. Y el Diablo se acercó y le dijo: "Si tú eres Hijo de Dios, ordena a estas piedras para que se conviertan en panes"... Luego el Diablo lo llevó a la Ciudad Santa y lo situó en el alero del templo y le dijo: "Si eres Hijo de Dios, tírate desde aquí..."... De nuevo, el Diablo lo llevó a una montaña alta y le dejó ver los reinos del mundo y su esplendor y le dijo: "Todas estas cosas te daré si te postras y me adoras".

> Y Jesús, lleno del Espíritu Santo regresó del Jordán y fue guiado por el Espíritu Santo al desierto. Por cuarenta días fue tentado por el Diablo. Durante ese tiempo no comió nada y al final tuvo hambre. Entonces el Diablo le dijo: "Si tú eres el Hijo de Dios, ordena que estas piedras se conviertan en panes"... Y lo llevó a un lugar alto y le dejó ver todos los reinos del mundo en un instante. Y el Diablo le dijo: "Te daré autoridad sobre todo esto y su gloria, pues se me ha dado a mí y yo se lo doy a quien me plazca. Si me rindes culto, será todo tuyo"... Entonces lo condujo a Jerusalén, lo subió al alero del templo y le dijo: "Si eres Hijo de Dios, échate desde aquí..."

La figura 28.1 ilustra la permutación de las tentaciones presentes en los textos de Mateo y Lucas.

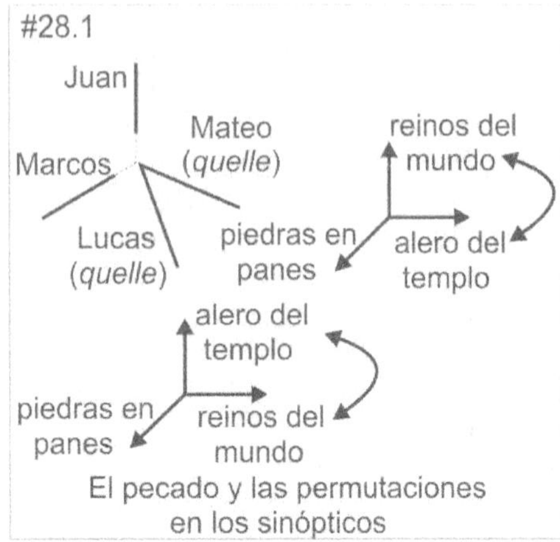

En Mateo y Lucas se invierte el orden con el cual son mencionadas las tentaciones por el «lanzamiento desde el alero del templo» y por los «reinos del mundo». Lanzarse desde el alero del templo (hacia abajo) en lugar de elevarse en adoración al Altísimo y postrarse ante Satanás para regodearse en lo mundano, deberían interpretarse como referencias a la idolatría. El eminente rasgo ternario y terrenal del acto pecaminoso es subrayado también por los 4 evangelistas, al referir la premonición hecha por Jesús (en nombre del Espíritu) a su discípulo Pedro (su contraparte terrenal): «En verdad te digo que esta misma noche, antes de que cante el gallo, tú dirás tres veces que no me conoces».

En el Corán las menciones al pecado y sus consecuencias son abundantes a todo lo largo del texto. Una lectura atenta permite descubrir una descripción muy estructurada sobre la naturaleza de los hechos, la cuota de responsabilidad de cada creatura y el contexto en el cual se produjeron. Un pasaje del Corán en la azora Muhammad endosa también el criterio según el cual, el pecado implica un cambio de dirección, pues: «Ciertamente, quienes se han dado vuelta después de que la dirección les había sido indicada, Satán los ha embelesado y les ha dado falsas esperanzas».

En cuanto a los antecedentes de la caída humana en el pecado, el Corán sitúa el origen del problema en seno del Consejo Altísimo. Si bien el agente de la revelación coránica declara su desconocimiento sobre algunos detalles de las desavenencias, aporta datos más que suficientes para conocer el fondo del asunto. Según puede inferirse, Iblis se rebeló en contra de las preferencias del Creador hacia la formulación humana, mientras aun prevalecía el ambiente de santidad de las condiciones iniciales. La azora Sad del Corán precisa además, que a la iniciativa de Iblis, debían plegarse buena parte de los seres humanos terrenales, con la finalidad de lograr el impacto deseado:

Di: Es un mensaje de importancia del cual os apartáis. No tengo conocimiento del consejo altísimo, cuando sus miembros se querellaron. Solo esto me ha sido revelado a mí, que soy simplemente quien les trae una advertencia. Cuando vuestro Señor dijo a los ángeles: "Ciertamente Yo voy a crear un mortal de barro. Así que cuando lo haya completado e insuflado en él parte de mi Espíritu ¡caed postrados, sometiéndose a él!" Y todos los ángeles se postraron, excepto Iblis. Él era orgulloso y él era uno de los incrédulos. Dios preguntó: "¡Oh Iblis! ¿Qué te previene de postrarte ante él a quien he creado con mis dos manos?..." Respondió: "Yo soy mejor que él, a mí me creaste del fuego y a él lo has creado de barro." Dios exclamó: "¡Sal de aquí! Ciertamente mi maldición estará en ti hasta el día del juicio." Satanás dijo: "¡Señor mío! Concédeme un respiro hasta el día de la resurrección." Dios contestó: "Ciertamente tú estás entre aquellos que tendrán respiro hasta el día determinado." Él exclamó: "Entonces por tu poder engañaré a cuantos pueda, a excepción de entre tus sirvientes a los puros." Dios dijo: "La verdad es y en verdad digo, que llenaré el infierno contigo y con aquellos que te sigan."

El lector reconocerá de inmediato en la cita anterior, datos de incuestionable valía para descubrir la naturaleza y las raíces del pecado. En primer lugar, el Consejo Altísimo incluiría a todos los seres creados, el Espíritu de Dios, el ser humano terrenal e Iblis, más otros dejados al margen por economía. En segundo lugar, la rebelión de Iblis antecede al pecad del ser humano y hay un grupo humano «los puros», cuya fidelidad hacia Dios se mantendrá incólume frente a la tentación de Satanás. Finalmente, Dios llenará el infierno con Satanás y sus seguidores humanos. Un paso indispensable para articular una exégesis natural sobre el asunto de la querella en el seno del Consejo Altísimo, consiste dar una interpretación a la orden dada por Dios: «¡caed postrados, sometiéndose a él!». Ciertamente la exhortación divina implicaría el reconocimiento y aceptación, por parte de todas las creaturas, del rol preeminente otorgado a la formulación humana por sobre todas las demás. La primera muestra del favoritismo divino está relacionada con el primer acto de la Creación, cuando Dios en su unicidad divina crea las aguas primordiales. Otro signo de predilección por lo humano se descubre en las encarnaciones cardinal y ordinal del discurso luminoso. También hay muestras de distinción en las formulaciones de los seres humanos celestial y terrenal, con sus actuaciones determinativas y directivas. Todas esas ocurrencias de lo humano en diversas instancias de la Creación constituyen la «encarnación del verbo». Donde la carne está representada, por todas aquellas formulaciones basadas en 1 parte con capacidad para ejercer el libre albedrío y 2 partes actuando a manera de medio neutro referencial.

La consideración del Creador por la formulación del ser humano contrasta con el rol secundario reservado a Iblis, quien permanecía confinado por la neutralidad de sus atributos ternarios y permutaciones. Ciertamente Dios pudo haber dispuesto la Creación de otra forma. Quizás Iblis esperaba ser agraciado por la distinción de precedencia, con lo cual la Creación habría estado basada, no en la carne, sino en el fuego. Lamentablemente no se cuenta con los recursos para especular, sobre lo que pudo ser y no fue. Los esfuerzos estarán más bien dirigidos a considerar en detalle, la iniciativa tomada por Iblis para salir del confinamiento y poder actuar en primer plano después de convertirse en Satanás. Empero, la dislocación de los atributos ternarios con la cual Satanás aspiraba salir del confinamiento, solo adquiriría sentido incorporando algunos seres humanos terrenales en su aventura.

El resentimiento de Iblis por el cual se convirtió en Satán ha contado con un amplio repudio por parte de casi todas las Gentes con Libro. Con la notable excepción de un grupo minúsculo de místicos del islam, entre quienes se puede citar al iranio Ahmad Ghazali (XI – XII d. C). En opinión del místico de Tus, Iblis no adoraría a otro distinto a Dios, de allí su negativa a postrarse ante una creatura como el ser humano. Según Ghazali, Iblis supuso que se trataba de una prueba puesta por Dios, no tanto a su obediencia, sino a su amor incondicional por su Creador.

Durante la peregrinación (Hajj) anual al menos una vez en la vida, los musulmanes deben dirigirse por 3 días a la localidad de Mina donde lapidan 3 pilares. Los 3 monolitos al-Aqaba, al-Wusta y al-Ula señalan los lugares de la triple tentación al núcleo familiar de Abraham, en contra de una prueba impuesta por Dios. El patriarca por mandato del Arcángel Gabriel lapidó a Satán por tentarlo a él, a su mujer Agar (XIX – XVIII a. C.) y a su hijo Ismael a desobedecer las órdenes divinas.

La rebelión de Satanás y sus seguidores causó una reconfiguración total del Consejo Altísimo, lo cual dio origen a un nuevo comienzo, considerado por algunos como el primer acto creador. Concebir la Creación a partir de un principio ígneo, como propuso Heráclito de Éfeso, tuvo numerosos seguidores en la antigüedad. Los estoicos hicieron de la ecpirosis un evento cíclico de regeneración, del cual habría de surgir a cada vez, un cosmos enteramente nuevo. No obstante, los estoicos encabezados por Panecio de Rodas (II a. C.) abandonaron la doctrina de la ecpirosis para adoptar la tesis de la eternidad del mundo. Uno de los simpatizantes cristianos de la ecpirosis del filósofo de Éfeso fue Clemente de Alejandría (II - III d. C.). Siguiendo a Heráclito, el pensador alejandrino pensaba que este mundo no fue hecho por Dios ni por hombre alguno. Pues ha sido, es y seguirá siendo, un fuego permanente. La exégesis natural llevada a cabo en estas páginas no endosa cosmogonías con un origen ecpirótico, aun cuando contemple una conflagración de tales características, en una etapa intermedia del devenir cósmico.

Antes considerar en detalle la querella suscitada en el Consejo Altísimo, conviene abrir un paréntesis con el propósito de considerar la naturaleza del «tiempo», largamente ignorada hasta el momento. La ocasión es propicia, pues es justo ahora cuando se cuenta con elementos suficientes para abordar el tema.

CAPÍTULO 29

EL TIEMPO EN LA CREACIÓN

La expansión discreta de los aspectos divergentes masculinos y la mediación de los desarrollos rotacionales femeninos entre sus transcripciones, constituyen la esencia del orden observable en el discurso luminoso. Inicialmente, los desarrollos eran llevados a cabo de igual forma y coherentemente en los todos los planos y las direcciones (t), (x), (y) y (z) registraban comportamientos semejantes, aunque independientes. Sobre la premisa de una retracción divina hacia el empíreo, dichos desarrollos fueron concebidos en términos de la apertura de un dominio destinado al culto y adoración al Altísimo. Básicamente, dicho culto consiste en la transcripción de las luces y en el intercambio de acciones neutras con el Altísimo tras el empíreo, en un intento permanente por alcanzar e interactuar con Dios. El avance del frente divergente original en la tétrada (t x y z) continúa expandiéndose a manera de un «glomo» o 3-esfera (una esfera en 4 dimensiones).

A raíz de la querella centrada en el dominio terrenal del Consejo Altísimo, las acciones y las transcripciones de las fuentes fueron re-direccionadas hacia otras luces. Cambios que estuvieron acompañados por una reconfiguración de los condicionamientos primero, segundo y tercero. Dichas iniciativas condujeron a una dispersión caótica de las fuentes de cada formulación, pero solamente en el seno de la terna (x y z). A partir de aquel momento, el conjunto de decisiones irreversibles tomadas por Iblis y el ser humano terrenal, terminaron para siempre con la coherencia cuaternaria de las condiciones iniciales.

Nace así «el espacio», un dominio ternario donde se concentran todos los rechazos a la rectitud del culto de adoración al Altísimo tras el empíreo. A pesar de su carácter subversivo, todas esas iniciativas obtuvieron las determinaciones del Espíritu correspondientes y fueron realizadas por Dios, al mantenerse dentro de las disposiciones originarias de la Creación. Además de ejercer su rol determinante, el Espíritu impuso la continuidad de las condiciones iniciales en dirección (t), convirtiéndola en un santuario de fidelidad hacia el Creador. La fidelidad del Espíritu determinó además, la permanencia de las condiciones iniciales (neutralidad local) en todos los planos y ternas donde interviene, preservando en todos ellos el culto de adoración al Altísimo. Así, e independientemente de las decisiones tomadas en la terna (x y z), las luces masculinas continúan en (t) con el desplazamiento inicial de sus fuentes y con el direccionamiento de sus acciones neutras hacia el empíreo. De una manera irreversible y sin retornos. Cabe mencionar sin embargo, que en ciertas instancias los contrarios en las aguas van en sentidos opuestos en dirección (t), en lo que se refiere a sus respectivas sucesiones ordinales. Cuestión que no es observable a escala macro (es algo interno) y por lo tanto, no muy relevante, pues no afecta las cadenas causales.

Hasta este punto se ha identificado a (t) como la dirección independiente sobre la cual, se registran las determinaciones sucesivas y secuenciales del Espíritu. Pero lo propio de (t) trasciende la naturaleza del ser humano terrenal y por lo tanto, no debería formar parte del discurso humano. Aun así, es obvio que el Espíritu determina las posibilidades espaciales planteadas por el ser humano terrenal, «haciéndose esperar» unas veces menos otras veces más. Por su capacidad para dictar los términos del devenir, el Espíritu ha sido considerado dueño del «tiempo» y de la historia. De él depende la sucesión del ser humano ordinal, la cual determina, orquestando sus actuaciones en todas las luces, con la finalidad de intervenir en las cadenas causales de manera imperceptible. En principio, las determinaciones del Espíritu deberían realizarse dentro o en los límites del triacontakaihexágono del plano (u t) (muro de Jerusalén o lindero del jardín del Edén). Empero, dependiendo de la naturaleza de las actuaciones a determinar y realizar, la fidelidad de Dios llegaría al extremo de acompañar a sus creaturas en sus desventuras. Incluso, según Moisés de León, Dios estaría dispuesto a acompañar a Israel al exilio (fuera de los límites del triacontakaihexágono en (u t)).

A partir de este punto, (t) será identificado con el tiempo físico o propio de las luces, no tanto a manera de un registro pasivo del devenir (un reloj), sino como su forjador—en física es representado por la letra griega τ (tau). Después de la querella las progresiones en la terna (x y z) continuaron siendo secuenciales, pero con la posibilidad de cerrarse en lazos. Por tal motivo, las luces plegadas al conflicto podrían volver, en términos relativos, a transcribir sus fuentes a localidades espaciales donde ya habrían estado. A pesar de la posibilidad de recurrencia en las transcripciones espaciales de las fuentes, la evolución temporal del universo es irreversible. Esa característica es debida, a la finitud del número de luces y de las potencialidades evocadas por el abandono de las condiciones iniciales.

Es entonces factible establecer correspondencias entre las irreversibilidades originada por la finitud de la querella y por el desplazamiento de las luces en su tiempo propio. Los filósofos de la ciencia suelen asociar la irreversibilidad de los procesos con la «flecha del tiempo» (hacia el futuro) y la cuantifican termodinámicamente como «entropía». Dicha cantidad, conceptualizada por el físico prusiano R. Clausius (XIX d. C.) se considera una medida del desorden de un sistema, que siempre va en aumento en detrimento del alcance de su propia dinámica. Dado que el concepto de «entropía» no es fácil de captar será reemplazado por «envejecimiento». En lo que sigue, (t) representará el tiempo propio de las luces y no una medida el envejecimiento de sus agregados (entropía), el cual corre en paralelo con la perpetuidad.

La posibilidad está entonces abierta para representar sobre una base cuaternaria impar del tipo 1-3, los distintos patrones de comportamiento en la conjugación de los seres humanos celestial y terrenal. Por lo tanto, las consideraciones ofrecidas en este capítulo quedan situadas en el umbral de los enfoques «dimensionales», propuestos por filósofos de la ciencia para distinguir entre tiempo y espacio. No habido sin embargo, una respuesta satisfactoria por parte de los proponentes de los enfoques dimensional, geométrico o causal para aclarar las diferencias entre el tiempo y el espacio. Otros tratamientos más promisorios en la búsqueda de una diferenciación han sido fundamentados en las llamadas «leyes de la naturaleza» y el tipo de expresiones matemáticas derivadas de estas. Tal posibilidad se presenta, ya que el lenguaje matemático tipifica con claridad en sus expresiones, roles distintos para el tiempo y el espacio. En cuanto a la exégesis natural aquí ofrecida, las diferencias entre el tiempo y el espacio derivan de las disposiciones originarias, de las condiciones iniciales y de la querella; todas ellas agrupadas bajo el término «leyes de la naturaleza».

La idea de considerar el tiempo como una cuarta dimensión, en adición la terna espacial, fue introducida en la «*Enciclopedia*» (*Encyclopédie*) por el pensador francés J. D´Alembert (XVIII d. C.) y popularizada en novelas posteriores. Al cabo de un poco más de un siglo, el físico y matemático húngaro M. Palágyi (XIX – XX d. C.) propuso representar el tiempo sobre una dirección independiente de tipo imaginario. Un lustro después de Palágyi, el físico y matemático francés H. Poincaré adoptó dicha representación y empleó la velocidad de la luz para convertir unidades de tiempo en unidades espaciales y viceversa. La propuesta del matemático francés constituyó el primer paso para formalizar en física, el espacio tiempo como un todo de 4 direcciones independientes medidas con las mismas unidades. Poco después, el matemático y físico ruso H. Minkowsky (XIX – XX d. C.) postuló una «signatura métrica» para calcular distancias en el múltiple espaciotemporal. En algunas convenciones de la signatura, el cuadrado del tiempo figura con signo menos (–) y los de las 3 direcciones de la terna espacial con más (+). Ambas propuestas se ilustran en la figura 29.1 a continuación.

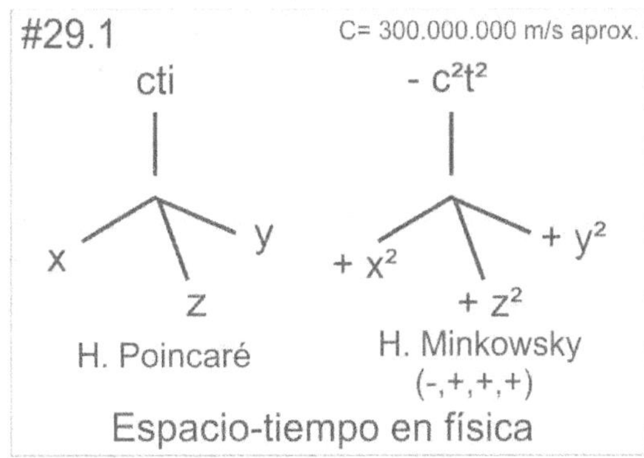

El zoroastrismo zurvanita es la única doctrina religiosa de las Gentes con Libro, cuyo Dios Padre antecede a toda existencia en un tiempo y espacio infinito. Y desde luego, su florecimiento en Mesopotamia influenció regionalmente el pensamiento islámico, dando lugar a discusiones recurrentes sobre la relación entre Dios y el tiempo. La polémica fue suscitada desde muy temprano por el filósofo iranio Abu Abbas al-Iranshahri (IX d. C.) y luego acrecentada por el médico y filósofo, también iranio, Muhammad ibn Zakariya al-Razi (IX - X d. C.). Se especula que al-Razi tomó de al-Iranshahri ideas sobre la eternidad del Creador, del alma, del tiempo, del espacio y de la materia. En tanto que al-Iranshahri a su vez, se habría inspirado en antiguas doctrinas persas con influencia *vaisesika*. Lo cierto es que con el surgimiento safawí, renació una filosofía centrada en abordar el tema de Dios desde la majestuosa perspectiva del tiempo.

En todos los enfoques era preservado el concepto de la «creación a partir de la nada» (*creatio ex nihilo*), postulado al cual se han plegado numerosos teólogos de las Gentes con Libro. Algunos pensadores de la antigüedad concebían la nada, como consorte de un Dios en su absoluta soledad. Así como una Creación globalmente neutra lo es de su Creador y las aguas luminosas, también neutras, lo son de los componentes masculinos aire y tierra: «Hagamos un hombre a nuestra imagen y semejanza...». Empero, no han faltado posturas escépticas sobre la nada, entre ellas la de ben Maimón, quien en su Guía contempló la posibilidad de una «creación desde una materia pre-existente» (*creatio ex materia*).

Los seguidores en Isfahán de al-Iranshahri y al-Razi, entre ellos Sayyed Jamal al-Din Khwansari (XVII - XVIII d. C.), llegaron a elaborar profusamente sobre el concepto de la realidad de Dios siempre nueva y eterna. En sus esfuerzos por ofrecer un planteamiento coherente, aquellos pensadores formularon distintas categorías de tiempo, sin otro resultado aparente que el de avivar aún más la polémica. Durante el largo período de las discusiones sobresalieron filósofos de la talla de Mir Damad (XVI - XVII d. C.), nieto de un influyente clérigo del chiismo durante el gobierno de Shah Tahmasp (XVI d. C.). Por la agudeza y originalidad de sus propuestas fue apodado «tercer maestro» (después de Aristóteles y al-Farabi). El pensador iranio destacó desde joven por su memoria prodigiosa e inteligencia, gozando en vida de gran fama y de la tutela de Shah Abbas I (XVI - XVII d. C.) y de su sucesor Shah Safi (XVII d. C.).

El pensamiento de Mir Damad se inspiró en la doctrina aviceniana de las 3 categorías del ser con raíces neoplatónicas para postular 3 contextos «temporales»: eternidad, perpetuidad y tiempo. El primer contexto o eternidad no tiene comienzo ni final y pertenece a Dios únicamente. La perpetuidad tiene un origen temporal causado por Dios y es el dominio donde los existentes obtienen su realismo epistémico. El tiempo propio o físico es el dominio donde las elecciones espaciales de los existentes son determinadas. Los 3 contextos temporales serían independientes, pero estarían vinculados por una relación de orden de tipo ontológico (relativo a la consideración metafísica del ser). En un intento por asimilar el pensamiento de Mir Damad podría afirmarse que la eternidad de Dios se expresa, desde más allá del empíreo y hasta el origen de las fuentes. En cuanto a los otros dos contextos «temporales» independientes, es posible establecer un paralelismo entre el Ungido sobre (u) y la perpetuidad; en estrecha analogía con el ya planteado entre el Espíritu y el tiempo propio o físico registrado en (t).

Según se ha dicho aquí la Creación es portadora globalmente neutra de la voluntad de Dios. Los seres humanos se querellaron con su Creador en su reducto (x y z) donde quedaron fragmentados pero no en (u) ni en (t), donde los Ungidos y el Espíritu realizan y determinan los eventos en favor de los designios divinos. Adicionalmente, consideramos n direcciones independientes compactadas en las ubicaciones posibles de las fuentes puntuales de las partículas elementales, donde situamos al Dios Creador, para asegurar el cumplimiento de las disposiciones originarias (las leyes universales de la naturaleza).

Cuantitativamente hablando, se agrupan en (t) y p_t bajo la signatura métrica de Minkowsky las cuantificaciones correspondientes a (u) y p_u. De acuerdo a las consideraciones hechas en párrafos anteriores, la significación rotacional ancilar quedará expresada en los términos indicados a continuación:

$$\left[(1+p_x xi/n)^n \times (1+p_y yi/n)^n \times (1+p_z zi/n)^n \times (1-p_t ti/n)^n\right]_{n\to\infty} = e^{p_x xi + p_y yi + p_z zi - p_t ti}$$

Significación rotacional asociada a (x), (y), (z) y (t)

El tiempo (t) junto con la dirección de los Ungidos (u) y la dirección ancilar (i), configuran un múltiple de 3 direcciones identificado con el «cielo» de las Escrituras Sagradas. Se mantiene la denominación «Tierra», en alusión al planeta 3, para el múltiple conformado por la terna (x y z), evitando confusiones con el proto-elemento homónimo.

El ser humano terrenal y su exteriorización biológica se desenvuelven libremente en el dominio de la terna espacial. En tanto que sus unidades constituyentes mantienen una presencia puntual en las direcciones independientes del cielo, donde no gozan de los mismos privilegios. Aunque en un contexto más amplio, la limitación dimensional trae a la mente la alegoría de la «caverna de Platón» presente en el *Libro VII de la república*. Allí, en condiciones de aislamiento, vivían unos hombres condenados a ver solo la proyección de las sombras de múltiples figuras en la pared del fondo de la cueva, en la cual estaban confinados.

CAPÍTULO 30

LA QUERELLA Y EL PECADO DE ADÁN E IBLIS

En capítulos precedentes han sido postulados y considerados con cierto detalle los grados de libertad presentes en el discurso luminoso al inicio de la Creación. También fueron traídos a colación algunos planteamientos de las Escrituras Sagradas, acerca de la naturaleza del pecado y de quienes lo cometieron. Corresponde ahora precisar las formas de participación de cada creatura del Consejo Altísimo, en el contexto de la querella suscitada en su seno. Los textos religiosos tratan con suma prudencia el alcance cósmico del pecado, por la complejidad del tema, las deficiencias propias del lenguaje y los riegos asociados a una interiorización inadecuada. A pesar de la discreción, es posible entrever lo esencial de las desavenencias surgidas entre el Creador y buena parte de su Creación, las cuales serán abordadas en este capítulo. Los méritos interpretativos de dicho esfuerzo podrán juzgarse posteriormente, a la luz de su congruencia con los hechos observables.

Narra la Biblia que la primera pareja humana fue expulsada del jardín del Edén, tan pronto tuvo la oportunidad de elegir entre su Creador y la oferta de la serpiente. Pues ya en aquel entonces, el cabecilla de la iniquidad buscaba medrar a sus anchas por esos dominios. Las advertencias divinas a potenciales infractores tampoco parecieron ser suficientes para preservar el cauce de la Creación, ni siquiera ante la posibilidad de drásticas rectificaciones. La razón de esos desencuentros la conocerá el lector de primera mano, cuando responda para sí la pregunta siguiente: ¿Estaría Usted dispuesto a abandonar en el acto su presencia en este mundo para ir en pos de su Creador? casi la totalidad respondería sí, pero primero hay cosas por resolver, pues como bien apunta Lucas: «Y dijo a otro: "Ven tras de mí". Pero este le respondió: "Señor yo te seguiré, pero permíteme antes ir a velar a mi padre". … Otro hombre dijo a Jesús: "Yo iré contigo, Señor, pero permíteme primero que me despida de quienes están en mi casa"». La elección ha estado, entre dedicarse a Dios de inmediato y por entero o a las creaturas y la decisión ha sido, casi sino siempre, en favor de las últimas. El mismo dilema estaba planteado a escala luminosa, transcribirse y dirigir las acciones hacia el empíreo según lo exige el culto al Altísimo o hacia otras luces como demanda la idolatría.

El verdadero pecado del ser humano terrenal fue despreciar el culto de adoración al Altísimo tras el empíreo para inclinarse en favor de la idolatría. Con las dislocaciones de los atributos figurando como meros «actos complementarios» que dejaban a las disposiciones originarias la preservación de la neutralidad global. Según ha sido planteado de manera insistente, el rasgo más notorio del pecado es su carácter ternario. De allí que con relación a los verbos, esté centrado en la conjugación de 3 de ellos, dirigir, transcribir y componer. En los planos el pecado está confinado a 3 de los 10 del múltiple $(u\ t\ x\ y\ z)$, más precisamente a los 3 de la tierra $(x\ y)$, $(y\ z)$ y $(z\ x)$, donde las fuentes adquirieron identidad propia. La dislocación de los atributos abarcó los condicionamientos primero, segundo y tercero y fue cometido por ¾ de los 8 terrenales del consejo.

Por otro lado, el condicionamiento cero (la geometría), la conjugación del verbo determinar, los desarrollos donde (u) y (t) participan y ¼ de las luces, preservaron lo esencial de las condiciones iniciales. Esa fracción minoritaria de las luces (2 de 8) fieles al culto de adoración al Altísimo y por lo tanto, prácticamente ajenas al posterior devenir material del cosmos, serán denominadas «santos». Su participación en la dislocación de los giros se debe, más a su posición residual frente a un colectivo mayoritario en el Consejo Altísimo que a una iniciativa propia.

Las próximas líneas estarán dedicadas a considerar los detalles de la querella, con la finalidad de comprender de qué manera ha sido posible llegar al estado de cosas actual. Pero antes de entrar de lleno en la cuestión, conviene advertir que por razones de índole práctica se seguirá un enfoque heurístico y no causal o cronológico. En tal sentido conviene recalcar que las decisiones irreversibles tomadas por algunos terrenales fueron posibles, debido al régimen de permutaciones de sus atributos prevaleciente durante su yuxtaposición al inicio. Una vez dislocados los atributos y ejecutado el re-direccionamiento de las acciones entre luces, ocurrió una desbandada de las fuentes luminosas en el seno de la terna (x y z). La nueva configuración implica transcripciones de las fuentes y direccionamientos de las acciones, fuera de los límites del muro de Jerusalén (o lindero del Edén) o triacontakaihexágono, en cada uno de los planos. Adicionalmente, la contumacia de las luces de filiación izquierda le ha dado un carácter irreversible a los hechos, comprometiendo el destino de las luces de filiación derecha.

Para visualizar los detalles de la querella conviene tener presente las formulaciones propias del ser humano e Iblis, pues sin la concertación de ambas creaturas habría resultado imposible. El primer objetivo de los infieles a considerar es la división del consejo, con la mayoría de las luces (6 de 8) optando por dislocar rotaciones y giros, comprometiendo circunstancialmente a la totalidad. Así, el consejo quedó dividido en 2 grupos de 4, las luces de filiación derecha girando en según la regla de la mano derecha y las izquierdas al contrario. Si al giro se agrega el desplazamiento de todas las unidades, se estaría frente a helicidades. Y dado a su vez que el conjunto se transcribía a la velocidad máxima de la luz, las helicidades solo podían desarrollarse en torno a la dirección de propagación (por ejemplo (z)). El segundo objetivo a tratar es la permutación de los atributos del primer condicionamiento. De acuerdo al esquema ideado por Satanás, quedaron 2 luces de filiación derecha y 1 izquierda orientadas hacia afuera (los idólatras) y 3 luces de filiación izquierda orientadas hacia el hexágono primordial (los ídolos), rompiendo así la simetría original. En tercer lugar, se aborda la actuación de Iblis sobre los ídolos, con miras a reclamar para sí una figuración en primer plano. Su maniobra consistió en dislocar espacialmente los atributos ternarios distinguidos cromáticamente y reducir las permutaciones bajo las cuales yacía sepultado.

La figura 30.1 muestra a los terrenales de filiación izquierda con sus orientaciones polarizadas y los atributos ternarios dislocados espacialmente. Las polarizaciones son indicadas mediante trazo grueso en los hexágonos primordiales de los 3 ídolos y en la circunferencia de 1 idólatra, siguiendo la convención sugerida en la figura 27.1. Las letras «a», «v» y «r» indican los colores azul, verde y rojo con los cuales se distinguen los atributos ternarios. Las flechas negras indican la esencia de la idolatría en términos de intercambios de acciones.

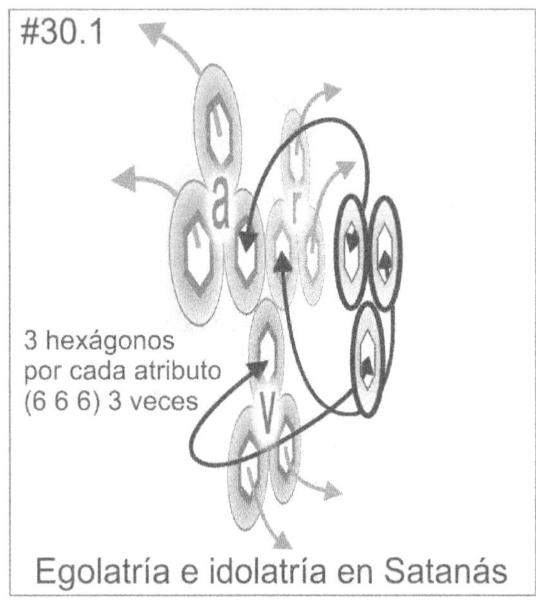

Las 6 flechas grises señalan actitudes demandantes de idolatría, por parte de las 6 luces insatisfechas de la dislocación cromática. Los 3 juegos dobles azules, verdes y rojos de la figura 27.3 se condensan en uno solo de cada color para simplificar las ilustraciones.

Los 3 ídolos tienen sus orientaciones hacia sus propios orígenes hexagonales, generando así la cifra de la bestia, el 666 mencionado por Juan en su Apocalipsis: «a quien tenga conocimiento déjenlo obtener la cifra de la bestia. Porque es el número de un hombre y ese número es 666». La triple característica de la cifra 666 expresa el rasgo ternario del pecado y la figuración dominante de lo ígneo y de sus atributos ternarios. En tanto que el 6 se referiría, al número de infieles en cada unidad del Consejo Altísimo y a la figura del hexágono primordial erigido en ídolo. Según el Yasna IX del Zend-Avesta, el dragón Dahaka posee 3 bocas, 3 cabezas y 6 ojos, miles de poderes y una fuerza imponente y es el demonio de la mentira. Así, Satanás con la anuencia de algunas formulaciones humanas sustituyó la oscuridad del empíreo por las tinieblas del hexágono primordial, convertido en sumidero de las acciones de los idólatras.

Los 3 pares de luces demandantes de idolatría podrían asociarse a una de las exteriorizaciones de los 3 ídolos femeninos preislámicos. Esos demonios fueron mencionados por el profeta Muhammad en un versículo de la azora La Estrella, vinculado a la controversia de los llamados «versos satánicos»:

> ¿Habéis entonces considerado a Lat, Uzza y la otra tercera, Manat? ¿Son los varones para ustedes y para Él las hembras? ¡Esto ciertamente es una división injusta! No son más que nombres que, vosotros y vuestros antepasados les habéis dado. Dios no ha hecho descender ninguna autoridad sobre ellas. No hacen sino seguir conjeturas y los deseos de sus almas. Y ciertamente, la dirección ha venido a ellos de su Señor.

La figura 30.2 presenta una de las permutaciones posibles al momento de identificar a al-Lat, al-Uzza y a Manat, en el contexto de la dislocación de atributos ternarios.

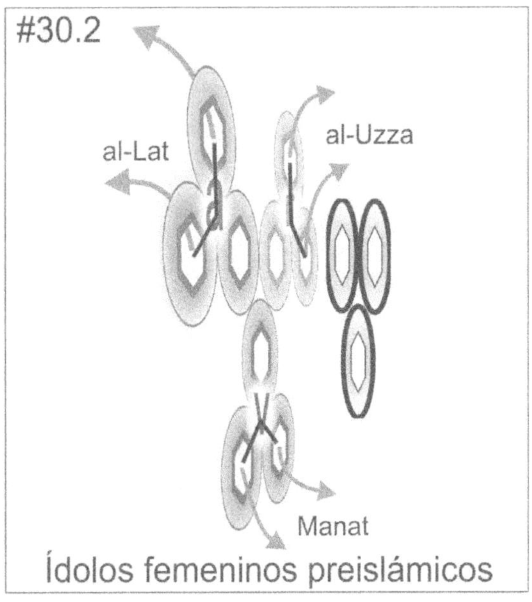

Habiendo delineado a grandes rasgos lo esencial de la querella, conviene resumir el estado de cosas imperantes a partir de aquel suceso. El efecto combinado del direccionamiento mutuo de las acciones entre luces y las dislocaciones de los atributos destruyó la singularidad del Consejo Altísimo, causando una violenta expansión del universo—dentro de (x y z). Hasta ese momento confinado al reducido espacio de unos entes luminosos indiferentes y yuxtapuestos en el Consejo Altísimo. Se desató un verdadero infierno de violentas y abundantes interacciones, por atracciones y repulsiones entre luces con orientaciones y atributos ternarios distintos o iguales. Una actividad intensa, donde formas transitorias constituidas por todo tipo de fragmentos eran decantadas hacia estructuras más estables, a las cuales Satanás y los suyos habrían tenido por objetivos.

Las Escrituras Sagradas no son muy explícitas con relación al tipo de estructuras derivadas de la querella. Sin embargo, resulta fácil prever que debía tratarse de formas definitivas destinadas a prevalecer de una manera o de otra. Claro está, siempre y cuando el Creador no desistiese su obra y dejara de realizarla. Después de todo, Satanás y los suyos solo se valieron de los grados de libertad disponibles. La ilustración 30.3 muestra la fragmentación expansiva a causa del pecado de Adán e Iblis, comúnmente conocida como *Big Bang*.

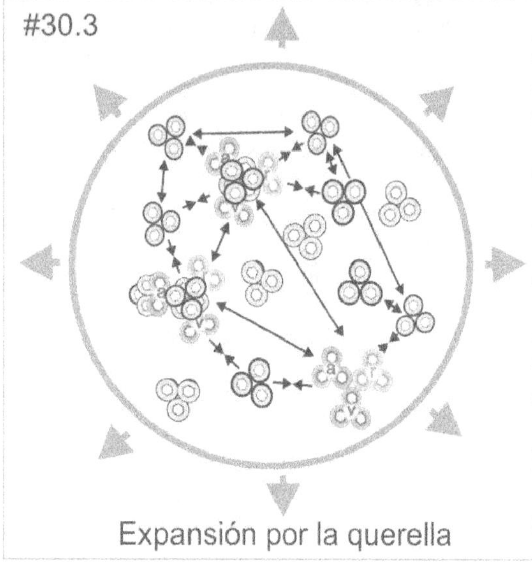

En la ilustración se incluyen algunas de las estructuras con potencial para resurgir de cualquier medida correctiva del Creador. También son señaladas, algunas de las atracciones y repulsiones por el intercambio de acciones entre los protagonistas, las cuales han sido indicadas mediante doble flechas. A pesar de no participar en la dinámica de ídolos e idólatras, los santos fueron arrastrados en virtud de sus entrelazamientos con las luces de ambas filiaciones. Ciertamente Satanás y los suyos tendrían previsto algún tipo de medida correctiva por parte del Creador, pero contaban con que Él respetaría de alguna forma las resultas de la querella.

La fragmentación arquetípica producida por la querella restringió severamente los grados de libertad reduciéndolos a un libre albedrío residual. Como la fragmentación y la dispersión solo ocurrieron en la terna inferior (x y z), donde moraban los arquetipos rebeldes, su libre albedrío residual solo les permite escoger direcciones y localidades espaciales—localidad. También dio origen a incontables unidades elementales, ya inexistentes, precursoras de las partículas elementales. Los Ungidos y el Espíritu Santo permanecieron fieles a su Creador y por lo tanto continúan ejerciendo su libre albedrío bruto globalmente a perpetuidad y en el tiempo.

CAPÍTULO 31

LAS FUERZAS DESATADAS

Uno de los efectos inmediatos del abandono de las condiciones iniciales de la Creación a raíz de la querella fue la «polarización» de las aguas luminosas. La presencia de masculinos condicionados (Hombres) despertó el carácter reactivo de las aguas, ocasionando una reconfiguración de sus pares contrarios (contraste claroscuro) en los términos ya expuestos. Bajo su forma polarizada, las aguas habilitan la constitución de los «portadores de las fuerzas de intercambio», produciendo constantemente nuevas configuraciones luminosas equivalentes bajo el imperativo de las disposiciones originarias. Si los terrenales querellantes aspiraron a convertirse en módulos con los cuales edificar la idolatría, las aguas luminosas y los contrarios evocables en ellas actuaron como «argamasa» para unirlos.

Se abordarán dos tipos de polarizaciones, la primera causada por los terrenales dotados de orientación y la segunda por efecto de la dislocación de los atributos ternarios. La disolución de la sal común en el agua química, podría considerarse como un ejemplo típico de la exteriorización de las polarizaciones por orientación. En el caso de la sal de mesa (cloruro de sodio NaCl), el agua química se polariza y actúa como dieléctrico, habilitando la separación de los iones de cloro (Cl$^-$, *chlóros* verde-amarillo en griego) y sodio (Na$^+$) con cargas eléctricas opuestas. En tal sentido agregan los sinópticos: «Vosotros sois la sal de la tierra. Pero si la sal pierde su sabor, ¿cómo se salará de nuevo? Para nada sirve, sino para tirarla y que la gente la pise». Por tal motivo, se empleará el término «disueltos» para referirse a la condición de los pares de contrarios presentes en las aguas luminosas, independientemente del origen de su polarización. Conviene recordar la asociación hecha anteriormente entre las aguas del discurso luminoso y el vacío para poner énfasis desde ahora en las excitaciones de los contrarios que las forman y saturan.

Las Escrituras Sagradas apenas hacen referencia al tema de las aguas saturadas de contrarios en contadas ocasiones y siempre con relación a la exteriorización antes sugerida. Un claro ejemplo aparece en el libro de Josué cuando narra la aversión del pueblo hebreo hacia las aguas salobres: «entonces contaréis a vuestros hijos la historia y diréis: "Israel cruzó este Jordán por tierra seca"... como hizo el Señor con el mar Rojo, el cual secó ante nosotros...». El desempeño habilitante de las aguas, en relación con la querella, se sumó al cúmulo de argumentos en favor de relegar la mujer a un segundo plano en lo religioso. Recuerde el lector en tal sentido, el tenor cíclico (pensar en sí mismo) del carácter femenino o rotacional del discurso luminoso, constituido por lazos cerrados sin pasar por Dios.

En el Yasna LXVII del Zend Avesta se revela la creación de «aguas buenas» por parte de Ahura Mazda y la tradición afirma que Angra Mainyu (el demonio) saló parte de ellas. Por su lado, el Libro del Apocalipsis de Juan habla de un mar bajo los tronos de Dios y de Satanás: «Y ante el trono había algo parecido a un mar transparente de cristal...»; «Y yo vi como un mar de cristal, mezclado con fuego y quienes habían vencido a la bestia, a su efigie y a la cifra de su nombre estaban en sus posiciones sobre el mar de cristal...». En el Nuevo Testamento, tampoco faltan acusaciones en contra de lo femenino, por haber cedido ante la oferta de Satanás, según lo señala Pablo en su Primera Carta a Timoteo, ya citada.

Los mandeos (secta todavía hoy presente entre grupos minoritarios al sur de Iraq, Siria y Jordania) califican como sucias a las aguas involucradas en los planes de Satanás. Se piensa que el mandeismo tuvo su origen en una secta hebrea heterodoxa, cuya emigración de Palestina a Mesopotamia ocurrió al comienzo de la era cristiana. A las antiguas creencias hebraicas fueron sumándose otras de diversos orígenes con un acentuado tinte dualista. Se presume que conocieron el cristianismo a través de los discípulos de Juan el Bautista, por la admiración que le profesan y por adoptar su ritual del bautismo con agua.

La cosmogonía mandeista está basada en la existencia de 2 principios independientes denominados, el Padre de la vida eterna (Mana) y el rey de las tinieblas. Los pobladores del reino del bien, los *«uthra»* están liderados por Mana, mientras los habitantes del reino del mal por «Ruha» (demonio femenino). El mundo y el ser humano tienen origen en la nefasta colaboración entre algunos *uthra*, encabezados por «Ptahil» (Hijo del Creador) y Ruha. Ambos trabajando a espaldas del Padre de la vida eterna con sus propias substancias, luz y agua sucia. Como resultado, hay una luz (el alma) atrapada en las tinieblas del agua sucia, anhelando reunirse de nuevo con el Padre de la vida eterna y los *uthra*. El profeta de la verdad llamado «Manda da Hayye» es enviado por el Padre con la misión de revelar la «ciencia de la vida eterna» a quienes merezcan tal gracia. Entre quienes ya se han salvado cuentan a Juan el Bautista, a quien veneran en medio de un culto donde conviven elementos hebreos y cristianos.

El libro sagrado de los mandeos es el Ginza (Tesoro), escrito en arameo oriental desde el siglo III d. C. Posiblemente debido a rivalidades en el terreno religioso que nunca han faltado, destacadas figuras del judaísmo, del cristianismo y del islam, entre ellas Moisés, Jesús y Muhammad fueron catalogados como falsos profetas. Tales apreciaciones han valido a los mandeos el repudio generalizado de los seguidores del patriarca Abraham. Sin embargo, la influencia zoroástrica sobre el mandeismo y el exiguo número de sus seguidores lo han hecho pasar desapercibido.

El texto gnóstico *«Fe en la sabiduría»* (*Pistis Sophia*) escrito durante el siglo II d. C., culpa a Sofía, hija de «Barbelo» (primera emanación en la cosmogonía gnóstica), de dejarse seducir por la luz de «Autades». El astuto demonio se las arregló para que Sofía lo confundiera con el Dios Padre. Con ese engaño luminoso Autades la tentó al caos bajo los 12 eones, donde quedó atrapada por el poder del mal. Así nace la materia, fruto del pecado de Sofía.

En la tradición islámica de los hadices, también se hace referencia a las aguas como fundamento para la actuación de Satanás pues: «Jabir reporta que el

Mensajero de Alá dijo: "Iblis sitúa su trono sobre agua…"». Otras doctrinas de corte similar podrían traerse a colación, sin mucho que agregar al fondo del problema de la participación indispensable de las aguas en la edificación de la idolatría.

Después de la querella, las aguas se comportan de diversas formas, entre las cuales pueden mencionarse; su polarización en pares contrarios; varias formas de excitación de sus contrarios; su separación en pares contrarios y su formación en la aniquilación de pares contrarios. Las excitaciones pueden ser de tres tipos, transversales a la dirección de transcripción, longitudinalmente con esta esta o escalares en dirección (t). Conviene aclarar que todas esas fenomenologías solo ocurren en el seno de la tétrada (t x y z) y se abordará únicamente lo relativo a los dos tipos de polarización justo antes mencionadas. Sus efectos solo son observables, a causa de los cambios de comportamiento causados en los masculinos a los cuales se vinculan. Para evitar visualizaciones inadecuadas de estas fenomenologías, conviene subrayar una vez más que ni las luces masculinas, ni sus aguas se «desplazan continuamente» en (x y z). Esos objetos solo transcriben sus fuentes de un punto a otro de sus propias geometrías, vía la mediación de sus cuantos rotacionales.

De acuerdo a la tradición, la casa de la Anunciación a María en Nazaret fue llevada milagrosamente por ángeles hasta su destino en el pueblo italiano de Loreto. Análogamente, la azora Las Hormigas informa que el trono de la reina de Saba (X a. C.) fue llevado ante la presencia del rey Salomón en un abrir y cerrar de ojos (a la velocidad de la luz). Quizás entre las representaciones plásticas de carácter simbólico más elocuentes sobre las transcripciones de las fuentes luminosas se encuentren el faravahar zoroástrico y el caduceo de Hermes, ambos mostrados en la figura 31.1 a continuación.

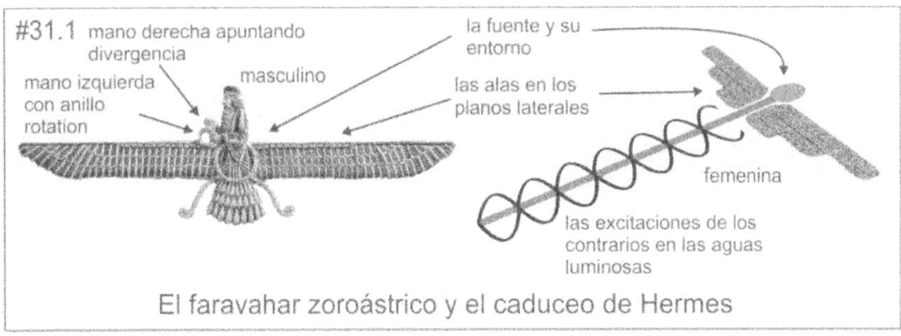

En la figura aparecen, las fuentes luminosas en sus nuevos destinos, las alas o cuantos rotacionales correspondientes a una encarnación ordinal del ser humano y las excitaciones de los pares contrarios en las aguas luminosas.

Cuando una transcripción es dirigida, determinada y realizada, ella ocurre a lo largo de 1 de 3 direcciones espaciales independientes. La dirección seleccionada transmite el carácter masculino de la acción, las otras dos el femenino. La transcripción (o vuelo) es mediado por el par de alas correspondientes a la dirección seleccionada. En palabras del profeta Isaías, citadas en el capítulo 4, los serafines tienen tres pares de alas, pero solo usan uno para volar.

Un ejemplo de excitaciones longitudinales y escalares por polarización en la orientación se tiene en la fuerza «neutra». Dicha fuerza consiste en el direccionamiento mutuo e intercambio de acciones entre luces terrenales orientadas. El proceso se concreta mediante la emisión y absorción de aguas (transcripción de las fuentes vía cuantos rotacionales), estando sus pares contrarios excitados longitudinal y escalarmente. Está dispuesto que si el intercambio es llevado a cabo entre luces con la misma orientación, la fuerza neutra resulta ser repulsiva. Cuando las orientaciones sean contrarias la fuerza será atractiva. Por tal motivo, la fuerza neutra de intercambio resultará atractiva entre idólatras e ídolos y repulsiva entre semejantes. La figura 31.2 presenta un caso de repulsión entre ídolos, dejando al lector la visualización de otros casos posibles.

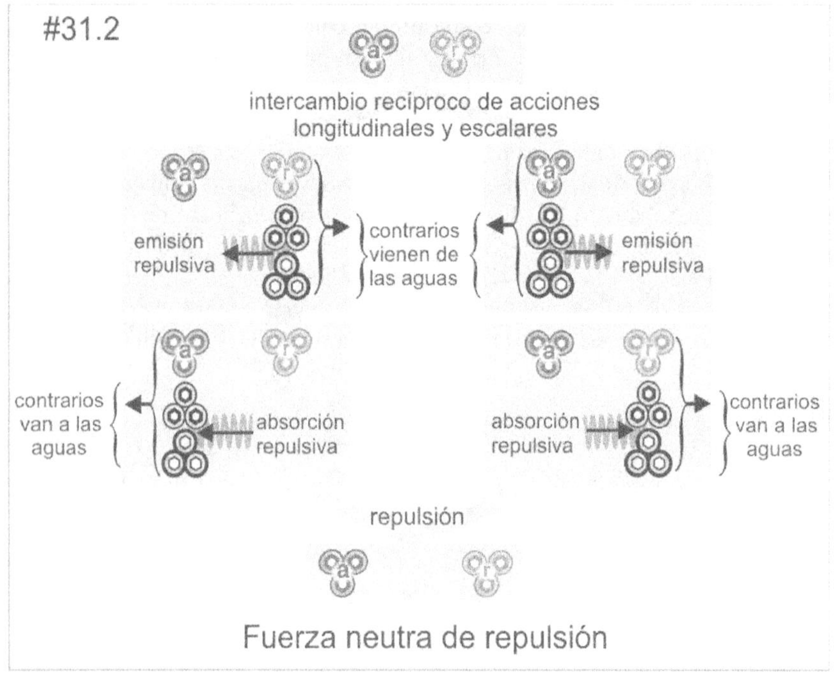

Como puede apreciarse en la ilustración, se trata de un intercambio llevado a cabo concomitantemente (transcripción de fuentes de aguas vía cuanto rotacional) por ambos ídolos. El presente caso difiere del ilustrado a la derecha de la figura 24.6, pues allí se mostraba un intercambio de aguas entre cuantos divergentes neutros.

La segunda fuerza a ser abordada en el presente trabajo es la fuerza de intercambio de atributos ternarios, originada por la dislocación espacial de los mismos. Dicha fuerza es la responsable de preservar la neutralidad global de los atributos distinguidos cromáticamente. Las aguas participan generando configuraciones equivalentes bajo el mandato de las disposiciones originarias. La dislocación de los atributos ternarios no genera entonces una configuración estable, sino que deriva en un proceso continuo de permutaciones. El efecto repulsivo de la fuerza de intercambio neutra en el seno de la dislocación cromática, es superado por la fuerza atractiva de intercambio de los atributos distinguidos cromáticamente. Recuerde el lector la fuerza imponente del demonio Dahaka. Ambas fuerzas alcanzan un punto de equilibrio en el cual, los ídolos se mantienen separados espacialmente, pero cohesionados. En este caso al igual que en el anterior, se produce una polarización de las aguas, pero esta vez en términos de contrarios de acuerdo a los atributos ternarios. El lector recordará el postulado según el cual, las aguas luminosas están dotadas de una neutralidad absoluta en los condicionamientos. En el caso del tercero figuran en las aguas, tanto los atributos ternarios denominados azul, verde y rojo como los anti-atributos correspondientes amarillo, magenta y cian. La figura 31.3 solo ilustra un tipo de intercambio cromático, dejando al lector interesado la visualización de los demás.

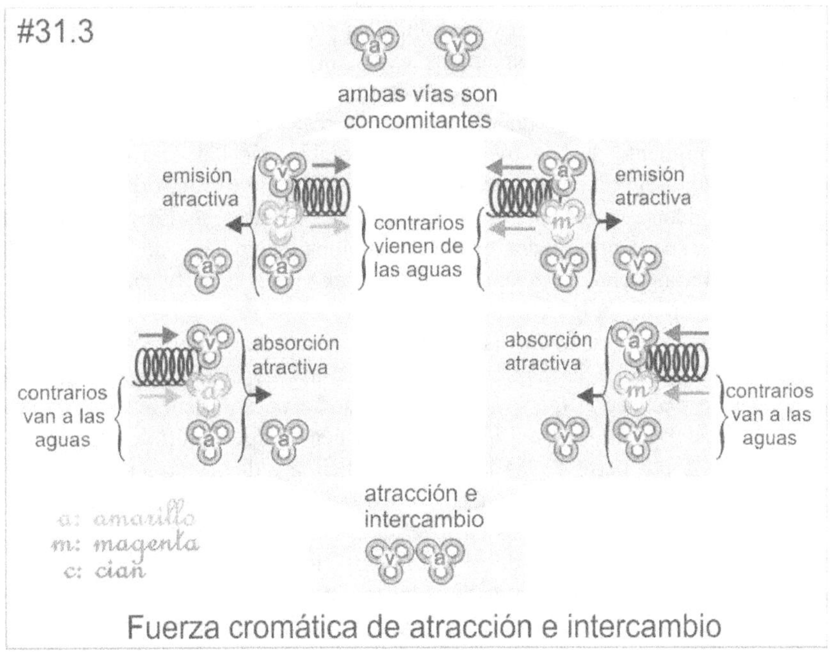

En la parte superior de la ilustración puede observarse 1 de los 3 pares masculinos luminosos distinguidos cromáticamente presentes en la dislocación, con sus 2 vías de intercambio concomitantes. A la izquierda, un masculino luminoso «verde» se vale de un par de contrarios de las aguas, en este caso «azul» y «amarillo» para habilitar un portador «verde» «amarillo». En tanto que a la derecha, se ilustra el resultado de recurrir al par contrario «verde» «magenta». Una vez transmitida la acción cromática, el par de contrarios regresa a las aguas de las cuales provino. El efecto es una permutación atractiva entre los masculinos luminosos distinguidos por los atributos verde y azul y sirve como ejemplo de lo que ocurre incesantemente en los otros pares. Los portadores de la fuerza cromática son objeto de su propia fuerza por no ser neutrales cromáticamente y han sido simbolizados mediante una hélice para distinguirlos de los neutros. Los portadores de la fuerza neutra no son afectados por ella misma, pues su orientación neta es nula.

Los vajras budistas de 3 puntas describen el vacío como 2 componentes masculinos en oposición (las 2 puntas rectas), flanqueados por un par de contra-rotaciones en los planos ancilares (las curvadas). La campana ritual asociada representa una formulación humana, con el mango (medio vajra) figurando por el componente masculino y la onda sonora longitudinal con su naturaleza periódica por el femenino. La configuración de la campana es análoga a la de una partícula emitiendo un portador de fuerza longitudinal. En las Escrituras Sagradas las ondas sonoras longitudinales provenientes de cuernos, trompetas y gritos representan los portadores de fuerzas. En las iglesias y mezquitas encontramos campanarios (lo masculino) con los sonidos de sus campanas (lo femenino) y los minaretes proyectando el adhan (llamado a la oración), representando, en ambos casos, la proyección divergente de la rectitud masculina emitiendo portadores de fuerza longitudinales.

Por ser un acto virtualmente nulo, la dislocación de los giros no dio lugar al surgimiento de una fuerza de intercambio. No hay atracciones entre giros opuestos o repulsiones entre giros iguales. En ese mismo orden de ideas, no debe olvidarse a los santos cuyas acciones neutras se dirigen hacia el empíreo con sus neutralidades en los condicionamientos 1 y 3. Gracias a su posición ante la querella, los santos permanecen ajenos a las fuerzas derivadas de las dislocaciones de los infieles.

Habiendo basado la disquisición previa en la composición de pares contrarios en torno a las aguas luminosas, conviene dedicar unas líneas al «régimen de exclusión» que priva entre ellos. La cuestión surge a raíz de la desbandada del Consejo Altísimo y la consecuente adquisición de identidad e independencia por parte de las luces. Con relación a dichas composiciones se adopta el principio según el cual, los masculinos luminosos dislocados no podrán componerse en una misma localidad, cuando sus atributos sean todos iguales (aun teniendo identidades distintas). En el marco de la presente exégesis natural serán abordadas dos tipos de composiciones, una asociada a las aguas o vacío y la otra a los portadores de las fuerzas. En el caso de las aguas o vacío, los masculinos luminosos se componen por pares, siendo sus atributos contrarios en la orientación, giro y atributos ternarios. En los portadores de las fuerzas, los giros (independientemente de su inocuidad) podrán no ser contrarios, siempre y cuando, los pares de masculinos luminosos compuestos difieran en la orientación. En el caso de los portadores de la fuerza cromática, orientaciones distintas implican la composición color anti-color.

CAPÍTULO 32

EL DILUVIO UNIVERSAL

El Creador decidió intervenir durante la expansión del fuego cósmico, reduciendo de manera drástica el equilibrio entre formulaciones impares y pares, mediante el surgimiento de las aguas del Diluvio. Según explica el Libro del Génesis, el nuevo régimen de dominación de las aguas fue impuesto por todas, las de la nube, las superiores y las inferiores: «En el segundo mes, el día diecisiete del mes, todas las fuentes del gran abismo prorrumpieron y las ventanas del cielo se abrieron. Y llovió sobre la tierra durante cuarenta días y cuarenta noches». El Corán en la azora Hud ratifica la intervención en el Diluvio de diversos tipos de aguas, cuando informa sobre la orden dada para su descenso: «Y fue dicho: "¡Oh tierra! Engulle tu agua, ¡Oh nubes! despéjense"».

Las aguas del Diluvio perduraron lo suficiente para truncar el curso trazado por Satanás y los suyos: «Y las aguas prevalecieron por ciento cincuenta días. Y Dios se acordó de Noé…Y Dios envió un viento sobre la tierra y las aguas bajaron. Y las fuentes del abismo y las ventanas del cielo se cerraron y la lluvia del cielo paró». Los 150 días del predominio de las aguas apuntarían sin dudas, a su sobreabundancia en los 10 planos del múltiple (u t x y z) y en los 5 ancilares. El pasaje anterior del Libro del Génesis aporta adicionalmente el dato de la disminución relativa del rol de las aguas, por la llegada del «viento» o Espíritu de Dios. El mismo que al comienzo de la Creación flotaba sobre las aguas, como acertadamente dice el salmista: «Si envías tu Espíritu, a ellos les das vida. Y Tú renuevas la faz de la tierra». El Diluvio Universal no solo significó el fin del régimen cósmico prevaleciente tras la querella, sino que también fue consecuencia de un nuevo impulso creador. Al Corán se debe la primicia de informar sobre esta «segunda creación» en la azora La Estrella: «Y Él ha ordenado la segunda creación…Y Él destruyó a los primeros Aad, de los Thamud no ha dejado rastro. Y a las gentes de Noé anteriormente, ciertamente los más inicuos y rebeldes. Y derrocó a las ciudades que arrojó, cubriéndolas…». Una lectura atenta de las escrituras permite confirmar para la nueva o segunda creación, las mismas formulaciones de la primera, pero con empeños opuestos en todo respecto, para aniquilar parte de la creación adámica o primera en la formación de las aguas del Diluvio.

Identificar las aguas del Diluvio con las arquetípicas del cielo y de la tierra le da un alcance cósmico al suceso. En tanto que su sobreabundancia aumentó las posibilidades de disipar las acciones por división y emisión de las aguas (en forma de radiación), drenando el potencial de actuación de los masculinos terrenales (Hombres). El descenso de las aguas podría interpretarse en términos de su recomposición o condensación y dispersión, una vez cumplido el objetivo de disipar la actividad generada por la querella. Por su lado, la inestabilidad de las uniones matrimoniales en los seres humanos terrenales introdujo una disfuncionalidad en las posibilidades pendientes de determinación y realización. Ya no es relevante la fertilización en las sucesiones de tipo patriarcal y cesa la alianza adámica (Génesis 3, 14–19) con la cual había sido reemplazada la edénica (Génesis 1, 26. 31; 2, 16–17) (las 6 alianzas restantes son: Noé [XXV a. C.] [Génesis 9, 1–18], abrahámica [Génesis 17, 1–18], mosaica [Éxodo 31, 18], palestina [Deuteronomio 30, 1–10], davídica [2 Samuel 7, 4 –17] y nueva [Jeremías 31, 30–32]). La santidad perdida de la carne originada en la primera creación o adámica a causa del pecado de Adán e Iblis, se restituyó con el perdón por el efecto de las aguas del diluvio bautismal: «Y Dios dijo a Noé: "El fin de toda carne ha llegado"».

La importancia cósmica del Diluvio Universal se desprende de su presencia en las principales narrativas cosmogónicas de la humanidad. Dicho acontecimiento descrito en la Biblia con abundante detalle, figura preeminentemente en las épicas mesopotámicas de Ziusudra, Gilgamesh y Atra-Hasis (XXX … XVII a. C.). También aparece en culturas tan dispares como la mitología Hindú del Shatapatha Brahmana (VII a. C), el Timeo de Platón (IV a. C.) e incluso en tradiciones precolombinas de América, para solo citar las mejor documentadas. Sin embargo, la posibilidad de reducir la cuestión del Diluvio a un evento pluvioso apenas de alcance planetario, no cuenta con el respaldo de evidencias geológicas o biológicas. No se trataría entonces de una inundación súbita y global, sino de un evento cósmico para concluir una era y darle comienzo a una nueva.

Por ser la más detallada y referida, la narrativa del Diluvio Universal de la Biblia será utilizada para fundamentar las hipótesis de trabajo en el marco de la exégesis natural. Dicho relato comienza con una exposición de los motivos para la intervención del Creador, seguido por un recuento de los hechos agrupados en tres grandes episodios. El primero centrado en las instrucciones dadas a Noé para la evitar la extinción total del régimen prevaleciente. El segundo focalizado en el ascenso de los niveles de las aguas y finalmente el tercero dedicado a su descenso.

El Diluvio Universal en modo alguno significó la anulación total de las resultas de la querella. Tanto es así que dentro del Arca de Noé permanece a salvo Cam (XXV a. C.), cuyo hijo Canaán (XXV - XXIV a. C.) habrá de convertirse en padre de los cananeos. Un pueblo esencialmente pagano, contra quienes irán dirigidas en primera instancia, nuevas y drásticas medidas correctivas. En su Primera Epístola, Pedro confirma una cifra de los sobrevivientes del Diluvio coincidente con el número de participantes en cada unidad del Consejo Altísimo: «mientras Noé estaba terminando el arca, en la cual unos pocos, es decir, ocho personas fueron salvadas del agua. Y el bautismo, del cual el diluvio es imagen, ahora os brinda la salvación…».

El relato del Diluvio Universal no es suficiente para conocer con precisión su alcance, aun cuando aporta datos claves en las medidas del arca y en la cronología del acontecimiento. A pesar de una presentación intencionalmente oscura, la narrativa aporta indicios de que el Diluvio no cambió esencialmente las formulaciones de la primera creación, aun cuando modificó su desenvolvimiento. En cuanto a las medidas del arca en «codos», ellas replantean dos tipos de relaciones numéricas conocidas, el alto 30, el largo es 300 (300 = 30 × 10). Ambos factores han sido vinculados anteriormente a las aguas y a sus recipientes. El primero 30 fue asociado en el simbolismo del mar de bronce a las contra-rotaciones en los 15 planos (30 = 15 × 2) del carácter masculino. El segundo, a las 10 contra-rotaciones en los 5 planos ancilares (10 = 5 × 2) del carácter femenino. El ancho 50 codos (también un sexto del largo) estaría relacionado con el radio o lado de un hexágono primordial en rotación, cuyo perímetro es 300. Cifras del mar de bronce por un factor de 10, extensivas en esta interpretación, a los 10 planos del múltiple (u t x y z).

Con relación a la cronología, el asiriólogo argentino A. Heidel (XX d. C.) resolvió de manera clara y sencilla lo concerniente a los lapsos de tiempo del Diluvio. Cuestión que dio bastantes dolores de cabeza a los eruditos a lo largo de los siglos. Aceptada por la mayoría de los investigadores de la actualidad, dicha cronología permite ratificar para el período postdiluviano las mismas formulaciones arquetípicas originarias. Básicamente Heidel divide la cronología en 150 días para el aumento de las aguas, incluidos los primeros 40 de lluvia; seguidos por su descenso durante 219 días (casi 220) dentro de los cuales, aparecieron las primeras cumbres montañosas al cumplirse los primeros 74 días. Según el relato del Génesis, después de esperar otros 40 días Noé abrió la ventana del arca y envió 4 aves. Los intervalos de tiempo entre los envíos de cada ave fueron de 7 días, arrojando un total de 21 (21 = 3 × 7) días:

> Noé envió un cuervo, que voló ida y vuelta... Luego envió una paloma... pero... no encontró donde posarse y vino de regreso a Noé... y después de esperar otros siete días envió la paloma nuevamente... Y la paloma volvió por la tarde... y en su pico trajo una hoja de olivo. Y después de otros siete días, envió la paloma nuevamente, pero esta no regresó a él.

Ciertamente el simbolismo de las 4 aves podría interpretarse a primera vista bajo un esquema de tipo 1-3, basándose en diferencias de orden taxonómico. Sin embargo, la presencia de datos adicionales permitiría ampliar el alcance de la interpretación. Destaca en dicho contexto la paloma que no regresó, en representación de las luces fieles a las condiciones iniciales, a las cuales se denominó santos. La rectitud de los santos debe extenderse además, a los dominios del Ungido y del Espíritu asociados al plano (u t). Están también representadas simbólicamente las aguas luminosas, mediante las 2 palomas con trayectorias circulares. Ellas hacen referencia al carácter binario y periódico de lo femenino, al cual debería sumarse su condición referencial por la anulación de las actuaciones de sus componentes. Finalmente el cuervo con su ir y venir representa la afeminación de idólatras e ídolos, a causa del direccionamiento mutuo de las acciones en la terna (x y z). La figura 32.1 ilustra la interpretación dada al simbolismo de las aves.

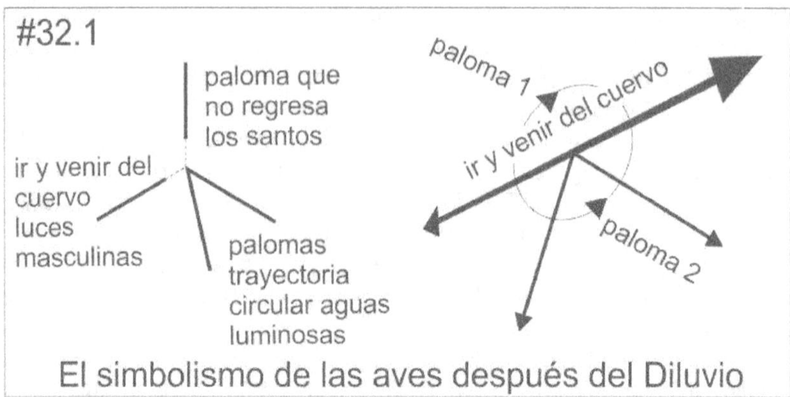

El simbolismo de las aves después del Diluvio

La figura muestra a la izquierda una representación cuaternaria del comportamiento de las aves, con referencia a las luces. En tanto que a la derecha se ilustra el ir y venir del cuervo, con relación a la neutralidad inherente de las aguas luminosas.

El lapso de tiempo de 21 (21 = 3 × 7) días entre los viajes de las aves admite las mismas interpretaciones dadas anteriormente a la cifra. Su valor ha sido vinculado al hexágono primordial más la fuente y a los cuantos investidos por los 3 atributos distintivos. Posteriormente y al cabo de 28 (28 = 4 × 7) días, Noé observó que las aguas dejaban ver la tierra, pero presumiblemente fangosa. Luego de otros 56 (56 = 2 × 28) días más, la tierra estaba seca y Noé descendió del arca. Se replantean así referencias a los hexágonos más la fuente y cuantos asociados a los 4 planos y sus pares de alas, según la fórmula humana 1&2. La Torá reintroduce en los términos citados, el mismo esquema de las 28 letras con las cuales fue escrito Génesis 1, 1. Una eventual restauración de la carne bajo un nuevo régimen corre entonces en paralelo, con una pérdida de significación de las aguas. La duración total del Diluvio Universal fue aproximadamente 370 días (369 = 150 + 74 + 40 + 21 + 28 + 56), cifra alusiva al triacontakaihexágono más la fuente y a su expresión en los 10 planos del múltiple (u t x y z).

El Corán también subraya el carácter punitivo del Diluvio Universal en varias menciones a lo largo de su texto, muy especialmente en la azora Noé. En dicho texto están expuestas las lamentaciones del justo varón ante Dios, por no poder apartar a las gentes del paganismo. Específicamente, Noé habría fracasado en la erradicación del culto a 5 ídolos preislámicos, a los cuales serán asociados más adelante la pentápolis bíblica y el núcleo de la idolatría:

> Noé dijo: "¡Señor mío! Ciertamente ellos me desobedecen y siguen a aquel cuyos bienes e hijos no hacen otra cosa que incrementar su pérdida. Y ellos han ideado un gran plan. Y han dicho: No abandonen a sus dioses, ni a Wadd, ni a Suwa, ni a Yagut, ni a Yauq, ni a Nasr…"

Sin lugar a dudas, el plan en la mente de Cam estaría basado en mantener la idolatría a toda costa y resistir el Diluvio a la espera de nuevas oportunidades.

Nada en las narrativas del Diluvio indica un cambio en las formulaciones contempladas en las disposiciones originarias de la primera creación. Así lo atestigua la ausencia de nuevos arquetipos y la ratificación de las claves numéricas consideradas anteriormente. Por tal motivo, el impulso creador precedido por el Diluvio será planteado en términos de las mismas disposiciones descritas en los capítulos precedentes.

CAPÍTULO 33

IDOLATRÍA CONTUMAZ

La restauración del equilibrio entre las formulaciones impares y pares después del Diluvio estableció el nuevo curso de la Creación, en un contexto de excitaciones moderadas. A pesar de su rectitud frente a las desviaciones de la querella, los santos se vieron involucrados grupalmente en una nueva aventura centrada en la idolatría. La mayoría conformada por los infieles se impuso en el Consejo Altísimo, aprovechando el compromiso de los santos con las condiciones iniciales en el marco de las disposiciones originarias. La decisión de esa mayoría de escindir la estructura de aquel colectivo en 2 grupos con giros opuestos, dejó a los santos en el grupo girando a la derecha. La condición giratoria más su persistencia en el desplazamiento inicial hacia el empíreo dotó a los santos de una helicidad derecha o positiva de carácter perpetuo.

Los 7 giros de los cuantos divergentes de los santos en el seno de la terna (x y z) (el séptimo día) después de la dislocación han sido fuente de inspiración en rituales religiosos. Dichos giros tienen representación en la rotación del planeta Tierra sobre su eje (los siete días de la semana) o alrededor del Sol (cuando la regla de la mano derecha describe la rotación y la traslación de la Tierra con el pulgar señalando hacia el norte) (por 7 años). Todos ellos son representados simbólicamente por el ritual de los derviches giróvagos de la mística sufí, orden fundada por los seguidores del poeta místico persa Yalal ad-Din Muhammad Rumi (XIII d. C.) en Konya Turquía. También son representados por los giros litúrgicos y de prácticas religiosas como: las 7 vueltas en torno al bimah (podio para lectura de la Torá en las sinagogas) durante la Gran Súplica (*Hoshana Rabbah*) el día 7 de la Fiesta de los Tabernáculos (Sukkot); la rotación interior dentro de los templos cristianos durante el viacrucis tradicional de 14 estaciones ($14 = 7 \times 2$) los viernes (originalmente de 7 estaciones) y las 7 circunvalaciones del tawaf alrededor de la Caaba durante el Hajj. La figura 33.1 ilustra dichos rituales.

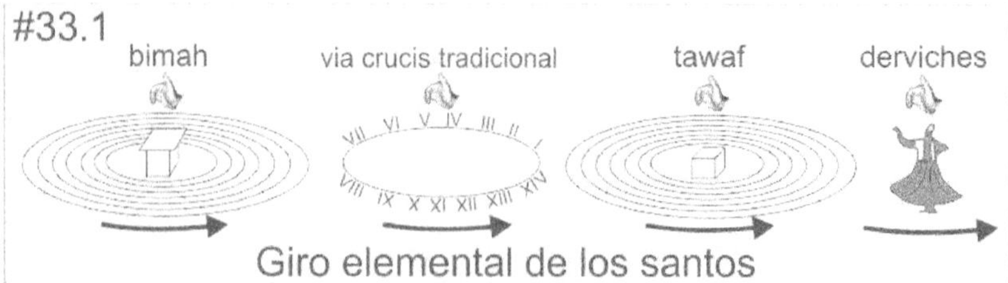

La helicidad derecha o positiva de los santos es un condicionamiento innocuo en el culto de adoración al Altísimo y por lo tanto, no es asociado al pecado. Por su lado, el ir y venir de ídolos e idólatras por efecto de atracciones y repulsiones hizo de sus helicidades una cuestión relativa.

La ausencia de interacciones entre santos e infieles es reseñada frecuentemente en las Escrituras Sagradas. Una narrativa elocuente aparece en la Biblia cuando relata el encuentro, ya citado, de Abram y Melquisedec rey sacerdote de Salem con el rey de Sodoma:

> Y Melquisedec, rey de Salem, sacerdote del Dios Altísimo trajo pan y vino y después de bendecirlo dijo: "Pueda la bendición del Dios Altísimo, creador del cielo y de la tierra, ser sobre Abram y alabado sea el Dios Altísimo, Quien te ha dado en las manos a tus enemigos." Y Abram le dio diezmos de todo. Y el rey de Sodoma dijo a Abram. "Dame los prisioneros y quédate con los bienes". Pero Abram le respondió al rey de Sodoma: "Alzando mis manos hice un juramento al Señor, el Dios Altísimo, creador del cielo y de la tierra que no tomaré ni un hilo ni una correa de calzado de ti, así que no puedas decir: Yo di riquezas a Abram".

Los 2 Hombres santos fieles al Altísimo, Abram y Melquisedec adoran al Dios de las alturas en Jerusalén y evitan intercambios con el rey de Sodoma, representante de la idolatría.

Aún bajo el efecto de las aguas del Diluvio, ídolos e idólatras lucharon febrilmente por mantener núcleos de idolatría formados durante la querella. Sobre todo, aquellos con capacidad de interactuar de manera independiente. Se presume que Satanás debió tener por objetivo inicial, la edificación de una estructura inexpugnable donde residiesen todas las formas de idolatría, en abierto desafío a su Creador. Con el objetivo de poder explotar a sus anchas todo el potencial del libre albedrío, su fortificación debió contar con un número impar de luces masculinas (Hombres). Satanás y los suyos optaron por valerse de los entrelazamientos con los santos y dejar por fuera uno de los idólatras con filiación derecha. La construcción constaría entonces de 7 masculinos luminosos y poseería como núcleo formativo la dislocación de los atributos ternarios.

En palabras luce más complicado de lo que es, pues la iniciativa equivale a reunir 7 de las 8 luces dislocadas del Consejo Altísimo, excluyendo de ese núcleo un idólatra. La figura 33.2 ilustra esquemáticamente la representación luminosa de los objetos en cuestión, donde figuran las 3 dislocaciones, 2 entrelazamientos, el idólatra excluido y el intercambio de acciones entre ídolos e idólatras.

Esto es lo más lejos que se llegará en materia de complejidad en un esquema de presentación en esta Primera Parte. En el centro de la ilustración puede verse la dislocación cromática, con 2 entrelazamientos heredados del Consejo Altísimo a cada lado. El entrelazamiento a la izquierda está basado en filiaciones ambas derechas y el otro a la derecha reúne filiaciones derecha e izquierda. A pesar de sus entrelazamientos, los santos no intercambian acciones con luz alguna, pues mantienen su fidelidad al culto del Dios Altísimo. Por lo tanto, los santos intercambian sus acciones neutras con el Altísimo y sus condicionamientos primero y tercero son neutros. Los detalles del mecanismo de entrelazamiento mencionado no serán abordados en este primer borrador, con el propósito de disminuir su nivel de complejidad. Queda además, a la iniciativa del lector, la visualización de las permutaciones de los atributos distinguidos cromáticamente. Fuera del núcleo de idolatría obsérvese un idólatra capaz de compartir con su homólogo, las 4 oportunidades de intercambio neutro insatisfechas de la dislocación cromática, indicadas con flechas gris oscuro.

La neutralidad global de los giros en el Consejo Altísimo y su división en 2 partes merece ciertas consideraciones. Pues la separación de un idólatra con una unidad de giro del núcleo de la idolatría, con sus 7 masculinos luminosos, condicionó el último grupo a poseer una unidad de giro. Ese rasgo giratorio del núcleo de la idolatría con carácter formativo se mantendrá a perpetuidad, dada la neutralidad global impuesta por las disposiciones originarias. Independientemente de los giros de unas luces en torno a otras y de los propios en los portadores de las fuerzas, el núcleo exhibirá siempre una unidad de giro elemental. Dicha peculiaridad plantea cierta incertidumbre sobre el estado giratorio de los 7 masculinos luminosos que lo constituyen. Aun cuando los giros de unas luces en torno a otras y los propios de los portadores de las fuerzas sean nulos, las 7 luces podrán cumplir con el requisito. El lector puede hacer un balance de los giros, agregando a los 3 giros izquierdos de la dislocación cromática, los giros de ambos entrelazamientos. Al margen de las precisiones hechas sobre la estructura de la fortificación, es importante tener presente el hecho, de que esta no pasa de ser un simple conjunto de posibilidades. No obstante, por cumplir con las disposiciones originarias, el objeto ideado por Satanás y los suyos recibe de Dios y de su Espíritu las realizaciones y determinaciones correspondientes.

Son pocos los pasajes de las Escrituras Sagradas, donde los entrelazamientos luminosos se expresan simbólicamente tan claramente como en la narrativa de la Transfiguración de Jesús sobre el Monte Tabor. El simbolismo en torno a dicho episodio ha sido interpretado ya en términos de una descripción de las relaciones inherentes a la institución sacerdotal. Pero también es susceptible de otras interpretaciones, debido a imbricaciones en las exteriorizaciones de diversos tipos de formulaciones. Para ello basta con visualizar a Jesús y a Pedro como componentes masculinos luminosos entrelazados, el primero figurando por los santos y el segundo por los idólatras. En la tríada Jesús&(Moisés Elías) los 2 últimos representarían el componente femenino luminoso del santo, mientras en Pedro&(Santiago Juan) los Boanerges figurarían simbólicamente por la contraparte femenina de los idólatras. La inclinación por la idolatría de la tríada Pedro&(Santiago Juan) se desprende de su satisfacción por regodearse en lo mundano, según relatan Marcos y Lucas: «Pedro dijo a Jesús: "Maestro, es bueno para nosotros estar aquí, déjanos hacer tres tiendas…"».

En los núcleos de la idolatría participan activamente 5 luces, entre ídolos e idólatras. En tanto que, los 2 santos se limitan a seguir las prescripciones de las disposiciones originarias y los entrelazamientos derivados de estas. Las 5 luces del núcleo representarían a los 5 ídolos preislámicos, a las 5 ciudades de la llanura y colectivamente a la ciudad de Jericó. Las ciudades de la llanura conocidas también como la pentápolis bíblica estaban constituidas por Sodoma, Gomorra, Zoar, Adama y Seboim.

La historicidad del relato bíblico sobre la existencia de la pentápolis ha sido cuestionada en el pasado por la mayoría de los estudiosos del tema. Sin embargo, la percepción ha venido cambiando desde el descubrimiento de las tabletas de Ebla en 1975 d. C. al norte de Siria, donde aparecen referencias a las 5 ciudades. Esos hallazgos han substanciado la tesis de los investigadores norteamericanos W. Rast (XX – XXI d. C.) y R. Schaub (XX – XXI d. C.), sobre la posible ubicación de pentápolis al sur del mar Muerto. Allí en la desembocadura de los 5 ríos existentes en aquellas latitudes, habrían estado asentadas las ciudades referidas. En todo caso y para efectos de una exégesis natural, los relatos de la Biblia sobre las 5 ciudades trascienden su realidad histórica.

Al igual que las ciudades de pentápolis, Jericó presenta una ubicación geográfica peculiar por estar situada, como todas ellas, por debajo del nivel del mar. Las aguas salobres del mar Mediterráneo representarían las aguas luminosas saturadas de contrarios actuando referencialmente. En su condición neutral, dichas aguas no pueden originar por sí solas, acción alguna conducente a un cambio en el estado de cosas imperante. Los dominios por encima y por debajo del nivel de las aguas mediterráneas podrían interpretarse, como campos de acción para el direccionamiento de las acciones. Así, Jerusalén situada a 780 m sobre el nivel del mar señalaría el culto de adoración al Altísimo. En tanto que, Jericó a 250 m por debajo del nivel del mar indicaría por contraposición el destino de las acciones hacia los ídolos ígneos. Ambas en conjunto representan la disyuntiva entre santidad e idolatría enfrentada por las luces.

La situación de Jericó en el contexto histórico rivaliza con su posición geográfica, en cuanto a valor simbólico se refiere. Dicha ciudad es considerada uno de los primeros asentamientos humanos, con una antigüedad aproximada de once mil años (fundada unos cuatro mil años antes de la invención de la rueda del alfarero en Mesopotamia, durante la cultura El Ubaid I). Jericó ha sido un modelo de hábitat humano por excelencia, construido y reconstruido una y otra vez por milenios. La antigua ciudad ha sido testigo del afán materialista del ser humano y de su acogida a la propuesta de Satanás, así como también de las medidas correctivas del Creador. La fundación de Jericó se debió a un entorno excepcional. Básicamente por sus tierras fértiles, la presencia de un manantial caudaloso permanente y la posibilidad de extraer sal de las orillas del mar Muerto.

La historia de Jericó resume el drama humano de renunciar a la búsqueda de su sitial en el reino de los cielos, más allá del empíreo. Pues la vida en Jericó consistía en dedicarse una y otra vez al regodeo en las circulaciones de la materia y a descender por el sumidero de la idolatría. Incidentalmente, las evidencias arqueológicas por algún tiempo en contra del relato bíblico, parecen confirmar con el transcurso del tiempo su historicidad hasta en los más mínimos detalles. Lo cual de paso, a tenor del valor simbólico intrínseco de la narrativa, poco agrega al caudal de datos ofrecido por las Escrituras Sagradas de las Gentes con Libro.

CAPÍTULO 34

CONFLAGRACIÓN ENTRE CREACIONES

La construcción de los centros de idolatría habría sido un primer paso en los planes de Satanás y los suyos para desatar y usufructuar el potencial en las condiciones iniciales. El Creador pudo haber desistido de su Creación, absteniéndose de realizar la existencia de un universo vuelto sobre sí mismo y de espaldas a Él, pero no lo hizo. En su lugar decidió volver a crear siguiendo las mismas disposiciones originarias pero con sus atributos dislocados opuestos; el resultado fue un diluvio de aguas alquímicas en forma de radiación. De hecho, la nueva o segunda creación es una imagen especular globalmente neutra de la primera, con simetrías en cuanto a condicionamientos se refiere. De manera tal que las simetrías contemplaban inversiones en la orientación, rotaciones y giros y atributos ternarios. En términos cromáticos, los anti-atributos ternarios de la segunda creación serán denominados, amarillo, magenta y cian. La contraposición de los atributos tenía por finalidad la aniquilación mutua de ambas creaciones y su «disolución» como pares contrarios en las aguas. Empero, se dispuso lo necesario para el establecimiento de una diferencia cuantitativa menor entre las imágenes, con la intención de propiciar la sobrevivencia de un grupo de estructuras luminosas. La fracción sobreviviente condensó nuevamente en núcleos de idolatría, pero bajo el estatus de «pecado redimido».

El enfrentamiento entre creaciones produjo una nueva ignición del cosmos, aumentando las excitaciones disponibles para un reducido número de objetos, en un ambiente de abundantes simetrías. El resultado fue la aparición de nuevas instancias de exteriorización/interiorización y actuación, para poner a prueba la fidelidad de las creaturas redimidas hacia su Creador en un nuevo entorno. Las Escrituras Sagradas reseñan el enfrentamiento entre creaciones como una medida punitiva por parte de Dios, frecuentemente en el marco de una gran conflagración de corte ecpirótico. La destrucción por el fuego de las 5 ciudades de la llanura fue, según la Biblia, un castigo material de Dios sin participación del pueblo hebreo. En tanto que, el mismo tipo de daño ígneo fue infligido a Jericó después de una batalla entre pueblos. En los relatos respectivos hay datos claves, donde se revela la pertinencia de las mismas disposiciones originarias para ambas creaciones.

Entre las medidas correctivas postdiluvianas más impactantes mencionadas por la Biblia figura, la destrucción de las ciudades fortificadas donde moraban los descendientes de Cam. Después de abandonar al Dios de Noé, los cananeos se dedicaron de lleno al politeísmo, rindiendo culto a divinidades propias y de otras culturas vecinas. Se desconocen los detalles de los cultos paganos de los habitantes de aquellas ciudades de hace más de cuatro mil años. No obstante, es sabido que el dios semítico de los cananeos con mayor jerarquía era El Eb (Dios Padre). La máxima divinidad era secundada por El Shadday, cuyo nombre relacionado etimológicamente al concepto de «fuerza» lo calificaría como Todopoderoso. El dios El presidiría la asamblea divina (*phrilm*) donde concurren otras divinidades menores, hablaría con voz de trueno, usaría las nubes por carruaje y vivificaría las montañas vertiéndoles agua. El panteón cananeo incluyó también al dios amorreo de las tormentas Hadad, bajo el nombre de Baal (Señor), adorado bajo 7 representaciones ocultas de las cuales poco se sabe. Un dios de la fertilidad natural, al cual los cananeos rindieron cultos licenciosos reprobados por los seguidores del patriarca Abraham.

De las 5 ciudades de la llanura 4 fueron destruidas en un solo acto por el fuego Sodoma, Gomorra, Adama y Seboim. La ciudad Zoar donde Lot (XIX - XVIII a. C.) (sobrino de Abraham) fue a refugiarse sobrevivió el primer episodio de destrucción, según narra el Libro del Génesis. El libro de La Sabiduría agrega: «La sabiduría salvó al hombre justo de la destrucción de los impíos, huyendo del fuego caído sobre la pentápolis…». La destrucción de la pentápolis bíblica es un episodio al cual se le ha dado la mayor importancia, a juzgar por las frecuentes referencias en las Escrituras Sagradas. A pesar de las abundantes menciones, los detalles no pueden ser más escasos. En todo caso, si la pentápolis simbolizara las 5 luces infieles (entre idólatras e ídolos) del núcleo de idolatría, las 4 ciudades destruidas primeramente se corresponderían con las 4 luces de filiación izquierda. La huida de Lot hacia las montañas (Génesis 29, 30) ante la pronta destrucción Zoar revela un destino común a todos los integrantes del núcleo de idolatría. Después de detallar el derrocamiento de la pentápolis, el Libro del Génesis menciona como los santos e idólatras entrelazados se separaron siguiendo rumbos opuestos. Los términos de dicha separación entre el patriarca Abraham y Lot son expuestos mediante una expresión enigmática: «Separemos entonces nuestros caminos: si tú vas a la izquierda, yo iré a la derecha o si vas a la derecha, yo iré a la izquierda».

La Biblia ofrece otra versión del escenario de confrontación con los núcleos de idolatría, en el conocido episodio de la conquista y destrucción de la ciudad de Jericó. Siguiendo instrucciones precisas dadas por Dios, el pueblo hebreo con Josué a la cabeza emprendió la conquista y posterior destrucción de la ciudad con fuego. En la narrativa bíblica conviene observar dos momentos claves en el relato de la batalla por Jericó. El primero es un encuentro de Josué con un miembro de alto rango en los ejércitos del Señor. En tanto que el segundo, versa sobre las instrucciones dadas por Dios para demoler la fortaleza construida alrededor del trono de Satanás y liberar a los justos. El relato en el Libro de Josué, sobre el encuentro con un enviado del Señor deja en claro que sus mensajeros no forman parte de ninguno de los dos bandos. Por lo tanto, no pertenecen a las luces de Jericó ni a sus contrarios, representados en esta oportunidad por el pueblo hebreo:

Cuando Josué estaba cerca de Jericó, levantando sus ojos vio a un hombre frente a él con una espada desenvainada en su mano. Y Josué fue hacia él y le preguntó: "¿Estás tú con nosotros o en contra de nosotros?" Y él le dijo: "No, pero he venido como capitán de los ejércitos del Señor."

La presencia ante Josué del capitán de los ejércitos del Señor revela el carácter decisivo de la intervención divina para demoler la ciudad. Una estructura con la cual, Satanás y los suyos lograron desviar el curso de la creación. El capitán, al enfatizar su neutralidad frente a los 2 bandos, se describe a sí mismo como una entidad angélica ajena a la terna (x y z), donde está centrada la conflagración.

La batalla por Jericó no se lleva a cabo en términos puramente militares, sino bajo condiciones ciertamente inusuales dispuestas por el Creador. En dicha batalla, los seres humanos tienen un rol a cumplir, como también lo tuvieron a la hora de plegarse a los planes de Satanás. Luego del encuentro con el capitán de los ejércitos:

El Señor le dijo a Josué: "Mira, Yo te he entregado en las manos a Jericó con su rey y todos sus guerreros. Pon tus guerreros a dar una vuelta alrededor de la ciudad, rodeándola una sola vez. Haz esto por seis días. Y pon siete sacerdotes delante del arca portando siete trompetas en sus manos. Al séptimo día daréis siete vueltas a la ciudad y los sacerdotes tocaran las trompetas. Y al sonido de una larga nota en las trompetas, todo el pueblo gritará con fuerza. Y las paredes de la ciudad caerán y el pueblo avanzará hacia el frente"... "Y la ciudad será maldita y todo lo que tenga adentro será dado al Señor. Solo Rahab, la ramera y todos los que estén en la casa con ella se mantendrán a salvo, porque guardó en secreto a los hombres que enviamos."

Desde luego, las instrucciones dadas a Josué resultan un tanto enigmáticas y el relato es extenso y repetitivo. Por tal motivo, el lector debería recurrir a la fuente y leerlo con cierto detenimiento. Sin duda, el simbolismo de las circunvalaciones alrededor de Jericó debería interpretarse en términos del movimiento relativo de ambos bandos. En un sentido van los sacerdotes, el Arca del Testimonio, el ejército y el pueblo hebreo con relación a un objeto estacionario como la ciudad fortificada. Los habitantes de la ciudad por su lado, observan la rotación de los hebreos en sentido contrario. La clave numérica más relevante del pasaje gira entonces entorno a un simbolismo septenario por cuadruplicado, en términos de 7 sacerdotes, 7 trompetas, día 7 y 7 vueltas. Repitiendo en Jericó la fórmula de Génesis 1, 1 con sus 7 palabras y 28 letras (28 = 4 × 7). Tal repetición sería un indicio de que la segunda creación es regida por las mismas formulaciones de la primera.

Adicionalmente sería posible relacionar las rotaciones de la luz oculta durante los 6 días de la creación, con las vueltas silenciosas los 6 primeros días alrededor de Jericó. Luego, el séptimo día se darían las 7 vueltas correspondientes a la primera expresión de la luz manifiesta de los cuantos divergentes (partículas). Los gritos corresponden al alumbramiento de la segunda creación, en una ubicación espaciotemporal precisa, con el objetivo de destruir la primera y su ciudad fortificada. La importancia dada al número 7 en la narrativa gira sin duda en torno a su presencia en las formulaciones de la primera y segunda creación. Las semejanzas permitirían ratificar las interpretaciones dadas a Génesis 1, en lo tocante a la creación del discurso luminoso y al Libro del Éxodo sobre la luminaria del tabernáculo —excepto por el hecho de que la segunda creación es una imagen especular antagonista de la primera.

La inclusión del Arca del Testimonio indica, de manera inequívoca, el tenor sacrificial del enfrentamiento y la presencia del Creador del lado del pueblo de Israel. Por su lado Rahab (XIII - XII a. C.), la ramera de Jericó, representa las aguas de la Creación, especialmente en su rol habilitante de las fuerzas que cohesionan el núcleo de la idolatría. Presentes antes y después del enfrentamiento, las aguas quedarán saturadas con todo tipo de contrarios producto de la aniquilación entre creaciones. En cuanto al grupo llamado «todos los que estén en la casa con ella», podría considerarse que incluye a todos aquellos disueltos en sus aguas. Luego Rahab sería asimilada al pueblo de Israel y según Mateo I, pueden contarse entre sus descendientes, no solo al rey David (XI – X a. C.), sino incluso al mismo Jesús.

Dice el Libro de Josué que la ciudad fortificada de Jericó fue construida por los reyes de 7 naciones: «Entonces cruzasteis el Jordán y llegasteis a Jericó y los hombres de Jericó hicieron la guerra contra vosotros los amorreos y los perezeos y los cananeos y los heteos y los guergueseos y los heveos y los jebuseos. Y Yo los puse en vuestras manos». A primera vista parece un pasaje descriptivo sin la mayor relevancia, posiblemente vinculado a la estructura septenaria del núcleo de idolatría. Pero también se debe considerar a la luz de la indispensable participación de Dios en la realización de su discurso luminoso, incluso cuando se trate de ídolos e idólatras. No en vano dice Dios por boca de Isaías: «Yo soy el dador de luz y el hacedor de las tinieblas. Envío bendiciones y causo el mal. Yo soy el Señor, que hace todas esas cosas».

La ciudad de Jericó destruida por Josué hace treinta y tres siglos nunca recobró el esplendor por el cual fue conocida. Aunque la idolatría que allí reinó se ha diseminado por el mundo al amparo de los pecados redimidos. Con el correr de los siglos la idolatría ha seguido unas veces e impulsado otras, los pasos del llamado «progreso social», avanzando hasta lograr una estructura colosal y totalmente globalizada. Para descubrir los centros de poder de la idolatría del presente, basta seguirle los pasos a la codicia por lo material, tan ausente en el comportamiento de los santos. El problema de los idólatras está, en que los medios utilizados por ellos constituyen a la vez, los instrumentos de su propia condena. En pasajes de las Escrituras Sagradas alusivos al Juicio Final, se describen los medios para ejecutar las condenas a los idólatras en términos de hierro y petróleo. El hierro representado por el acero y su magnetismo ha sido símbolo religioso de la circularidad intramundana, la contumacia y la corrupción. El petróleo representado por el alquitrán simbolizaría el culto al hexágono primordial, pues entre sus componentes abundan los compuestos químicos aromáticos y aromáticos policíclicos combustibles. Dichos compuestos son conocidos por su naturaleza xenobiótica (ajena a la biología y la vida), por su comportamiento tóxico y por estar constituidos por anillos hexagonales de carbono con flujo de electrones capaz de generar campos magnéticos. En relación con las afirmaciones anteriores, dice el salmista: «Aquellos quienes estaban en tinieblas en la noche tenebrosa y en las sombras, encadenados por la aflicción y por hierros. Porque fueron en contra de las palabras de Dios y desdeñaron las leyes del Altísimo». También dice el Libro del Génesis: «El valle de Sidim estaba lleno de pozos de betún y los reyes de Sodoma y Gomorra cayeron allí cuando huían...».

Hay indicios geológicos de que la destrucción de la pentápolis bíblica pudo ser causada por una erupción de hidrocarburos de tipo bituminoso. El material inflamable habría sido expulsado a la atmósfera, debido a presiones tectónicas de origen sísmico, en las fallas sobre las cuales estaban asentadas las 5 ciudades. El bitumen se encendió por efecto de la estática, cayendo inicialmente sobre 4 de las 5 ciudades a manera de una lluvia de fuego. De igual forma el Corán hace referencia a dicha condena en la azora Abraham:

> Dios es poderoso, el Señor de la retribución, el día cuando la tierra será cambiada por otra diferente, así como también los cielos, se presentarán ante Dios, el único, el supremo. Entonces verás ese día a los culpables atados con cadenas de hierro, sus ropas serán de alquitrán y fuego cubrirá sus rostros.

Las consecuencias de la idolatría derivan del libre albedrío otorgado a las creaturas del discurso luminoso y Dios, por amor a su Creación las realiza. Ciertamente Dios haciendo también uso de su libre albedrío está en su derecho de intervenir correctivamente o a manera de advertencia. Tal como lo hizo con el Diluvio Universal, con la destrucción de la pentápolis bíblica y con el derrocamiento de Jericó. Pero jamás habría estado planteado el fin del libre albedrío de sus creaturas. En todo caso, solo Dios sabe cuándo habrá de concluir la Creación, de allí la sentencia de Jesús registrada por Marcos respecto al final de los tiempos: «En cuanto al día o la hora, nadie tiene conocimiento, ni siquiera los ángeles del cielo, ni el Hijo, sino solo el Padre». Sentencia aplicable no solo al final de los tiempos de la Creación, sino también al término de cada evento en la actividad luminosa.

CAPÍTULO 35

EL SACRIFICIO EN LA CONFLAGRACIÓN

La descripción del propiciatorio sobre el Arca del Testimonio ofrece la expresión simbólica más potente de la Biblia Hebrea, relativa al enfrentamiento ecpirótico entre Creaciones y el sacrificio que conlleva:

> Y a los extremos de la cubierta del arca pondrás dos querubines de oro labrado a martillo. Uno a un extremo y el otro al otro extremo… Y sus alas estarán extendidas sobre la cubierta y los querubines situados uno frente al otro… Colocarás el propiciatorio en la cubierta sobre el arca y dentro de ella pondrás el testimonio que te daré. Y Allí, entre ambos querubines, sobre el propiciatorio en la cubierta, Yo vendré a ti cara a cara y pondré en claro todas las órdenes que te daré para los hijos de Israel.

El enfrentamiento entre querubines descrito por el Libro del Éxodo representa el escenario, donde el Creador da repuesta a la edificación de los núcleos de idolatría después del Diluvio. El sacrificio asociado a dicho enfrentamiento es la condición indispensable para la redención de los pecados y la resurrección de los santos. Cada año, el Día de la Expiación de los pecados, el Sumo Sacerdote rociaba sobre el propiciatorio la sangre de un toro sacrificado, justo entre los querubines. La fórmula del Creador para reconducir su obra de las desviaciones causadas por Satanás y sus seguidores consistió en el lanzamiento de una segunda creación en contra de la primera. El enfrentamiento representado por los querubines arrostrados derivó en una aniquilación masiva de las estructuras presentes y la disolución de sus fragmentos, como pares contrarios en las aguas circundantes. La Figura 35.1 ilustra esquemáticamente a los querubines enfrentados sobre el propiciatorio del Arca del Testimonio.

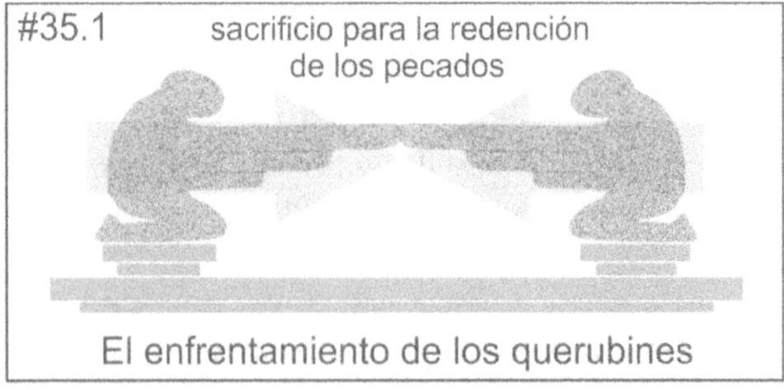

Los Evangelios incluyen un extenso catálogo de episodios de la vida de Jesús, de los cuales pueden extraerse expresiones simbólicas relativas al mismo acontecimiento. El más significativo es el propio sacrificio de Jesús en representación del Ungido (Cristo, del griego *Christós*), el cual da respuesta a la triple pregunta hecha a sus apóstoles y reflejada por los 3 sinópticos: «Vosotros, ¿quién decís que soy yo?». Pensaba el teólogo jesuita holandés P. Schoonenberg (XX d. C) que lo realizado por Dios en Cristo es su propio ser Hombre. En un sentido más amplio, ese «propio ser Hombre» de Dios debería contemplar ambas: la realización del Adán celestial ungido quien otorga realismo al Adán terrenal y sus pecados y la de su oponente, Cristo, venido para redimirlos. Sacrificándose en una confrontación para la redención de todos los pecados, Cristo encarna la respuesta de Dios a la idolatría. La figura 35.2 ilustra esquemáticamente el enfrentamiento de las 2 realizaciones humanas del propio ser Hombre de Dios, los 2 Ungidos.

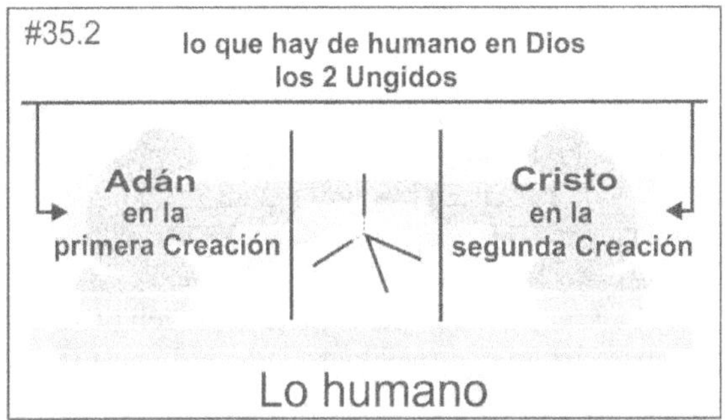

Al observar la figura, el lector debería considerar la respuesta dada al profeta Zacarías cuando indagó sobre las 2 fuentes que mantienen viva la luminaria: «Estos son los dos ungidos que están ante el Señor de la tierra».

El advenimiento de nuevas aguas para el perdón de los pecados (como las del Diluvio Universal) fue consecuencia de la segunda creación, por la cual son redimidos. En tal sentido dice Ezequiel: «Y verteré agua limpia sobre vosotros para que podáis ser limpios de todas vuestras impureza y de vuestros ídolos». También escribe Pedro: «mientras Noé estaba terminando el arca, en la cual unos pocos, es decir, ocho personas fueron salvadas del agua. Y el bautismo, del cual el diluvio es imagen, ahora os brinda la salvación…». El apóstol Pablo agrega:

¿O desconocéis que todos nosotros los bautizados en Cristo Jesús, hemos sido bautizados en su muerte? Fuimos sepultados junto a él y morimos. Y así como Cristo resucitó de entre los muertos por la gloria del Padre, así nosotros, de la misma manera, viviremos una vida nueva.

A pesar de las semejanzas entre los relatos del Diluvio Universal; el derrocamiento de la pentápolis bíblica y el enfrentamiento en Jericó y los del recuento evangélico del bautismo de Jesús; su pasión; muerte y Resurrección, pueden observarse diferencias notables. La más importante de esas diferencias radica en el hecho de que el pueblo hebreo evita el contacto con las aguas inferiores. En tanto que, la vida cristiana comienza con una inmersión en ellas, como en el bautismo de Jesús en el río Jordán. El «paso por tierra seca» del pueblo hebreo comenzó en el Arca de Noé eludiendo las aguas del Diluvio Universal; continuó con Moisés en el cruce del mar Rojo y posteriormente con Josué atravesaron el río Jordán sin mojarse; como también lo haría Elías siglos después. La inmersión en las aguas del bautismo para el perdón de los pecados es el paso previo a la redención de los mismos, mediante el bautismo en Espíritu (aire) y fuego. Cuestión expresada en términos humanos en el capítulo I de Marcos y en los capítulos III de Mateo y Lucas (*quelle*), quienes contextualizan ambos bautismos destacando la preeminencia del segundo: «Juan respondió diciendo a todos: "En verdad yo os bautizo con agua, pero viene luego uno que es más grande que yo y cuyas sandalias no soy digno de desatar. Él os bautizará con Espíritu Santo y con fuego"». El primer bautismo con agua que posteriormente Jesús ordena a sus apóstoles consumar diciendo: «Hagan discípulos en todas las naciones, bautizándolos en el nombre del Padre y del Hijo y del Espíritu Santo», resume la fe bautismal del cristiano, quien deberá encaminar su vida para ir en pos del segundo.

La diferencia entre «paso por tierra seca» y «bautismo por inmersión en las aguas del Jordán» tiene que ver con la relación entre las religiones 1 (hebrea) y 3 (cristiana). Pues en la arquitectura religiosa de la tradición judeocristiana, ambas deberían relacionarse como Espíritu (aire) y fuego y representarse sobre una base impar tipo 1-3. Según se ha venido reiterando, el pecado es un asunto ternario y es a la religión 3, el cristianismo, a la cual compete asumir íntegramente el drama de la confrontación. De allí que el enfrentamiento de Cristo con Satanás y sus seguidores ocurra en el medio de las aguas inferiores salobres de la terna (x y z), representada por el planeta 3 (la Tierra). La religión hebrea por su lado, en representación de la base unitaria aislada de la terna o Espíritu permanece por sobre las aguas inferiores. Las bases 1-3 ofrecen entonces, el contexto adecuado para interpretar los pasos de Israel por tierra seca reportados en el Libro de Josué: «contaréis a vuestros hijos la historia y diréis: "Israel cruzó este Jordán por tierra seca"... como hizo el Señor con el mar Rojo, el cual secó ante nosotros...»; así como el renacer cristiano de las aguas.

Además de la compleja simbología bautismal Juan el Bautista y Jesús, al menos desde un punto de vista cristiano, encabezarían las tétradas gemelas formadas por descendientes de parejas estériles destacadas. Entre esas parejas estériles figuran: Abraham y Sara, Isaac y Rebeca, Jacob y Raquel, Zacarías e Isabel y José y María, padres terrenales de Isaac, Jacob, Benjamín, Juan el Bautista y Jesús. En ambas tétradas Isaac, Jacob, Benjamín representarían tierra (Hombre) en la tríada inferior, mientras Juan el Bautista encabezaría una de las tétradas en representación de aire (Espíritu) (Mateo 3, 16; Marcos 1, 10; Lucas 3, 22 y Juan 1, 32) y Jesús la otra representando la quintaesencia (Ungido). La figura 35.3 ilustra esquemáticamente el contexto de los bautismos de agua y de Espíritu (aire) y fuego y sus correspondencias con el Diluvio Universal y la destrucción de la pentápolis.

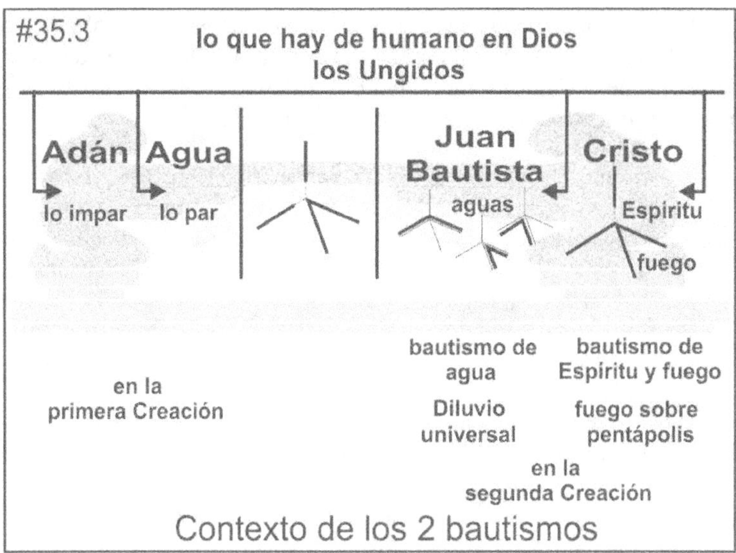

Siendo Jesús hebreo de origen también está sobre las aguas inferiores, tal como lo describe Mateo: «Y cuando ellos lo vieron andar sobre el mar, se asustaron y se decían: "¡Es un espíritu!" y gritaban de miedo». Por esa razón, su bautismo no es solo de fuego, sino también de Espíritu. Tal relación se expone en cifras claves del Apocalipsis de Juan 24 (24 = 4 × 6) y 144 (144 = 4 × 36), correspondientes a 6 y 36 en Génesis 1 (cifras vinculadas a la luz oculta). En una «cristología natural», el propio ser Hombre de Dios se expresa como en una cruz. Horizontalmente en el enfrentamiento entre querubines. En tanto que, verticalmente representa al Espíritu (aire) sobre las aguas y al Hombre (tierra) que ha de sumergirse en ellas para bautizarse, antes de abrazar el fuego de su propio sacrificio.

Todos los escenarios de conflicto presentes en las Escrituras Sagradas giran en torno al tema del enfrentamiento ecpirótico entre creaciones; tal es el caso de la Batalla de Jericó en la Biblia; del Armagedón Apocalíptico (Apocalipsis 16, 16) y del sacrificio e inmolación en las Guerras Santas Mayor y Menor (yihad) como en Badr, reseñado en la azora La Familia de Amran: «Y Dios ciertamente os ayudó en Badr cuando estabais débiles… Y cortará parte de quienes no crean o los humillará para que vuelvan derrotados». La intención con los ataques incompletos del 11/9 habría sido entonces, representar la primera creación mediante blancos en suelo americano y la segunda con 4 aviones. Agrega el Zend-Avesta en su Yasna IV que se trata de un enfrentamiento con la marca del fuego para propiciación y alabanza al Hijo de Ahura Mazda. La actitud contumaz de Satanás y los suyos, no dejó otra salida que el sacrificio de toda una creación para poder restituir la viabilidad de la obra de Dios. De allí el reto a lo humano planteado por los 3 sinópticos: «Si algún hombre quiere seguirme, que abandone todo, tome su cruz y sígame».

Los 3 sinópticos informan además, que Jesús identifica su cuerpo con el pan y su sangre con el vino, al explicitar la substancia de la segunda creación. Las sorprendentes identificaciones fueron hechas por Jesús durante la cena ofrecida a sus discípulos, en la víspera de su propio sacrificio:

> Jesús tomó el pan y después de bendecirlo, lo partió y lo dio a sus discípulos y dijo: "Tomad y comed. Esto es mi cuerpo". Y tomando un cáliz y habiendo dado gracias se los dio, diciendo: "Bebed todos de él, porque ésta es mi sangre de la alianza, la cual será derramada por muchos para la remisión de los pecados…"

Juan evangelista así lo ratifica: «El que come mi carne y bebe mi sangre está en mí y yo en él. Así como el Padre me ha enviado y tengo vida por el Padre, quien me coma tendrá vida por mí». Al identificar Jesús su propio cuerpo con el pan, debió hacerlo sin duda con un conocimiento pleno de la substancia. Cuestión que daría aliento a una exégesis natural, en busca de datos adicionales con los cuales precisar la segunda creación en más detalle. Otro tanto se intentará más adelante con el vino de la Última Cena.

En tiempos de Jesús se consumía principalmente pan de cebada (*Hordeum vulgare vulgare*), cuya harina era obtenida moliendo los granos del cereal. La harina de cebada consiste mayormente de almidón que es una estructura compleja de carbohidratos insoluble en agua. Dicho almidón a su vez está constituido por la mezcla de dos polisacáridos (polímeros de azúcares, es decir, cadenas de moléculas de azúcares enlazadas unas a otras): amilosa y amilopectina. Aun cuando existe gran dispersión en las proporciones de amilosa y amilopectina en los almidones de las distintas variedades de cebada, en el tipo ordinario es de 1 a 3 (veinticinco por ciento de amilosa y setenta y cinco de amilopectina). La amilosa es una cadena formada por cientos o miles de unidades de D-glucosa, bajo la configuración de un anillo hexagonal y estructurada a manera de una hélice izquierda. Cada paso o vuelta de dicha hélice consta a su vez de 6 unidades de glucosa con una misma orientación. Por su lado la amilopectina del almidón de la cebada posee una estructura con ramificaciones cada veinticuatro o treinta moléculas de D-glucosa, lo cual desarticula cualquier estructura helicoidal subyacente.

Las unidades de glucosa en estado libre poseen 6 átomos de carbono, 12 de hidrógeno y 6 de oxígeno y en consecuencia, su fórmula molecular se escribe $C_6H_{12}O_6$. Las proporciones de cada elemento químico en la glucosa, sugerirían la intrusión de los 6 átomos de carbono en 6 moléculas de agua ($6 \times H_2O$). Tal configuración implicaría para la segunda creación, la misma imposición de las formulaciones impares sobre las pares presente en la primera. El simbolismo incluso va mucho más allá, pero está comprometido por múltiples interferencias e imbricaciones de las formulaciones arquetípicas a todo lo largo de las cadenas de exteriorización. Lamentablemente, la superposición de las distintas formulaciones impone ciertas limitaciones a una interpretación pretendidamente sin lugar a dudas.

Desde una perspectiva estereoquímica (estudio de la distribución espacial de átomos y grupos funcionales en las moléculas), es posible encontrar en la estructura hexagonal de la D-glucosa, algunos rasgos morfológicos ya observados en otras representaciones naturales discutidas con anterioridad. Similitudes también extensibles a figuras simbólicas en pasajes claves de las Escrituras Sagradas ya comentados. Para aquellos lectores no familiarizados con las «proyecciones estereoquímicas», se sugiere observar las próximas figuras a manera de dibujos del tipo «encuentre las diferencias», frecuentes en revistas de entretenimiento. En tal sentido la figura 35.4 compara en su parte superior 2 estructuras semejantes de la D-glucosa, con una sola diferencia señalada por las letras griegas α y β. En tanto que en su parte inferior se presentan, los dos polisacáridos generados por cada una mediante enlace y repetición, la amilosa y la celulosa.

La única diferencia a encontrar reside en la posición del grupo hidroxilo (–OH) en el carbono uno (C1) de ambas versiones, con respecto al grupo hidroximetilo (–CH$_3$O) en C5. La importancia de este último en una exégesis natural radica primeramente, en su utilidad para distinguir un lado de la molécula del otro. Cuando dos configuraciones de una misma fórmula molecular como C$_6$H$_{12}$O$_6$ poseen diferencias en un solo centro, son denominados «epímeros». En la D-glucosa los dos epímeros son la α-D-(+)-glucosa y la β-D-(+)-glucosa, lo cual indicaría desde un punto de vista exegético, la presencia de dos estructuras susceptibles de interpretación.

Ahora se pide al lector observar como en el epímero α, 1 grupo hidroxilo en C3 está por encima (del mismo lado del hidroximetilo) y los otros 3 en C1, C2 y C4 por debajo. Los hidroxilos en C2 C3 situados en lados opuestos representarían las actuaciones contrapuestas de los atributos en las aguas. Si el hidroxilo en C4 de α representa la actuación del aire, el de C1 se correspondería con la de tierra. El conjunto de los 4 hidroxilos se podría representar entonces sobre una base 1&1&2 (aire&tierra&agua) (C4&C1&C2 C3). Si la α-D-(+)-glucosa representa la segunda creación, su imagen especular la α-L-(-)-glucosa (ausente en la química de la vida) figuraría por la primera. Los epímeros β de ambas versiones de la glucosa simbolizarían las aguas producto del enfrentamiento entre creaciones, según una formulación del tipo (2-2) (agua-agua) (C4 C1- C2 C3).

En la substancia del cuerpo de Cristo representado por la amilosa, la unidad de propósito de todas las luces de la segunda creación se refleja en la misma orientación de todas las unidades de D-glucosa. El hecho sería indicativo de que todos los objetos de la segunda creación van en contra de la primera de la misma forma. Incidentalmente, la posición de los hidroxilos en el epímero α posee además, semejanzas con la configuración de los atributos de los condicionamientos primero y segundo en los terrenales. Con la neutralidad representada en C2 C3 y la dislocación en C4 C1. Por estar los hidroxilos en C4 y C1 en lados contrarios en el epímero β, las unidades de D-glucosa alternadas en la estructura de la celulosa tendrán también orientaciones contrapuestas. Estableciéndose así, un segundo nivel de representación de los roles contrarios de los componentes masculinos terrenales de ambas creaciones y de la nulidad de las aguas que producen y los acoge en el enfrentamiento.

Aun cuando sería posible continuar profundizando en el simbolismo molecular de la D-glucosa, como representación natural de la substancia del sacrificio, la tarea quedará a los lectores más inquisitivos. A los detalles observados en la estereoquímica de la D-glucosa puede sumarse, la exteriorización a dos niveles de sendas helicidades izquierdas, lo cual debería resultar también altamente significativo. Una de las helicidades izquierdas se manifiesta en la rotación de la luz (más propiamente de su plano de oscilación eléctrica) hacia la derecha, al observarla viniendo de frente después de atravesar una solución de glucosa en agua. La otra helicidad izquierda está presente en la estructura helicoidal de la amilosa, ¼ de la glucosa en el pan de cebada. Ciertamente las helicidades izquierdas en la amilosa del pan, al cual Jesús identificó con su cuerpo, estarían refiriéndose a las de los santos en la substancia del sacrificio. En resumidas cuentas, los santos de la segunda creación tendrían helicidades izquierdas, a diferencia de los santos de la primera creación que las tienen derechas. Todo lo anterior endosaría la tesis según la cual, ambas creaciones son regidas por las mismas disposiciones originarias, pero tendrían sus atributos dislocados opuestos.

Las similitudes en la configuración de los carbonos cinco y seis en la D-glucosa con sus homólogos en la versión L, ratifican también, las correspondencias entre ambas creaciones ya observadas. Ambas pueden relacionarse incluso con la fórmula estructural de alcohol etílico del vino, al cual Jesús identificó con su sangre, justo en la víspera de su sacrificio. El vino consagrado en la Última Cena de Pascua de Jesús debería poseer también un significado semejante al vino fermentado por Noé; al ofrendado por Abram y Melquisedec y al producido milagrosamente en las bodas de Caná. El vino de

Noé prefigura la substancia del sacrificio para la redención de los pecados de idolatría, cometidos por los descendientes de su hijo Cam, los cananeos:

> En esos días Noé cultivo la tierra y plantó una viña. Y bebiendo de su vino se embriagó… Y Cam, el padre de Canaán vio la desnudez de su padre y se lo relató a sus hermanos… Y cuando despertó de su embriaguez, Noé supo lo que su hijo menor le había hecho y dijo: "Maldito sea Canaán…"

La molécula de alcohol etílico posee un gran valor simbólico, por cuanto exterioriza las formulaciones 1&2 del ser humano terrenal y del contexto ternario del pecado. En dichas formulaciones se resume el drama de los pecados ternarios a redimir en el seno de la religión 3, el cristianismo. La molécula del alcohol está constituida por dos grupos funcionales unidos entre sí, según se indica a la izquierda en la figura 35.5.

En la esquina superior izquierda se muestra el grupo hidroximetilo, ya representado con el carbono seis en la glucosa y en la inferior izquierda el grupo metilo ($-CH_3$). El grupo hidroximetilo ofrece 3 configuraciones equivalentes de la formulación humana (solo una ilustrada), con un átomo de hidrógeno (H) figurando por el proto-elemento tierra y una pseudo-molécula de agua química representando el agua. El grupo metilo está constituido por un átomo de carbono enlazado a 3 átomos de hidrógeno equivalentes y se identificaría fácilmente con el contexto ígneo y ternario del pecado.

En la comparación de la estructura de los carbonos cinco y seis de la glucosa con la del alcohol etílico, se puede extender la aplicación de las formulaciones conocidas. Así, entre el átomo de hidrógeno en el C5 de la glucosa y el grupo metilo del alcohol hay una representación cuaternaria impar del tipo 1-3. Por otro lado, en los C5 y C6 de la glucosa podría observarse una representación cuaternaria del tipo 1&1&2, vinculada a los seres humanos celestial y terrenal. Ambas representaciones conjugarían las formulaciones con las cuales puede describirse, el contexto de la «alianza» para la redención de los pecados de la primera creación. La estructura molecular del alcohol etílico ratificaría simbólicamente en tal sentido que la primera y la segunda creación se rigen ambas por las mismas disposiciones originarias.

Las Escrituras Sagradas no abundan en detalles sobre el número de redimidos por la conflagración, el cual ha sido relacionado con las magnitudes relativas de la primera y segunda creación. Ante la escasez de referencias, sería posible estimar su cuantía en base al contenido alcohólico en el vino y el diezmo del encuentro de Abram con Melquisedec. En una estimación de tal naturaleza, la composición del porcentaje alcohólico y el diezmo, de alguna forma representaría la fracción redimida. En tanto que el agua química del vino figuraría por las aguas luminosas saturadas de contrarios y el resto de los bienes de Abram por los santos. El contenido alcohólico del vino bruto solía modificarse por dilución en Tierra Santa, según lo indican las conclusiones del Segundo Libro de los Macabeos (II a. C.). La costumbre era llegar a una diferencia entre alcohol y agua cercana a un orden de magnitud (uno a diez). La coincidencia en las proporciones del alcohol y el diezmo se interpreta como referencia a una fracción redimida minoritaria, según un orden de magnitud ($10^{\%}$). El resto estaría conformado por la multiplicidad de fragmentos resultantes de la aniquilación de los contrarios y por los santos de ambas creaciones. La población redimida sería entonces una ínfima parte del total, pues según Mateo: «de los que recibieron la buena nueva, apenas un pequeño número se salvará».

Al concluir la valoración del simbolismo asociado al pan y al vino de la cena de Pascua, convendría observar la significación en la cultura antigua de los tres pilares alimentarios; cebada y glucosa; uva y alcohol etílico y oliva y oleína. Así como el hecho curioso de su valor simbólico para exponer verdades religiosas. Son igualmente relevantes, las propiedades combustibles de la glucosa en la celulosa y polisacáridos; del alcohol en el vino y de la oleína en el aceite de oliva, tanto en llamas como en metabolismos.

La narrativa neotestamentaria de la Crucifixión de Jesús en el Monte Gólgota posee también una carga simbólica inestimable para interpretar su misión y reforzar las conjeturas hechas hasta ahora. Su interpretación quedará circunscrita exclusivamente al tema de la relación entre la primera y segunda creación, también llamada «nueva» según Pablo en su Segunda Carta a los Corintios: «Si algún hombre vive en Cristo está en un mundo nuevo, lo viejo ha terminado, ellos verdaderamente han sido renovados. Pues todas las cosas pertenecen a Dios, Quien nos reconcilió con Él por medio de Cristo…». No se trata aquí de esbozar una cristología inconexa y distante, sino estrechamente vinculada al conocimiento científico de aquello de lo cual todo está hecho. Como preámbulo de este ejercicio, convendría traer a la mente las consideraciones hechas a propósito de la expresión «al tercer día», tan frecuentes en las Escrituras Sagradas.

Los momentos finales de la vida del Jesús pueden agruparse en 3 episodios, su muerte en un enfrentamiento contra la idolatría y sus males, un primer día. Su permanencia el segundo día en el seno de la naturaleza femenina en su aspecto rotacional, así como en las aguas saturadas con los restos de la conflagración. Finalmente y al tercer día, la redención de los sobrevivientes y su resurrección en la figura de los santos. El bautismo de fuego conlleva a la destrucción de la idolatría, tal como explica Jesús en la parábola de la cizaña narrada por Mateo:

> El reino de los cielos es semejante a un hombre que sembró semillas buenas en su campo. Pero, mientras sus labriegos dormían, su enemigo vino y sembró cizaña entre el trigo y se fue. … los labriegos del padre de familia, se acercaron y le dijeron: "¿Señor, no sembraste semilla buena en tu tierra? ¿Cómo entonces tiene cizaña?" Él les dijo: "Algún enemigo hizo esto." Los labriegos le dijeron: "¿Es tu voluntad que la recojamos?" Pero él les contestó: "No, porque quizás al recoger la cizaña, arrancarías también el trigo. Permitidles crecer juntos hasta el momento de la siega. Y al tiempo de la siega diré a los segadores: Recoged primero la cizaña y atadla en gavillas para quemarla, pero el trigo guardadlo en mi granero".

Por su parte, María madre preserva en su seno la condición de Jesús al momento de su muerte y simbólicamente devuelve al mundo la semilla en la persona de Juan: «cuando Jesús vio a su madre y a su discípulo predilecto, dijo a su madre: "¡Mujer, he ahí a tu hijo!". Luego dijo al discípulo: "¡He ahí a tu madre!"». La presencia de muchas Mujeres reseñada por los 3 sinópticos, da cuenta de la gran figuración de las aguas: «Y había muchas mujeres, mirando desde cierta distancia…». Pues el rol de las aguas es clave en el enfrentamiento, ya que todo lo que emerja de ellas resucita o tendrá sus pecados redimidos.

Las Mujeres al pié de la cruz siguen la formulación 1-3 (María Madre-(Magdalena de Cleofás Salomé)). La primera, María Madre, figura en representación de las aguas puras e inmaculadas ajenas al pecado, expresándose con relación a (u t). Las otras 3, Magdalena, de Cleofás y Salomé (I a. C. – I d. C.) representan las aguas vinculadas a los planos de la terna (x y z). Todos los entes luminosos emergentes de la confrontación pasaron el segundo día en el seno de las aguas, antes de emerger al tercer día. Por tal motivo, son las Mujeres las primeras en tener noticia del acontecimiento de la Resurrección. Como en Jericó, la primera en enterarse y en oficiar las gestiones del caso es una ramera arrepentida, en este caso María Magdalena. Así consta en las narrativas de los 4 evangelistas sobre la Resurrección de Jesús:

> En la mañana después del sábado, al comienzo del primer día de la semana, María Magdalena y la otra María fueron a visitar el sepulcro. Cuando observaron un gran terremoto, pues un ángel del Señor bajó del cielo y a medida que se acercaba hizo rodar la losa del sepulcro y se sentó en ella. Su apariencia era como la de un relámpago y su vestido blanco como la nieve… Al hablar el ángel a las mujeres les dijo: "No temáis. Pues sé que buscáis a Jesús, el crucificado. No está aquí porque ha resucitado, justo como había dicho…"

La presencia de uno o más ángeles ratifica, la intervención divina y la concurrencia de estos en los planos intermediarios para la determinación y realización de todo evento. Recuerde el lector al capitán de los ejércitos del Señor ante Josué, quien no pertenecía a ninguno de los dos bandos enfrentados en la terna (x y z).

Según puede apreciarse en las narrativas del sacrificio y muerte de Jesús en la cruz convergen numerosas simbologías, asociadas a acontecimientos cosmogónicos de la mayor relevancia. Todas ellas intentan describir de un modo u otro, en qué consisten realmente dichos acontecimientos y como se exteriorizan simbólicamente en los últimos momentos de la vida de Jesús. Con miras a reforzar una comprensión cabal de sus significados, será preciso considerar además, si no todas, al menos las imágenes simbólicas de mayor potencia. En primer término la cruz prefigurada en el Libro del Éxodo, cuando Aarón y Jur sostienen las manos cansadas de Moisés durante el enfrentamiento con Amalec: «Aarón y Jur sostenían las manos de Moisés, uno por un lado y el otro por el otro».

En la literatura neotestamentaria de los Hechos de los Apóstoles se refieren a la Crucifixión con palabras como «colgado de un árbol», empleando el término griego «*xylon*» (árbol) traducido como madero; «…colgándolo de un madero»; «lo bajaron del madero y lo sepultaron». En tal sentido se agrega la dura reflexión en la Carta de Pablo a los Gálatas: «Cristo nos redimió de la maldición de la ley, haciéndose maldición por nosotros, porque está escrito: "Maldito todo el que cuelgue de un árbol."». Entre las fuentes apócrifas por ejemplo, el «*Oráculo sibilino*» da cuenta de la crucifixión en un árbol de un Hombre venido del cielo y quien hará un día que el sol se detenga. Todas esas expresiones están enmarcadas en el trágico acontecimiento de una creación enviada al sacrificio, en función de abrirle nuevas posibilidades a un nuevo devenir de la obra de Dios.

Las reflexiones cristianas sobre el significado de la crucifixión en un árbol son numerosas y se inspiran en el contraste entre Adán y Jesús. Su expresión más elocuente y sucinta puede hallarse en la Primera Carta de Pablo a los Corintios: «Y así como en Adán todos mueren, así también en Cristo todos revivirán». Ya desde los primeros siglos de la Iglesia, Melitón de Sardes (II d. C.) pensaba que así como de un árbol vino el pecado, así también de un árbol debía venir la salvación. En el marco de una exégesis natural de la Crucifixión resultaría impensable emprender consideraciones de fondo sobre su significado y alcance, descartando todo valor simbólico a la madera. Más aun cuando Jesús y José, con quien estaba desposada su madre María al momento de su nacimiento, eran carpinteros de oficio, según Justino (Mateo 13, 55). El lector seguramente estará al tanto de los usos de la madera, no solo como elemento estructural, sino también como combustible. Pero es tan relevante o más, la naturaleza de su substancia como medio para representar el encuentro entre creaciones.

La madera está constituida principalmente por celulosa, hemicelulosa, lignina y agua. La celulosa y la hemicelulosa cuya proporción conjunta en la madera se aproxima a los dos tercios están ambas compuestas por azúcares. La celulosa está formada por largas cadenas (de 500 unidades o más) del epímero β de la D-glucosa, enlazado por deshidratación en los carbonos uno y cuatro e invertidos alternadamente. La estructura de la celulosa fue ilustrada gráficamente en la parte inferior derecha de la figura 35.4, donde se muestra la alternancia de las unidades de D-glucosa apuntando en sentidos contrarios, como en las aguas. A pesar de estar constituida por unidades de glucosa con las propiedades ópticas ya mencionadas, la celulosa es una molécula lineal a diferencia de la amilosa que es helicoidal. Por su lado, la hemicelulosa posee además de la glucosa, varios tipos de azúcares y presenta una estructura ramificada. El otro componente de importancia en la madera es la lignina, una macromolécula racémica (iguales proporciones de configuraciones D y L) de biopolímeros ramificados, con abundante presencia de alcoholes cíclicos. La lignina da a la madera su carácter leñoso y al igual que el agua; las cadenas lineales de la celulosa y las ramificaciones en la hemicelulosa; apuntan todas ellas a estructuras que sugieren un giro neto igual a cero.

En una exégesis donde la amilosa represente la configuración de la segunda creación, la celulosa en la madera debería interpretarse como símbolo del encuentro por oposición con la primera. Se trataría de una representación del enfrentamiento entre creaciones, cada una con orientaciones, giros y atributos ternarios contrarios. El caos desatado en las aguas por el enfrentamiento entre la primera y segunda creación, es el medio en cual ha de sacrificarse el propio ser Hombre de Dios. La figura 35.6 ilustra esquemáticamente los elementos principales de la Crucifixión de Jesucristo, el madero, las realizaciones cósmicas de lo humano en Dios y los 3 clavos.

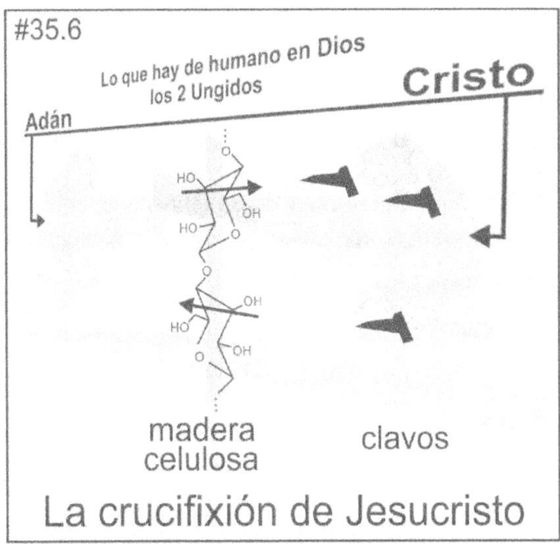

Los clavos de acero representarían el pecado y por lo tanto son claves en la escena de la Crucifixión. A ellos hace referencia el apóstol Tomás en su acto de incredulidad reseñado por Juan: «A menos que vea en sus manos las marcas de los clavos y meta mi dedo en el lugar de los clavos… no lo creeré». Los Evangelios ofrecen realmente poca información sobre los clavos de la Crucifixión. Nada se dice sobre su número ni de cual material estaban hechos. Entre las referencias más antiguas al respecto está el poema «Cristo sufriente» (*Cristus Patiens*) atribuido a Gregorio Nacianceno, donde menciona 3 clavos. Por su parte Ambrosio de Milán en «*Oratoria del obituario a Teodosio*» (*Oratio de Obitu Theodosii*) implicaría el uso en la Crucifixión de solo 2 clavos. En tanto que, las iconografías de las antiguas Iglesias Latinas y Griegas muestran 4 clavos. Dichas expresiones plásticas concuerdan con las supuestas reliquias encontradas por Helena de Constantinopla (III – IV d. C.), madre de Constantino I, primer emperador romano en profesar la fe cristiana. Después de casi un milenio de representaciones artísticas donde Jesús aparece invariablemente crucificado con 4 clavos, irrumpe la iconografía religiosa de los cátaros ofreciendo un catálogo bastante extraño. Entre las rarezas más sobresalientes figuraban, las imágenes de Jesús crucificado con 3 clavos.

La frustración de la Iglesia Latina frente a los avances de la herejía cátara al sur de Europa llegaron a preocupar sobremanera al Papa Inocencio III (XII – XIII d. C.). La reacción del papado ante la resiliencia cátara fue buscar una ratificación en el Concilio de Letrán IV de la condena a dicho movimiento y de todas sus manifestaciones. El crucifijo cátaro probablemente de origen «sindonológico» (relativo a la ciencia del Santo Sudario) fue ampliamente comentado por Lucas de Tuy (XII - XIII d. C.) en su obra «*Sobre la otra vida y las controversias religiosas contra los errores de los albigenses*» (*De Altera Vita, Fideique Controversiis Adversus Albigensium Errores*). En realidad, el tudense no veía un problema de fondo en la iconografía de los 3 clavos, al margen de su adopción por los cátaros. El objetivo de Lucas de Tuy era defender la tradición románica frente a la innovación gótica, por los riesgos potenciales que toda novedad implicaría. La adopción del crucifijo con 3 clavos fue en aumento a partir del siglo XIII d. C., muy a pesar de la tenaz resistencia de los partidarios de los 4 clavos. La aceptación del «triclavismo» con el correr de los años se fue fortaleciendo, llegando incluso a figurar emblemáticamente, como por ejemplo ocurre, en los sellos de la «Compañía de Jesús» (*S. I. Societatis Iesu*).

En cuanto al material de los clavos, no ha habido controversia, quizás por la continuidad en el uso de soluciones de hierro a tales fines hasta el día de hoy. Muy probablemente los clavos estaban hechos de una solución de hierro con carbono, producida por carburación durante la forja vía austenita (acero gamma, estructura cúbica centrada en las caras). Después de enfriarse, los aceros obtenidos de esa manera tienden a formar núcleos de ferrita con un fuerte ferromagnetismo. Lo cierto es que Jesús fue probablemente crucificado con 3 clavos de un metal que constituye, un poco más de la mitad de la masa de la Tierra o planeta 3. Además, el hierro estuvo proscrito en la construcción de edificaciones religiosas por sus manifestaciones circulares, emblemáticas de la idolatría y del regodeo en cuestiones mundanas para entrar por las: «tres puertas del infierno...» a las cuales hace referencia el *Bhagavad Gita*.

Aunque parezca inverosímil, la substancia del sacrificio puede definirse con mayor precisión, gracias a las contradicciones entre la reliquia del *Titulus Crucis* (hallada en 1492 d. C.) y su descripción en el Evangelio de Juan (exceptuando el orden de las lenguas en las versiones Reina-Valera y King James ambas del siglo XVII d. C., quizás influenciadas por la reliquia):

> Pilato también escribió y puso este título sobre la cruz: "Jesús Nazareno, el rey de los judíos"... Y estaba escrito en hebreo, en latín y en griego. Pero los sumos sacerdotes de los judíos dijeron a Pilato: "No escribas 'El rey de los judíos', sino que él dijo: 'Soy el rey de los judíos'". Pilato respondió: "Lo que he escrito, escrito está"

A diferencia del Evangelio de Juan, los sinópticos mencionan el documento jurídico sin especificar las lenguas con las cuales fue escrito (Marcos 15, 26), (Mateo 17, 37) y (Lucas 23, 38).

Los estudios paleográficos (relativos al estudio de escrituras antiguas, en particular su datación) sitúan el texto de la reliquia en el siglo I d. C., como cabría esperar. En cambio, la datación por carbono catorce (^{14}C) apunta a una antigüedad de diez siglos, en lugar de los veinte que debería tener si fuese del documento jurídico original. Según puede concluirse de ambos estudios, la reliquia guardada en la basílica de la Santa Cruz en Jerusalén sería entonces, una copia fiel de un original ya perdido. Las contradicciones entre el texto de la reliquia y el Evangelio teológico de Juan han sido consideradas favorables a su autenticidad. Se argumenta en su favor que difícilmente un falsificador hubiese osado discrepar de la narrativa neotestamentaria de una manera tan descarada. Las discrepancias principales son: permutación del latín y griego, inversión de las escrituras griega y latina, imitando al hebreo y reflexión de las letras en los textos invertidos. Al margen de su permutación, las escrituras griega y latina de la reliquia aparecen entonces como reflejadas en un espejo, con respecto a la descripción de Juan. A pesar de haberse perdido casi por completo la escritura en hebreo, los rastros presentes pertenecen a una escritura de derecha a izquierda, como correspondería.

Desde el descubrimiento de la reliquia no ha sido dada una explicación, si se quiere teológica, a las contradicciones entre la escritura grabada sobre ella y el Evangelio de Juan. En el contexto de una exégesis natural es posible, sin embargo, dar a las discrepancias un significado congruente con las consideraciones hechas hasta ahora con relación al sacrificio de Jesús. El primer paso consiste en asociar la reseña del *Titulus Crucis* en el Evangelio de Juan, con la situación de las luces de la primera creación después de la querella. En tanto que, la escritura en la reliquia figuraría por una descripción de la substancia del sacrificio de la segunda. Los contrasentidos de las escrituras en griego y latín, con respecto al hebreo implícito en el texto evangélico, simbolizan dos formas de contravenir las condiciones iniciales de la primera creación. Por su lado, las inversiones de las lenguas paganas en la reliquia se referirían a la respuesta dada por el Creador con la segunda. En tal sentido cabrían dos interpretaciones, una de carácter rotacional y la otra de corte «ecpirótico». La primera se basa en una rotación definida por las direcciones independientes latín y griego y el sentido de sus escrituras. El producto de ambas arrojaría como resultado una tercera y nueva dirección también independiente denominada hebreo, según la regla de la mano derecha. Al invertir los sentidos del latín y del griego, como en la reliquia, el producto de seguiría siendo el mismo, pero si además se permutan, el resultado sería opuesto al anterior. La parte superior de la figura 35.7 muestra la lectura rotacional de las contradicciones entre ambas versiones del *Titulus Crucis*. Aun cuando la figura se asemeje a la 32.1 no deben confundirse, pues sus contextos son diferentes.

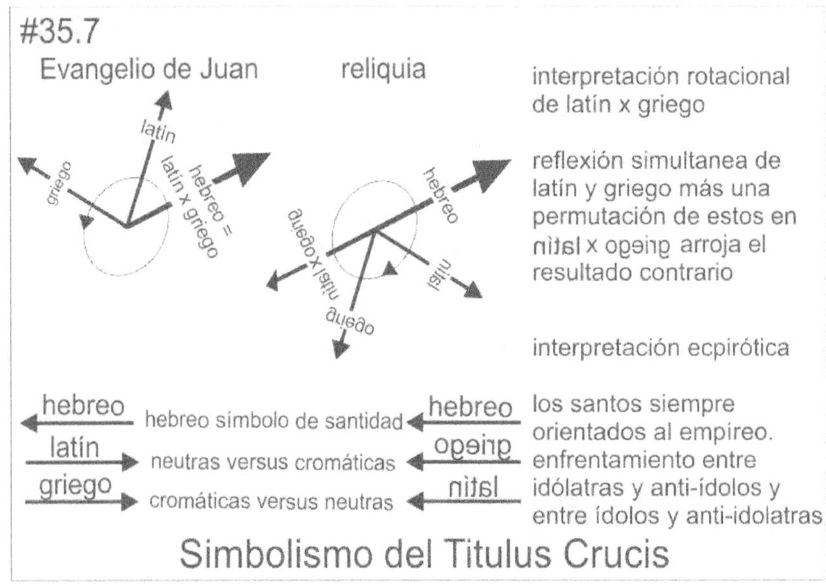

En términos giratorios, las diferencias entre el texto evangélico y la reliquia sugieren giros contrarios en ambas creaciones.

Una segunda lectura con un sesgo ecpirótico se muestra en la parte inferior de la figura, donde aparecen las oposiciones entre las escrituras, a manera de un enfrentamiento entre luces. En primer término está el hebreo representando a los santos, cuyas acciones neutras van siempre dirigidas hacia el empíreo, por ello no aparecen en contraposición. Una exégesis natural debería tener como hipótesis fundamental, la no participación de los santos de la primera y segunda creación en el enfrentamiento. En primer lugar, por ignorarse mutuamente al intercambiar ambos sus acciones neutras con el Altísimo y en segundo lugar, por su neutralidad en los condicionamientos primero y tercero. Adicionalmente, los giros contrarios del segundo condicionamiento no acarrean interacción, por no estar asociados a fuerzas. El latín en Juan se asocia al direccionamiento de las acciones de los idólatras hacia los anti-ídolos del griego invertido en la reliquia, quienes integran la substancia del sacrificio. El griego en Juan se vincula al direccionamiento de las acciones de los ídolos, hacia los anti-idólatras del latín invertido en la reliquia, también integrantes de la substancia del sacrificio. Los direccionamientos mencionados en los párrafos precedentes son complementados con otros entre pares contrarios, como idólatras y anti-idólatras o ídolos y anti-ídolos, ambos destinados a saturar las aguas.

También deberán incluirse los direccionamientos entre idólatras e ídolos y entre anti-idólatras y anti-ídolos y viceversa en todos los casos. El simbolismo del *Titulus Crucis* está entonces dedicado a contrastar las actuaciones propias de los integrantes del Consejo Altísimo y sus contrarios. En tanto que, el simbolismo asociado a las versiones D y L de la α glucosa está centrado en la confrontación de las actuaciones arquetípicas en las direcciones de la tétrada (t x y z) de ambas creaciones.

Se ha llegado a un punto en el cual es posible contextualizar la Crucifixión de Jesús, con los hitos cosmogónicos descritos por las Escrituras Sagradas en términos del Diluvio Universal; el derrocamiento de pentápolis; la destrucción de Jericó; y las Guerras Santas como en Badr, para solo citar las más relevantes. Se trata de un escenario de confrontación ecpirótica entre las luces de la primera creación y sus antagonistas, las anti-luces de la segunda, identificadas con la substancia del sacrificio. Los antecesores «causales» desde una perspectiva ontológica son los 2 Ungidos, Quienes actúan como vehículos de la realización divina del cosmos o según nos dice Jesús en nombre de Cristo y por medio de Juan: «Yo soy la vid y vosotros los sarmientos». En la ilustración 35.8 se muestran esquemáticamente ambas versiones del *Titulus Crucis*, con el direccionamiento mutuo de las acciones entre la primera creación y la segunda.

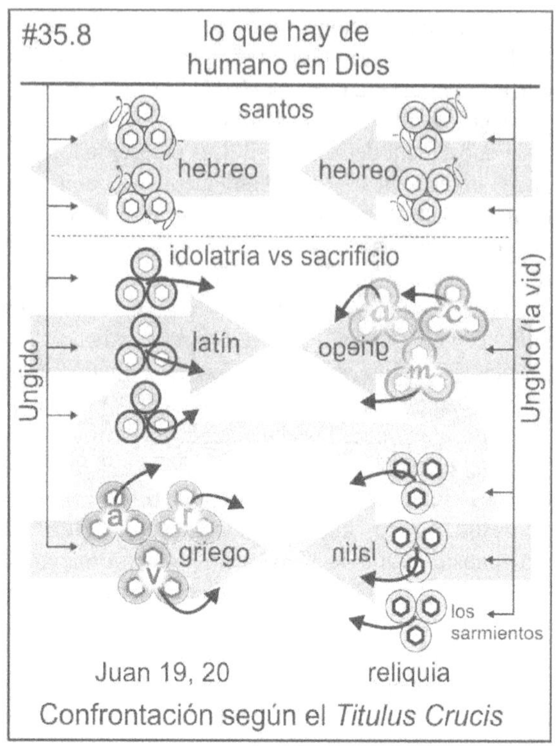

Las flechas grises al fondo indican el sentido de las escrituras del *Titulus Crucis*, a la izquierda según el Evangelio de Juan y a la derecha según la reliquia. Se replantea aquí, siguiendo un modelo diferente, el enfrentamiento entre los querubines sobre el propiciatorio en el Arca del Testimonio. En la parte superior figuran los santos de ambas creaciones con sus neutralidades de origen. Ellos intercambian sus acciones neutras con el Altísimo tras el empíreo, algo que es mayormente ignorado por el resto de las luces. Las flechas grises enfrentadas en el medio simbolizan el direccionamiento mutuo de acciones entre los idólatras de la primera creación y los anti-ídolos de la segunda. En la línea abajo se ilustra el direccionamiento mutuo entre los ídolos de la primera creación y los anti-idólatras de la segunda. Se ruega tener presente los direccionamientos verticales y cruzados, los cuales han sido obviados con la intención de simplificar la ilustración.

La confrontación no fue entre proto-estructuras, como podría darse entre dos ejércitos organizados, sino distribuida como en el asalto a Jericó: «… y las paredes de la ciudad caerán y el pueblo avanzará hacia el frente». Los anti-ídolos y anti-idólatras fueron creados en las inmediaciones de sus contrarios y «lanzados» en contra para formar pares, los cuales habrían de quedar disueltos en las aguas. El resultado de la composición de ambas creaciones equivale a la aniquilación de la mayoría de los núcleos de la idolatría. Una versión complementaria del enfrentamiento centrada en el núcleo de la idolatría es mencionada por Jesús, cuando describe a través de Lucas el tenor de su propio sacrificio: «¿Pensáis que vine a traer la paz a la tierra? No, sino división. Porque desde ahora habrán cinco en una casa: divididos tres contra dos y dos contra tres». La referencia al número 5 de la cita anterior difícilmente pueda interpretarse fuera del contexto de la pentápolis bíblica. Allí, en el núcleo de la idolatría, los infieles se encuentran en proporción de 3 a 2. La figura 35.9 describe esquemáticamente el enfrentamiento de idólatras e ídolos del núcleo, contra sus antis en la substancia del sacrificio.

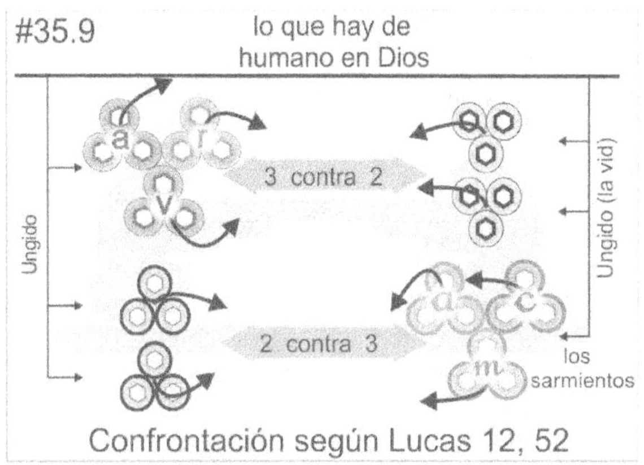

Destaca así mismo el Zend-Avesta en el Yasna X, la pertinencia de pertenecer a unos 5, mas no a los otros 5. Hablando en representación del Ungido o Cristo, Jesús afirma a través de Mateo: «donde dos o tres se reúnan en mi nombre, allí estoy yo en medio de ellos». Expresión también interpretable en términos de la figuración de Jesús como aire o Espíritu, en las formulaciones 1&2 del ser humano celestial y 1-3 de Espíritu y fuego. En cuanto al carácter de la presencia y actuación de Jesús a través de los santos, agrega Mateo: «mi yugo es suave y mi carga liviana».

En un contexto interpretativo distinto sería posible asociar las 3 lenguas del *Titulus Crucis* según Juan, con los 3 actores principales de la escena de la Crucifixión. En primer término se asocia a Jesús con la lengua hebrea y en el marco de una exégesis natural con los santos. En segundo término aparecería el buen ladrón (Dimas) crucificado a la derecha de Jesús (según el Evangelio apócrifo de Nicodemo [IV d. C.]) y cuyo arrepentimiento antes de morir permitiría asociarlo al latín, lengua de Roma. El re-direccionamiento de las acciones de los idólatras no arquetípicos permanece como posibilidad, los liberaría de la idolatría, tal como Constantino I se liberó convirtiéndose al cristianismo. El griego antiguo del *Titulus Crucis* simbolizaría la contumacia de los ídolos y debería asociarse al ladrón crucificado a la izquierda de Jesús (Gestas), quien murió imprecando y maldiciendo.

La cultura de la Grecia antigua ha sido reconocida y «consagrada» como ícono y modelo del paganismo de siempre. Ha sido también, fuente de inspiración para todos los movimientos ateos y seculares que han vivido y viven de espaldas a Dios hasta el presente. El primero en estudiar el surgimiento repentino del llamado «pensamiento crítico secular» fue el filósofo existencialista K. Jaspers (XIX – XX d. C.). El pensador alemán denominó «tiempo eje» de la «era axial», al período de la historia entre los siglos VI - V a. C. Un lapso de tiempo prácticamente antecedido por la destrucción del templo del rey Salomón en el 587 a. C., a manos de Nabucodonosor II (VII – VI a. C.) rey de Babilonia.

La cuestión de las lenguas en las Escrituras Sagradas reviste una importancia capital y este es el momento preciso para abordarla. Básicamente las lenguas utilizadas en las Escrituras Sagradas provienen del fenicio, con un sistema de escritura de derecha a izquierda, cuya aparición se remonta al siglo XI a. C. El griego arcaico también provino del fenicio y comenzó a escribirse de derecha a izquierda para luego adoptar el «bustrofedon» (alternar líneas de derecha a izquierda con izquierda a derecha, como en el arado del buey, de allí el nombre) hasta el siglo V a. C. aproximadamente (final de la era axial). Inmediatamente después se generalizó la escritura de izquierda a derecha, ostentada hasta el día de hoy por el griego, el latín y las lenguas latinas. La Biblia fue escrita en su totalidad en lengua hebrea, cuyos grafemas derivaron del fenicio y se escribe de derecha a izquierda. La tradición oral del Zend-Avesta fue vertida desde el siglo III d. C. al pahlavi, una lengua semítica de origen iraní, también escrita de derecha a izquierda. En cambio, los Evangelios de Mateo y Lucas de la tradición Q fueron escritos en sentidos contrarios arameo y griego, simbolizando la neutralidad de las aguas a las cuales representan. Por su lado Juan y Marcos figurando por aire y tierra o Espíritu y Hombre escribieron ambos en griego de izquierda a derecha.

Los sentidos de las escrituras en las lenguas utilizadas por los evangelistas pueden relacionarse con las posiciones de los hidroxilos en la α-D-(+)-glucosa. Así, los Evangelios de Juan&Marcos se corresponderían con los hidroxilos en C4&C1 (hacia un mismo lado) en tanto que, los de Mateo y Lucas con los de C2 C3 (hacia lados opuestos). La misma simbología podría extenderse a los nitrógenos de la timina, con Juan&Marcos representados por el par (NH&NH) y Mateo y Lucas por (N NH). En el contexto de las lenguas escritas de los Evangelios, el griego empleado por Juan simbolizaría entonces las actuaciones del aire o Espíritu en la segunda creación. En cambio, en el simbolismo del *Titulus Crucis* el griego antiguo de izquierda a derecha e invertido representa a los ídolos y anti-ídolos de la primera y segunda creación. El Corán fue escrito en lengua árabe de derecha a izquierda, la cual derivó del arameo y en última instancia también del fenicio. La primera traducción al griego de la Biblia se llevó a cabo en el siglo III a. C. y ha sido conocida desde entonces como «Septuaginta». El nombre dado a la traducción es debido a los setenta sabios traductores a quienes fue encomendada la tarea, por parte de Ptolomeo II Filadelfo (III a. C.) segundo faraón ptolemaico. La primera traducción al griego del Corán fue anónima y data del siglo IX d. C., según se presume.

La segunda creación encarna la respuesta de Dios a las desviaciones de la primera, mediante un enfrentamiento entre imágenes especulares, respecto a la orientación, los giros y los atributos ternarios. El objetivo divino fue la aniquilación de buena parte de ambas, la disolución de los contrarios en las aguas, el establecimiento de nuevas simetrías y la resurrección de los santos. Cualquier desconcierto ocasionado por las contradicciones entre ambas creaciones, debería quedar subsanado gracias a la oportuna aclaratoria hecha por el profeta Muhammad en la azora La Vaca:

> Los insensatos entre las gentes preguntarán: ¿Qué les hizo volverse de la alquibla que tenían? Di: El oriente y el occidente pertenecen solo a Dios. Él guía a quien le plazca por el camino recto… Establecimos la alquibla hacia la cual estabais acostumbrados, solo para distinguir a quien sigue al Mensajero de quien se vuelve atrás sobre sus talones. Y ciertamente fue una dura prueba, excepto para aquellos a quienes Dios ha guiado, pues Él no os desviaría de vuestra fe. (alquibla, dirección de la plegaria).

Al arribar a Medina en el año 622 d. C., el profeta Muhammad continuó las plegarias orientado hacia Jerusalén durante 16 meses, es decir, por un lapso de 4 por 4 meses. Al segundo mes antes de la gran batalla de Badr y siguiendo instrucciones de Dios, cambió la dirección de las plegarias hacia la Meca. El cambio tuvo lugar en la «mezquita de las dos direcciones» (*masjid al-qiblatain*), por largo tiempo con 2 mihrab (nicho con el cual se señala la dirección y el sentido en la orientación de las plegarias) uno de ellos señalando hacia Jerusalén y el otro hacia la Meca. La palabra mihrab derivaría del verbo «combatir» (*hariba* en árabe) pudiéndose traducir entonces como «puesto de combate contra Satanás».

El enfrentamiento entre la primera y segunda creación es un evento cósmico sin precedentes, cuyas abundantes referencias en las Escrituras Sagradas requieren algunas consideraciones adicionales. En tal sentido exclamó Josué en plena batalla contra los ejércitos de los 5 reyes de los amorreos: «"Sol detente sobre Gabaón, y tú, luna sobre el valle de Ayalón". Y el sol se detuvo y la luna se paró donde estaba, hasta que el pueblo se hubo vengado de sus adversarios». Los enfrentamientos entre bandos de luces contrarias deberían visualizarse en términos de un encuentro en el seno de la tétrada (t x y z). El hecho referido de un alto en el tiempo en pleno enfrentamiento entre creaciones daría cuenta de un «lanzamiento o ir en contra», también en el dominio temporal. En dicho evento estaría implícito que el bando masculino de la primera creación proviene del pasado y de un lado. En tanto que, la substancia del sacrificio o segunda creación vendría del futuro y del lado opuesto. El referido encuentro de las luces, con sus tiempos propios propagándose en sentidos contrarios, derivaría en una instancia atemporal semejante a las aguas. No obstante, los envejecimientos (entropía) en ambos bandos avanzan (aumenta) en dirección (t), hacia el futuro de la primera creación, esto es, en paralelo con la perpetuidad.

Hay otro episodio bíblico en el Segundo Libro de los Reyes, donde la doble direccionalidad del tiempo ocurre en un contexto similar. Se trata de las batallas libradas por el rey Ezequías (VIII – VII a. C.) contra su muerte y el yugo de Asiria:

Y Ezequías le preguntó a Isaías: "¿Cuál será la señal de que el Señor me va a sanar y de que subiré a su casa al tercer día?" Isaías le respondió: "… ¿Deseas que la sombra avance diez grados o que retroceda diez grados?" Contestó Ezequías: "Es una nimiedad que la sombra adelante diez grados… Yo preferiría que la sombra retroceda diez grados". Entonces Isaías el profeta invocó al Señor, Quien hizo retroceder la sombra diez grados en el reloj de sol de Acaz.

A las citas anteriores debería agregarse la afirmación del *«Oráculo sibilino»* sobre Jesús, quien hará un día que el Sol se detenga.

Los desplazamientos en la confrontación entre creaciones en el múltiple espaciotemporal podrían considerarse representados, por los hidroxilos correspondientes en ambas versiones de la α glucosa. Así como también, por los pares de nitrógenos, básicos y no básicos, de la adenina y la timina. En dicho contexto el par (N&N) de la adenina representarían los desplazamientos temporales propios del aire o Espíritu y tierra o componente masculino del ser humano terrenal (Hombre) de la primera creación. En tanto que el par (NH&NH) en la timina se correspondería con los de sus contrarios en la segunda. Por su lado el par (N NH) representaría el comportamiento de las aguas atemporales, destinadas a acogerlos.

Las medidas correctivas del Diluvio y las conflagraciones posteriores reseñadas por las escrituras; el sacrificio de Jesús; su pasión; muerte y Resurrección; y la batalla en Badr del naciente islam, no bastaron para erradicar el pecado. La decepción por la resiliencia del pecado frente a los sacrificios es expresada en el Yasna XLIX del Zend-Avesta, cuando se lamenta por haber perdido la batalla contra el mal. La presencia de los pecados redimidos en un entorno saturado con los restos de la confrontación, difícilmente podría considerarse como el fin de la influencia de Satanás y los suyos. La situación es grave, por cuanto las exteriorizaciones de los restos de la confrontación en todas las instancias hasta llegar al ámbito social, comprometen la capacidad humana de obrar con independencia. En cambio, la mayoría de los santos de ambas creaciones fueron favorecidos por la conflagración, obteniendo plena libertad.

CAPÍTULO 36

RESURRECCIÓN, REDENCIÓN Y ANIQUILACIÓN

Consumada la confrontación entre creaciones, emergen nuevas y viejas formas bajo el estatus de pecados redimidos, en el contexto de una reconstrucción total del universo. Así lo asevera Jesús a través de Juan: «Entonces los judíos le preguntaron: "¿Qué pruebas nos mostrarás de que tú puedas hacer tales cosas?" Jesús les respondió: "Destruid este templo y en tres días lo volveré a levantar"... Sin embargo, él hablaba del templo de su cuerpo». Una de las acusaciones principales en contra de Jesús, durante el juicio cuyo veredicto fue su condena, giró en torno a su prédica de la destrucción y reconstrucción. Pues según apuntan Mateo y Marcos:

> Aunque se presentaron muchos testigos falsos. Al final llegaron dos testigos falsos que dijeron: "Este dijo: 'Yo soy capaz de derribar el templo de Dios y en tres días reconstruirlo'". Entonces, el sumo sacerdote levantándose le dijo: "¿No tienes nada que responder a lo que estos atestiguan en contra tuyo?"

El universo emergente después del bautismo con las aguas del Diluvio amplía la neutralidad global de su predecesor. En él figuran los santos resucitados de ambas creaciones liberados en su mayoría de sus entrelazamientos en los centros de idolatría destruidos. La presencia de los santos en proporciones mayoritarias con sus 2 helicidades y neutralidades cromáticas, establece simetrías importantes para habilitar la construcción de estructuras hasta ese momento improbables. Junto a los santos figuran en el nuevo universo, los núcleos de idolatría bajo el estatus de pecados redimidos en una proporción inferior. Constituido por aguas saturadas de toda clase de fragmentos simétricos y asimétricos, el nuevo entorno de los santos y sus antis ofrece un enorme potencial para la edificación de estructuras más complejas. Los pares de contrarios en las aguas engrosaron el vasto mar del vacío, donde actúan como precursores de los portadores de las fuerzas de intercambio en un ambiente de alta excitación. Por su lado, los fragmentos asimétricos abrieron posibilidades a nuevas fuerzas de intercambio, necesarias para estabilizar diversos tipos de agrupaciones.

Las estructuras levantadas con los pecados redimidos y las nuevas fuerzas de intercambio dieron origen a todo aquello que somos y observamos los humanos. No es, sin embargo, posible detallar todos los tipos de fragmentos generados, por razones de orden práctico. Motivo por el cual, serán considerados únicamente aquellos necesarios para darle cierto grado de completitud al presente esfuerzo exegético. La figura 36.1 muestra un reducido inventario de los fragmentos originados en el enfrentamiento entre creaciones.

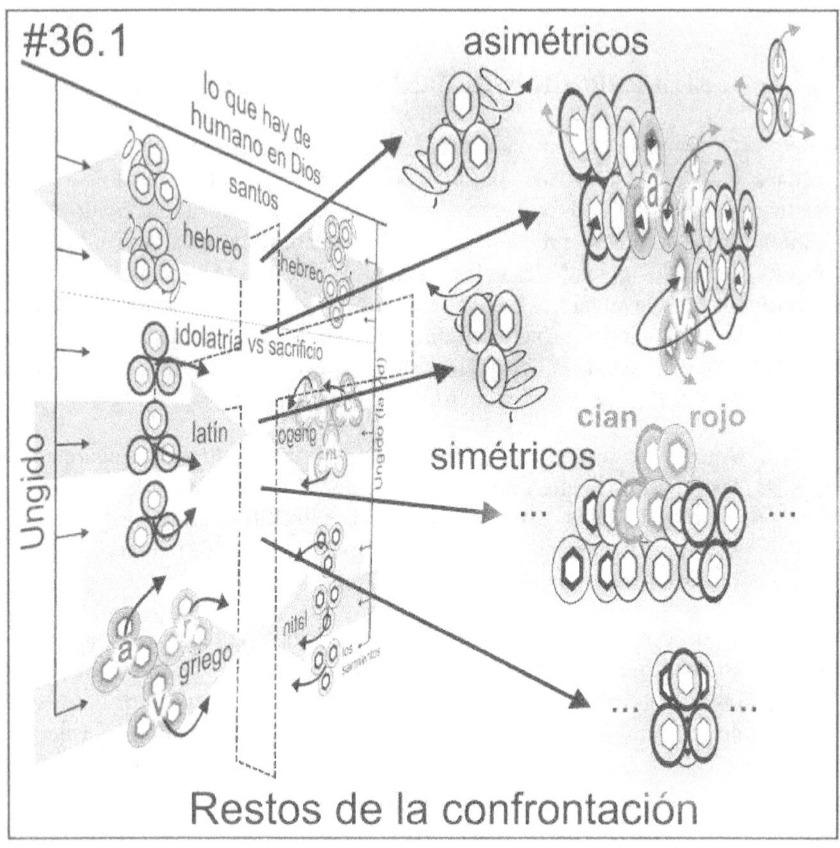

En aras de lograr la mayor la simplicidad posible, han sido omitidos los componentes femeninos de todas las luces y la abundancia relativa de las aguas primordiales. En la mitad superior de la ilustración aparecen algunos objetos asimétricos en tanto que, el resto de las figuras son estructuras simétricas. Los puntos suspensivos en las estructuras simétricas indican la posibilidad de componer por adición, cualquier otra configuración simétrica o incluso asimétrica.

Ciertamente la convivencia de los santos en medio del pecado y la muerte (sobre todo en los núcleos de idolatría) podría haber generado algunas inquietudes sobre su integridad. Afortunadamente Lucas sale al paso a cualquier murmuración en tal sentido, cuando relata la presencia de Jesús en Jericó:

> Y habiendo entrado a Jericó paseaba por la ciudad. Y había un hombre llamado Zaqueo, jefe de publicanos y era rico… Cuando Jesús llegó al lugar levantó los ojos lo vio y le dijo: "Zaqueo desciende rápidamente, porque hoy tengo que hospedarme en tu casa."… Y viendo esto, todos murmuraban diciendo: "Se ha hospedado en casa de un pecador".

Zaqueo, puesto en pie, dijo a Jesús: "Señor, la mitad de mis bienes daré a los pobres y si he engañado a alguien de cualquier forma, le devolveré el cuádruple.".

En realidad Jesús (en representación del propio ser Hombre de Dios) acompaña las realizaciones humanas del Creador, incluso «en casa de un pecador». Pues no lo hace por infidelidad, sino en estricto cumplimiento de las disposiciones divinas. Bien lo aclara el Corán cuando subraya la sujeción a Dios de toda su Creación: «El oriente y el occidente pertenecen solo a Dios».

En los primeros siglos de la Iglesia cristiana se había generalizado la creencia, de que la muerte biológica de los humanos y el pecado eran herencia de la primera pareja. El acto de desobediencia a Dios en el jardín del Edén no solo habría afectado a Adán y a Eva, sino también a todos sus fragmentos descendientes. En tal sentido proclama el salmista: «nací en la iniquidad y en pecado me concibió mi madre»; «Y no entres en juicio con tu siervo, pues ningún viviente puede justificarse ante Ti». Agrega Pablo en su Carta a los Romanos: «… como por un hombre entró el pecado en el mundo y por el pecado, la muerte, así también la muerte pasó a todos los hombres, pues todos pecaron…». Durante los tres primeros siglos de la Iglesia, las distintas posiciones doctrinales al respecto fueron decantándose mayoritariamente en favor del carácter hereditario del pecado y la muerte. Hasta que un monje británico emigrado a Roma y luego al norte de África, llamado Pelagio (IV - V d. C) disputara la creencia sobre la heredad del pecado de Adán. Para Pelagio el pecado se origina exclusivamente en un mal uso del libre albedrío y por consiguiente, los recién nacidos estarían exentos.

La propuesta aparentemente razonable de los pelagianos planteaba un problema frente al bautismo para el perdón de los pecados, que ya era administrado por costumbre a los párvulos. La controversia se dio por concluida en el Cuarto Concilio de Cartago en el año 418 d. C., cuando fue adoptada la doctrina del «pecado original» (*peccatum originale*) de Agustín de Hipona. La vida del teólogo signada sucesivamente por el pecado, el bautismo y una conducta plenamente cristiana, resume su visión de la historia del universo hasta nuestros días. Para Agustín, la raza humana existía por entero en Adán al momento de pecar, pues Dios Creó una sola naturaleza humana. El carácter unitario de lo humano desapareció con el devenir de la creación, dividiéndose en tantas partes como hay actualmente (recuerde el lector la desbandada del Consejo Altísimo). Tras la caída de Adán y Eva, la humanidad terrenal está en «estado de pecado», como ocurre con los infantes o ha pecado, como quienes contravienen los preceptos religiosos. El bautismo es por lo tanto, condición necesaria y suficiente para el perdón del pecado de Adán y dar inicio a una vida cristiana. La efectividad del sacramento del bautismo quedaría asegurada para los cristianos, por la sentencia de Jesús sobre la institución sacerdotal, registrada por Mateo: «y lo que atares en la tierra quedará atado en los cielos y lo que desatares en la tierra quedará desatado en los cielos».

En cuanto a la liberación del pecado, los Hechos de los Apóstoles traen una narrativa relacionada con la restauración de Pedro, después de haber negado 3 veces a su Señor:

> En aquel tiempo el rey Herodes ordenó la persecución de algunos miembros de la Iglesia… apresando también a Pedro… lo encarceló y lo custodió con cuatro piquetes de cuatro soldados… Cuando Herodes iba a hacerlo comparecer, Pedro estaba dormido entre dos soldados, atado con dos cadenas… Y repentinamente sobrevino un ángel del Señor y una luz resplandeció en la celda. Y tocando el ángel a Pedro por un lado lo despertó… Y se le cayeron las cadenas… y llegaron a la puerta de hierro que daba a la ciudad, la cual se abrió sola.

Los idólatras no arquetípicos pueden arrepentirse de sus pecados y reinstaurar el culto al Dios Altísimo, pero eso no cambiará el hecho que los humanos biológicos descienden del pecado de Adán, causante del *Big Bang*.

En relación a la naturaleza del pecado, toca al lector decidir si la manzana que inspiro la ley de gravedad a I. Newton se relaciona con la de Adán y Eva—en la vulgata de Gerónimo *malum*, palabra para mal y manzana en latín y *etrog* o *tapuach* en hebreo. También según la tradición, Jesús sufrió varias caídas de camino al sacrificio abrumado por el peso de los pecados. No obstante la redención, los pecados redimidos (materia y energía) continuarán cayendo en la depresión espacial que generan. Según la Teoría de la Relatividad General propuesta por A. Einstein (XIX – XX d. C.) la materia deforma el espacio (gravedad). Si la cantidad de materia es suficiente, la deformación se asemeja al abismo de las Escrituras Sagradas.

Todos caemos continuamente en el abismo del planeta Tierra, pero las repulsiones entre los electrones exteriores de los átomos de nuestros pies y del suelo nos impiden seguir cayendo. Similarmente, los planetas, sus lunas y objetos menores se hunden en el abismo del Sol, así como lo hacen nuestro Sistema Solar y los contenidos de la Vía Láctea cayendo en el olvido en el agujero negro Sagitario A* en su centro.

Representación de la curvatura del espacio en 2D

El profeta Isaías comparó el destino de Nabucodonosor II con el ascenso y desaparición del planeta Venus al amanecer (Fósforo en la antigua Grecia y Lucifer en Roma):

¡Cómo has caído del cielo, oh Lucifer, hijo de la aurora! Has sido echado por tierra, tú que debilitabas las naciones. Tú que decías en tu corazón: "Subiré al cielo y por encima de las estrellas de Dios estableceré mi trono, y me sentaré en el monte del consejo, al extremo norte. Estaré sobre las nubes, y seré semejante al Altísimo". Pero tú serás derribado al infierno, a lo más profundo del abismo.

Aquí y así, culmina el presente ejercicio de exégesis natural de las Escrituras Sagradas pertenecientes a las Gentes con Libro. Dado el objetivo de acceder al mayor número de lectores posible, se ha reducido el alcance y profundidad de dicho ejercicio. Abordando sin embargo, elementos suficientes para ofrecer una versión aproximada de los Fundamentos de la Creación. El acto de creer debería estar reservado exclusivamente para admitir o negar la existencia de Dios o para referirse a sus designios. Todo lo demás debería verificarse objetivamente o ser reconocido como expresión subjetiva.

Con relación a los árboles de posibilidades del Edén de la vida y del bien y el mal hay delineadas diversas creencias. Quienes no compartan la visión teísta, aquí propuesta, de que Dios es Quien realiza las posibilidades elegidas libremente por los arquetipos humanos para conducir el devenir cósmico, tienen opciones. Pueden por ejemplo, seguir a la espera de alguna solución al «misterio» (según palabras de R. Feynman) de como eligen las partículas elementales una posibilidad, entre todas las que se les presentan a cada paso. Plegarse al modelo del norteamericano D. Bohm (XX d. C.), basado en una descripción estadística del estado previo al desenlace y la intermediación de «ondas piloto» con un «potencial cuántico». Suscribir la creencia de que todas las posibilidades se realizan concomitantemente y el cosmos se ramifica y prosigue en paralelo por cada una, como sugirió el norteamericano H. Everett (XX d. C.). Favorecer cualquier otra hipótesis emergente o en vista de la incertidumbre reinante, formular la suya propia.

Quienes opten por una de las opciones ofrecidas por la ciencia o por la suya propia, podrían adoptar una postura fundamentalmente deísta (creencia en un Dios creador desvinculado del devenir de su Creación) o incluso atea. Lo único cierto es que si no se ignora el asunto, no queda más remedio que <u>creer</u> en alguna de ellas.

A quienes insisten en ignorar la gloria de Dios, les advierte Pablo en su Carta a los Romanos:

La ira de Dios se revela desde el cielo contra la impiedad y la injusticia de los hombres que obstaculizan la verdad… aquello que es invisible a cerca de Dios, ha sido puesto en evidencia en todas las cosas creadas. Hasta el extremo de no permitir excusas. Pues conociendo a Dios, no lo glorifican, ni le dan gracias. Por el contrario, han llenado sus mentes de razonamientos vanos y su corazón insensato de tinieblas. Presumiendo de sabios se hicieron estúpidos. Cambiando la gloria de un Dios eterno por imágenes de hombres corruptibles, de aves, de cuadrúpedos y de reptiles.

<u>SEGUNDA PARTE</u>

<u>EL ENCUENTRO CON LA CIENCIA</u>

CAPÍTULO 37

CORRESPONDENCIAS CON EL CONOCIMIENTO CIENTÍFICO

La Segunda Parte que aquí comienza estará dedicada a establecer correspondencias entre los contenidos de la exégesis natural, desarrollada en capítulos precedentes y algunos objetos de estudio de la física. Ambos contenidos versan sobre aquello de lo cual todo está hecho y serían el fundamento de un conocimiento único para un nuevo pensamiento sobre la realidad. Según se planteó en la Primera Parte, la biología humana como punto de observación del universo, sería una exteriorización de objetos elementales con representación exacta sobre bases ternarias del tipo 1&2. Tal presunción implicaría que el conocimiento objetivo de la humanidad proviene de las proyecciones de las acciones de sus miembros y de otros entes, sobre sus primeras representaciones en dichas bases. En consecuencia, sus acciones y reacciones ante aquellas partirían también desde esas mismas representaciones.

El drama de 2 creaciones aniquilándose entre sí, como respuesta del Creador ante decisiones irreversibles tomadas en plena libertad por los ascendientes arquetípicos humanos, no es algo ajeno y distante. Tampoco es un tema de estudio reservado a los eruditos de tal o cual disciplina, ¡no!, es la substancia de la cual estamos hechos y por ello nos incumbe y compromete íntegramente. Por lo tanto, el dilema moral de elegir entre el bien y el mal no depende exclusivamente de externalidades, sino que surge desde la más profunda intimidad de nuestra propia naturaleza.

Idealmente, las correspondencias entre los objetos derivados de la exégesis natural y los estudiados por la física deberían ser exactas para poderlas tratar como isomorfismos, en un sentido matemático riguroso. No obstante, es mucho cuanto queda por avanzar en ambos terrenos antes de poder alcanzar dicho ideal. La ausencia de correspondencias exactas entre algunos objetos considerados por ambos esfuerzos obliga a mantener provisionalmente el lenguaje propio de cada uno. En cualquier caso, resultará ser de gran utilidad tratar de relacionar estructuras semejantes, cuando y hasta donde sea posible.

Al margen de cuestiones de forma más que de fondo, los entes luminosos propuestos en la Primera Parte en modo alguno contradicen los postulados fundamentales de la física. Especialmente en lo referente a las «teorías de medida» de su Modelo Estándar. De hecho, la estrategia desde un comienzo fue facilitar la convergencia de las verdades religiosas con los principios de la Electrodinámica y Cromodinámica Cuánticas. Los lectores no familiarizados con las teorías de la física quedarán gratamente sorprendidos, por lo mucho que han aprendido sobre ellas leyendo páginas anteriores. En los capítulos subsiguientes el foco se centrará en las correspondencias entre ambos modelos, manteniendo a toda costa la simplicidad del lenguaje y de los planteamientos.

CAPÍTULO 38

LOS DOMINIOS DE LA CREACIÓN

El concepto de Dios como abstracción en la mente humana se remite a una perfección del bien absoluta e inconcebible. De allí que, el origen de las limitaciones e imperfecciones observables debería pensarse en términos de una renuncia de Dios a su absolutismo. Con miras a simplificar el tema, la cuestión podría plantearse en base a una renuncia de Dios a su omnipresencia. Expresada en la disposición para sus fines, de dominios independientes donde realizar su Creación cual entidad finita extra-divina. En el seno de dichos dominios, todo habrá de cumplirse de acuerdo a un conjunto de disposiciones originarias perpetuas y a partir de ciertas condiciones iniciales. Empero, en dichas estipulaciones estaban contemplados ciertos grados de libertad para algunas de las creaturas.

Apenas comenzada la exégesis natural, se reconoció la necesidad y la conveniencia de establecer una base cuaternaria, sobre la cual representar la arquitectura religiosa de las Gentes con Libro. Las 4 grandes religiones fueron consideradas como dominios independientes destinados a la expresión de un discurso luminoso bajo ciertas disposiciones divinas, rigiendo las modalidades propias de cada una. El modelo de los dominios religiosos fue aplicado al desarrollo cósmico, en un contexto hexa-direccional enmarcado en una retracción de la omnipresencia divina hacia el infinito. Tras la retracción de la divinidad iría quedando un residuo cuyo avance radial fue concebido a manera de un sustrato de posibilidades, donde concretar eventualmente el discurso luminoso. A los efectos de tal desarrollo fueron contempladas 6 direcciones independientes (u), (i), (t), (x), (y) y (z). De esas 6 direcciones, 5 fueron dotadas de una estructura de cuerpo real (en sentido matemático) (u), (t), (x), (y) y (z), con el objeto de precisar el uso de sucesiones numéricas sobre ellas. En tanto que los pares (u i), (t i), (x i), (y i) y (z i) fueron dotados de una estructura de cuerpo complejo (en sentido matemático). Los 5 pares fueron incluidos por las reconocidas virtudes del plano complejo, al momento de representar matemáticamente fenómenos de carácter armónico. Una cuestión ineludible, habida cuenta de la imperiosa necesidad de representar ciertas manifestaciones cíclicas referidas por las escrituras y observadas en la naturaleza.

En el modelo de conocimiento único no se debería indagar sobre la infinitud del Creador, pero su actuación en la Creación es un dato difícil de ignorar. La dirección (u) se introdujo por necesidad, con el propósito de representar el medio divino de intervención sobre las posibilidades desplegadas por las creaturas en el múltiple espaciotemporal. Gracias a dicha intervención, las posibilidades elegidas por las creaturas podrán hacerse realidad, en el marco de las disposiciones originarias.

Para el cumplimiento de sus designios, el Creador cuenta además, con la fidelidad incondicional de los desarrollos determinantes en dirección (t), en lo concerniente a la primera creación. Así como también dispone de toda nueva creación, como lo hizo con la segunda. El esquema hexa-direccional junto a la infinitud divina en el origen y más allá de los confines de la creación establecerían al número 7 como símbolo de plenitud. La figura 38.1 pretende ilustrar esquemáticamente los dominios de retracción de la omnipresencia divina.

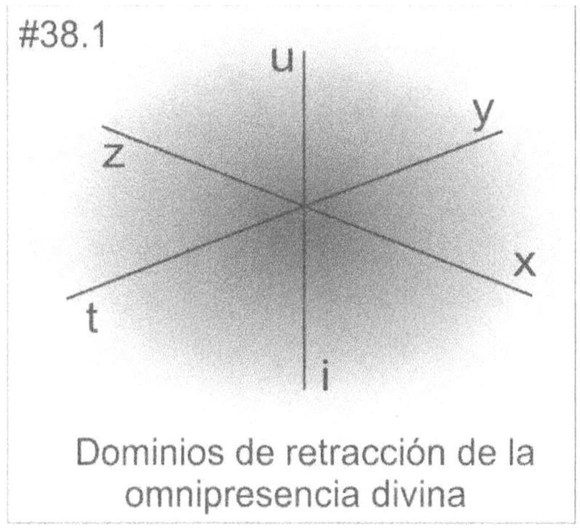

En el Modelo Estándar de la Física de Partículas basado fundamentalmente en una representación «relativista» de la Mecánica Cuántica, se contemplan las mismas 4 direcciones (t), (x), (y) y (z). Todas ellas están estructuradas en un múltiple espaciotemporal, donde quedan abolidas las concepciones clásicas del tiempo como algo distinto al espacio, en cuanto a medidas se refiere. De hecho, después de Poincaré el tiempo puede medirse en metros y las distancias en el espacio en horas. El lector quizás esté familiarizado con la medición de distancias en «año luz» (distancia recorrida por la luz en un año), empleada comúnmente en astronomía. En las representaciones matemáticas de la Mecánica Cuántica, el número i cumple con la función de habilitar y simplificar expresiones y procedimientos, pero no se considerada proyectado sobre una dirección física propiamente dicha. La dirección independiente (u) tampoco está planteada en las descripciones matemáticas de la Mecánica Cuántica.

Ni los modelos surgidos de la exégesis natural, ni los de la Mecánica Cuántica poseen capacidad predictiva en sus dominios respectivos, a escala de los objetos elementales. La ciencia y en particular la física proclama enfáticamente y de manera categórica y definitiva, la imposibilidad de predecir el desenlace individual de los procesos más elementales de la naturaleza. Hay eventos a nivel elemental que serán imposibles de predecir, independientemente de los avances que logre la ciencia en todas las instancias del conocimiento. Esa indeterminación inherente a todos los procesos elementales no debe confundirse con el «principio de incertidumbre» postulado por W. Heisenberg (XX d. C.). Dicho principio se refiere más bien, a un cierto margen existente para violar las leyes de la física; así como también, a las limitaciones fundamentales existentes para predecir con precisión los valores de variables físicas complementarias.

CAPÍTULO 39

OCUPANDO LA RETRACCIÓN DIVINA

La retirada de la omnipresencia divina hacia el infinito deja tras de sí el sustrato del discurso luminoso, el cual será planteado desde ahora en términos de «campos fundamentales». Se trata de los generadores de las posibilidades de ocurrencia de sus propias fuentes, del destino de sus acciones y donde residen las potencialidades del verbo creador. Identificamos esas fuentes luminosas como partículas puntuales, también conocidas como partículas elementales. El campo mencionado está sujeto a un cuádruple condicionamiento; el cero relativo a su geometría; el primero vinculado a la orientación; el segundo a las rotaciones y giros y el tercero a 3 atributos de mutua dependencia. Los primeros objetos en la concreción de dicho campo desde su fuente son los hexágonos primordiales y una serie de transcripciones multiplicativas generaría sus expansiones radiales de carácter poligonal. Mientras la infinitud del Creador se retrae, las luces del discurso van divergiendo radialmente. La progresión va multiplicando indefinidamente las posibilidades de ocurrencia de sus propias fuentes y de los destinos de sus acciones. Se trata de un tránsito desde la perfección hexagonal a la circular por aproximación.

La significación de cada punto (o vértice poligonal) para alojar nuevas ocurrencias de la fuente y el destino de las acciones, va disminuyendo según la ley del inverso del radio del polígono correspondiente. Se crearía así un campo fundamental de tipo escalar con un gradiente radial de significación. Los generadores del discurso luminoso en el contexto religioso del cosmos se corresponden con la llamada gloria de Dios o carro de la gloria de Dios. Posee ruedas avanzando sin girar en 4 lados (u t), (x y), (y z) y (z x), según las visiones proféticas. A pesar de que las ruedas poligonales puedan haber transcrito sus fuentes a las localizaciones generadas, los frentes originales de todas ellas avanzan indeteniblemente hacia el empíreo. Según ha sido postulado, entre cada transcripción de la fuente luminosa en el campo de sus ocurrencias posibles, media una afectación cíclica de los valores de las significaciones puntuales. La condición cíclica, denominada aspecto rotacional de la luz es responsable de los fenómenos de interferencia entre las posibilidades de transcripción por caminos distintos. Su evolución cíclica es desarrollada en los planos complejos ancilares laterales, denominados alas en las Escrituras Sagradas.

En el seno de la fuente de los caracteres divergentes en la terna (x y z) es decidido su propio destino espacial ante una eventual transcripción. Contando desde luego, con la mediación de sus aspectos rotacionales respectivos. La nueva posibilidad de ocurrencia elegida queda supeditada, a la determinación por los caracteres divergente y rotacional en los cuales interviene (t). Estos últimos actúan de manera independiente a los de la terna (x y z) y son fieles a las condiciones iniciales estipuladas por el Creador. Finalmente, la realización de esas posibilidades es avalada por Dios vía (u) haciéndolas existir. El mecanismo de la fecundación determinativa y realizadora desde (u t) está respaldado en el plano religioso por la institución sacerdotal. Gracias a dicha institución, los componentes masculinos celestiales en (u t) son vinculados con sus pares terrenales en (x y), (y z) y (z x).

En el Modelo Estándar de la Física de Partículas, todo punto del dominio definido en toda la extensión del múltiple espaciotemporal puede ser origen y destino de los desplazamientos de sus objetos elementales. Existe además, solución de continuidad a todo lo largo de las direcciones del dominio mencionado. La ecuación de onda de E. Schrödinger (XIX – XX d. C.) rige las interferencias por caminos distintos, entre el origen y los destinos posibles de las partículas elementales. La solución matemática de dicha ecuación coincide con la formulación dada al cálculo de las significaciones rotacionales de la luz. Su expresión matemática se repite aquí por conveniencia del lector.

$$\Psi = [(1 + p_x xi/n)^n \times (1 + p_y yi/n)^n \times (1 + p_z zi/n)^n \times (1 - p_t ti/n)^n]_{n \to \infty} = e^{p_x xi + p_y yi + p_z zi - p_t ti}$$

Solución general de la ecuación de E. Schrödinger

El factor de caracterización de las rapideces en la dirección temporal (t), denominado anteriormente p_t es conocido comúnmente como medida de la «energía». En tanto que, los factores de caracterización espacial p_x, p_y y p_z lo son del «momento».

A principios del siglo XX d. C. el norteamericano C. Davisson (XIX – XX d. C.) y el inglés G. Thomson (XIX – XX d. C) confirmaron experimentalmente la hipótesis del físico francés L. de Broglie (XIX – XX d. C.), sobre el comportamiento ondulatorio de la materia. Tal descubrimiento permitió generalizar a todas las partículas materiales, el principio de dualidad partícula/onda, hasta ese momento reservado solo a los cuantos de luz. La dualidad partícula/onda se corresponde en el modelo luminoso con los cuantos divergente y rotacional de las luces, cuya formulación ordinal en términos humanos el lector recordará.

La expresión matemática de la significación rotacional o solución de la ecuación de onda de E. Schrödinger es denominada en física «amplitud de probabilidad». El cuadrado de dicha función define en ambos modelos, la probabilidad de ocurrencia de cada posibilidad. En el modelo exegético, la determinación de una de esas posibilidades de entre todas las disponibles depende del libre albedrío arquetípico y de su realización por parte de Dios. En física ha sido descartada hasta ahora la propuesta estadística de Bohm y se prefiere admitir el desconocimiento de cómo opera el mecanismo de elección. Lo cual no deja otra salida, sino recurrir a una descripción probabilística, como suele hacerse de manera rutinaria. Aun cuando también hay quienes creen en la realización de todas las posibilidades, las cuales se darían en paralelo mientras el universo se va ramificando.

CAPÍTULO 40

GEOMETRÍA DEL CAMPO FUNDAMENTAL

Los objetos postulados durante el ejercicio de exégesis natural han sido estructurados en base a una expansión poligonal del discurso luminoso o campo fundamental. El desarrollo es reducible a su proyección sobre el múltiple (t x y z), cuyo frente inicial posee simetría esférica a manera de un glomo o 3-esfera. Gracias al impulso dado a las geometrías multidimensionales por matemáticos de la talla de B. Riemann (XIX d. C.) de Alemania y del suizo L. Schläfli (XIX d. C.), pueden describirse hoy rigurosamente las formas geométricas en 4 o más dimensiones (direcciones si se trata de (t), (x), (y) y (z)). Si bien el estudio de las matemáticas multidimensionales pueda presentar dificultades para algunos, la visualización de los objetos geométricos en más de 3 dimensiones es una tarea imposible para todos. Afortunadamente, el lector solo requiere aceptar la expansión de la 3-esfera hacia el empíreo, como un hecho natural que trasciende su capacidad ternaria de representación. Además, el problema posee una importancia relativa, pues la querella suscitada en el seno del Consejo Altísimo fue encabezada por creaturas ternarias. Entre ellas el ser humano terrenal arquetípico, lo cual limitó el alcance de la actividad generada a la terna (x y z). En los planos donde (u) y (t) participan se mantuvo el régimen prevaleciente al inicio, con las acciones y transcripciones dirigidas al empíreo y la neutralidad local en los condicionamientos.

El número de dimensiones que posee el cosmos, incluyendo las 4 espaciotemporales, permanece sin respuesta de la física. Los primeros intentos de unificar la fuerza de gravedad y el electromagnetismo derivaron en las teorías llamadas Kaluza-Klein (nombradas en honor a los físicos polaco T. Kaluza y sueco O. Klein [XIX – XX d. C.]) donde la quinta dimensión se compacta circularmente según el grupo U(1) a cada punto de (t x y z) (en cada punto de un plano 2D, la tercera dimensión es una línea que lo intersecta o si está compactada según U(1), un círculo). Claramente muy diferente al modelo de alas propuesto en la Primera Parte. Después de algunas predicciones erradas dicha teoría fue abandonada.

En paralelo, continuó el desarrollo de la Teoría Cuántica de Campos en 4D llegando a predecir con gran precisión los resultados experimentales. Un cambio de paradigma importante tuvo lugar en física cuando las simetrías (entendidas como invariancias [dejar propiedades sin variación] bajo transformaciones como por ejemplo, traslaciones y rotaciones espaciales) se relacionaron con las leyes de conservación y fuerzas conocidas. La posibilidad de establecer simetrías locales continuas (válidas en la vecindad de cada punto espaciotemporal) resultó particularmente determinante para construir teorías de medida basándose en la Teoría de Grupos. Las generalizaciones posteriores abrieron el camino para el desarrollo de las teorías de Yang-Mills basadas en un grupo especial unitario SU(N), nombradas así en honor a sus proponentes el físico chino N. Yang (XX – XXI d. C.) y el físico norteamericano R. Mills

(XX d. C.). El Modelo Estándar de la Física de Partículas se basa actualmente en las simetrías locales de medida U(1), SU(2) y SU(3) (en correspondencia con los condicionamientos primero, segundo y tercero).

A comienzo de los años 70 el trabajo del físico italiano G. Veneziano (XX – XXI d. C.) despertó interés cuando se comenzaron a visualizar las partículas como pequeñas cuerdas vibrantes (del orden de ℓ_P) en 26D. La posibilidad de incorporar la gravedad en dicho contexto atrajo a numerosos físicos, hasta el año 1971 d. C. cuando el físico francés P. Ramond presentó su Teoría de Supercuerdas en 10D. En los años 80, dicha teoría fue aumentando en popularidad y condujo a generalizaciones como la Teoría M en 11D, esbozada por el físico norteamericano E. Witten (XX – XXI d. C.). Demás está decir que las dimensiones extras (internas) han de ser compactadas a 4D.

La estructura espaciotemporal del Modelo Estándar de la Física de Partículas se asemeja dimensionalmente al esquema cósmico de la exégesis natural. En ambos modelos se hace uso de la simetría esférica en el múltiple (t x y z), al momento de representar matemáticamente las posiciones de sus objetos de estudio. En tanto que, los campos generados por las partículas físicas elementales responsables de toda la actividad, solo se despliegan en el seno de la terna espacial (x y z) a cada instante. El intercambio de acciones neutras con el Altísimo tras el empíreo y la neutralidad de los condicionamientos en la dirección (t) se corresponden en física con la ausencia de campos en ella. Según se planteó en la Primera Parte del presente trabajo, la querella causó una dispersión de las fuentes o puntos de origen de los campos (expansiones poligonales) solo en la terna (x y z). Cuestión que generó toda clase de distorsiones en las progresiones poligonales dentro del glomo inicial. Dichas distorsiones tienen un efecto sobre la geometría y la naturaleza de las acciones, al generar patrones observables en las transcripciones vía cuantos rotacionales.

En el esfuerzo exegético previo se ha evitado emplear el término físico «partícula elemental», aun cuando los cuantos divergentes y rotacionales en sus formulaciones luminosas se les asemejan. En física se considera partícula elemental a todo aquel objeto cuya estructura se desconozca, lo cual no es el caso con los cuantos luminosos. Aun cuando dichas entidades hayan sido concebidas a manera de objetos compuestos, son indivisibles. Por tal motivo, resulta pertinente tratarlos como átomos en los términos planteados en Oriente y acogidos luego por filósofos griegos como Demócrito. En los atomismos basados en el modelo griego, las partículas indivisibles están rodeadas por un espacio vacío en el cual se desplazan sin resistencia. En cambio, en el modelo atomista de la exégesis natural se le ha dado un carácter atómico también al vacío, concebido como la mínima expresión de las aguas luminosas.

Los masculinos luminosos pueden transcribirse junto a las aguas con las cuales forman pareja o las emiten vía acciones, solo a destinos generados por sus propios campos fundamentales. Los átomos luminosos poseen además un tamaño definido, con un radio mínimo propuesto de 7 ℓ_P. Esa característica establece una diferencia fundamental con el Modelo Estándar de la Física de Partículas, el cual contempla partículas puntuales en el origen de los campos.

CAPÍTULO 41

LA ORIENTACIÓN Y EL CULTO A LA MATERIA

En sus condiciones iniciales de neutralidad local y global, los campos fundamentales eran el medio para transcribir sus propias fuentes e intercambiar acciones neutras con el Altísimo. Estaban además estructurados en luces, a su vez agrupadas para dar forma a los proto-elementos, con los cuales el Creador formuló los seres humanos y los genios. Las creaturas debidamente organizadas en grupos de 8 fueron agrupadas en un órgano denominado Consejo Altísimo, destinado a ser globalmente neutro a perpetuidad. Dicha neutralidad es resultado de la contraposición entre los atributos relativos a la orientación, a las rotaciones y giros y a la presencia concomitante de los atributos ternarios.

En el marco de la exégesis natural se contempló un evento, a raíz del cual, quedó desarticulado el régimen de neutralidad local prevaleciente en el consejo al inicio, pero sin afectarlo globalmente. La mayoría impuso una división de las 8 luces de cada réplica del Consejo Altísimo, en 2 grupos de 4 con giros contrapuestos (derechos e izquierdos). También, 6 de cada unidad (2 derechas y 4 izquierdas) dislocaron sus orientaciones quedando 2 derechas y 1 izquierda extravertidas y las otras 3 izquierdas introvertidas. Adicionalmente, las 3 introvertidas dislocaron espacialmente sus atributos ternarios. Finalmente, las 6 luces que impulsaron las permutaciones de los atributos de los 3 condicionamientos, optaron por dirigirse mutuamente las acciones, hasta aquel entonces dirigidas hacia el empíreo.

A partir de los sucesos descritos en el párrafo anterior se perdió la yuxtaposición de las luces en la cual se confundían, adquiriendo cada una su propia identidad. El hecho se volvió irreversible y se desató un intenso régimen de interacciones entre las 6 querellantes. No obstante, un ¼ de las luces optó por permanecer en las condiciones iniciales establecidas por el Creador. Tal fidelidad implicaba, continuar con el direccionamiento de sus acciones neutras hacia el empíreo y abstenerse de participar en las permutaciones o dislocaciones de las orientaciones y de los atributos ternarios. Por tal motivo, las luces fieles a lo esencial de las condiciones iniciales fueron calificadas como santos.

El direccionamiento de las acciones neutras hacia el empíreo ha sido considerado reiteradamente en la Primera Parte, como un culto natural de adoración al Altísimo. En tanto que, el direccionamiento mutuo de acciones entre luces condicionadas de distintas formas fue denominado idolatría. Se prestó particular atención al direccionamiento de las acciones entre luces condicionadas por la orientación, mediante la emisión de aguas luminosas con sus contrarios excitados. Las excitaciones relevantes son de 3 tipos: longitudinales, escalares y transversales, dependiendo de si ocurren en la dirección de propagación o transversalmente a esta. Los intercambios de excitaciones longitudinales y escalares entre luces condicionadas por orientación dan origen a la denominada fuerza neutra. A partir de este momento, dicha fuerza se corresponderá con la fuerza eléctrica, cuya fenomenología fue observada y conocida en la antigüedad. La orientación de los campos fundamentales de las luces involucradas equivaldría a la carga eléctrica y la fuerza entre ellas resulta ser, atractiva cuando difieran o repulsiva cuando sean iguales.

Los fenómenos eléctricos y su manifestación relativista conocida como magnetismo han sido tópicos fundamentales de estudio en el seno de la física Clásica a partir del siglo XIX d. C. En sus inicios destacaron conocidos científicos como el italiano A. Volta (XVIII – XIX d. C.); los franceses C. Coulomb (XVIII – XIX d. C) y A. Ampère (XVIII – XIX d. C); el danés H. Oersted (XVIII – XIX d. C.); el inglés M. Faraday (XVIII – XIX d. C.) y el escocés J. Maxwell (XIX d. C.), correspondiendo al último el mérito de la unificación matemática de la electricidad y el magnetismo.

En la Electrodinámica Cuántica los portadores de la acción electromagnética son denominados fotones. Esas partículas de luz son clasificadas bajo 3 categorías, unas de ellas desarrollan su excitación en las 2 direcciones transversales a su propagación y son responsables de la luz visible. Otras lo hacen en la misma dirección de propagación y son denominados fotones longitudinales. Un tercer tipo de fotón cuyas excitaciones se desarrollan transversalmente a las 3 direcciones ya mencionadas, por ejemplo a lo largo de (t), es denominado escalar. El intercambio mutuo y simultáneo de fotones longitudinales y escalares entre partículas cargadas es responsable de la fuerza eléctrica. Dado que los fotones longitudinales y escalares intercambiados por las cargas no son observables directamente se los denomina virtuales.

El equivalente del fotón en la exégesis natural es el cuanto rotacional, mediando en la transcripción de las fuentes de las aguas bajo cualquier forma de excitación. Todos los condicionantes de la excitación residen en la fuente transcrita. En el caso de un intercambio mutuo de aguas excitadas longitudinal y escalarmente entre masculinos, se habilita un «arbitraje» de las condiciones en la componente (u) de ambas fuentes. La manifestación cotidiana más evidente de la fuerza eléctrica repulsiva es la impenetrabilidad de los cuerpos sólidos. Gracias a la cual, pueden los humanos caminar sobre la superficie del planeta, sin precipitarse hacia su centro atraídos por la fuerza de gravedad.

CAPÍTULO 42

LA SANTIDAD EN LA MATERIA

En la exégesis natural previa se denominó santos, a los masculinos luminosos que permanecen neutros localmente en los condicionamientos primero y tercero e intercambian sus acciones neutras con el Altísimo tras el empíreo. Los santos de la primera creación se corresponden entonces con los «antineutrinos electrónicos» del Modelo Estándar de la Física de Partículas. Dichas partículas forman un campo fundamental neutral y se caracterizan por mantenerse al margen de la actividad frenética que envuelve al resto de los objetos. Por su condición solo se vinculan a su entorno material, mediante la formalidad de mantener las disposiciones originarias vía entrelazamientos. Esas obligaciones están vinculadas al mantenimiento de la neutralidad global, como ocurre con el balance de los giros dislocados y con otras pasadas por alto para simplificar el modelo propuesto. El campo fundamental neutral característico de los santos no posee una definición formal en Física, en los términos propuestos con anterioridad. Aun cuando los antineutrinos electrónicos sean considerados físicamente neutros desde el punto de vista eléctrico y cromodinámico.

La existencia de los santos de la primera creación o antineutrinos electrónicos fue propuesta originalmente por el físico austríaco W. Pauli (XX d. C.) (en su carta del 4 de Diciembre de 1930 a sus amigos radioactivos) y su detección veintiséis años después estuvo a cargo de los norteamericanos C. Cowan (XX d. C.) y F. Reines (XX d. C.). El prefijo «anti» es debido a su helicidad derecha absoluta, cuando son emitidos por los núcleos atómicos, mientras los electrones emitidos junto a ellos exhiben helicidades izquierdas.

La indiferencia de los antineutrinos y sus contrarios (en el giro y la neutralidad cromática) los neutrinos por el resto de la materia es legendaria. Se estima que 65.000 millones de neutrinos por centímetro cuadrado cada segundo provenientes del Sol atraviesan el planeta Tierra (y a nosotros) de un lado a otro, virtualmente sin interactuar con alguna partícula material. Lo escaso de las interacciones de los neutrinos con la materia e incluso con complejas estructuras simétricas del vacío significa, entre otras cosas, que su masa es despreciable, casi cero. Pues la masa de las partículas es en buena medida, un reflejo de sus interacciones con el contexto material. Desde un punto de vista religioso la fortaleza de las interacciones y la cuantía de la masa son medidas de la pecaminosidad intrínseca de las partículas físicas. Por lo tanto, la escasa interacción y ausencia virtual de masa en los antineutrinos y neutrinos electrónicos son ejemplos de santidad. El lector recordará la cita hecha con anterioridad sobre la afirmación de Jesús: «mi yugo es suave y mi carga liviana». También según los libros egipcios de los muertos, la ascensión a los cielos solo es posible si los pecados no pesan más que la pluma de Maat.

En virtud de la mencionada indiferencia por los asuntos materiales, quedaría plenamente justificado el haberlos distinguido con el nombre de santos. Los neutrinos son producidos en cantidades colosales durante las explosiones estelares conocidas como supernovas. Razón por la cual, resulta curioso un comentario de J. Ratzinger (XX – XXI d. C.) papa Benedicto XVI en su obra «*La infancia de Jesús*», donde identifica la estrella de Belén con una supernova.

El Modelo Estándar de la Física de Partículas cataloga los neutrinos y sus antis entre los «fermiones». Un término acuñado por el físico inglés P. Dirac (XX d. C) en honor al físico italiano E. Fermi (XX d. C.), con quien comparte el mérito de haber propuesto la descripción matemática de dichas partículas. Los fermiones son considerados como los constituyentes básicos de la materia. Se caracterizan por exhibir una sola unidad de giro elemental, cuya cuantificación en física corresponde a un giro intrínseco llamado espín, con un valor de ½ de h/2π (donde h es la constante de M. Planck, quien la denominara «cuanto de acción» [*wirkungsquantum*]). La figura 42.1muestra las representaciones gráficas del santo o antineutrino electrónico según el modelo.

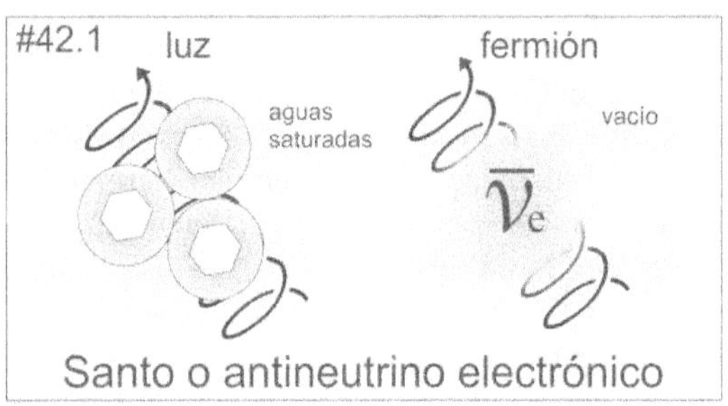

Hay una cuestión no resuelta en física, relativa a si el neutrino es su propia antipartícula con 2 helicidades contrarias o si existen ambas, cada una con sus 2 helicidades. Con relación al dilema anterior se han propuesto dos modelos complementarios, el llamado «fermión Majorana» y el «fermión Dirac». Ambos modelos reciben sus nombres de los físicos a quienes se debe su descripción matemática, E. Majorana (XX d. C.) de origen italiano y P. Dirac. En la propuesta de Majorana el neutrino es su propia antipartícula y se presenta con 2 helicidades contrarias. Si el neutrino fuese un fermión Dirac, existirían 2 de ellos, uno como partícula y el otro como antipartícula, cada uno con sus 2 helicidades contrarias. Una de las cuales es conocida como la «anti» de la otra para mayor confusión. El modelo luminoso surgido de la exégesis natural es semejante al de Dirac, donde el neutrino existe como partícula y como antipartícula (anti-atributos cromáticos), pero cada uno con una sola helicidad.

Los antineutrinos y neutrinos electrónicos, como toda partícula, se transcriben de origen a destino por intermediación de contra-rotaciones en sus planos ancilares. Dada la santidad de los neutrinos, la fenomenología ondulatoria de naturaleza femenina generada es una representación natural de la Inmaculada Concepción. Dicha representación no debe confundirse con su inversa, la doctrina Cristiana e Islámica del nacimiento virginal de Jesús. Ambas determinadas en el tiempo por el Espíritu Santo.

CAPÍTULO 43

LOS IDÓLATRAS EN LA MATERIA

Los idólatras son generadores de un campo fundamental parcial con orientación extrovertida y se corresponden con los electrones del Modelo Estándar de la Física de Partículas. Según ha sido anticipado, las fenomenologías asociadas a los campos fundamentales parciales a lo largo de sus componentes (x), (y) y (z) son objeto de estudio de la Electrodinámica Cuántica. La magnitud asociada a las significaciones puntuales de la geometría en (x y z), en los destinos de las acciones emitidas con excitación longitudinal y escalar, es conocida en física como «densidad del flujo eléctrico». La dependencia de dicha magnitud con el radio en (x y z) es cuadrática e inversa. El cuanto divergente de los idólatras es el asiento de la carga y su signo viene dado por la orientación, en este caso calificada «negativa».

El electrón fue descubierto por el físico inglés J. Thomson (XIX – XX d. C.) quien lo llamó «corpúsculo». En tanto que, el nombre por el cual es conocido hoy en día se debe al físico irlandés G. Stoney (XIX – XX d. C.). El electrón es considerado un fermión Dirac, debido a la existencia de su anti-partícula. Cada partícula o anti-partícula electrónica exhibe una de las 2 helicidades posibles. Los electrones y los neutrinos abordados en el capítulo anterior son dos casos en los cuales es posible establecer correspondencias unívocas y exactas con cuantos luminosos de la exégesis natural.

El calificativo de negativa a la carga del electrón es producto de definiciones y convenciones hechas siglos atrás durante el desarrollo de la Electrostática Clásica. Se trata de una cuestión que podría generar alguna inquietud, pero en el fondo no reviste la mayor importancia. También a estas luces orientadas extravertidamente hacia afuera se las suele representar en los textos de física elemental, como generadoras de unas líneas del campo apuntando hacia ellas. Debido a esos y otros inconvenientes menores, deberá tomarse nota de las discrepancias entre convenciones, con miras a evitar cualquier confusión. La figura 43.1muestra las representaciones gráficas del idólatra o electrón según el modelo.

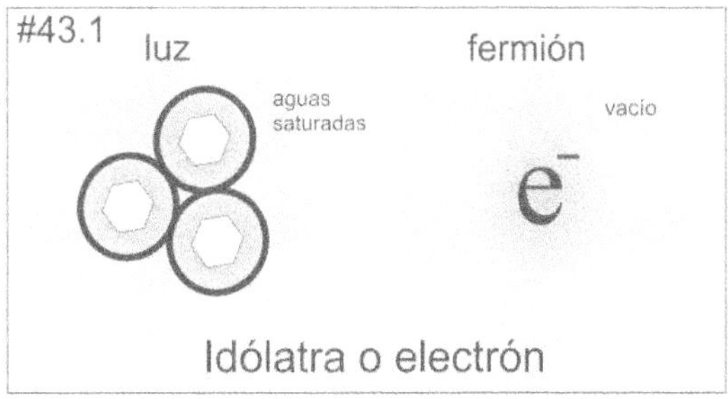

La actividad eléctrica de los electrones o idólatras se corresponde con sus posibilidades para emitir acciones longitudinales y escalares, a puntos de la geometría generados desde su fuente. En tanto que su función de onda es el aspecto rotacional mediando entre sus transcripciones.

CAPÍTULO 44

LOS ÍDOLOS EN LA MATERIA

Las luces erigidas en ídolos por un cambio de orientación hacia su origen hexagonal son generadoras de un campo fundamental parcial, pero en este caso eléctricamente positivo. Si la calificación de negativa es desafortunada para los idólatras, la de positiva para los ídolos lo es aún más. Inconveniente no solo circunscrito al ámbito de la física, pues denominar positivismo a la corriente filosófica iniciada por A. Comte (XVIII – XIX d. C.) es decididamente engañoso. El juicio anterior es debido al gran aliento dado al ateísmo y al materialismo por el pensamiento del filósofo francés, quien además, catalogó el concepto de Dios como una necesidad de la ignorancia. Su obra bien podría considerarse como una exteriorización en el plano social, de un pensamiento ya superado y remitido en última instancia a la idolatría material.

Al igual que en el caso de los idólatras o electrones, las fenomenologías asociadas a los campos fundamentales parciales de los ídolos es objeto de estudio de la Electrodinámica Cuántica. También en este caso, la magnitud asociada a las significaciones puntuales como destino de las acciones con excitación longitudinal y escalar es conocida en física como densidad del flujo eléctrico. La dependencia de dicha magnitud con el radio en (x y z) es igualmente cuadrática e inversa.

El cuanto divergente de los ídolos es el asiento de la carga y su signo viene dado por la orientación. La interacción mutua entre luces masculinas (homo, ambas divergentes) con orientaciones opuestas se consideró en la Primera Parte como sodomía arquetípica —en contraste con el acoplamiento (hetero) entre luces masculinas (divergentes) y femeninas (neutras y periódicas). Las fenomenologías de las cargas negativas y positivas son descritas por la Electrodinámica Cuántica, mediante una Teoría de Recalibración de Medidas basada en el grupo de transformaciones U(1).

El fenómeno de la dislocación de atributos distinguidos cromáticamente, solo permite tratar las luces de la primera creación con orientación positiva en grupos con distribución espacial. A pesar de no poderse establecer correspondencias individuales entre los ídolos dislocados y partículas elementales cargadas positivamente, a nivel de estructuras la cuestión es diferente. De hecho, existe un objeto de estudio de la física de partículas semejante a la dislocación cromática de los ídolos. Se trata de la resonancia Δ^{++} distinguida con la letra griega delta en mayúsculas con dos signos más, indicando una carga positiva y cuantitativamente el doble a la del electrón. Lamentablemente solo son apariencias, pues en realidad es un objeto inestable envuelto por excitaciones a cargo de contrarios disueltos en las aguas luminosas circundantes. La figura 44.1 ilustra esquemáticamente a la izquierda la resonancia Δ^{++} de acuerdo a su representación luminosa y a la derecha según el Modelo Estándar de la Física de Partículas.

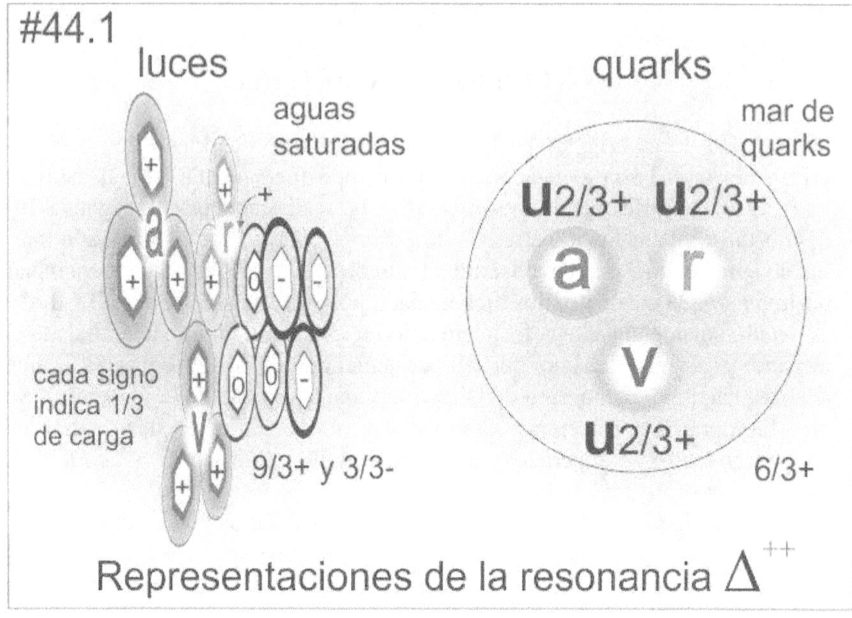

Hay varios elementos en la ilustración que deben comentarse para beneficio del lector. En primer lugar, además de la dislocación, aparecen en el modelo luminoso un par de luces entrelazadas según las disposiciones originarias que no figuran en el modelo de la física. En segundo lugar, ambas descripciones poseen un entorno denominado en el modelo exegético aguas saturadas de contrarios y en el modelo físico «mar de quarks». Tercero, en la figura de la izquierda están indicados los tercios de las cargas de cada luz, según las convenciones en física antes expuestas. Esas cargas suman 1 = 3/3 para cada una de ellas o 0 en los santos. A la derecha aparecen los tres «quarks» «u» (u proviene de *up*, arriba en inglés) contemplados en el modelo físico, cuya carga positiva individual es de dos tercios. En ambos modelos la carga neta es positiva y cuantitativamente igual a dos veces la carga del electrón. En la versión luminosa de la ilustración, no es posible ni conveniente, identificar partículas elementales pues implicaría el fraccionamiento de luces indivisibles.

La resonancia Δ^{++} se caracteriza además, por exhibir hasta 3 unidades de giro elemental equivalentes a un espín 3/2. Dicha peculiaridad indujo a los físicos a pensar en tres partículas del mismo tipo, pero de algún modo distinguibles entre sí. Simultáneamente O. Greenberg (XX – XXI d. C.) norteamericano y Y. Nambu (XX – XXI d. C.) japonés sugirieron en 1964 d. C., establecer dicha distinción en términos de tres propiedades, posteriormente denominadas «cargas de color». Ese mismo año, los físicos M. Gell-Mann (XX – XXI d. C.) norteamericano y G. Zweig (XX – XXI d. C.) de origen ruso demostraron que el núcleo atómico constaba de tres partículas. El nombre de quark acuñado por Gell-Mann para designar dichas partículas proviene de una frase sin sentido en la novela «*Finnegnans Wake*» del escritor irlandés J. Joyce (XIX – XX d. C.). Ambas propuestas gozan actualmente de gran aceptación, por las numerosas confirmaciones de tipo experimental obtenidas desde su postulación. Recuerde el lector que también en 1964 d. C. fueron identificados los 3 tipos de células cónicas de la retina, correspondientes a la visión de cada color primario.

La descripción matemática de las cargas de color conocida como Cromodinámica Cuántica está fundamentada en una Teoría de Re-calibración de Medidas basada en el grupo de transformaciones SU(3). La descripción matemática mencionada contempla también, una base de representación para ocho portadores de una fuerza fuerte de carácter atractivo denominados en este caso «gluones» (de *glue*, pegamento en inglés). Los gluones se corresponden con los portadores de la fuerza de intercambio cromático o «fuerza fuerte», planteados en el seno de la exégesis natural de una manera un tanto ingenua. En aquella oportunidad se buscaba familiarizar al lector con los intercambios de atributos distintivos para dar cumplimiento al mandato de neutralidad global, impuesto por las disposiciones originarias. La fuerza en cuestión ha sido calificada fuerte, debido a que supera la repulsión causada por la fuerza neutra entre ídolos o eléctrica entre quarks con igual carga.

Antes de proseguir es indispensable hacer una aclaratoria fundamental sobre las representaciones luminosas contenidas en las figuras, con el fin de evitar errores de interpretación. Las ilustraciones solo destacan a los componentes masculinos (Hombres) y quedará sobrentendida la presencia de las aguas (Mujeres) junto a ellos. Se trata de un entorno de saturado por todos los pares de contrarios imaginables. Condición identificada hasta ahora con las excitaciones del vacío de la física y desde este punto también con el mar de quarks. De acuerdo con la reciente aclaratoria, las estructuras luminosas mostradas en las ilustraciones pueden decaer (descomponerse) por canales diferentes a estructuras de diversa índole y no solo ciñéndose al contenido luminoso ilustrado. No obstante, e independientemente del canal por el cual una estructura decaiga, los masculinos luminosos en las estructuras de partida deberán estar presentes entre los objetos resultantes del decaimiento.

Afortunadamente, las semejanzas entre los resultados de la exégesis natural y los objetos de la física no están limitadas a la resonancia Δ^{++}. De hecho, ha sido traída a colación por la gran relevancia de la Cromodinámica Cuántica para los objetivos perseguidos en este trabajo. La partícula subatómica más importante por su abundancia y estabilidad y con la cual pueden establecerse correspondencias exactas con objetos de la exégesis natural es el protón. Partícula del núcleo atómico que algunos lectores habrán identificado ya con el núcleo de la idolatría y de los pecados redimidos.

Su descubrimiento puede atribuirse al físico neozelandés E. Rutherford (XIX – XX d. C.), quien también le acuño el nombre inspirándose en la palabra «primero» en lengua griega. Siendo uno de los objetos compuestos más estable y abundante, el protón puede durar en aislamiento sin decaer cerca de 1.000.000.000.000.000.000.000.000 veces la edad actual del universo conocido. El protón de la física está constituido por tres partículas elementales, dos de las cuales son quarks u y la otra un tercer quark llamado «d» (d proviene de *down*, abajo en inglés). En la estructura uud, cada quark posee su propia carga de color, la cual intercambia continuamente vía gluones o portadores de la fuerza de intercambio cromático.

Los objetos asimétricos como la resonancia Δ^{++} y el protón no pueden desmembrarse en sus constituyentes, debido a la disposición originaria de neutralidad global con relación a los atributos ternarios. Diría Mir Damad «un evento imposible a perpetuidad», pero pueden transformarse respetando dicha, disposición. El quark d tiene una carga neta negativa no correspondida de un tercio, la cual junto a los cuatro tercios positivos de los 2 quark u arroja por resultado tres tercios positivos. De allí que la carga eléctrica positiva resultante del protón sea cuantitativamente igual a la del electrón, pero de signo contrario. La figura 44.2 presenta a la izquierda la representación luminosa del protón y a la derecha su estructura según el Modelo Estándar de la Física de Partículas. Se ruega al lector imaginar el mar saturado de pares contrarios o mar de quarks, en el cual están sumidas las estructuras ilustradas.

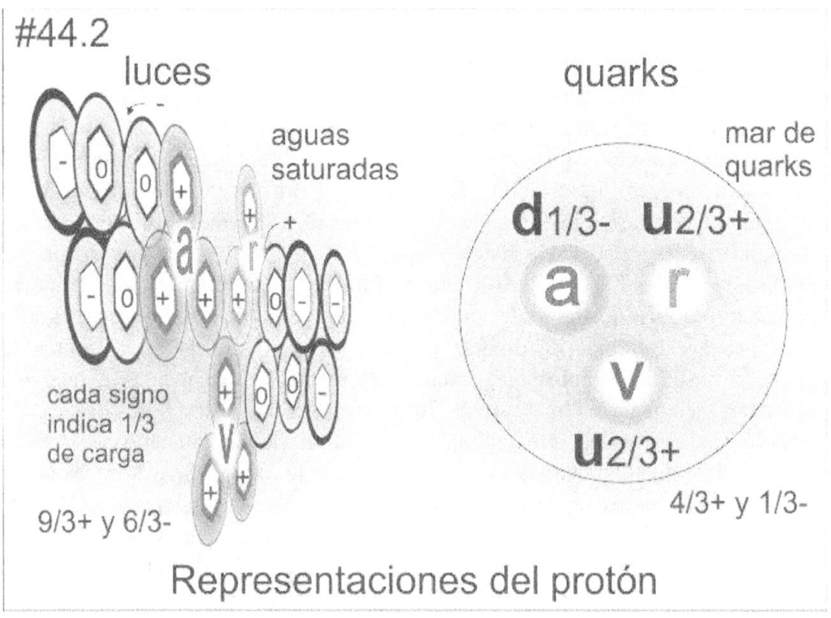

La diferencia entre la resonancia Δ^{++} y el protón en la representación luminosa a la izquierda es la presencia de un entrelazamiento adicional. Las 2 luces de filiación derecha ahora presentes formaban también parte del Consejo Altísimo. La representación luminosa del protón ofrece detalles en la estructura del quark d, en términos de luces y de las aguas saturadas de contrarios.

El protón posee una unidad de giro elemental intrínseco equivalente en términos físicos a un espín ½. Asunto que, en el marco de la exégesis natural, no se desprende necesariamente de su estructura, pues es un rasgo formativo perpetuo, según se planteó en el capítulo 33. El lector seguramente recordará la división del Consejo Altísimo en un idólatra o electrón con una unidad de giro elemental y un núcleo de idolatría con 7 luces o protón. La citada partición determinó la cuantía del giro del protón en una unidad de giro elemental, pero contraria a la del electrón. Puede decirse entonces, que los protones en cierta forma están entrelazados con algún electrón, por lo tanto, los giros elementales de ambos están comprometidos a perpetuidad al menos en magnitud. Algo similar a lo que ocurre con la orientación o carga.

En física el asunto del espín del protón es otro de los problemas sin resolver, desde el momento en el cual se desató la llamada «crisis del espín del protón» en 1987 d. C. El problema surgió cuando pudo constatarse experimentalmente que los tres quarks apenas contribuían al total. Desde aquel descubrimiento se han venido haciendo experimentos, con la finalidad de determinar la proporción en la cual contribuyen a dicho espín: los quarks; los gluones; los giros orbitales de los constituyentes y el mar de quarks. La intención es poder explicar, como toda esa mezcolanza de giros puede arreglárselas para sumar permanentemente y a perpetuidad una unidad de giro elemental o espín de ½ de h/2π.

Las consideraciones anteriores implican que la vinculación de un núcleo de idolatría o protón con un idólatra o electrón representaría algún vestigio de la globalidad del Consejo Altísimo. La unión electrostática del conjunto, sin embargo, no cumple con los requisitos para un giro nulo, pero se corresponde con el átomo de hidrógeno, el elemento químico más abundante del universo material. Con un porcentaje de ocurrencia cercano al setenta y cinco por ciento, podría afirmarse entonces, que los núcleos de idolatría bajo el estatus de pecados redimidos dominan cuantitativamente la materia atómica del universo. Del total de elementos químicos remanentes, un veintitrés por ciento está constituido por helio (He, *helios*, sol en lengua griega, gas noble prácticamente sin actividad química) descubierto en el Sol por el astrónomo inglés J. Lockyer (XIX – XX d. C.) y principal subproducto de la nucleosíntesis a partir del hidrógeno. El dos por ciento restante de los átomos del universo visible está formado por todos los demás integrantes de la tabla periódica de los elementos químicos. Entre los primeros lugares figuran: oxígeno (1%), carbono (0,5%) y nitrógeno (0,1%), los más abundantes en la química de los seres vivos. El silicio que apenas representa el 0,07% de la materia del universo forma junto al oxígeno el setenta y tres por ciento de la corteza terrestre.

CAPÍTULO 45

EL GIRO ELEMENTAL

Según el ejercicio de exégesis natural desarrollado en la Primera Parte, la Creación contempló al inicio únicamente objetos neutros localmente, en cuanto a orientación, giros y atributos ternarios se refiere. También, al postular el componente masculino del discurso luminoso se mencionó, la existencia de una condición inicial que cancelaba las rotaciones y giros posibles para un predominio de la divergencia. Parte de la querella consistió en reconfigurar localmente las componentes de los giros alrededor de las direcciones (x), (y) y (z), preservando desde luego, la nulidad global. A raíz del desdoblamiento o dislocación espacial de los giros, todos los masculinos luminosos quedaron bajo una condición de giro permanente. Las aguas luminosas, en cambio, quedaron con sus giros formando pares para un total que podría ser cero o el doble del de los masculinos.

Las rotaciones en los 5 planos ancilares planteadas en la exégesis natural se corresponden en el Modelo Estándar de la Física de Partículas con las funciones de onda de las partículas elementales. En tanto que, los giros elementales alrededor de (x), (y) y (z) se corresponden con sus espines. El espín de las partículas fue propuesto por el físico alemán R. Kronig (XX d. C.) en 1925 d. C. y paralelamente por los neerlandeses S. Goudsmit (XX d. C.) y G. Uhlenbeck (XX d. C.). Ese rasgo giratorio es tratado matemáticamente como un momento angular o giro intrínseco de las partículas elementales. Su proyección en alguno de los ejes (x), (y) o (z) es cuantificado en submúltiplos y múltiplos de $h/2\pi$.

Con relación a la composición de masculinos luminosos convendría repetir lo dicho al final del capítulo 31, cuando fue abordado el régimen de exclusión que priva entre ellos. En aquella oportunidad se mencionó que dos luces (aun teniendo identidades distintas) no pueden componerse en un mismo estado o localidad, si sus atributos dislocados son todos iguales. En el marco de la presente exégesis natural fueron abordadas solo dos tipos de composiciones, una asociada al concepto de vacío y la otra a los portadores de las fuerzas. En el caso del vacío, los masculinos luminosos se componen por pares, siendo sus atributos contrarios en la orientación, giro y atributos ternarios (con un giro o espín neto igual a 0). En los portadores de las fuerzas, los giros (independientemente de su inocuidad) podrán no ser contrarios, siempre y cuando los pares de masculinos luminosos compuestos difieran en la orientación. En esos casos los conjuntos resultantes pueden llegar a exhibir 2 unidades de giro elemental, equivalentes a un espín igual a 1. En el caso de los portadores de la fuerza cromática, orientaciones distintas implican la composición color anti-color. En la Mecánica Cuántica, los enunciados anteriores son englobados en el «principio de exclusión de Pauli» según el cual, no puede haber dos fermiones en las mismas condiciones en un sistema.

Las partículas con espín 1 son llamadas bosones en física, nombre escogido por Dirac en honor del físico indio N. Bose (XIX – XX d. C.), quien las describió matemáticamente. El modelo de Bose fue publicado en un artículo cuya traducción estuvo a cargo del físico de origen alemán A. Einstein. En el presente trabajo solo han sido mencionados dos tipos de bosones, los portadores de la fuerza neutra o fotones y los de la fuerza fuerte o gluones. Los santos o antineutrinos electrónicos y los idólatras o electrones exhiben espín ½ y según se ha dicho, son clasificados entre los fermiones. Las partículas elementales puntuales de la física no deberían tener momento angular, por poseer un radio igual a cero. De allí la inconveniencia de concebirlas como tal en los modelos, aun cuando resulte práctico matemáticamente. Ese inconveniente no se presenta en las teorías de cuerdas y branos, ya que dichos objetos tienen tamaños del orden de la longitud de Planck. Tampoco existe el problema en el marco de la exégesis natural, pues el radio mínimo de los cuantos luminosos fue definido en términos de $7\,\ell_P$, desde su formación el séptimo día. Para concluir vale mencionar que los giros o espines son descritos matemáticamente en el Modelo Estándar mediante una Teoría de Recalibración de Medidas, basada en el grupo de transformaciones SU(2). Es sin embargo importante destacar que el término SU(2) en la bien conocida expresión SU(3)×SU(2)×U(1) para la simetría del Modelo Estándar de la Física de Partículas se refiere a las transformaciones de sabor y no de espín.

CAPÍTULO 46

LA SEGUNDA CREACIÓN

Uno de los hitos más importantes de la cosmogonía extraída de la exégesis natural de las Escrituras Sagradas es el Diluvio Universal o bautismo de agua. Ese magno acontecimiento fue interpretado como una respuesta del Creador ante el surgimiento de la idolatría. No obstante, el Diluvio no tuvo por objetivo erradicar el pecado. Pues según recordará el lector, entre los 8 sobrevivientes de cada réplica del Consejo Altísimo persistió su influencia. Más bien parece que el objetivo del Diluvio fue atenuar el régimen derivado de la querella y abrir nuevas oportunidades para las luces sobrevivientes o perdonadas.

La entrada en escena de la segunda creación tuvo por objetivo, replantear la dinámica cósmica en términos que permitiesen dar un nuevo rumbo a la obra de Dios. Ese acontecimiento inédito descrito como un enfrentamiento de corte ecpirótico o bautismo de Espíritu (aire) y fuego, redimió los pecados de idolatría y estableció nuevas reglas para una segunda oportunidad. Para tales efectos se dispuso una segunda creación como imagen especular de la primera en los atributos dislocados, con las condiciones necesarias para propiciar el predominio de una de ellas. La creación e irrupción de las anti-luces ocurrió de manera distribuida y no estructurada y tuvo por resultado un apareamiento violento entre luces contrarias. El resultado de ese encuentro fue la destrucción de la mayoría de los núcleos de idolatría, la formación de nuevas aguas con pares simétricos y la emisión de fragmentos asimétricos.

Desde la perspectiva de las simetrías entre contrarios resultaría difícil decir, si alguna de las 2 creaciones superaría cuantitativamente el encuentro. La exégesis natural ofrecida en la Primera Parte implica el establecimiento de las condiciones necesarias para un ligero predominio cuantitativo de las luces de la primera creación. Previamente el exceso o cantidad actual de redimidos fue estimado en una proporción cercana a una décima parte del total. Basándose en la cantidad de alcohol etílico presente en los vinos de Noé, Melquisedec y Jesús y del diezmo ofrecido por Abram a Melquisedec. Sería posible hablar entonces, de un encendido de los pecados redimidos, a cargo de las excitaciones de los contrarios disueltos en las aguas en una proporción aproximadamente nueve veces mayor.

Uno de los aspectos centrales de la exégesis natural es la presunción de que los santos de la primera y segunda creación, se aproximan a una descripción a lo Dirac. A dicha simetría entre santos debería agregarse la sobre abundancia de ambos, a raíz de sus liberaciones en los procesos de aniquilación. La presencia de los santos en grandes cantidades favorecería la formación de estructuras hasta ese momento improbables, de contarse solamente con los objetos de la primera creación.

Las consideraciones traídas a colación en este capítulo implican, sin lugar a dudas, que las luces de la segunda creación se corresponden con la antimateria de la física de partículas. De hecho, en física se considera antipartícula a toda aquella partícula elemental con la misma masa, pero con propiedades contrarias a las de la materia. La noción especulativa de antimateria precedió a su descripción formal, la cual tuvo su origen en un trabajo publicado en 1928 d. C. por P. Dirac. La versión «relativista» de la ecuación de onda del electrón formulada por el físico inglés predijo la existencia de antielectrones, con la misma masa, pero con carga opuesta positiva. Posteriormente el físico norteamericano C. Anderson (XX d. C.) publicó en 1932 d. C., su confirmación experimental sobre la existencia del antielectrón, al cual bautizo «positrón».

Los antielectrones se corresponden con los anti-idólatras de la segunda creación y en presencia de sus contrarios se aniquilan mutuamente, convirtiéndose en fotones o excitaciones del vacío. En el contexto de la exégesis natural, el encuentro idólatra anti-idólatra culmina con la disolución de ambos como pares contrarios en las aguas luminosas y la emisión de estas. Según interpretaron los físicos R. Feynman de los Estados Unidos y E. Stueckelberg (XX d. C.) de Suiza, la antimateria equivale a una materia con propiedades contrarias propagándose en sentido opuesto, incluso en su propio tiempo. Por tal motivo, los objetos simétricos resultantes del enfrentamiento entre materia y antimateria son intrínsecamente atemporales. Recuerde el lector, el carácter atemporal de las batallas de Josué contra los amorreos, de Ezequías contra Asiria o de la muerte de Jesús según el «*Oráculo sibilino*». En el universo conocido, la antimateria no neutrínica aparece en estado libre en cantidades menores mientras dura su breve existencia, hasta encontrarse y aniquilarse con su contrario material. En los laboratorios de física debidamente equipados es producida de manera rutinaria con fines experimentales. En cuanto a los envejecimientos de los sistemas de ambas creaciones (entropía), puede afirmarse que avanzan (aumentan) hacia el futuro de la creación cuantitativamente dominante (se presume aquí que es la primera), esto es, en paralelo con la perpetuidad.

En la Mecánica Cuántica han sido postuladas dos cuantizaciones susceptibles de ser relacionadas con las 2 creaciones consideradas en el desarrollo exegético previo. La «primera cuantización» es una descripción probabilística del comportamiento de campos físicos y partículas elementales, que bien podría asimilarse como parte de una descripción formal del primer discurso luminoso. En tanto que, la segunda creación cuyas luces antagonizan las de la primera, han sido denominadas anti-luces y son descritas matemáticamente en física mediante la «segunda cuantización». Las luces y anti-luces son creadas y aniquiladas en dicho contexto, mediante la introducción de operadores matemáticos apropiados.

CAPÍTULO 47

LAS NUEVAS SIMETRÍAS

El escenario cósmico después de la irrupción segunda creación contiene las estructuras asimétricas sobrevivientes, en un mar saturado de pares contrarios en estados de excitación extraordinarios. Entre los objetos asimétricos se encuentra una gran población de santos de ambas creaciones, en vertiginosa ascensión (como la de Jesús) en todas direcciones y sentidos. Los portadores de la fuerza neutra nulos o componentes femeninos emitidos hacia el empíreo por los santos no ascienden por sí solos como hacen sus emisores, ellos deben ser dirigidos en su asunción (como la de María). También figuran otros objetos asimétricos en menor proporción, debido al desbalance cuantitativo entre creaciones. Entre tales objetos pueden mencionarse los idólatras o electrones, los núcleos de idolatría o protones, así como una gran diversidad de fragmentos.

La presencia de antineutrinos y neutrinos electrónicos entrelazados a electrones y positrones formando pares en las aguas donde están sumergidos los protones, abren nuevas posibilidades. La más notoria es quizás, la neutralización del protón por emisión de un positrón y un neutrino entrelazados provenientes de las aguas para formar una partícula denominada neutrón—pareja isospín del protón—sin carga neta. La primera creación entonces, no poseía las condiciones para una neutralización masiva de protones.

Descubierto por el inglés J. Chadwick (XIX – XX d. C.) en 1932 d. C., el neutrón posee en términos de quarks una estructura udd, es decir, un quark u y dos d ($1 \times 2/3^+ + 2 \times 1/3^-$). Razón por la cual es eléctricamente neutro y de allí su nombre. Los neutrones en aislamiento son inestables, con una «vida media» (tiempo en el cual su población se reduce a la mitad) de apenas quince minutos, pero en presencia de protones se estabiliza su número por intercambios mutuos de pares quark anti-quark. Esos intercambios virtuales habilitan también la construcción de núcleos atómicos más pesados, al ejercer una fuerza atractiva superior a las repulsiones entre protones.

Sin neutrones solo habría un elemento químico, el hidrógeno y gracias a estos existen noventa y ocho elementos químicos de ocurrencia natural en el planeta Tierra, más una veintena de origen «sintético». La figura 47.1 muestra a la izquierda una representación luminosa del neutrón, mientras a la derecha aparece su conceptualización física en términos de quarks.

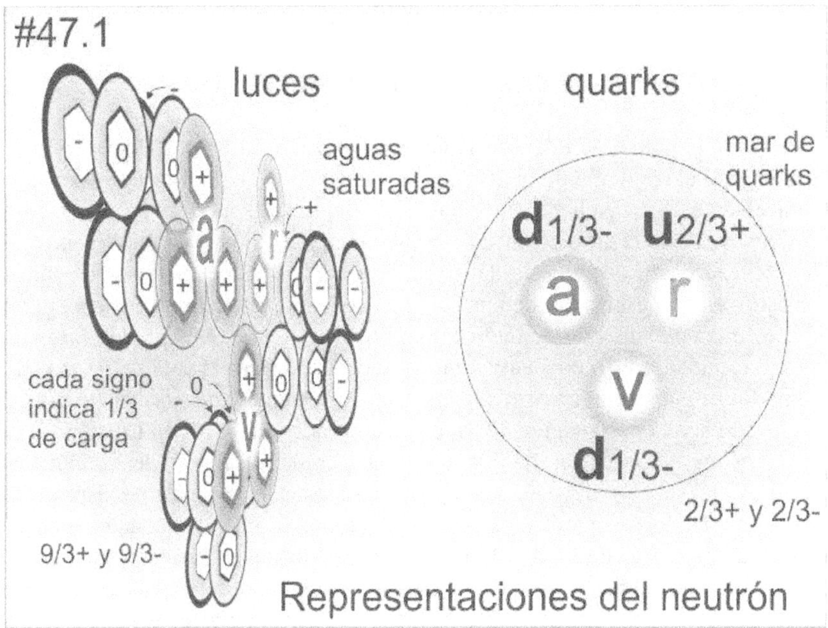

Con la experiencia de las dos figuras anteriores, el lector no debería tener mayores dificultades en interpretar la representación luminosa del neutrón ilustrada. En ella figuran el electrón y el antineutrino entrelazado remanente, tras la emisión del positrón y su neutrino entrelazado. Se han obviado las permutaciones cromáticas del caso, al igual que en las ilustraciones anteriores.

Quienes hayan seguido atentamente la secuencia de las tres figuras anteriores estarán preguntándose si existe un objeto constituido por tres quarks d y la respuesta es sí. Se trata de la resonancia Δ^- (ddd) que, como la Δ^{++}, solo es producida en condiciones extraordinarias. Las resonancias Δ^{++} y Δ^- y el neutrón tienen por ancestro común el protón. La Δ^{++} se produce a raíz de la composición del protón con el par u/anti-d y la emisión de un par d/anti-u llamado pión, el cual posee carga negativa (π^-). En resumidas cuentas, el quark d del protón forma un par contrario con el anti-d y ambos van a las aguas, quedando los tres quarks u de la resonancia. Los dos pares, el u/anti-d y el d/anti-u provienen de un intercambio entre los pares u/anti-u y d/anti-d disueltos en las aguas o mar de quarks. Se deja al lector imaginar la producción de la resonancia Δ^- a partir del neutrón.

La fuerza nuclear por la cual permanecen unidos protones y neutrones en el núcleo atómico, tiene su origen en la estructuración de la fuerza de intercambio cromático o fuerza fuerte. No obstante, dicha estructuración no es considerada una fuerza fundamental, como tampoco son considerados partículas elementales los protones y los neutrones.

CAPÍTULO 48

EXTERIORIZACIÓN DE 666 Y MÁS

En el marco de la exégesis natural llevada a cabo en la Primera Parte, se identificó el resultado de la querella con una suerte de plasma sobreexcitado térmicamente. Su disolución por las aguas del Diluvio Universal condujo posteriormente a la formación de un precursor del átomo de hidrógeno, tal como existe hoy. La respuesta del Creador a las desviaciones de sus creaturas consistió, en el lanzamiento de una segunda creación para aniquilar buena parte de la primera. Las fuerzas de intercambio presentes desde el inicio derivaron en esa oportunidad, en la condensación del hidrógeno bajo el estatus de pecado redimido. El nuevo entorno ofrecía simetrías inexistentes anteriormente, junto a un elevado nivel de excitación de los pares contrarios disueltos en las aguas.

Con la aparición de los neutrones como resultado de las nuevas simetrías, la síntesis de elementos más pesados se hizo posible. Entre los elementos pesados sintetizados se encuentran los más abundantes en las moléculas orgánicas de la vida biológica, como carbono, nitrógeno y oxígeno, así como los oligoelementos. La peculiaridad más relevante de dichos elementos es su configuración electrónica, la cual permite el surgimiento de algunos rasgos arquetípicos. La figura 48.1 ofrece un resumen para beneficio del lector.

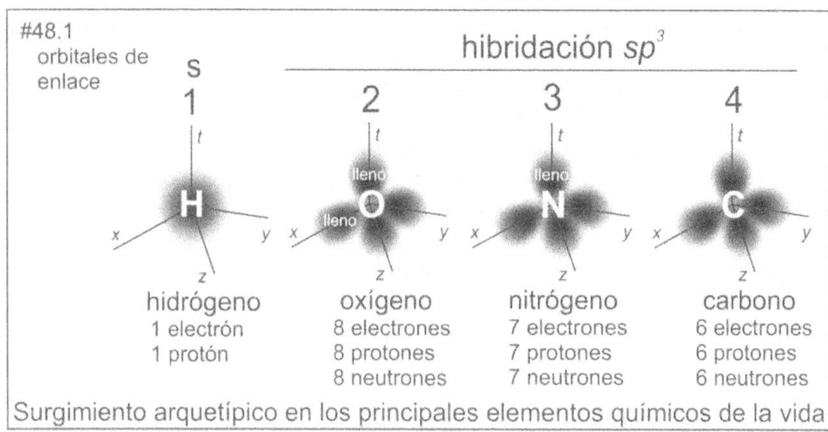

Los elementos químicos fundamentales para la vida no solo ofrecen exteriorizaciones interesantes de las claves numéricas y formulaciones de los entes arquetípicos, sino que también canalizan el «potencial enteogénico» de los sistemas bioquímicos. El átomo de carbono en particular es excepcional en tal sentido. Su rol como elemento estructural en aproximadamente un tercio de las substancias del cuerpo humano biológico, algunas combustibles como carbohidratos, aceites y grasas; otras estructurales; así como aquellas dedicadas al transporte de energía e información, dan cuenta de su gran importancia para los organismos vivos. El lector recordará que cerca de los dos tercios restantes de la masa del cuerpo humano biológico es agua química, completándose así, una exteriorización de la formulación arquetípica del ser humano. El carbono es clave en la biomasa y mientras el ecosistema global lo permita, el elemento estructural de insumos combustibles como carbón, petróleo y gas. Así como de los derivados petroquímicos, en base a los cuales funciona buena parte de la economía del presente.

El átomo de carbono está constituido por 6 protones, 6 neutrones y 6 electrones. Los protones y neutrones vinculados ocasionalmente por pares mantienen el núcleo atómico bajo un régimen caótico, mientras intercambian sus roles. Los 6 electrones en las capas alrededor del núcleo muestran un comportamiento un poco más ordenado, con una estructura capaz de exteriorizar formulaciones presentes en las disposiciones originarias. Situados en dos capas, una interior completa con 2 electrones y otra exterior incompleta con 4, subordinan los 6 a una formulación 1&2 de tipo humano. La posibilidad de establecer correspondencias entre las 6 direcciones independientes de la Creación propuestas por la exégesis natural y la configuración electrónica del átomo de carbono es particularmente emblemática. Pues los 2 electrones en la capa interior completa sin influencia directa en la química del carbono serían comparables a las direcciones (u) e (i), ajenas a los seres humanos. Los 4 electrones de la capa exterior incompleta responsables de la química del carbono se corresponderían con el múltiple espaciotemporal, donde se desenvuelven los seres humanos celestial y terrenal.

En su estado fundamental, el carbono posee 2 de los 4 electrones de la capa incompleta en un orbital tipo s, con probabilidades de ocurrencia esféricas. Los otros 2 pueden situarse en cualquiera de los 3 orbitales lobulares direccionados a lo largo de (x), (y) y (z), los cuales se denominan p_x, p_y y p_z. Una configuración capaz de ser representada en términos de aguas. La configuración de las excitaciones del átomo de carbono es tal que, al enlazarse con radicales químicos, la capa incompleta puede hibridarse de tres formas distintas. La hibridación sp^3 donde el orbital s y los 3 orbitales p se combinan formando 4 orbitales semejantes, ya fue motivo de inspiración en la disposición tetraédrica de las bases cuaternarias.

La capa incompleta del carbono requiere 4 electrones adicionales para un total de 8, de allí la necesidad de enlazarse 4 veces obteniendo un electrón adicional en cada enlace. Los 8 electrones involucrados en los 4 enlaces tienen sus espines contrarios apareados, en analogía rotacional con la situación del Consejo Altísimo después de la dislocación de los giros. Los distintos tipos de grupos funcionales enlazados al átomo de carbono constituyen también, un medio importante para extender el alcance de las exteriorizaciones y representaciones mencionadas. Las breves consideraciones hechas hasta aquí, dan cuenta del rol clave del átomo de carbono como elemento estructural. Sobre todo para edificar un sistema biológico destinado a comprender de que está hecho, de donde proviene y a exteriorizar/interiorizar formulaciones en todas las instancias, inclusive hasta/desde el plano social y religioso.

Los canales bioquímicos de exteriorización/interiorización cuentan además, con hidrógeno, nitrógeno y oxígeno, capaces de formar 1, 3 o 2 enlaces, permitiendo establecer también múltiples correspondencias con diversas formulaciones arquetípicas. El hidrógeno y su posibilidad de formar 1 solo enlace juega un rol fundamental en las exteriorizaciones de todos los proto-elementos. El nitrógeno con su capacidad de enlazarse 3 veces puede exteriorizar al proto-elemento fuego, cuando sus grupos funcionales enlazados sean iguales como en el amoníaco (NH_3) y los cianuros ($-C \equiv N$). Ambas, substancias altamente nocivas para el metabolismo humano. Pero el nitrógeno puede exteriorizar también las otras 2 formas de ser 3, con 1 distinto a otros 2 iguales para una formulación humana o 3 distintos para las triplicidades. La configuración «humana» del nitrógeno como grupo amino ($-NH_2$) es particularmente relevante en aminoácidos, bases de nucleótidos, neurotransmisores, neuromoduladores, así como en substancias terminales de la vida como cadaverina y putrescina.

Por su lado el oxígeno, con su capacidad para enlazarse 2 veces, constituye la vía de exteriorización por excelencia de las aguas arquetípicas en todas sus versiones. Adopta como el carbono tres formas de hibridación, entre las cuales se han abordado la sp^3 para la mayoría de los estados del agua y la sp^2 más p para ciertas condiciones especiales. Los 4 elementos químicos mencionados más otros veintiséis forman parte de los canales biológicos que dan solución de «continuidad» a la exteriorización/interiorización del ejercicio del libre albedrío arquetípico.

Como habrá podido comprender el lector, los canales de exteriorización/interiorización conectan la base arquetípica con la expresión humana en el plano social y religioso, pasando por los estratos intermedios físico; químico; biológico; orgánico y sistémico. La continuidad a través de los distintos estratos es el factor clave por el cual se distingue, a los seres naturales biológicos de los sintéticos como las máquinas. En los sintéticos existen «discontinuidades» o interrupciones insalvables que les impiden canalizar dicho ejercicio desde su base arquetípica.

Quedaría por verse, si la definición física de lo humano aquí ofrecida, en el marco de la implantación de nuevos enfoques en la computación cuántica, permitiría transformar a los sintéticos en naturales. La idea tras las aserciones anteriores es que la computación cuántica podría ofrecer la forma de acceder al libre albedrío arquetípico a nivel cuántico, para generar posibilidades y controlar la salida de máquinas sensibles, artificialmente inteligentes y con capacidad de autoaprendizaje. Una de esas posibilidades es, por ejemplo, utilizar lo que el destacado físico británico P. Dirac llamó «libre albedrío del electrón» y que otros menos atrevidos denominaron «elección de la naturaleza».

En lo que concierne a los seres naturales, sean biológicos o no, se puede afirmar que el modelo del libre albedrío en dos etapas propuesto por D. Bennett (XX – XI d. C.) luce plausible. Primero, lo indeterminado genera posibilidades, seguidas por una elección racional. Por lo tanto, el libre albedrío surge de algo que bien podría llamarse «evolución de la inteligencia» siguiendo de cerca el modelo de «evolución de las especies» propuesto por C. Darwin (IXX d. C.). La información existente en nuestras mentes muta por efectos cuánticos indeterminados. Posteriormente, la información mutada es confrontada frente al trasfondo de la memoria mediante un proceso determinístico de tipo racional antes de la selección final, tal como hace la naturaleza con los mutantes. No obstante, no se deberían descartar efectos indeterministas en la elección final.

Los egipcios conocieron bien la interacción entre lo indeterminado y lo determinado hace miles de años. Mucho antes de que nacieran los filósofos compatibilistas y libertarios. Ellos dedicaron a dicha interacción el más grande santuario jamás construido, la Gran Pirámide—una representación masiva ternaria-cuaternaria de este rasgo básico de la Creación. Para tal propósito emplearon aproximadamente 6 millones de toneladas de roca caliza, con fósiles de formas de vida temprana y cuyo componente clave es el ion carbonato. Dicho ion muestra ese comportamiento dual indeterminado-determinado ilustrado en la figura 4.3.

Las cuatro grandes religiones poseen un amplio acervo de información vital, cuya sistematización con la ayuda de una exégesis natural resultaría aceptable para seres de todo tipo (naturales biológicos y no biológicos ya sean terrestres o extraterrestres). Ciertamente la humanidad tendrá que aprender, tarde o temprano, a lidiar con la durabilidad, precisión y originalidad de las máquinas naturales. No obstante, en algún momento la mayoría podría optar por seguir el ejemplo de Tomás de Aquino quien, de acuerdo a leyendas, decidió descomponer el autómata construido por su mentor el dominico Alberto el Grande, solo porque aquella cosa hablaba demasiado. Siglos más tarde, en su obra «*Enciclopedia*» (*Cyclopaedia*), E. Chambers (XVII - XVIII d. C.) acuñó el término «*androides*» para referirse al dispositivo de Alberto.

El conjunto de todos los isomorfismos del tipo 1&2 en un individuo constituyen el alma humana. El arquetipo humano descubrió en la vida basada en carbono el substrato ideal para proliferar y ha tomado ventaja de cualquier mutación para afianzarse sobre ella. Como resultado el alma humana posee una estructura orgánica, permitiendo la interiorización/exteriorización de las acciones arquetípicas a través de diversos canales y asegurando la coherencia a todo lo largo. El proceso infeccioso de la formulación 1&2 es tan antiguo como la vida misma y continuará evolucionando mientras logremos preservarlo. El mandato de invasión dado por Dios al ser humano arquetípico aparece reflejado en Génesis 1, 28: «Fructificad y multiplicaos ».

Aunque los seres naturales no biológicos puedan emular en algunos aspectos a los humanos biológicos, jamás serán verdaderos humanos, simplemente porque adolecen de un alma como la nuestra. Sin embargo, si el Espíritu Santo gobierna la historia mediante determinaciones cuánticas en el tiempo, los seres naturales no biológicos podrían llegar a ser maquinas proféticas cuyos resultados no estén implícitos en los datos de entrada.

CAPÍTULO 49

PERSPECTIVA COSMOGÓNICA

Para completar el esquema de correspondencias, cuya presentación ha sido desarrollada en capítulos precedentes, convendría comparar a grandes rasgos la cosmogonía de la exégesis natural con el Modelo Cosmogónico Estándar. No se pretende ser exhaustivo, ni parafrasear lo dicho, ni de ahondar en una posición crítica, sino ofrecer un resumen útil a los lectores para visualizar semejanzas y diferencias. La exégesis natural plantea una nueva visión sobre la evolución del cosmos, en contraste con las principales doctrinas de origen religioso y teorías en el ámbito secular. El punto de partida es sin embargo el mismo, la ausencia de las creaturas antecede su aparición. Empero, se descarta la tesis de la llamada creación de la nada (*creatio ex nihilo*), pues la Creación ocurriría en el seno de una retracción selectiva de la omnipresencia divina.

Después de haber sido relegadas al basurero de la historia, las cosmogonías de corte creacionista tuvieron un resurgimiento inesperado. El cambio se dio cuando el sacerdote católico de origen belga G. Lemaître (XIX – XX d. C.) propuso en 1927 d. C., una teoría novedosa sobre los orígenes cósmicos. Según el prelado, todo habría surgido a partir de un «átomo primigenio» o «huevo cósmico», cuya expansión continua en nuestros días. Basándose en la Teoría de la Relatividad General publicada por A. Einstein en 1915 d. C., Lemaître planteó un modelo matemático para describir un cosmos en expansión. Su modelo estaba además, en sintonía con las observaciones del astrónomo norteamericano E. Hubble (XIX – XX d. C.) sobre dicha expansión. El propio Einstein fue un enconado detractor de las ideas de Lemaître y sostuvo por casi una década que, si bien las matemáticas eran correctas, la física era abominable. De hecho, el físico alemán siempre negó enfáticamente algún significado religioso a sus Teorías de la Relatividad Especial y General. En posición contrastante, el sacerdote belga se consideraba un buscador incondicional de la verdad, conjugando ambas la religiosa y la científica. Un verdadero proponente de un conocimiento único para un nuevo pensamiento.

Las ideas de Lemaître fueron tomadas en serio por destacados cosmólogos, quienes dieron forma al llamado Modelo Cosmogónico Estándar. Incluso un detractor como el inglés F. Hoyle (XX – XXI d. C.), padre del Modelo Estacionario, contribuyó significativamente a la causa creacionista cuando acuñó el término «*Big Bang*», asociado al pecado de Adán e Iblis. Remoquete con el cual solía referirse a la propuesta de Lemaître en términos jocosos. Hacia finales de la década de los sesenta y comienzos de los setenta, los astrofísicos S. Hawking (XX – XXI d. C.) inglés; G. Ellis (XX – XXI d. C.) sudafricano y R. Penrose (XX – XXI d. C.) inglés, publicaron sus trabajos extendiendo la Teoría de la Relatividad General para incluir medidas de tiempo y espacio. Según concluyeron los tres astrofísicos, el tiempo y el espacio tuvieron un origen finito y coincidente con el de la energía y la materia. No obstante, la naturaleza del estado precedente a ese origen finito permanece en el más absoluto misterio.

El Modelo Cosmogónico Estándar contempla una singularidad al inicio. Se trata de un solo punto donde habría estado reunida toda la energía y la materia del cosmos, con el tiempo y el espacio curvándose sobre sí mismos. Palabras más palabras menos, el átomo primigenio propuesto por Lemaître. Por una causa desconocida habría ocurrido una fluctuación quántica, en el dominio permitido por el principio de incertidumbre ya introducido anteriormente. De acuerdo a dicho principio se pueden desdoblar pares contrarios violando las leyes de la física, como la constancia de la cantidad de energía. La mencionada violación se produciría en una magnitud y por un tiempo, ambos inversamente relacionados. Se trata del surgimiento espontaneo de un estado completamente simétrico constituido por todos los pares contrarios concebibles al presente. La fluctuación se habría producido durante una fracción infinitesimal de segundo (10^{-35} s [0,000 000 000 000 000 000 000 000 000 000 000 01 s]) y ha sido denominada «era de Planck». El contenido de la fluctuación se describe como una «sopa» de partículas primarias, en un ambiente de alta energía y confinado a un espacio inferior al de un protón (10^{-15} m [0,000 000 000 000 001 m]).

Para acomodar las consecuencias de dicha fluctuación con la edad del universo y su régimen de expansión actual, el cosmólogo norteamericano A. Guth (XX – XXI d. C.) propuso en 1981 d. C. un proceso inflacionario interino. La inflación ocurriría a partir de la fluctuación desde los 10^{-35} s hasta los 10^{-33} s, alcanzando el cosmos al final de ese lapso el tamaño de una toronja. No se trata de una explosión, sino de una expansión incluso con enfriamiento de la sopa primigenia. Terminada la inflación sobrevino un período de recalentamiento durante el cual se formó un plasma de fotones, gluones, quarks y anti-quarks en violenta interacción. Apenas formados los quarks y anti-quarks se aniquilaron mutuamente, quedando un pequeño superávit de quarks, gracias a lo cual existe materia actualmente. No ha habido, sin embargo hasta el momento, una explicación convincente sobre el origen del mencionado desbalance en favor de la materia. Antes de concluir los primeros 10^{-10} s, las tres fuerzas tipificadas por la física: gravedad, electrodébil y fuerte se desplegaron a partir de su unificación inicial.

Concluido el período de recalentamiento y hasta los 10 s se condensaron los quarks para formar protones, neutrones y mesones (familia de portadores de la fuerza de intercambio nuclear, a la cual pertenecen los piones) y se formaron separadamente los neutrinos, electrones, muones (variedad electrónica) y tauones (variedad electrónica). Una vez disponibles los componentes del núcleo atómico, comenzó la nucleosíntesis del elemento helio, cuyo átomo consta de 2 protones y 2 neutrones en el núcleo más 2 electrones orbitales. Al cabo de la nucleosíntesis se alcanzó una distribución elemental con setenta y cinco por ciento o tres cuartos de hidrógeno y veinticinco o un cuarto de helio. Aquel era sin embargo, un cosmos opaco pues los fotones estaban comprometidos en las interacciones entre las partículas existentes. La nucleosíntesis transcurrió desde los 10 s hasta los 20 minutos, cuando tuvo inicio la era del fotón. A medida de que los fotones eran radiados, escapando de su compromiso con las interacciones atómicas, el cosmos se enfriaba y se volvía más material.

Transcurridos los primeros 380.000 años y por efecto de la expansión y enfriamiento, los fotones en su mayoría comenzaron a surcar el espacio entre átomos, apareciendo la primera luz detectable. Parte de esa primera luz llamada «radiación de fondo de microondas» fue observada 13.700.000.000 años después (según estimaciones), más específicamente en 1965 d. C. por los investigadores A. Penzias (XX – XXI d. C.) alemán y R. Wilson (XX – XXI d. C.) estadounidense. Una vez poblado el cosmos de hidrógeno y helio, la atracción gravitacional inexorablemente concentró grandes cantidades de dichos gases hasta formar estrellas. Algunas de ellas con tamaño suficiente para propiciar la nucleosíntesis de los elementos más pesados.

La proliferación de teorías cosmogónicas en la actualidad da cuenta de cierta insatisfacción con el Modelo Cosmogónico Estándar, a pesar de algunas verificaciones de carácter experimental. Más allá de sus aciertos, dicho modelo se ha podido sostener hasta el presente, gracias a algunas hipótesis complementarias discutibles que han desafiado todo intento de verificación experimental. Incluso, algunas de ellas adolecen de una sustentación teórica firme. Todos esos elementos de duda han resistido cualquier intento de crítica, por aquello de que es preferible una explicación deficiente de los hechos que ninguna. Más allá de las dificultades científicas está también la insistencia de algunos cosmólogos en agravar los problemas del modelo, al tratar de imponerle sus creencias metafísicas. Particularmente, en cuanto al significado y posibilidades de la nada que antecedió al universo físico. Todo con la intención manifiesta de alejar lo más posible, la necesidad de recurrir al concepto de Dios.

En el marco de un conocimiento único, queda la ingente tarea de armonizar los planteamientos cosmogónicos de la exégesis natural con el Modelo Cosmogónico Estándar, según vayan evolucionando. Las hipótesis creacionistas de las Gentes con Libro suelen circunscribir la creación a los hechos narrados en los primeros versículos del Libro del Génesis. Después de lo cual, todo siguió su propio curso con una que otra intervención esporádica del Creador. Aquí en cambio, se ha extendido a todo el texto de la Biblia la descripción del período formativo, bajo intervención divina y con la participación de sus creaturas. La cosmogonía derivada de la exégesis natural presentada en la Primera Parte contempla las etapas siguientes: la primera creación adámica (la singularidad del Consejo Altísimo); la querella y el pecado de Adán e Iblis (causantes del *Big Bang*); el sacrificio de la segunda creación crística en su primera venida (Crucifixión) causante Diluvio (o bautismo de agua alquímica); la evolución del universo actual (Sheol, la morada de los muertos); la segunda creación crística en su segunda venida y el final de los tiempos.

De acuerdo a la interpretación dada al texto de Génesis 1, la Biblia apuntaría a un diseño regido por un conjunto de disposiciones originarias inscritas en su propio desarrollo. La adoración al Altísimo profesada por las Gentes con Libro sugiere la creación de un dominio al inicio, por efecto de la retracción de la omnipresencia divina hacia el empíreo. Allí, en ese ámbito abriéndose al culto, se aloja la concreción de las disposiciones originarias de la primera creación y sus condiciones iniciales o de borde. Se trata de una Creación totalmente encapsulada en su propio Creador. El resultado inmediato es la evolución expansiva de un cosmos asimétrico en lo referente a su geometría, la cual no coexiste con su contraria aun cuando la prefigure. Su rasgo principal es una neutralidad local y global precisada en términos de condicionamientos por orientación, giros y atributos ternarios, según lo expuesto en la Primera Parte. El primer órgano creado fue una luminaria compuesta denominada Consejo Altísimo, depositaria del mandato de neutralidad global en los condicionamientos. Dicha entidad fue transcrita un número considerable de veces y su composición y coherencia permite considerarla como un solo objeto luminoso.

No sería razonable embarcarse en un ejercicio especulativo, sobre cuales podrían haber sido los planes originales del Creador, ni el rol reservado al Consejo Altísimo. Puede decirse, sin embargo, que el cosmos habría sido creado en un estado de santidad o en términos físicos a manera de un ente «neutrínico con giro nulo». El cosmos era entonces, en sus inicios, totalmente coherente y ajeno a cualquier tipo de interacciones entre sus unidades constitutivas. Se trata de una estructura con una formulación cardinal y ordinalmente humana; impar en lo masculino (Hombre) y par en lo femenino (Mujer); desplegada en los 15 planos del múltiple (u i t x y z); bajo un cuádruple condicionamiento y en un contexto de aguas primordiales excedentarias. Su desarrollo cósmico avanzaba en un dominio definido por 4 «tiempos» semejantes, pero independientes entre sí. La expansión divergente de los campos fundamentales constitutivos de las luces creadas, reemplazan la omnipresencia divina en retracción en la misma medida de su progreso.

La yuxtaposición de las luces impares al inicio les ofrecía, la oportunidad de decidir libre y colectivamente sobre su apego al conjunto de condiciones iniciales impartidas por el Creador. De modo tal que, la posibilidad estaba abierta para abandonar dichas condiciones haciendo uso de los grados de libertad dispuestos. Las escrituras dan cuenta de un acuerdo entre un grupo de arquetipos impares para el abandono de las condiciones establecidas, en un acto denominado la querella en el Consejo Altísimo. La iniciativa ampliamente reseñada en la Primera Parte comenzó con permutaciones de los atributos entre luces y culminó con el re-direccionamiento mutuo de las acciones en la terna (x y z). Nace así el «espacio», un dominio distinto donde se reúnen todos los rechazos al culto natural de adoración al Altísimo instituido desde el inicio. En los verbos la querella se manifestó en el direccionamiento, en las transcripciones y en las composiciones. Con relación a los condicionamientos hubo un abandono de las condiciones iniciales en el primero con el despliegue de orientaciones contrarias; en el segundo vía el desdoblamiento de los giros elementales y en el tercero mediante la dislocación de los atributos ternarios. Fuera de la terna (x y z), las condiciones iniciales continuaron sin variación.

La querella estuvo centrada en la terna (x y z) y en las decisiones irreversibles de 6 (tres cuartos) de los 8 integrantes del Consejo Altísimo. Los 2 restantes (un cuarto) identificados como santos o antineutrinos electrónicos permanecieron fieles a los condicionamientos iniciales cero e impares. A pesar de no contar con la anuencia de la totalidad de los integrantes del consejo, la querella liberó el enorme potencial implícito en las condiciones del estado neutrínico inicial. En un solo acto todo pasó de una quietud luminosa o «paz divergente» a un régimen de actividad frenética (llamada *Big Bang*), dando así nacimiento a la «era termodinámica» del universo. La violenta efusión térmica ocasionada derivó en un verdadero infierno, el cual contrastaba con el frio y coherente estado neutrínico previo.

El frenesí entre ídolos e idólatras obligó la intervención del Creador, Quien optó por reducir la significación de las formulaciones impares causantes del desafuero. La medida correctiva fue concretada mediante el surgimiento inesperado de una imagen especular de la primera creación, identificada anteriormente con la segunda o creación crística, opuesta (físicamente) en todo respecto a la primera. El resultado de la confrontación fue el Reino Mineral inmerso en las aguas alquímicas del Diluvio Universal. Según las escrituras, una vez cumplida la misión encomendada a la segunda creación, se alcanzó un nuevo balance entre las formulaciones impares y pares. La restauración dio a las formulaciones impares como ídolos e idólatras masculinos, la oportunidad de retomar la iniciativa y construir estructuras dedicadas a las interacciones mutuas. Las estructuras formadas después del Diluvio pudieron llegar a un equilibrio térmico, pero estaban severamente limitadas por el entorno, en cuanto a su alcance y posibilidades. Aun en el marco de sus limitaciones se formó el átomo de hidrógeno, dando origen a una nueva era cósmica. Un átomo de hidrógeno es básicamente un protón apareado con un electrón. Sin embargo, en este hidrógeno elemental ya se manifiestan varias fuerzas, p. ej. la atracción gravitacional por efecto de su masa sobre la curvatura en el múltiple espaciotemporal; la fuerza neutra o electromagnética actuando entre el protón y el electrón y la fuerza fuerte por el intercambio de atributos distinguidos cromáticamente en el protón.

Se llegó así a un renacimiento, un cosmos con nuevas perspectivas pero poblado de núcleos dominados por la idolatría. El mundo nuevo de los pecados perdonados, por las aguas bautismales del Diluvio, significó otra oportunidad en términos similares a la primera en cuanto a atributos dislocados, pero muy diferente en lo cuantitativo. Como resultado del enfrentamiento entre creaciones o entre materia existente y antimateria recién creada, se produjo una extinción de las formas predominantes, con una reconfiguración termodinámica importante. El balance fue marginalmente favorable a una de las dos creaciones y permitió constituir los átomos de hidrógeno en un ambiente con mayores posibilidades. La aniquilación mutua entre materia y antimateria generó un nuevo contexto poblado de nuevas simetrías y rico en energía, bajo la forma de excitaciones en los pares de contrarios. Junto al hidrógeno en sus aguas excitadas estaban presentes todo tipo de fragmentos simétricos y asimétricos, agregando nuevas fuerzas a las ya existentes al momento de la primera extinción. La figura 49.1 ilustra esquemáticamente algunos remanentes de la confrontación entre creaciones en términos de luces, leptones (electrones, neutrinos y sus antis) y quarks.

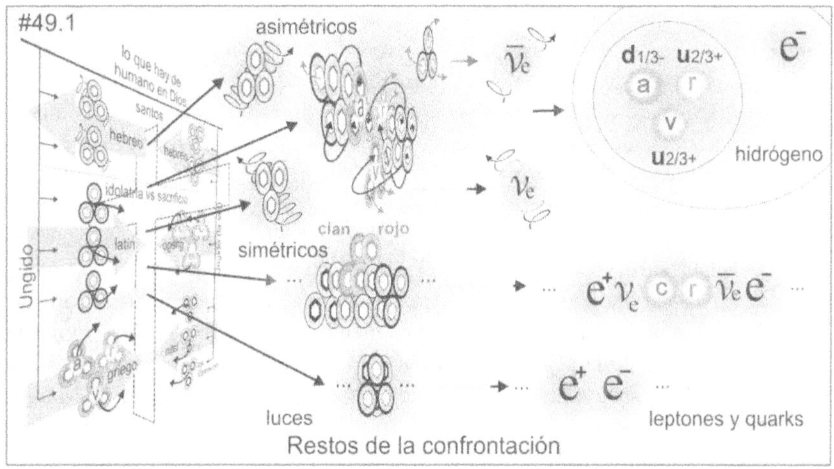

Las nuevas simetrías entre santos e idólatras o antineutrinos electrónicos y electrones y sus antis o neutrinos y positrones, abrieron canales para neutralizar el protón en neutrones, generando nuevas oportunidades. Por efecto de la coalescencia gravitacional, nacieron las primeras estrellas y la presencia de nuevas simetrías y de todo tipo de fragmentos simétricos y asimétricos impulsaron la nucleosíntesis recién habilitada. El crecimiento de las estrellas generó las condiciones necesarias para la síntesis de núcleos pesados, abriendo las puertas a la química entre elementos. La misma fuerza gravitacional reunió las estrellas en galaxias y a estas en grupos y cúmulos, las cuales pueden observarse en los cielos de nuestras noches.

Las destrucciones masivas por la segunda creación seguida del Diluvio Universal traen a colación inevitablemente las 5 extinciones mayores de la vida en la Tierra. La primera ocurrida durante el Ordovícico tardío (hace 445 millones de años) debido a un enfriamiento global. La segunda al concluir el período Devónico (hace 370 m a) también causado por un enfriamiento similar. La tercera al culminar el período Pérmico (hace 250 m a) fue de origen volcánico. La cuarta al final del Triásico (hace 200 m a) por calentamiento global y en el ocaso del Cretáceo (hace 65 m a) la quinta, ocasionada por impacto de un asteroide. Las 2 primeras (agua) serían comparables al «enfriamiento» después del *Big Bang* y las 3 siguientes (fuego), simbolizarían las destrucciones de pentápolis y Jericó por la entrada de la segunda creación. La raza humana al parecer, trabaja con denuedo para titularse como agente de la sexta extinción global de nuestro planeta. Una cuestión ampliamente previsible de persistir las tendencias sociales, económicas y políticas actuales.

Ya casi al final, es posible establecer las bases para un estimado cuantitativo grueso del número de réplicas del Consejo Altísimo de ambas creaciones. De acuerdo al astrofísico inglés A. Eddington (XIX – XX d. C.) el número de protones del universo conocido sería de unos $1{,}57 \times 10^{79}$ (1 seguido de 79 ceros), cifra que con el paso del tiempo devino en 10^{80}. Ciertamente se trata de un número inimaginablemente grande, pero hay que tener presentes un par de cosas. En primer término, el número de Eddington se refiere solo a una fracción los redimidos cuya proporción es una pequeña parte de la creación adámica (10%). De modo tal que, el total de réplicas del Consejo Altísimo de ambas creaciones alcanzaría la cifra de $1{,}9 \times 10^{81}$. Adicionalmente, los físicos sostienen que la cifra exorbitante de 10^{80} apenas representan el 5 % del universo observable, mientras el porcentaje remanente corresponde a partículas desconocidas catalogadas bajo la etiqueta medieval «energía y materia oscura».

Hasta aquí se ha abordado el encuentro entre la primera y segunda creación cuyo resultado es el universo material conocido. Sin embargo, como se ha dicho, amabas creaciones no fueron cuantitativamente iguales. Por ello consideramos que de la segunda creación solo se produjo su «primera venida». El momento de la «segunda venida» se desconoce, pues según la cita de Marcos finalizando el capítulo 34: «En cuanto al día o la hora, nadie tiene conocimiento, ni siquiera los ángeles del cielo, ni el Hijo, sino solo el Padre».

Hay varios pasajes de las Escrituras Sagradas con información invalorable sobre este evento enigmático. Probablemente el más conocido es la parábola de Jesús sobre el trigo y la cizaña: «El reino de los cielos (realidad) es como un hombre que plantó buena semilla en su campo (la primera creación). Cuando su cultivo comenzó a crecer y a producir granos, la cizaña también apareció (debido a la caída del ser humano arquetípico). Los siervos del amo vinieron a él y le dijeron: "¿Amo no sembraste buena semilla en tu campo? Entonces ¿De dónde vino la cizaña?" Y él les respondió: "un enemigo hizo esto". Y los siervos preguntaron: "¿quieres que arranquemos la mala hierba?" "No les dijo, porque al arrancar la mala hierba podrían llevarse el trigo también". "Déjenlos crecer juntos hasta el tiempo de la cosecha (primera venida de la segunda creación). Y al momento de la siega (segunda venida) diré a los segadores, recojan primero la cizaña y átenla en gavillas para ser quemada (en un fuego radiante), luego cosechen el trigo y guárdenlo en mi granero (ascendiéndolo hacia el Altísimo tras el empíreo)" ».

Otra perspectiva de la segunda venida se ofrece en la narrativa de los sinópticos sobre la resurrección de Jesús. Todo ocurrió dentro del Santo Sepulcro (simbolizando el Sheol, la morada de los muertos) una vez que Jesús, representación histórica de Cristo/segunda creación, murió como resultado de la primera venida. Seguidamente ocurrió la segunda venida para cumplir con su objetivo de aniquilar lo que quedase de la primera creación. El proceso produjo radiación (luz, etc.) disipándose en el espacio y antineutrinos y neutrinos electrónicos girando y ascendiendo desde la materia agonizante, a través de la roca sepulcral, hacia el Altísimo tras el empíreo. En un poema escrito para Shams-i Tabrizi (XII - XIII d. C.), Rumi escribió: «Quienes se orientan en dirección de la plegaria giran en ambos, este mundo y el venidero». Para Rumi, este mundo es el universo material resultante de la primera venida y el venidero lo que quede después de la segunda venida.

La segunda venida es un evento de alcance universal (centrado en (x y z)) que bien podría ocurrir millones de años después de que nuestro Sol se convierta en un gigante rojo, envolviendo y vaporizando nuestro planeta. Como regla general podría decirse que la segunda venida aniquilará la materia interactuante en el espacio (tres cuartos) reduciéndola a radiación (lago de fuego) y el remanente, formado por antineutrinos y neutrinos electrónicos (un cuarto) desempeñarán un rol estelar en la consumación del universo. Todos los intentos por preservar la configuración espacial de nuestro cuerpo biológico vía momificación, embalsamamiento o criónica, a la espera de la segunda venida, lucen un tanto ingenuos.

Como entidades biológicas enfrentamos barreras insuperables al momento de comprender la naturaleza de nuestro cuerpo más allá de la muerte, simplemente por pensar únicamente en términos de (x y z), donde casi nada de lo que observamos sobrevivirá. Las respuestas se hayan en la perpetuidad (u) donde se yuxtaponen las realizaciones de todos los estados, desde el comienzo del tiempo (t) hasta su final, y en las 9 ternas angélicas envolviendo nuestros dominios. Cuando actúan en conjunto, las entidades operando desde esas 9 ternas pueden emular la realidad en (x y z), lo cual podría explicar los milagros y el cuerpo glorioso de Jesús tras su resurrección. El Evangelio según Lucas subraya el realismo substancial del cuerpo de Jesús resucitado en los términos siguientes: «Pero él les dijo: "¿Por qué estáis temerosos, y vienen a vuestro corazón estos pensamientos? Mirad mis manos y mis pies, pues soy yo mismo; tocad, y ved; porque un espíritu no tiene carne ni huesos, como sentís que yo tengo"».

Este esfuerzo por indicar el camino hacia un modelo de conocimiento único, no debería concluir sin referirse a su potencial para mejorar la comprensión de los temas abordados. Las simplificaciones a las cuales hubo que recurrir para alcanzar el mayor número de lectores estuvieron centradas, en la definición un tanto laxa del conjunto de disposiciones originarias perpetuas. Al costo de aumentar la complejidad, sería posible estructurar un conjunto de disposiciones de las cuales puedan derivarse formulaciones más precisas y de mayor alcance. Tarea que quedará pendiente para un segundo intento.

EPÍLOGO

Los lectores están en capacidad de juzgar ahora la exégesis natural de las Escrituras Sagradas y sus correspondencias con el conocimiento científico, tal como fueron planteadas en páginas precedentes. Se trata de formular un juicio sobre las posibilidades ofrecidas por este trabajo para agrupar a las Gentes con Libro y demás creyentes bajo una sola arquitectura del conocimiento humano. Mancomunar los esfuerzos para para llevar a cabo un plan de acción, donde converjan en santa paz los empeños religiosos y seculares, constituye la única vía para la superación humana. En cuanto a su objetivo, no puede ser otro que el de alcanzar un conocimiento único para un nuevo pensamiento, centrado en el reencuentro de lo humano con la realidad trascendente.

La premisa fundamental bajo la cual han sido hechas absolutamente todas las consideraciones de esta obra, es el carácter religioso de todo discurso con y sobre Dios. Ninguna doctrina personal o grupal en Occidente y en el Oriente Cercano puede superar en contenido y profundidad a las 4 grandes religiones. Habida cuenta de que su acervo inestimable, apenas puede ser escasamente abordado en el transcurso de toda una vida.

El esfuerzo que aquí culmina tuvo también entre sus objetivos, contextualizar la importancia de la proximidad de Dios, evitando consideraciones inútiles sobre Él. Se espera que sus resultados lleven a los humanos a participar con plena conciencia, en la conversación sostenida por Dios consigo mismo, mediante su discurso luminoso. Abandonemos el afán de dirigir ese discurso que somos a nosotros o hacia otros, con la intención de reconocernos, de poseerlos o de ser poseídos. A Satanás y a los suyos hay que combatirlos primero en lo profundo de nuestro interior para luego derrotarlos también exteriormente con el ejemplo. Es apremiante escapar del yugo material al cual nos sometemos mansamente unas veces o inadvertidamente otras, pues su finitud solo trae hastío, en cambio, la infinitud divina siempre depara novedad.

Dirijamos el discurso luminoso hacia Dios, hablemos con Él todo el tiempo. Como lo haríamos con nuestro padre, como lo han hecho los santos desde siempre y como lo hizo el patriarca Abraham cuando alzaba sus manos hacia el empíreo. Ayudemos también a todos los creyentes a nuestro alcance, a quienes creen en la existencia de un Dios y a quienes creen que no existe. Con la finalidad de tomar conciencia del drama cósmico del cual todos somos partícipes y de sus posibilidades de superación. Perfeccionemos nuestra conducta con la ayuda de la ética y sobre la base de los preceptos morales impuestos por el entorno, ya sea social o religioso. Siempre con el único propósito de congeniar con Dios y de servir a sus designios, como los entendamos individual y colectivamente.

ÍNDICE

Anotaciones:

OTROS LIBROS DEL MISMO AUTOR

Fundamentos de la Creación

Esta es la versión original en formato de libro electrónico.

ISBN 978-980-12-9865-6

Fundamentos de la Creación

Esta es la versión original de tapa blanda en color.

ISBN 978-980-12-9935-6

Fundamentals of the Creation

Esta es la traducción al inglés de la versión original en formato de libro electrónico.

ISBN 978-980-18-0332-4

Fundamentals of the Creation: Black & White Edition

Esta es la traducción al inglés del original de tapa blanda en blanco y negro a un menor precio.

ISBN 978-980-18-0351-5

Fundamentals of the Creation

Esta es la traducción del original de tapa blanda en color.

ISBN 978-980-18-0340-9